Portugal

L'ombre violette des jacarandas, le parfum des sardines grillées, la fraîcheur d'un *vinho verde* et une bande-son qui s'appelle fado... La *doce vida* se goûte au bout de l'Europe, dans ce petit morceau de péninsule baigné par un océan d'écume et de saudade sous un ciel azur, aussi craquant qu'un *pastel de nata*... Au-delà des plages dorées, des ports de pêche colorés et des vertes *serras*, préparez-vous au coup de foudre graphique et chromatique : dans les villes, d'hypnotiques petits pavés noirs et blancs font le trottoir (sublime *calçada portuguesa* !), des milliers d'azulejos font le mur et des imbroglios de venelles grimpantes mélangent toutes les nuances de pastel ! Mille beautés au coin de la rue. Et mille autres sur les chemins de traverse, dans un arrière-pays qui collectionne les images du Portugal éternel, traditions millénaires des hameaux oubliés du Trás-os-Montes et des villages blancs écrasés de soleil de l'Alentejo. Poète jusqu'au fond des tripes, le pays de Camões, Pessoa et Amália vous prend littéralement au cœur !

"Mon regard est net comme un tournesol.
J'ai l'habitude de marcher au long
des routes, regardant à droite et à gauche.
Et parfois regardant en arrière...
Et ce que je vois à chaque moment,
c'est ce que jamais avant je n'avais vu."
Fernando Pessoa (1888-1935)
Le Gardeur de troupeau

SOMMAIRE

FÁBRICA ALELUIA
=AVEIRO=

Préparez votre voyage

Azulejos de la gare de Pinhão, dans la vallée du Douro

EN UN CLIN D'ŒIL

Le Portugal vu d'un satellite ou par le petit bout de la lorgnette : des chiffres et des données pour cerner l'identité lusitanienne.

89 000 KM²

À l'extrême sud-ouest de l'Europe, le Portugal (sans Madère et les Açores) forme un petit rectangle de 561km de long sur 218km de large.

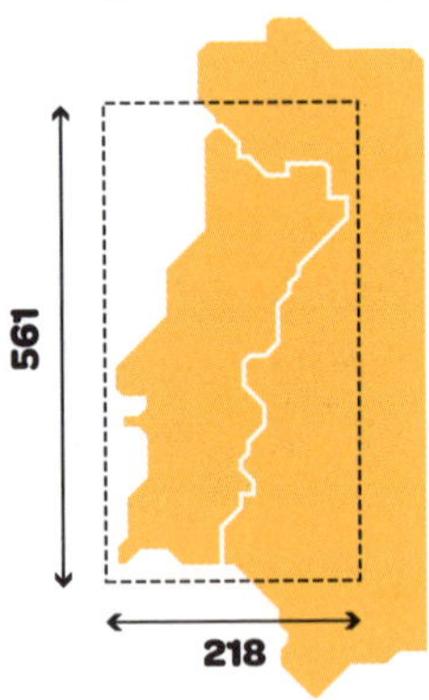

832

C'est en kilomètres l'étendue du littoral portugais, qui décline sans fin baies, plages, criques et spots de surf. À Nazaré, les vagues géantes (30m) attirent les plus grands noms du surf tandis que les eaux turquoise et chaudes de l'Algarve aimantent toute l'Europe !

LIÈGE

Les chênes-lièges du Portugal fournissent les trois quarts du liège utilisé pour faire les bouchons... et accessoirement les robes de Lady Gaga !

C'est en millions le nombre de personnes qui parlent le portugais dans le monde, dont 220 millions comme langue maternelle. Le portugais est la langue officielle de 9 pays (Portugal, Brésil, Cap-Vert, Guinée-Bissau, Timor oriental, Guinée équatoriale, Angola Mozambique, et São Tomé et Principe) et la langue la plus parlée en Amérique du Sud.

1410

L'Algarve, d'où partiront les grandes expéditions vers les contrées lointaines et inconnues, invente la caravelle ! Grâce à elle, l'Europe contrôlera les mers et les océans du globe pendant les trois siècles suivants...

ATOUT CARREAU

C'est au 15e s. que les azulejos (hispano-arabes) sont introduits au Portugal. Le pays (et ses anciennes colonies, notamment le Brésil et les comptoirs indiens) est le seul au monde où les azulejos ornent l'extérieur des édifices.

1€

... ou à peine plus, c'est le prix du bonheur ! Celui de croquer dans un *pastel de nata*, le fameux petit flan aussi crémeux que croustillant, à déguster tiède et saupoudré de cannelle.

365 RECETTES DE MORUE

Avec une recette pour chaque jour de l'année, le *bacalhau* est plus qu'un plat national, c'est un *fiel amigo* ("fidèle ami") !

F, A, D, O 4 LETTRES DE NOBLESSE

2011 : le chant urbain de Lisbonne, le fado, est reconnu par l'Unesco patrimoine culturel immatériel de l'humanité.

25 AVRIL 1974, 0H20

La chanson (alors interdite) de José Afonso, *Grândola, Vila Morena*, passe à la radio. C'est le signal : les militaires démocrates grimpent dans leurs chars et roulent vers le Rossio, le centre de la capitale. Au petit matin, le pays est libéré de 41 ans de dictature. Les Lisboètes, descendus sur la place où se tient le marché aux fleurs, remercient leurs "capitaines d'avril" en leur lançant des œillets rouges.

267 000

Le Benfica Lisbonne est le deuxième club de football avec le plus grand nombre d'abonnés au monde. Il pulvérise un record européen : celui du plus grand pourcentage de supporteurs dans son propre pays (47%). Le *futebol* ? Une passion nationale !

★ LES INCONTOURNABLES

★ **LISBONNE** Des trésors architecturaux, des musées stupéfiants, une gastronomie débridée et des *bairros* qui bougent : la ville blanche, d'un romantisme absolu, vous happe à la vitesse d'un *elétrico*.

★ **RIA FORMOSA** (p.278) Aux portes de Faro, Olhão et Tavira, l'immense lagune alterne marais, salines et îles vierges de sable fin entre terre et océan. Le paradis des ibis, des flamants roses, des hippocampes et du farniente !

★ ***BOLOS ET PASTÉIS*** Des iconiques *pastéis de nata* aux *queijadas* de Sintra en passant par les *ovos moles* d'Aveiro, la *bola de Berlim* et une ribambelle de douceurs conventuelles, la pâtisserie portugaise n'a pas usurpé sa réputation.

★ **COIMBRA** (p.120) Intello sur les bords, vivante et attachante, l'ancienne capitale du royaume a la sagesse d'une doyenne et l'énergie d'une étudiante. Vous aimerez ses ruelles et le spectacle désuet de ses traditions académiques.

★ **SERRA DA ESTRELA** (p.141) Des prairies tachetées de moutons, des versants boisés et des sommets granitiques percés de lacs : la Serra da Estrela est une magnifique petite montagne sous influence alpine.

★ **VALLÉE DU DOURO** (p.180) Dans le peloton de tête des plus beaux vignobles du monde, ses paysages à couper le souffle évoquent une gigantesque œuvre de land art. À parcourir en voiture, en bateau ou en train à vapeur.

★ **SINTRA ET SES PALAIS** (p.81) La belle Sintra dissimule une improbable collection de *quintas* couleur pastel et de palais fantaisistes dans la végétation exotique de sa *serra*. Un concentré d'exubérance sur un tout petit périmètre !

★ **PORTO** (p.163) Avec ses quais polychromes, ses églises enrobées d'azulejos, ses 50 nuances de portos et ses adresses gourmandes, la fière et "travailleuse" cité a tout pour plaire. Même la plage est au bout du tramway !

★ **CÔTE VICENTINE** (p.307) et **CAP SAINT-VINCENT** (p.306) Des vagues qui s'écrasent contre des falaises noires, l'océan à perte de vue : on se croirait au bout du monde... et au temps des grands navigateurs !

★ **MONASTÈRES D'ALCOBAÇA** (p.95), **DE BATALHA** (p.95) **ET DE TOMAR** (p.106)
Une beauté cistercienne émouvante, un chef-d'œuvre gothico-manuélin finement ciselé et un legs des Templiers : trois joyaux classés à l'Unesco.

★ **ÉVORA** (p.228) Inscrite au patrimoine mondial de l'humanité, la capitale alentejane est un délicieux mille-feuille d'architectures et d'histoire, à croquer de ruines antiques en palais Renaissance.

★ **PARQUE NACIONAL DA PENEDA-GERÊS** (p.204) Quatre *serras* couronnent le Minho d'une nature splendide, saupoudrée de vestiges historiques, de petits hameaux en pierre et de chevaux sauvages.

EN VOILÀ DES IDÉES !

Personnalisez votre séjour en multipliant vos expériences selon vos goûts et vos envies.

Plein les yeux

Des *miradouros* pour s'élever au-dessus d'une marée de toits roses, des promontoires surplombant l'océan rugissant… C'est toute une collection de perchoirs aux panoramas de rêve qui vous attendent.

- **Miradouro de São Pedro de Alcântara (Lisbonne)** (p.51) Sublime belvédère, parfait pour un tête-à-tête avec le Castelo de São Jorge.
- **Castelo dos Mouros (Sintra)** (p.82) Une minimuraille de Chine qui vous fera léviter au-dessus de la Serra de Sintra.
- **Teleférico de Gaia (Vila Nova de Gaia)** (p.172) Envolez-vous dans les airs en vue d'un travelling renversant sur Porto.
- **Cabo Sardão (Odemira)** (p.260) Des pitons rocheux, l'écume des vagues… et des nids de cigogne !
- **Ponta da Piedade (Lagos)** (p.299) Les falaises de Lagos forment un ensemble magique d'arches, de cavités et de tunnels plongeant dans l'eau turquoise.
- **Cabo de São Vicente** (p.306) L'extrême sud-ouest du continent européen : devant vous, juste le ciel, le soleil et la mer…

Les plus belles plages

De la petite crique isolée et secrète au ruban de sable infini, ourlées de dunes ou de falaises spectaculaires, les plages portugaises semblent tout droit tombées du paradis.

- **Portinho da Arrábida (Setúbal)** (p.78) Une incroyable palette de bleus, du sable blanc, le parfum du maquis : elle a tout d'une plage méditerranéenne !
- **Praia do Guincho (Cascais)** (p.85) Beauté sauvage balayée par les vents et les rouleaux de l'Atlantique, haut lieu du surf et du kitesurf.
- **Praia da Nazaré** (p.94) Une plage urbaine extralarge et un spot où contempler en hiver les plus grandes vagues du monde.
- **Praia da Foz do Minho (Caminha)** (p.198) Un bijou serti d'une pinède, là où le Rio Minho rencontre l'Atlantique. Et en face, l'Espagne !
- **Porto Covo** (p.262) Entre la rocheuse Praia da Samoqueira et la dunaire Praia da Ilha do Pessegueiro, notre cœur balance !
- **Ria Formosa** (p.283) C'est en bateau que l'on s'échoue sur les superbes plages sauvages (ou presque !) des îles de la Ria Formosa.
- **Praia da Falésia (Albufeira)** (p.299) Pour ses falaises, dont les couleurs rappellent l'Ouest américain. Un spectacle inoubliable au crépuscule.

Praia da Marinha (Lagoa) (p.300) Eau turquoise et falaises dorées : l'une des plus belles plages de l'Algarve.

Praia dos Três Irmãos (Portimão) (p.300) Iconique, avec ses falaises dessinant un chapelet de criques à l'eau cristalline.

Praia de Odeceixe (p.308) Le sable blond, les falaises noires, l'océan et le fleuve : un cadre parfait.

Praia da Falésia

Mignons villages

Haut perchés, les pieds dans l'eau, faits de schiste ou blanchis à la chaux, ces bourgs et ces petits ports incarnent le Portugal authentique.

Azenhas do Mar (p.84) Accroché comme une bernique à son rocher, ce village de pêcheurs lévite au-dessus des flots.

Costa Nova (Ilhavo) (p.136) Pour ses photogéniques maisons de pêcheurs à rayures colorées.

Linhares (p.142) Couronné d'un château, un village hors du temps de la Serra da Estrela.

Piódão (p.144) L'une des merveilles reculées des Beiras, qui prend à la nuit tombée des airs de crèche de Noël.

Monsanto (p.146) Le "village le plus portugais du Portugal" semble faire corps avec les rochers.

São Pedro da Afurada (p.166) Simple, authentique et sans fard, un petit village de pêcheurs aux traditions préservées.

Soajo (p.206) Dans le parc de Peneda-Gerês, à voir pour ses curieux *espigueiros*.

Marvão (p.240) Ce vertigineux nid d'aigle fortifié scrute la Serra de São Mamede.

Castelo de Vide (p.240) Maisons blanches et ruelles noyées de fleurs : le village portugais comme vous l'avez rêvé.

Monsaraz (p.250) Un amour de village blanc recroquevillé derrière ses remparts, avec un lac comme horizon.

Cacela Velha (p.280) Un village de poche éclatant, adossé à une forteresse et juché au-dessus de la lagune.

De l'art, de l'art, de l'art

Qu'on aime l'art classique ou l'art contemporain, les azulejos ou les ors baroques, le Portugal a plus d'un chef-d'œuvre pour en mettre plein la vue.

Fundação Calouste Gulbenkian (Lisbonne) (p.57) Une richissime collection d'art dans un paquebot de béton au cœur d'un somptueux jardin.
Museu Nacional de Arte Antiga (Lisbonne) (p.58) Pour sa profusion de chefs-d'œuvre, dont *La Tentation de saint Antoine* de Jérôme Bosch.
Museu Coleção Berardo (Lisbonne) (p.62) Du surréalisme au pop art : Dalí, Ernst, Mondrian, Bacon, Magritte, Warhol et Haring aux cimaises !
Museu Nacional do Azulejo (Lisbonne) (p.65) L'indémodable petit carreau est passé par toutes les modes : la preuve dans ce musée !
Museu Nacional de Machado de Castro (Coimbra) (p.121) L'école de sculpture de Coimbra dévoile ici quelques-uns de ses délicats fleurons.
Museu de Aveiro (p.134) Un remarquable musée d'art sacré reclus dans un ancien couvent.
Museu Grão Vasco (p.140) Magistrale leçon d'art avec la célèbre école de peinture de Viseu.
Igreja de São Francisco (Porto) (p.161) L'art de la *talha dourada* à son paroxysme : cette église croûle littéralement sous les ors !
Fundação de Serralves (Porto) (p.170) Le saint des saints de l'art contemporain dans un superbe parc.
Museu da Tapeçaria Guy Fino (Portalegre) (p.239) Oubliez vos préjugés sur la tapisserie : un musée pour tous les mordus d'art contemporain.

Sur la route

Le long des falaises, au creux des vallées, sur les sommets ou dans la campagne ondulante, sillonnez les plus belles routes du Portugal.

Parque Natural da Arrábida (p.78) Une virée en vert et bleu sur la route de la corniche d'une petite *serra* plongeant dans l'eau turquoise.
Aqueduto dos Pegões–Mata Nacional dos Sete Montes (p.107) Sur les routes autour de cet aqueduc, on se croirait dans la campagne Toscane.
Vallée du haut Zêzere (p.143) Cette vallée glaciaire à l'austère beauté est l'un des musts de la Serra da Estrela.
De Peso da Régua à São João da Pesqueira (p.183) Entre vignes et *rio* défilent les plus beaux paysages de la vallée du Douro.
Route 507 – Miradouro do Pontal (p.283) D'un côté le placide Guadiana ; de l'autre, les forêts d'eucalyptus poussant sur un sol ocre… Somptueux !
De Monte Clérigo à Arrifana (p.308) Du haut des falaises, la route ménage un panorama unique sur l'océan !

À l'heure de l'*aperitivo*

Sur un rooftop, dans une *tasca* rétro ou sur une terrasse au bord de l'eau, voilà un rituel portugais auquel on sacrifie volontiers. Le bonheur c'est simple comme des *petiscos* et un petit *vinho verde* !

Ginjinha Sem Rival - Eduardino (Lisbonne) (p.73) Commander son dé de liqueur au comptoir d'une *ginjinha* et la déguster debout dans la rue : une tradition typiquement lisboète !

Park (Lisbonne) (p.74) Le plus beau coucher de soleil sur Lisbonne se décroche sur les toits... d'un parking !

Galeria Santa Clara (Coimbra) (p.131) Terrasse bohème pour se la "cooler" douce avec Coimbra en ligne de mire.

Base (Porto) (p.174) Taillé pour chiller, ce jardin suspendu donne la sensation de flotter au milieu de la ville.

Espaço Porto Cruz (Vila Nova de Gaia) (p.179) Le meilleur rooftop de Porto est... à Vila Nova de Gaia !

Xarez (Monsaraz) (p.254) Un perchoir avec vue sur la plaine alentejane et ses bouquets d'oliviers. Magique.

Vue sur les toits de Lisbonne, le pont du 25-Avril et le Tage, de la terrasse du Park

Comporta Café (Comporta) (p.264) Sirotez un cocktail les pieds dans le sable quand le soleil se noie dans l'océan...

Boneca (Carvoeiro) (p.305) Face au grand bleu, une improbable terrasse nichée au milieu des rochers.

Un grand bol d'air

Randonnées à pied ou à vélo, balades à cheval, surf, canoë... Le Portugal déroule 800km de côtes et des parcs naturels de toute beauté pour se mettre au vert ou se dépenser.

Roulez doux le long de l'océan (p.85) Enfourchez votre vélo et pédalez à fleur d'eau jusqu'à la ravissante plage sauvage du Guincho.

Sortez les planches (p.98) Ericeira, Nazaré, Baleal..., les spots mythiques de la côte ouest, truffés d'écoles de surf.

Mata Nacional do Buçaco (p.125) Cheminez dans une forêt éminemment romantique.

Voguez sur le Mondego (p.126) Une descente en kayak ou en canoë dans une vallée boisée.

Randonnez dans la Serra da Estrela (p.147) Des kilomètres de sentiers pour crapahuter entre lacs, cascades, forêts et plateaux granitiques.

Parque Nacional da Peneda-Gerês (p.204) Le joyau vert du Minho ne se livre véritablement qu'aux marcheurs.

Crapahutez dans le Parque Natural de Montesinho (p.216) Partez sur les traces du loup ibérique dans le parc naturel de Montesinho.

Galopez sur la plage ou dans les rizières (p.261) Se dégourdir les sabots sur le sable blanc ? Un luxe rare.

Percurso dos Sete Vales Suspensos (Albufeira) (p.301) L'une des plus belles randonnées d'Algarve, entre falaises dorées et criques aux eaux turquoise.

Trilho dos Pescadores (p.310) Ce vertigineux "chemin des Pêcheurs" sillonne le parc naturel de la Côte vicentine, réservant des vues sublimes sur le littoral.

Sur le Percurso dos Sete Vales Suspensos

Fabricado em Portugal

Côté emplettes, misez sur les souvenirs faits main et les marques locales centenaires. Des valeurs sûres pour rapporter dans ses valises le meilleur du Portugal.

A Vida Portuguesa (Lisbonne) (p.72) Une bulle nostalgique remplie de magnifiques objets 100% portugais.

Sant'Anna/showroom (Lisbonne) (p.72) Pour cueillir des azulejos confectionnés comme au 18e s.

Fábrica de Faianças Rafael Bordallo Pinheiro (Caldas da Rainha) (p.104) Assiettes en feuille de chou, hirondelles : les céramiques cultes et kitsch de Bordallo Pinheiro.

Cais À Porta (Aveiro) (p.139) Focus sur le design et l'artisanat portugais dans ce beau concept store.

Claus Porto (Porto) (p.177) Pour se faire mousser avec des savons mythiques qui ont parfumé les rois et des générations de Portugais.

Cultura Portuguesa (Porto) (p.178) Une collection de chaussures, de sacs et d'accessoires en liège, l'or de l'Alentejo !

Fabricaal (Monsaraz) (p.257) Une fabrique centenaire où les couvertures alentejanes sont encore tissées à l'ancienne.

Made in Loulé (p.292) Les ruelles de Loulé sont animées par des marteleurs de cuivre, des tisseurs de palme, des tricoteurs de laine, des fabricants d'azulejos...

É bom !

Quelques trésors et rituels gastronomiques portugais à expérimenter au moins une fois. Picorez, croquez, dégustez !

Antiga Confeitaria de Belém (Lisbonne) (p.69) Plus de 180 ans que la recette du *pastel de nata* y est perpétuée. Un monument gourmand.

Mercado da Ribeira – Time Out Market (Lisbonne) (p.69) La grande marmite de Lisbonne où l'on mange au coude à coude avec les Lisboètes.

Conserveira de Lisboa (Lisbonne) (p.73) Allez à la pêche aux boîtes de sardines : les emballages sont si jolis qu'on en ramènerait des piles !

Queijadas da Sapa (Sintra) (p.87) La souveraine autoproclamée des *queijadas* de Sintra.

O Rei do Choco Frito – Casa Santiago (Setúbal) (p.88) On y engloutit sans chichis le meilleur *choco frito* de la ville.

Pastelaria Confeitaria Ramos (p.137) Pour goûter les fameux *ovos moles* d'Aveiro.

Casa dos Presuntos (Covilhã) (p.151) Un bataillon de charcuteries et de fromages de la Serra da Estrela.

Chais de porto (Vila Nova de Gaia) (p.164) Dégustez le nectar à la source, sur les quais de Gaia.

Tasca Delfim (Arcos de Valdevez) (p.211) *Bolinhos de bacalhau* et *vinho verde* sur un air d'accordéon : difficile de faire plus typique !

Casa Tial (Reguengos de Monsaraz) (p.257) Une ravissante épicerie où vous butinerez local entre gâteaux à l'amande et miel de caroubier.

Mercado municipal de Loulé (p.292) Sous les belles halles néomauresques, l'essentiel de l'Algarve gourmande !

Mar d'Fora (Carvoeiro) (p.303) Pour une *cataplana* de haut vol, les yeux dans l'eau.

Avec les enfants

Des activités multiples sur terre comme sur mer : le Portugal se vit aussi en famille !

Museu dos Coches (Lisbonne) (p.63) Des carrosses plus clinquants que dans les contes de fées : un rêve de princes et de princesses.

Oceanário de Lisboa (Lisbonne) (p.65) C'est l'un des plus grands aquariums d'Europe, et ça ne se refuse pas !

Vertigem Azul (Setúbal) (p.85) Filez en catamaran observer les grands dauphins de l'estuaire du Sado.

Tapada Nacional de Mafra (p.91) On avance à pas de loup dans cette forêt close où de nombreux animaux gambadent en semi-liberté.

Dino Parque Lourinhã (p.99) Rejouez *Jurassic Park* dans une forêt de pins peuplée de dinosaures.

Portugal dos Pequenitos (Coimbra) (p.126) Un concentré du Portugal en version miniature avec ses maisons et ses monuments à échelle d'enfant.

Centro Ciência Viva (Lagos) (p.299) Un joli musée sur la science de la navigation avec des tonnes d'expériences interactives.

***Santa Bernarda* (Portimão)** (p.301) Pour partir à l'assaut des grottes marines à bord d'une caravelle pirate !

ITINÉRAIRES

Trois itinéraires pour vous laisser guider selon vos inclinations et le temps dont vous disposez.

Lisbonne depuis le belvédère de Senhora do Monte

Deux semaines au Portugal

Quatorze jours pour partir à l'assaut des collines de Lisbonne, tomber sous le charme de Porto, voguer dans la vallée du Douro, randonner dans la Serra da Estrela, flâner dans les villages perchés du Haut-Alentejo et se baigner dans des criques de rêve.

JOUR 1

Premier rituel lisboète : achetez des *pastéis de nata* à la **Confeitaria Nacional** (p.67) avant de fouler les petits pavés de la **Baixa** (p.43), au rigorisme pombalin, et la labyrinthique et tortueuse **Alfama** (p.52). Reprenez votre souffle au kiosque du **Miradouro Sophia de Mello Breyner Andresen** (p.55), puis allez admirer les chefs-d'œuvre de la **Fundação Calouste Gulbenkian** (p.57). Le soir, mêlez-vous aux fêtards du **Bairro Alto** et du **Cais do Sodré** (p.50).

JOUR 2

Sautez dans l'**elétrico 28** (p.67) qui vous dépose au **Chiado** (p.42), truffé de belles boutiques. Déjeunez dans le *food hall* du **Mercado da Ribeira** (p.69), puis emboîtez le pas aux grands explorateurs, de la **tour de Belém** (p.61) au **Mosteiro dos Jerónimos** (p.63). Si vous préférez l'art moderne, il y a le **Museu Coleção Berardo** (p.62) et le **MAAT** (p.64). Au pied du **pont du 25-Avril**, prenez un verre à la **LX Factory** (p.60).

JOUR 3

Voilà **Sintra** (p.81), ancienne résidence royale trônant au milieu d'une végétation luxuriante, émaillée de jardins et de palais romantiques. Du **Pálacio Nacional** (p.81), un sentier pédestre (p.86) vous mène au **Pálacio Nacional da Pena** (p.82), œuvre extravagante du roi-artiste Ferdinand de Saxe-Cobourg-Gotha, et son superbe parc, juchés sur la *serra*. Dégustez un délicieux poulpe *a lagareiro* à l'**Adega do Saloio** (p.89).

JOUR 4

Le matin, explorez les ruelles délicieuses de la citadelle médiévale d'**Óbidos** (p.92), sans oublier de goûter la *ginjinha* locale. L'après-midi, escale au port de **Peniche** (p.91) : prenez le bateau pour l'**archipel des Berlengas** (p.92) ou faites le tour de la presqu'île, de la **Península da Papôa** au **Cabo Carvoeiro** (p.99), puis dînez à la **Tasca do Joel** (p.102).

JOUR 5

Visitez le somptueux **Mosteiro da Batalha** (p.95). Les ruelles de **Coimbra** (p.122), ses belles églises et son **université** (p.120) vous accapareront pour l'après-midi. En fin de journée, flânez

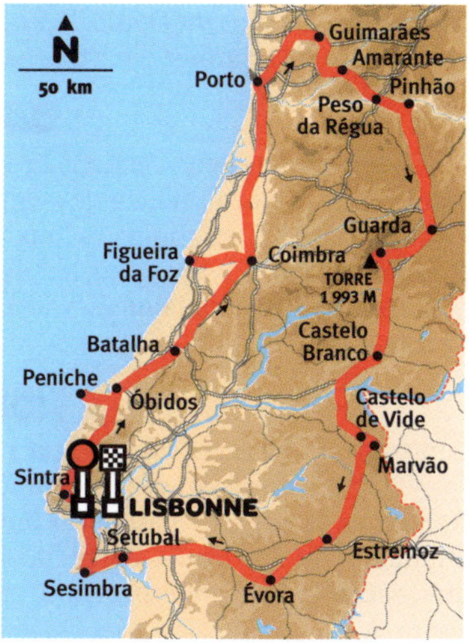

sur les rives du Mondego, puis traversez le *rio* et posez-vous sur la terrasse de la **Galeria Santa Clara** (p.131) : vue magique sur Coimbra !

JOUR 6

Choisissez entre une balade chlorophyllée dans la **forêt de Buçaco** (p.125) ou dans les odeurs de pin de la **Serra da Boa Viagem** (p.135), suivie d'une séquence bronzette sur la plage de **Figueira da Foz** (p.132). Faites bombance de sardines grillées chez **Mar À Vista** (p.137), puis rejoignez **Porto** (p.160). Laissez-vous happer par les ors de l'**Igreja de São Francisco** (p.161) et les vieilles ruelles de la **Ribeira** (p.160), traversez l'iconique pont Dom Luís I et allez déguster un porto sur le rooftop de l'**Espaço Porto Cruz** (p.179) : face à vous, Porto en cinémascope !

JOUR 7

Après un petit déjeuner typique à la **Confeitaria do Bolhão** (p.174), prenez le métro jusqu'à la **Casa da Música** (p.170) : coup d'œil renversant sur le chef-d'œuvre de Rem Koolhaas avant de sauter dans le bus 201 pour un grand moment entre art et nature à la **Fundação de Serralves** (p.170). L'après-midi, visitez la **Livraria Lello** (p.168) et grimpez dans la **Torre dos Clérigos** (p.167). Le soir, dînez chez **Nicolau** (p.175) avant le grand bain de foule dans la trépidante **Rua da Galeria de Paris** (p.167).

JOUR 8

Remontez le temps à **Guimarães** (p.188), berceau du Portugal, au séduisant centre historique. Pour déjeuner, envolez-vous en téléphérique au **Monte da Penha** (p.190). Gagnez ensuite **Amarante** (p.181) pour goûter son charme romantique et ses exquises pâtisseries... Poussez jusqu'à **Peso da Régua** (p.183), capitale de la vallée du Douro. Après une dégustation de vin à la **Quinta da Pacheca** (p.184), dormez dans une barrique au milieu des vignes...

JOUR 9

Matinée à grand spectacle dans l'**Alto Douro Vinhateiro** (p.182), patrie du vignoble de porto, au milieu des vignes plongeant dans le Douro : partez en **croisière** (p.185) ou roulez le long du fleuve sur la sublime N222 jusqu'à **Pinhão** (p.183), où vous pourrez déjeuner au bord de l'eau au **Veladouro** (p.186). Visez ensuite la médiévale **Guarda** (p.145), la ville la plus haute du Portugal, pour la nuit.

JOUR 10

Lancez-vous à l'assaut de la **Serra da Estrela** (p.141) depuis **Manteigas** (p.142), point de départ de belles randonnées entre forêts et cascades (p.147). Remontez la superbe **vallée du haut Zêzere** (p.143) et atteignez le point culminant du Portugal à **Torre** (p.143). De retour à Manteigas, rendez-vous au **Central** (p.150) pour une truite grillée et le fameux *queijo da serra*.

JOUR 11

Quittez la rudesse de la montagne pour les délicats jardins de **Castelo Branco** (p.145) et la cuisine portugaise revisitée de **Cabra Preta** (p.150). Gagnez ensuite l'Alentejo et l'adorable village de **Castelo de Vide** (p.240) : une vraie carte postale avec ses maisons blanches et ses ruelles fleuries ! Dans la **Serra de São Mamede** (p.240), la citadelle perchée de **Marvão** (p.240) vous invite à contempler, dans un calme absolu, l'embrasement de l'horizon.

Le château médiéval de Marvão

JOUR 12

Faites halte à **Estremoz** (p.236), étincelante cité de marbre maillée de boutiques d'artisanat : l'art naïf des *bonecos* se perpétue sous vos yeux chez **Irmã Flores** (p.245). Passé les murailles d'**Évora** (p.228), poussez la porte de la **Sé** (p.228), admirez les primitifs portugais au **Museu de Évora** (p.229) et arrêtez-vous devant le petit **temple romain** (p.229). Surtout, prenez le temps de déambuler dans les rues étroites, pleines de charme, et de goûter les spécialités alentejanes chez **Fialho** (p.235).

JOUR 13

Cap sur la péninsule de Setúbal pour observer les dauphins dans l'**estuaire du Sado** (p.85) ou piquer une tête dans l'océan, dans l'une des criques paradisiaques de la **Serra da Arrábida** (p.78). Fendez la dense végétation de cette montagne toute verte le long de la N379-1 et rejoignez la balnéaire **Sesimbra** (p.77), sa grande plage et ses restaurants de poisson. Dînez avec les pêcheurs chez **Isaías** (p.87).

JOUR 14

Profitez de la **Praia da Califórnia** (p.84) avant de regagner la capitale. Ultime halte à la statue du **Cristo Rei** (p.76), et sa terrasse perchée au-dessus du Tage, pour dire au revoir à Lisbonne.

En train dans la vallée du Douro

Une semaine en train de Porto à Lisbonne

Entrez en gare à Porto et sillonnez les chemins de fer en vue d'égrener une à une quelques pépites : la vallée du Douro, Aveiro, Coimbra, Tomar, Sintra et Lisbonne, le terminus. Top départ pour un séjour zéro carbone ou presque !

JOUR 1 : PORTO

Commencez par siroter un *bica* sous les miroirs Art nouveau du **Majestic Café** (p.174). De l'esplanade de la **Sé** (p.160), dévalez les petites ruelles médiévales de la **Ribeira** (p.160) jusqu'aux berges du Douro. Pour le déjeuner, tout le monde se retrouve sur l'autre rive, à **Gaia**, autour de la *street food* du **Mercado Beira-Rio** (p.175). Rejoignez le **quartier de Clérigos** (p.167), afin d'admirer la robe d'azulejos de l'**Igreja do Carmo** (p.168) et de passer derrière les barreaux du **Centro Português de Fotografia** (p.168). Faites un tour dans les galeries d'art du très hype "Porto Art District", à **Cedofeita** (p.169). Et ne manquez pas de goûter la *francesinha* chez **Santiago** (p.175)... et un porto à l'**Espaço Porto Cruz** (p.179) !

JOUR 2 : PORTO-PESO DA RÉGUA (2H)

Des vignes et des *quintas*, en veux-tu en-voilà ! De la gare de **São Bento** (p.165), un fabuleux travelling sur rail vous attend sur la **Linha do Douro**, l'un des plus beaux trajets ferroviaires d'Europe, le long de la vallée du Douro. Descendez

à **Peso da Régua** (p.183) et faites un aller-retour à **Tua** à bord d'un vieux tortillard à vapeur (p.184). De votre wagon défilent les splendides collines striées de vignes du Haut-Douro (p.182), inscrit à l'Unesco. Prenez le temps de randonner sur les coteaux, de visiter les *quintas* et de manger en compagnie des gens du cru au **Restaurante O Maleiro** (p.186).

JOUR 3 : PESO DA RÉGUA-AVEIRO (3H)

Changement de décor dans la petite Venise portugaise (p.133). Flânez au bord des canaux, bordés de façades Art nouveau, goûtez les fameux *ovos moles* à la **Pastelaria Confeitaria Ramos** (p.137), puis embarquez à bord d'un *moliceiro* (p.135) pour une balade sur les eaux de la *ria*. Déjeunez à la cabane à huîtres **Ostraveiro** (p.138). L'après-midi, rejoignez en bus les ruelles ensablées de **Costa Nova** (p.136), sa longue plage et ses petites maisons photogéniques.

JOUR 4 : AVEIRO-COIMBRA (30MIN)

Arrivé à **Coimbra** (p.120), perdez-vous dans les ruelles médiévales entourant la Praça do Comércio, avant de remonter vers la Praça 8 de Maio, la plus animée. Ne manquez pas l'**église de Santa Cruz** (p.123) et son envoûtant Claustro do Silêncio. En remontant par la très raide **Escada de Quebra Costas** (p.130), gagnez la **Sé Velha** (p.121), percée de merveilleuses rosaces. Enchaînez avec les œuvres d'art du captivant **Museu Nacional Machado de Castro** (p.121), et “la plus belle bibliothèque du monde”, joyau de la légendaire **université de Coimbra** (p.120). Dînez à la table traditionnelle de **Zé Manel** (p.128) et chavirez pour le fado de Coimbra à l'**A Capella** (p.131).

JOUR 5 : COIMBRA-TOMAR (2H-2H30 AVEC CHANGEMENT À LAMAROSA)

Dès la descente du train, la douceur de **Tomar** (p.106) ferait presque oublier le passé guerrier de cet ancien QG des Templiers. À 700m de la gare, arrêtez-vous sur la Praça da República, cœur de la ville, où trône l'étonnante Igreja de São João Baptista. Grimpez au **Convento de Cristo** (p.106), joyau classé à l'Unesco. Vous resterez sans voix devant la rotonde des Templiers et la célébrissime fenêtre de Tomar, résumé de l'extravagance manuéline ! Dans les ruelles en damier de la vieille ville, cueillez des amours de pâtisserie chez **Estrelas de Tomar** (p.110), et reposez-vous sur les berges du Nabão...

JOUR 6 : TOMAR-LISBONNE (ENV. 2H)

À Lisbonne, troquez le train pour le tram. Le vénérable **elétrico 28** (p.67) vous met sur les rails des plus beaux quartiers historiques de la capitale : collé-serré inoubliable avec les façades agglutinées sur les collines. Hissez-vous au **Bairro Alto** (p.50) à bord du vieil **ascensor da Bica** (p.52). Partez en randonnée urbaine dans les ruelles tortueuses de l'**Alfama** (p.52), où, comme le linge qui sèche au balcon de ses maisons ornées d'azulejos, flotte le parfum de la Lisbonne éternelle. Le soir, traversez le Tage en **cacilheiro** (p.66) et allez dîner au **Ponto Final** (p.87) : un spot de rêve pour contempler Lisbonne.

En train le long du Douro

JOUR 7 : LISBONNE-SINTRA-LISBONNE (1H)

Après un court trajet à travers la banlieue de Lisbonne, la romantique **Sintra** (p.81) vous ouvre ses palais. Prenez le bus pour visiter l'extravagant **Pálacio Nacional da Pena** (p.82) dès l'ouverture, puis déjeunez dans la vieille ville avant une expérience mystique dans les sublimes jardins de la **Quinta da Regaleira** (p.81). En redescendant vers la gare, arrêt obligé à la **Casa da Sapa** (p.87) pour goûter les fameuses *queijadas* de Sintra !

Le village de Mértola, au-dessus du fleuve Guadiana

Dix jours entre Algarve et Alentejo

Plages paradisiaques, petits villages chaulés de blanc, cités historiques... Entre horizons marins et panoramas champêtres, séquences farniente, nature et gastronomiques, cette grande boucle dans le Sud est jalonnée de mille pépites !

JOUR 1

Mettez-vous en bouche en découvrant **Faro** (p.274)... la bouche pleine ! Avec le tour *Petisco* d'**Eating Algarve** (p.285), alternez la visite des plus beaux monuments de Faro avec la dégustation des meilleurs *petiscos* de la ville, arrosés de bons vins. Puis, à bord d'un bac ou d'un bateau-taxi, partez à la découverte du **Parque Natural da Ria Formosa** (p.278), vaste sanctuaire naturel aux plages infinies...

JOUR 2

Cap sur l'église de **São Lourenço** (p.276), petit bijou tapissé d'azulejos, avant d'aller flâner au marché extra de **Loulé** (p.276). Dans ses ruelles, prenez le temps de regarder marteleurs de cuivre et tisseurs d'osier, puis régalez-vous de poulet grillé à la **Churrasqueira Jolibela** (p.289). L'après-midi, lézardez sur l'une des plages les plus emblématiques de la côte : **Praia da Marinha** (p.300) ou **Praia dos Três Irmãos** (p.300). Le soir, dînez dans les ruelles colorées et animées de la vieille ville de **Lagos** (p.298), port historique des Grandes Découvertes.

JOUR 3

Réveillez-vous tôt pour louer votre kayak et partir au calme explorer la dentelle de roche de **Ponta da Piedade** (p.299). Détendez-vous sur la **crique do Camilo** (p.300) et dégustez un poisson grillé face à l'océan sur la terrasse d'**O Camilo** (p.304). L'après-midi, faites route vers le **Cabo de São Vicente** (p.306) pour atteindre l'extrémité de l'Europe ! Dégourdissez-vous les jambes autour de **Carrapateira**, sur le **Trilho dos Pescadores** (p.310), qui virevolte au-dessus des flots le long de la sublime **Côte vicentine** (p.307). Le soir, savourez un coucher de soleil sur la plage d'**Odeceixe** (p.308) et une *cataplana* d'anthologie chez **Dorita** (p.313).

JOUR 4

Après un passage par le petit port de pêche d'**Azenha do Mar** (p.261), saluez les cigognes au **Cabo Sardão** (p.260), battu par les vagues. À **Vila Nova de Milfontes** (p.260), où le Rio Mira se jette dans l'océan, premier coup de foudre avec la cuisine alentejane à la **Tasca do Celso** (p.264). Ancrez-vous pour le reste de la journée à **Comporta** (p.259), la petite station nature qui a le vent en poupe avec sa superbe plage et ses sentiers dans les rizières. Apéritif sur le sable au **Comporta Café** (p.264).

JOUR 5

Foulez les petits pavés de l'historique **Évora** (p.228) aux airs de blanche médina. Prenez vos marques en terrasse sur la **Praça do Giraldo** (p.228). Entre les visites de la **Sé** (p.228), du **temple romain** (p.229) et de la glaçante **Capela dos Ossos** (p.232), vous aurez bien mérité une glace chez **Zoka**

Praia da Marinha

(p.234). Arrivez tôt pour dîner au comptoir du **Botequim da Mouraria** (p.235).

JOUR 6

À un saut de puce d'Évora (50km), passez la journée en mode slow à **Monsaraz** (p.250), l'un des plus beaux villages perchés de l'Alentejo : emplettes gourmandes à la **Casa Tial** (p.257), dégustation de vin chez **Ervideira** (p.253) et canotage sur le plus grand lac artificiel d'Europe (p.249). À la tombée du jour, quand les murs blancs se teintent de rose, postez-vous sur la terrasse du **Xarez** (p.254) pour un panorama sur la campagne. Retour à Évora.

JOUR 7

Arrêtez-vous à **Beja** (p.247), appréciez le paysage du haut du Castelo et trouvez un peu de fraîcheur entre les murs carrelés d'azulejos du **Convento de Nossa Senhora da Conceição** (p.248). Rejoignez **Mértola** (p.246), longez la rive du Guadiana, et visitez les musées de cette ancienne citadelle. Au dîner, allez déguster une *açorda* à la morue sur la terrasse avec vue sur le fleuve du restaurant **Migas** (p.255).

JOURS 8 ET 9

Débusquez les villages typiques cachés dans les collines le long du Rio Guadiana. À **Alcoutim** (p.283), sirotez votre café en terrasse face à... l'Espagne et passez la frontière sur une tyrolienne (p.286) ! Longez le fleuve sur la jolie route 507, puis filez vers les salines de **Castro Marim** (p.282). Dégustez des gambas grillées à la **Casa da Igreja** (p.291), dans l'adorable village de **Cacela Velha** (p.280). Sa plage de sable blanc est à portée de barque ! Endormez-vous dans la belle **Tavira** (p.280), la ville aux 37 clochers, en rêvant déjà aux déambulations romantiques du lendemain, et au sable doux de la **Praia do Barril** (p.284).

JOUR 10

Passez une tête au marché aux poissons d'**Olhão** (p.278), puis partez explorer la **Ria Formosa** à vélo (p.285) ou allez flotter dans les eaux de la "mer Morte" aux **Salinas do Grelha** (p.284). Retour à Faro.

Cité du bout du fleuve, marchepied ouvert sur le large... Avec ses ruelles escarpées et ses bords de Tage, Lisbonne est une invitation à la rêverie et à la découverte. Cela tombe bien, l'Estremadura promet de fabuleuses échappées ! Palais, monastères, plages dorées, criques rocheuses... Changement de décor à l'est, où chevaux et taureaux soulèvent la poussière dans la plaine du Ribatejo, haut lieu d'élevage et de *tourada*.

Lisbonne, l'Estremadura et le Ribatejo

Vue sur le Tage depuis la Torre de Belém

Plan 1

Pedrógão
PRAIA DA VIEIRA
S. Pedro de Moel
PINHAL DE LEIRIA
Marinha Grande
Martingança
N242
Sítio
Nazaré
Aljubarrot
N8
S. Martinho do Porto
N242
MONASTÈRE D'ALCOBAÇA
Alfeizerão
OCEANO ATLÂNTICO
ARQUIPÉLAGO DAS BERLENGAS
Foz do Arelho
IC2
LAGOA DE ÓBIDOS
BALEAL
Caldas da Rainha
CABO CARVOEIRO
SA. DOS CANDEEIROS
Peniche
Óbidos
IP6
IP6
Rio Maior
N247
Bombarra
A15
Lourinhã
N115
N114
N8-2
SANTA DE MONTEJUNTO 666 M
N8
PRAIA DE SANTA CRUZ
IC1
N366
L'ESTREMADURA p.90
Torres Vedras
Cartaxo
ESTREMADURA
N3
N1
Azambuja
N8
Alenquer
Ericeira
Sobral de Monte Agraço
Carregado
RIO TEJO
FOZ DO LIZANDRO
N116
A8
Salvaterra
Mafra
A9
Malveira
A1
Vila Franca de Xira
N247
Bucelas
Azenhas do Mar
N9
Lousa
Alverca do Ribatejo
SINTRA
A9
Colares
Póvoa de Santa Iria
Porto Alto
CABO DA ROCA
Loures
N10
Malveira
Queluz
Sacavém
N118
PRAIA DO GUINCHO
A5
LISBOA (LISBONNE)
CABO RASO
Barcarena
Cascais
Estoril
Oeiras
AUTOUR DE LISBONNE p.76
Almada
LISBONNE p.42
Montijo
Costa da Caparica
N4
COSTA DO SOL
Barreiro
N10
Moita
Pinhal Novo
N252
LAGOA DE ALBUFEIRA
N378
A2
Palmela
N10
Vila Nogueira de Azeitão
Setúbal
SA. DA ARRÁBIDA
Aldeia da Meco
Gambia
SANTANA
501 M
Azóia
Tróia
NOSSA SENHORA DO CABO
Sesimbra
Portinho da Arrábida
PENÍNSULA DE TRÓIA
RIO SADO
CABO ESPICHEL
N
15 km

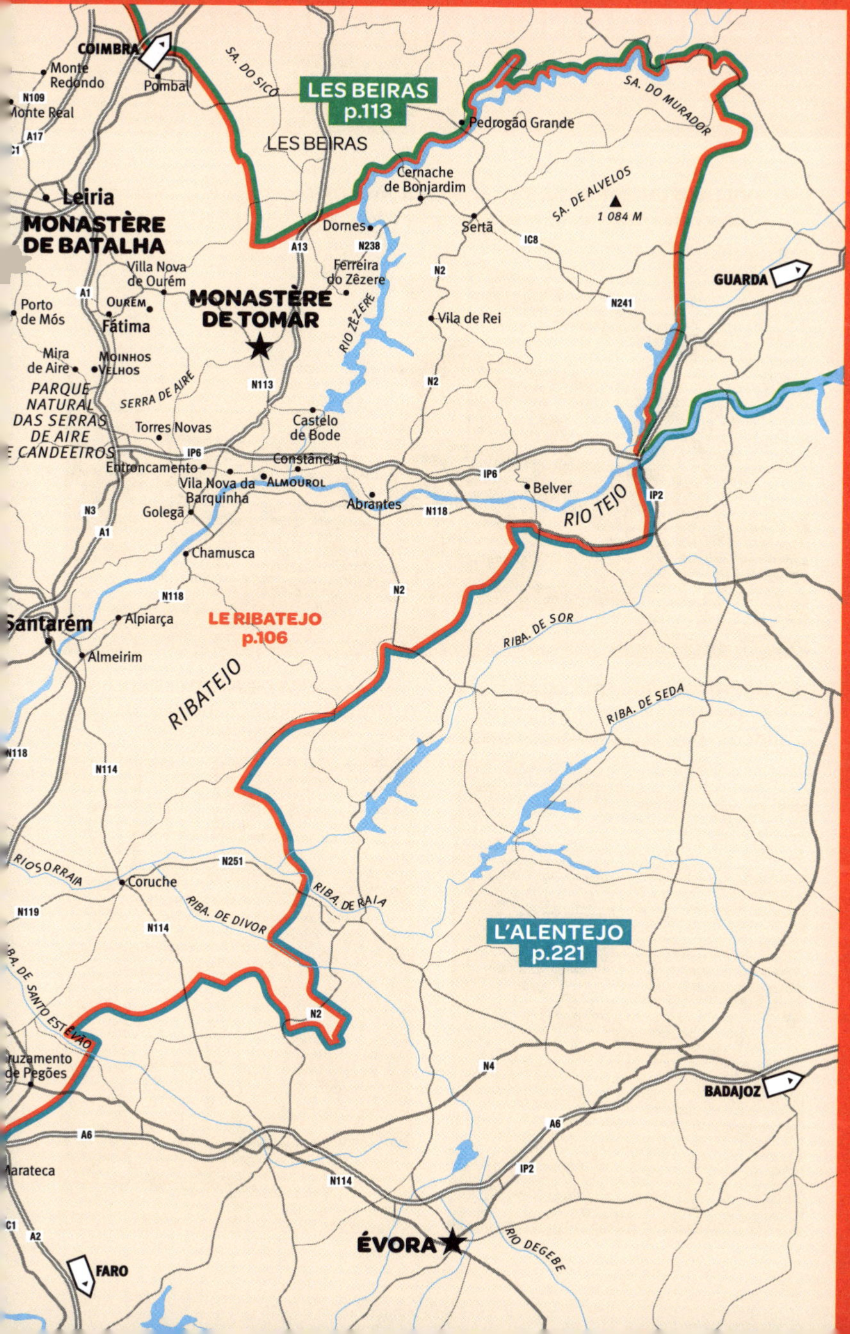

LES BEIRAS p.113
LE RIBATEJO p.106
L'ALENTEJO p.221
COIMBRA
GUARDA
BADAJOZ
FARO
Leiria
MONASTÈRE DE BATALHA
MONASTÈRE DE TOMAR
ÉVORA
Santarém
LES BEIRAS
RIBATEJO
SA. DO SICÓ
SA. DO MURADOR
SA. DE ALVELOS
1 084 M
Monte Redondo
Pombal
Monte Real
Pedrogão Grande
Cernache de Bonjardim
Dornes
Sertã
Ferreira do Zêzere
Villa Nova de Ourém
Ourém
Fátima
Porto de Mós
Mira de Aire
Moinhos Velhos
Vila de Rei
RIO ZÊZERE
SERRA DE AIRE
PARQUE NATURAL DAS SERRAS DE AIRE E CANDEEIROS
Torres Novas
Castelo de Bode
Constância
Entroncamento
Vila Nova da Barquinha
Almourol
Abrantes
Belver
RIO TEJO
Golegã
Chamusca
Alpiarça
Almeirim
RIBA. DE SOR
RIBA. DE SEDA
RIO SORRAIA
Coruche
RIBA. DE RAIA
RIBA. DE DIVOR
RIBA. DE SANTO ESTÊVÃO
Cruzamento de Pegões
Marateca
RIO DEGEBE
N109
A17
IC1
A13
N238
N2
IC8
N241
A1
N113
IP6
N3
N118
IP2
N114
N251
N119
N4
A6
IP2
A2

CINQ BONNES RAISONS...

... de se mettre au tempo de la capitale lisboète, de l'Estremadura et du Ribatejo.

Le **VILLAGE UNDERGROUND** (p.61) et la **LX FACTORY** voisine (p.60), à Alcântara, pour flâner parmi les œuvres de street art dans un îlot de poésie urbaine.

L'**ARCHIPEL DES BERLENGAS** (p.92), pour prendre le large dans un paradis marin où se posent des milliers d'oiseaux.

Les ***CASAS DE FADO*** de Lisbonne (p.67), où est né ce chant poignant, pour faire le plein de saudade.

☀ Une nuit au **BAIRRO ALTO** ou à **CAIS DO SODRÉ** (p.50), pour le tumulte joyeux de quartiers noctambules parmi les plus festifs d'Europe !

☀ **NAZARÉ** (p.94), pour admirer bouche bée les surfeurs défier les vagues XXL de Praia do Norte.

RENDEZ-VOUS AVEC...

Petite-nièce de Fernando Pessoa, **Margarida Rosa Dias** ne s'est jamais éloignée du monde des lettres et a publié en 2022 son premier recueil de poèmes. Si elle reste profondément attachée à sa ville, Lisbonne, où tant de lieux la ramènent à son grand-oncle, elle aime suivre le fil du Tage à travers la région alentour ou filer vers les pittoresques villages de Nazaré et d'Obidos. La province du Ribatejo, notamment, avec ses grands espaces, sa vie rurale, ses traditions, est pour elle "d'une beauté rare".

Ma vue sur Lisbonne

A Miradouro Sophia de Mello Breyner Andresen

Bel hommage à la poétesse Sophia de Mello Breyner Andresen, l'ancien Miradouro da Graça est l'un des plus connus de Lisbonne (p.55). On se pose, on boit un verre sur sa jolie terrasse, l'Esplanada da Igreja da Graça. Un spot idéal où se gorger de l'ensorcelante beauté de la ville et admirer le Castelo de São Jorge, le quartier de la Mouraria et le Tage, immense...

LISBONNE Calçada da Graça São Vicente Tramway n°728, bus n°734

Ma cantine

B Botequim

Fondé par la poétesse Natália Correia, le lieu a accueilli une grande partie de l'intelligentsia portugaise dans les années 1970-1980 avant de devenir une véritable référence de la nuit lisboète. Aujourd'hui petit bistrot de quartier, il propose une cuisine simple, toujours aussi savoureuse que copieuse. Les feuilletés sont vivement conseillés. Plat 6-8€.

LISBONNE Largo da Graça, 79 ☎ 218 888 511
🕒 Jeu. 18h-2h, ven.-mar. 11h-2h

Pour mon grand-oncle

C Martinho da Arcada

Sous les arcades de la Praça do Comércio, c'est l'un des endroits les plus connus de Lisbonne, mais je ne peux pas ne pas l'évoquer : c'est là que mon grand-oncle, le poète Fernando Pessoa, a pris son dernier café en compagnie du peintre moderniste Almada Negreiros, deux jours avant sa mort. À sa mémoire, on comande un *bica* (expresso) avec ou sans *bagaço* (eau-de-vie de raisin) !
Voir aussi (p.67).

Le Miradouro Sophia de Mello Breyner Andresen, sur les hauteurs de Graça

Mon resto brésilien
D Acarajé da Carol

Pour commencer une nuit lisboète, rien de tel qu'un solide dîner dans ce restaurant brésilien où se régaler de spécialités typiques de Bahia mitonnées par la maîtresse des lieux, Carol. Plat env. 25€.

LISBONNE Rua da Rosa, 63 📱 213 421 073
www.restauranteacarajedacarol.com
🕒 Mar.-ven. 17h-23h, sam. 12h-15h et 18h-23h, dim. 13h-18h

Ma plage
E Portinho da Arrábida

Au sud de Lisbonne, près de Setúbal, dans l'écrin protégé du parc naturel des montagnes d'Arrábida chantées par le poète Sebastião da Gama, la plage de Portinho da Arrábida est un vrai bijou de sable fin et blanc et d'eaux cristallines, où l'on vient observer la faune marine et guetter, notamment, le passage de dauphins ! Aux alentours, de nombreux sentiers invitent à randonner à moins qu'on ne veuille visiter le couvent d'Arrábida (7e s.).
Voir aussi (p.78).

Mon petit village caché
F Dornes

Sur une langue de terre qui s'avance dans le fleuve Zêzere, ce village caché jouit d'un cadre idyllique. Une balade romantique en barque s'impose avant ou après un déjeuner au O Rio qui propose, outre du brochet ou des côtes d'agneau grillées, une vue sublime sur le fleuve et ses collines verdoyantes.

27km au nord de Tomar O Rio Rua Guillerme de Pavia, 135 📱 918 531 841 🕒 Mer.-lun. 10h-17h

ET SI LISBONNE ÉTAIT...

Un livre Ce serait *Le Livre de l'Intranquillité*, de Fernando Pessoa. Toutes les rues de la ville ont leur origine au centre de Lisbonne, Pessoa le savait bien. Descendre ou monter, avoir pour objectif "la rivière de mon village", errer sur ses rives, m'évoque toujours son travail.

LISBONNE ★

Flottant comme un mirage au-dessus du Tage, la ville aux sept collines recèle mille dédales de rues pavées, d'impasses et d'escaliers offrant le plus charmant des cache-cache. Alors qu'on écume ses comptoirs et ses boutiques d'un autre âge, l'imprévisible capitale aux *miradouros* étourdissants a le don de nous prendre à revers avec ses airs branchés de Brooklyn-sur-Tage et son sens de la fête. Lisboa, c'est la *doce vida* !

À VOIR

De l'Olisipo romaine à la révolution des Œillets (1974), Lisbonne a connu autant de gloires que de malheurs. De sa longue domination maure (716-1147) elle a hérité des azulejos. Devenue capitale du pays en 1255, elle se dote d'une université en 1290. Au 15e s., c'est de Belém que Vasco de Gama et Cabral ouvrent l'ère des Grandes Découvertes. Désormais, la ville rivalise avec les plus grands ports d'Europe. En 1755, Lisbonne est ravagée par un séisme, puis reconstruite comme une cité modèle par le marquis de Pombal, tracée au cordeau et fonctionnelle. L'Exposition universelle de 1998 la dote d'un quartier moderne avec la création du parc des Nations. Réhabilitation des quartiers populaires, projets innovants et alternatifs... Lisbonne est aujourd'hui l'une des capitales les plus dynamiques de l'Union européenne.

ACCÈS ET INFOS

- Voiture déconseillée. Stationnement gratuit hors du centre-ville (se garer près d'une station de métro). Taxis bon marché et vélos en libre-service (www.gira-bicicletasdelisboa.pt).
- 4 lignes de métro (ticket 1,50€) + réseau Carris : bus, tramways, funiculaires et ascenseur (plan des lignes et horaires sur l'appli Carris pour smartphone). Traversée du Tage en ferry avec Transtejo.
- Metro Lisboa 213 500 115 www.metrolisboa.pt Tlj. 6h30-1h
- Carris 213 613 000 www.carris.pt
- Transtejo/Soflusa 808 20 30 50 www.transtejo.pt
- Carte Viva Viagem valable dans tous les transports avec l'option "Zapping", à créditer selon ses besoins : métro, bus, tramways, funiculaires, ascenseur de Santa Justa, trains de la compagnie CP, ferries Transtejo. Option "Pass 24h" (6,40€) : accès illimité au métro et au réseau Carris.
- Ask Me Lisboa Palácio Foz Pr. dos Restauradores 213 463 314 www.visitlisboa.com Tlj. 9h-20h
- Lisboa Card Accès gratuit aux principaux musées et transports illimités. Vente en ligne ou à l'office de tourisme : 20€/24h, 34€/48h, 42€/72h www.visitlisboa.com

LE ROSSIO, LA BAIXA ET LE CHIADO

Sillonner le Rossio et la Baixa, c'est sentir le cœur de Lisbonne palpiter et prendre part au bouillonnant mélange de touristes et d'autochtones qui s'y recompose sans cesse. Berceau médiéval côté Rossio, symbole de la reconstruction pombaline côté Baixa, ces deux quartiers imbriqués déroulent une longue page d'histoire. Celle-ci se poursuit dans les boutiques Belle Époque et les vieux cafés de l'élégant Chiado. S'y laisser transporter dans un *elevador* métallique ressemble fort à un voyage dans le temps...

À NE PAS MANQUER

- Alfama
- Miradouro da Senhora do Monte
- Fundação Calouste Gulbenkian
- Museu Nacional de Arte Antiga
- Torre de Belém
- Museu Coleção Berardo
- Mosteiro dos Jerónimos
- Oceanário de Lisboa
- *Elétrico* 28

La Praça do Comércio, ou Terreiro do Paço, grande ouverte sur le Tage

Médiévale malgré les apparences

Praça Dom Pedro IV / Praça do Rossio

Le cœur de la Lisbonne ancienne, qu'on appelle encore par son nom médiéval (Rossio), fut le théâtre des grandes turbulences historiques de la ville. Foulée par le ballet des promeneurs, sa superbe *calçada portuguesa* fait des vagues sous l'œil de Pedro IV, premier souverain du Brésil, perché sur une colonne. Ses fontaines baroques et le néoclassique Teatro Nacional D. Maria II font encore un peu plus oublier ses origines médiévales.

Entre deux âges

Praça dos Restauradores

Pavée à la façon d'une marelle géante, l'immense place fait le trait d'union entre la vieille ville (Rossio) et la Lisbonne du 19e s. qui s'étire vers l'Avenida da Liberdade. Un obélisque (1886) y rappelle la révolte de 1640 qui libéra le Portugal de 60 ans de domination espagnole. Au sud-ouest, l'**Estação do Rossio** affiche une étonnante façade néomanuéline percée de portes en "fer à cheval". À l'ouest se dressent la façade Art déco de l'ancien **Teatro Eden** et le **Palácio Foz**, hôte du **Museu Nacional do Desporto** (musée national du Sport).

Plaisante flânerie

Rua das Portas de Santo Antão

Très vivante le soir, cette rue piétonne prête ses nombreux restaurants (touristiques), salles de spectacle et bâtiments anciens à d'agréables déambulations nocturnes. Mais la rue s'anime dès le petit matin, quand sont servies *ginjinhas* et *bifanas* au comptoir de petits établissements parfois centenaires.

Plan 2
A
B
1
2
3
4
PARQUE BOTÂNICO DO MONTEIRO-MOR
CEMITÉRIO DE CARNIDE
MUSEO NACIONAL DO TEATRO E DA DANÇA
MUSEO NACIONAL DO TRAJE
IC17 - CRIL
Av. das Nações Unidas
Avenida Padre Cruz
ESTÁDIO JOSÉ ALVALADE
Avenida Marechal Teixeira Rebelo
LUZ
ALVALADE
Av. General Norton de Matos
MUSEU BORDALO PINHEIRO
MUSEU DA CIDADE
Avenida do Brasil
Avenida General Norton de Matos
Rua Elias Garcia
ESTÁDIO LISBOA E BENFICA DA LUZ
Azinhaga da Galhardas
Campo Grande
UNIVERSIDADE DE LISBOA
Estrada de Benfica
Avenida Lusíada
Av. Professor Egas Moniz
Av. dos Estados da América
Avenida das Forças Armadas
Av. dos Combatentes
JARDIM ZOOLÓGICO
Av. Álvaro Pais
Rua Conde de Almoster
Rua das Furnas
Av. Gen. Correia Barreto
ESTAÇÃO DE SETE RIOS
Avenida da República
Campo Pequeno
Avenida Columbano Bordalo
Avenida de Berna
24
9
PALÁCIO DOS MARQUESES DE FRONTEIRA
Av. José Malhôa
Av. Conde de Valbom
ESTAÇÃO DE ARCO DO CEGO
BOA VISTA
IC17 - CRIL
FUNDAÇÃO C. GULBENKIAN
Praça Duque de Saldanha
ALTO DA SERAFINA
PARQUE FLORESTAL DE MONSANTO
CAMPOLIDE
Av. C. Gulbenkian
PARQUE EDUARDO VII
Av. A. A. de Aguiar
Av. Fontes Pereira de Melo
Praça Marquês de Pombal
AQUEDUTO DAS ÁGUAS LIVRES
LARGO DO INTENDENTE PINA MANIQUE
N117
A5
Av. Engenheiro Duarte Pacheco
Rua Braamcamp
Av. da Liberdade
ESTORIL, CASCAIS
A5
MÃE D'ÁGUA DAS AMOREIRAS
LES AVENIDA
Estrada do Penedo
CAMPO DE OURIQUE
Avenida das Descobertas
Estrada de Queluz
RATO
JARDIM BOTÂNICO
ROSSIO
CASA MUSEU AMÁLIA RODRIGUES
Av. da Ponte
Avenida de Ceuta
Av. Infante Santo
BASÍLICA DA ESTRELA
75
Praça d. Pedro IV (Rossio)
TAPADA DA AJUDA
CARAMÃO
Calçada da Ajuda
ALCÂNTARA
PALÁCIO REAL DAS NECESSIDADES
ESTRELA
BAIRRO ALTO
plan 4
JARDIM BOTÂNICO DA AJUDA
PALÁCIO NACIONAL DA AJUDA
LAPA
Quatro de Julho
LX FACTORY
MUSEU NACIONAL DE ARTE ANTIGA
Avenida da Ponte
Avenida Vinte e
CAPELA DE SANTO AMARO
AJUDA
EXPERIÊNCIA PILAR 7
MUSEU DO ORIENTE
Avenida do Restelo
VILLAGE UNDERGROUND LISBOA
SANTO AMARO
MOSTEIRO DOS JERÓNIMOS
Av. da Torre de Belém
Pr. A. de Albuquerque
Avenida da Índia
BELÉM
DOCA DE SANTO AMARO
Avenida da Índia
TORRE DE BELÉM
Ponte 25 de Abril
CACILHAS
MUSEO NAVAL
32
CASA DE CERCA
ALMADA
CRISTO REI
PORTO BRANDÃO

Pauses (n°8 et 9)
- *8* Clara Clara Café - *p.68* C3
- *9* Versailles - *p.69* B2

Restaurants (n°24 à 32)
- *29* Ceia - Silent Living - *p.71* C3
- *24* O Galeto - *p.70* B2
- *32* Ponto Final - *p.87* B4

Sorties (n°72 à 75)
- *74* Casa Independente - *p.75* C3
- *72* LuxFrágil - *p.75* C3
- *75* Sr. Vinho - *p.75* B3

Plan 3
A
B
1
2
3
4
JARDIM BOTÂNICO
Praça da Alegria
Rua da Alegria
Rua Mãe de Água
PRÍNCIPE REAL
Rua
Rua da C. da Glória
Rua de Santo António da Glória
Rua da Glória
Travessa da Glória
Avenida da Liberdade
LES AVENIDAS
Calç. do Lavra
ASCENSOR DO LAVRA
C. de Santana
Rua das Portas de Santo Antão
SOCIEDADE DE GEOGRAFICA DE LISBOA
COLISEU
IGREJA SAINT-LOUIS DES FRANÇAIS
CASA DO ALENTEJO
Calçada do Garcia
49
7
PRAÇA DO PRÍNCIPE REAL
Rua das Taipas
AVENIDA DA LIBERDADE
RUA DAS PORTAS DE SANTO ANTÃO
ASCENSOR DA GLÓRIA
PALÁCIO FOZ
ROSSIO
PRAÇA DOS RESTAURADORES
RESTAURADORES
22
28
Rua D. Pedro V
66
R. da Palmeira
MIRADOURO DE SÃO PEDRO DE ALCÂNTARA
CONVENTO SÃO PEDRO DE ALCÂNTARA
63
21
T.C. Soure
61
60
C. da Glória
TEATRO DE DONA MARIA II
40
IGREJA DE SÃO DOMINGOS
CONVENTO DOS CORDAES
Rua E. Coelho
Rua do Século
C. do Tijolo
R. da Rosa
Rua Teixeira
S. Pedro de Alcântara
Rua
ESTAÇÃO DO ROSSIO
Rua 1º de Dezembro
PRAÇA D. PEDRO IV
ROSSIO
Rua da Atalaia
IGREJA DE SÃO ROQUE
BAIRRO ALTO
R. Academia das Ciências
ACADEMIA DAS CIENCIAS
Largo Tr. Coelho
C. do Duque
25
C. do Carmo
R. da Betesga
42
30
T. da Queimada
65
MUSEU ARQUEOLÓGICO DO CARMO
41
45
R. de Sta
44
T. do P. da Cidade
R. da Barroca
R. do Norte
R. das Gáveas
Rua da Misericórdia
27
R. Nova da Trindade
R. da Trindade
Lgo do Carmo
ELEVADOR DE STA. JUSTA
Rua Augusta
D
Rua Luz Soriano
Rua da Rosa
IGREJA DE STA. CATARINA
62
Rua do Diário de Notícias
T. do Carmo
CHIADO
Rua do Carmo
T. das Mercês
STA CATARINA
BICA - LARGO DE CALHARIZ
T. da Espera
CALÇADA DO COMBRO
C. do Combro
64
Rua do Loreto
6
PRAÇA LUÍS DE CAMÕES
Largo do Chiado
5
Rua Serpa Pinto
Rua Garrett
4
BAIXA CHIADO
Rua Ivens
Rua N. do Almada
Rua Áurea Rua do Ouro
Rua Dr Luís de Almeida e Albuquerque
CINEMA IDEAL
Praça L. de Camões
BAIXA CHIADO
MIRADOURO ALTO DE SANTA CATARINA
Rua Marechal de Saldanha
R. H. Seca
R. d. Chagas
Rua da Emenda
47
Rua Capelo
Rua
Rua da Flores
48
TEATRO SÃO CARLOS
R. dos Duques de Bragança
Largo do Picadeiro
RUA DA CONCEIÇÃO
Rua do Ataide
Rua A. M. Cardoso
MNAC
Calçada de S. Francisco
CÂMARA MUNICIPAL
Rua da Boavista
BICA - R. DE SÃO PAULO
ASCENSOR DA BICA
26
RUA DE SÃO PAULO
Rua de S. Paulo
R. VÍCTOR CÓRDON
R. Vítor Córdon
LARGO DA ACADEMIA NACIONAL DE BELAS ARTES
Praça do Município
Rua d. Moeada
Traverssa do Carvalho
Rua do Alecrim
Rua Dom Luís I
R. d. Rib. Nova
CORPO SANTO
Rua do Arsenal
R. dos Remolares
68
Praça de Dom Luís I
MERCADO DA RIBEIRA
20
Rua Costa
23
CAIS DO SODRÉ
Avenida Vinte E Quatro de Julho
Praça Duque da Terceira
CAIS DO SODRÉ
Praça Europa
RIBEIRA DAS NAUS
Av. da Ribeira das Naus
ESTAÇÃO CAIS DO SODRÉ
Cais do Sodré
Cais do Sodré

C
D
HOSPITAL DE SÃO JOSÉ
Rua José António Serrano
Rua da Palma
MARTIM MONIZ
LARGO MARTIM MONIZ
R. dos Cavaleiros
SOCORRO
73
MARTIM MONIZ
Rua Barros Queiróz
MOURARIA
Rua M. de P. de Lima
LARGO DO TERREIRINHO
C. do Monte
GRAÇA
JARDIM DA CERCA DA GRAÇA
Rua dos Lagares
CONVENTO DA GRAÇA
IGREJA DA GRAÇA
MIRADOURO SOPHIA DE MELLO BREYNER ANDRESEN
RUA DOS LAGARES
Largo da Graça
B
Calç. de Santo André
Calçada da Graça
Travers a das Mónicas
Largo da Graça
Traversa Fereira
Rua da Senhora da Glória
GRAÇA
Rua da Verónica
Rua da Voz da Operário
VOZ DO OPERÁRIO
Arco Grande de Cima
MOSTEIRO DE SÃO VICENTE DE FORA
R. de São Vicente
Calçadinha de São Vicente
Costa do Castelo
71
R. D. Duarte
Poço do Borratém
Praça da Figueira
PRAÇA DA FIGUEIRA
R. D. Farinhas
Costa do Castelo
CASTELO DE SÃO JORGE
Largo de Santa Cruz do Castelo
R. de Santa Cruz do Castelo
SÃO TOMÉ
MENINO DEUS
Rua São Tomé
Rua do Salvador
Calçadinha do Tijolo
R. DAS ESCOLAS GERAIS
CALÇADA VICENTE
R. das Escolas Gerais
ALFAMA
Justa
BAIXA
Rua dos Fanqueiros
Rua da Madalena
Rua dos Douradoress
Rua da Prata
Costa do Castolo
70
Rua de São Mamede
LARGO DAS PORTAS DO SOL – LARGO DE SANTA LUZIA
MIRADOURO STA. LUZIA
LG. PORTAS SOL
Rua da Regueira
69
Largo do Chafariz de Dentro
MUSEU DO FADO
L. dos Loios
R. de Santiago
Rua Limoeiro
Rua Norberto de Araújo
Rua do Terreiro do Trigo
Avenida Infante Dom Henrique
e S.Nicolau
Largo da Madalena
43
IGREJA DE SANTA MARIA MADALENA
IGREJA DE STO. ANTÓNIO DA SÉ
SÉ
SÉ
MUSEU DO TEATRO ROMANO
LIMOREIRO
L. de Sto. A. da Sé
SÉ PATRIARCAL
R. do Barão
Rua de São Joao da Praça
Rua da Conceição
São Julião
Rua de
MUDE
Rua do Comércio
50
Rua dos Bacalhoeiros
IGREJA DA CONCEIÇÃO VELHA
CASA DOS BICOS
TERMINAL DE CRUZEIROS DE LISBOA
2
PRAÇA DO COMÉRCIO
R. da Alfândega
Campo das Cebolas
Praça do Comércio
3
PRAÇA DO COMÉRCIO – TERREIRO DO PAÇO
Avenida Infante Dom Henrique
TERREIRO DO PAÇO
Cais das Colunas
ESTAÇÃO FLUVIAL SUL E SUESTE
RIO TEJO
N
150 m

COULEUR LOCALE

Addictive tant elle est douce au palais, mais à consommer avec modération au regard de ses 20° au compteur, la ***ginja*** ou ***ginjinha*** s'avale d'un trait, à l'heure de l'apéritif, au comptoir des *ginjinhas*, bars de poche concentrés dans le Rossio. Parfumée à la cannelle, cette liqueur à base de griottes se consomme, avec ou sans cerises, chez Ginjinha-Rubi ou Ginjinha Sem Rival - Eduardino (p.73) !

Surprenant palais des 1 001 nuits

Casa do Alentejo

L'Alentejo a sa maison à Lisbonne ! Lieu de rencontre des Alentejanos déracinés, ce surprenant palais, insoupçonnable depuis la rue, dévoile un improbable mélange des genres : magnifique patio mauresque, cabinet médiéval, salons baroques... À l'étage, le restaurant sert des spécialités régionales, et la salle de bal accueille chaque week-end (sept.-mai) les Tardes Alentejanas, folkloriques à souhait (concert gratuit le samedi à 15h30 ; bal 5€ le dimanche à 15h et 19h).

Rua das Portas de Santo Antão, 58 ☎ 213 405 140 www.casadoalentejo.pt 🕒 Mar.-dim. 9h30-23h Restaurant : mar.-dim. 12h-15h et 19h-23h Taverne : mar.-dim. 12h-22h30

Transport d'un autre âge

Ascensor do Lavra

Le plus ancien funiculaire urbain du monde relie le Largo da Anunciada à la Rua Câmara Pestana depuis 1884 ! Peu fréquenté, il est idéal pour expérimenter un petit voyage rétro sans la foule.

Calçada do Lavra 🕒 Lun.-ven. 7h50-19h55, w.-e. et j. fér. 9h-19h55 € 3,80€ AR à bord

Mode et travaux

MUDE

Un endroit unique en Europe ! Dans le décor inattendu d'une ancienne banque, les luxueuses collections du Museu do Design e da Moda ont donné une forte visibilité au monde du design et de la mode portugais et international.

Rien de moins que des pièces signées Charles et Ray Eames, Le Corbusier ou encore Vivienne Westwood. En attendant sa réouverture après une durée indéterminée de travaux, la dynamique institution se déploie hors les murs.
Rua Augusta, 24 ☎ 218 886 117 www.mude.pt

Sévère, noble et élégante
Praça do Comércio – Terreiro do Paço

Ouverte sur le Tage, une esplanade majestueuse, cœur vibrant de la ville et lieu de rassemblement historique des Lisboètes ! C'est l'apothéose de la nouvelle Lisbonne reconstruite par Pombal après le séisme de 1755, qu'on appelle encore Terreiro do Paço en souvenir du palais royal détruit. Frappé par ses dimensions, vous pénétrez sous ses belles arcades alignant cafés, restaurants et glaciers. Au centre, la colossale statue équestre du roi José I (1775). Et côté Tage, le Cais das Colunas, un ancien embarcadère, où l'on imagine les navigateurs débarquant épices et or rapportés d'Amérique. Un bijou d'urbanisme à contempler du haut de l'arc de triomphe !

Étrange mécanique
Elevador de Santa Justa

Merveilleuse dentelle de fer, cet ascenseur vous téléporte de la Baixa au Chiado en quelques secondes ! Inaugurée en 1902, la spectaculaire tour de 45m a été conçue par Raoul Mesnier du Ponsard, un disciple d'Eiffel. Au sommet, le mirador livre une vue splendide sur les ruines de l'église du Carmo, le tracé en damier de la Baixa et l'enchevêtrement des maisons vers la colline du château.
Rua Áurea / Rua de Santa Justa ⌚ Mai-oct. : tlj. 7h30-23h ; nov.-avr. : tlj. 7h30-21h Billet 5,30€ pour 2 trajets

Elevador Santa Justa

Réunion de vieilles pierres
Museu Arqueológico do Carmo

Les ruines émouvantes de l'église du couvent des Carmes (14e s.) évoquent avec force la violence du séisme de

DRÔLE D'AFFAIRE
Même si le langage courant les confond, les termes "*ascensor*" et "*elevador*" ne désignent pas le même "procédé d'élévation". Ainsi, tous les funiculaires sont des *ascensores* tandis que l'ascenseur de Santa Justa relève de la famille des *elevadores*.

1755. Le squelette gothique forme l'écrin insolite d'un musée archéologique à ciel ouvert donnant à voir des fragments de monuments tandis que l'abside abrite objets préhistoriques, momies précolombiennes, pièces d'époque romaine et azulejos du 18e s. Paressez ensuite en terrasse sur l'irrésistible place du Carmo...

Largo do Carmo 213 478 629 www.museuarqueologicodocarmo.pt Mai-oct. : lun.-sam. 10h-19h ; nov.-avr. : lun.-sam. 10h-18h Semaine pascale : 10h-19h 5€ Tarif 5€

Lèche-vitrines comme à la Belle Époque

Rua Garrett

C'est la rue commerçante du Chiado, avec ses magasins traditionnels figés dans le temps voisinant avec les chaînes de mode. Pèlerinage rétro à la Casa Pereira (n°38), qui propose cafés et thés depuis 1930, puis à la Livraria Bertrand, plus vieille librairie du monde encore en activité (1732). À voir au n°77, la façade Belle Époque de Paris em Lisboa (1888), où se pressaient les élégantes en robe à crinoline, et, à deux pas, les superbes boiseries sixties de la Casa Havaneza (Largo do Chiado, 25), premier bureau de tabac du Portugal (1864).

Bien logés

MNAC – Museu Nacional de Arte Contemporânea do Chiado

Romantique, naturaliste, symboliste, moderniste... Les grands courants de l'art moderne portugais s'exposent dans cet ancien couvent reconverti en biscuiterie à la fin du 19e s., puis remodelé en 1994 par l'architecte français Jean-Michel Wilmotte. Jardin de sculptures et café dans le patio.

Rua Serpa Pinto, 4 213 432 148 museuartecontemporanea.gov.pt Mar.-ven. 10h-13h et 14h-18h, w.-e. et j. fér. 10h-14h et 15h-18h 4,50€

BAIRRO ALTO, PRÍNCIPE REAL ET CAIS DO SODRÉ

Une plongée vibrante dans le triangle d'or de la *movida* et de la fête lisboètes. Refuge de l'avant-garde dans les années 1980, le populaire Bairro Alto pullule de bars alternatifs. Contagieuse, son atmosphère bohème a gagné les petits palais de Príncipe Real où bars gay-friendly, concept-stores et boutiques de créateurs "coolent" des jours heureux. Le louche et sulfureux Cais do Sodré, où venaient s'encanailler les marins, attire désormais dans son filet maillé de gargotes et de boîtes de nuit branchées toute la jeunesse lisboète. Peinte en rose et rebaptisée Pink Street, la Rua Nova do Carvalho est *the place to be* !

Un petit remontant jaune et blanc

Ascensor da Glória

Le funiculaire le plus célèbre, mais aussi le plus convoité, à en croire la file des aspirants passagers qui attendent d'y grimper pour se hisser sans effort de la Praça dos Restauradores (p.43) au Miradouro de São Pedro de Alcântara. Le long de la voie, les panneaux de la **Galeria de Arte Urbana** accrochent l'œil des mordus de street art. De la fresque au collage, en passant par le *yarn bombing* (tricot-graffiti), le pochoir ou le tag, toutes les formes d'art urbain s'y affichent !

Calçada da Glória, 6 Miradouro de São Pedro de Alcântara ⌚ Lun.-jeu. 7h15-23h55, ven. 7h15-0h25, sam. 8h45-0h25, dim. et j. fér. 9h15-23h55 € 3,80€ AR à bord

Ascensor da Glória

Balcon sur les collines

Miradouro de São Pedro de Alcântara

Sur les flancs du Bairro Alto, tutoyant la colline de São Jorge et son superbe château en vis-à-vis, il offre une vue inouïe sur la ville basse et les autres collines lisboètes. Un kiosque où prendre un café – ou l'apéritif, pour profiter du coucher du soleil – et de grands arbres émaillent ce belvédère. Dans son prolongement, deux escaliers mènent à un idyllique petit jardin à la française...

Rua de São Pedro de Alcântara

Opulence cachée

Igreja de São Roque

D'apparence discrète, cette église fondée par les Jésuites au 16e s. cache un intérieur d'une richesse inouïe : peintures, retables de bois doré, reliques, azulejos... et la chapelle São João Baptista (quatrième à gauche), joyau absolu du baroque italien tout ruisselant d'or, de pierres précieuses et d'angelots en marbre de Carrare. Élevée à Rome, elle a été transportée à Lisbonne en 1747 à bord de trois navires ! Musée attenant consacré à l'art sacré.

Largo Trindade Coelho ☎ 213 235 444 www.mais.scml.pt/museu-saoroque ⌚ Hiver : mar.-dim. 10h-18h ; été : mar.-dim. 10h-19h, mar.-dim. 12h30 Messe : 2,5€

Un parasol pour 50 personnes et +

Praça do Príncipe Real

Ce jardin romantique tire sa gloire d'un immense cyprès du Portugal (*Cupressus lusitanica*). Tel une pieuvre, il déploie ses branches-tentacules, retenues par un élégant dispositif de tonnelle, sur un diamètre de 25m. Sur la place, deux kiosques et le café (p.68) se disputent la faveur des flâneurs, notamment lors du marché bio du samedi matin.

Réserve de belles plantes

Jardim Botânico

Sa luxuriance exotique et le soin apporté à ses parterres en font l'un des plus beaux jardins 19e s. de la péninsule. Vous pourrez prolonger la promenade avec une leçon d'histoire naturelle au **Museu Nacional de la Ciência e de História Natural**, ou chercher l'inspiration dans la Rua da Escola Politécnica et sa kyrielle de galeries d'art, de magasins branchés et d'antiquaires.

Rua da Escola Politécnica, 56-58 🕒 Été : tlj. 10h-20h ; hiver : tlj. 10h-17h € 5€

Voyage en cabine

Ascensor da Bica

Fidèle à son parcours monotone et rectiligne depuis 1892, le benjamin des funiculaires lisboètes affronte une pente digne d'une montagne russe entre le Cais do Sodré (Rua de São Paulo) et le Bairro Alto (Largo Calhariz). Une traversée pittoresque du vieux quartier de pêcheurs de Bica et son enfilade de maisons pastel... et de bars, insoupçonnables en journée !

Rua de São Paulo, 234 🕒 Lun.-sam. 7h-21h, dim. et j. fér. 9h-21h € 3,80€ AR à bord

La vue est belle !

Miradouro de Santa Catarina

Une pause s'impose au belvédère de Santa Catarina d'où l'on goûte une vue grandiose sur l'estuaire du Tage, face au Cristo Rei, en compagnie d'une bohème marginale et paisible qui aime à y lanterner. En prime, un petit kiosque y sert parmi les meilleures *tostas* de la capitale !

Rua de Santa Catarina, 401 Au bout de la Rua Marechal Saldanha (accès par l'elétrico 28 ou le funiculaire de Bica)

Terrasse sur le Tage

Ribeira das Naus

De la Praça do Comércio au Cais do Sodré, la Ribeira das Naus invite à une flânerie ensoleillée entre le Tage et les vestiges des chantiers navals de l'époque mythique des Grandes Découvertes. Vous pourrez vous délasser sur la pelouse auprès de la grande ruine de la cale sèche, aujourd'hui réaménagée en jardin, ou bien les pieds dans l'eau, en bas des escaliers le long du fleuve.

Av. da Ribeira das Naus

L'ALFAMA 👍

Charmant dédale de petites places arborées, d'allées pavées, de ruelles tortueuses et d'escaliers abrupts, l'Alfama est un vrai quartier populaire, sacrifiant avec grâce au cliché du linge qui sèche aux fenêtres et des anciens qui refont le monde sur le pas de la porte. Séquence saudade dans le plus vieux *bairro* de Lisbonne, entre *miradouros*, boîtes à fado et sardines grillées.

Vénérable dame

Sé Patriarcal

Impassible, l'austère cathédrale-forteresse regarde passer le tram 28, et prend la pose devant les appareils photo ! Sa construction sur les ruines d'une mosquée date de la fondation de la nation portugaise (1147). Maintes fois remaniée, elle affiche plusieurs styles : façade romane, chapelles gothiques

L'Alfama depuis le *miradouro* du Largo das Portas do Sol

et chœur baroque ! Dans le musée du Trésor, vous pourrez admirer costumes, statues, manuscrits et les reliques de São Vicente, saint patron de Lisbonne.

Largo da Sé ☏ 218 866 752 www.sedelisboa.pt ◷ Juin-oct. : lun.-sam. 10h-18h ; nov.-mai : 9h30-19h Musée Lun.-sam. 10h-17h

Origamique !
Casa dos Bicos

À l'allure impersonnelle de ses voisines, cette maison oppose la fantaisie d'une façade "en 3D", hérissée de pierres taillées en pointes (*bicos*) de diamant. Érigée en 1523 par un riche marchand, l'excentrique demeure abrite la **Fundação José Saramago**, dédiée au prix Nobel de littérature 1998.

Rua dos Bacalhoeiros, 10 ☏ 218 802 040 www.josesaramago.org ◷ Lun.-sam. 10h-18h € 3€

Regards croisés sur l'Alfama
Largo das Portas do Sol – Largo de Santa Luzia

Dans la montée vers le *castelo*, ces deux belvédères invitent à une pause délicieuse. Sous la tonnelle, le *miradouro* fleuri de Santa Luzia est le balcon rêvé pour contempler les ruelles de l'Alfama descendant vers le Tage. De la terrasse

BON À SAVOIR

Le dédale de l'Alfama jouit d'une toponymie originale. Pour ne pas "tomber dans le panneau", sachez qu'un ***beco*** vous conduira sans doute à une impasse, que la ***calçada*** (ou *calçadinha*) augure d'une montée assez raide, que la ***travessa*** est plutôt réservée aux piétons, que les ***escadinhas*** remplaceront avantageusement votre séance de step et qu'un ***pátio*** se découvre le plus souvent au bout d'une voie sans issue.

du Largo das Portas do Sol, panorama extralarge englobant le monastère Saint-Vincent et la coupole du Panthéon.

Vestiges des cimes
Castelo de São Jorge

Voici trois bonnes raisons de partir à l'assaut de la grande citadelle. Pour l'exceptionnel point de vue offert par sa terrasse et ses chemins de ronde d'abord. Pour son ingénieuse **Câmara Escura** ensuite qui, dans la tour d'Ulysse, permet un survol à 360° des toits de la ville, grâce à un périscope capturant en temps réel des images inédites (et fugitives) de la cité. Enfin, pour vibrer au rythme des rebondissements de son histoire qui, du 8e au 20e s., vit se succéder batailles, sacres et... secousses telluriques.

Rua de Santa Cruz do Castelo 218 800 620 www.castelodesaojorge.pt Mars-oct. : tlj. 9h-21h ; nov.-fév. : tlj. 10h-19h Dernière entrée 30min avant fermeture 10€

Immersion "en-chantée"
Museu do Fado

Le chant éternel de Lisbonne valait bien un musée, premier du genre au Portugal. À voir et à écouter d'un bout à l'autre d'un parcours audiovisuel, jalonné de photographies, d'œuvres d'art, de partitions, de films, de disques, d'instruments et de costumes.

Largo do Chafariz de Dentro, 1 218 823 470 www.museudofado.pt Mar.-dim. 10h-18h 5€

GRAÇA ET MOURARIA

Ici, c'est au coin des rues que la vie bat son plein. La colline de Graça, parée de villas et de maisons ouvrières du 19e s., coiffe les six autres à l'altimètre, offrant des belvédères aux vues imprenables sur la ville. À ses pieds, les ruelles de la cosmopolite Mouraria s'animent de repaires bohèmes et branchés, tout en conservant un certain esprit romanesque canaille.

Le Panthéon national
Igreja de Santa Engrácia – Panteão Nacional

Presque trois siècles de travaux... Une durée record pour cette église baroque (1682-1966) qui a fait naître l'expression "*obras de Santa Engrácia*" pour qualifier les chantiers sans fin. Sous son dôme, les cénotaphes de grands hommes (Henri le Navigateur, Vasco de Gama) et les tombeaux de grandes dames du pays : la fadiste Amália Rodrigues et la poétesse Sophia de Mello Breyner Andresen. Superbe *miradouro* au-dessus du Tage.

Campo de Santa Clara 218 854 820 Avr.-sept. : mar.-dim. 10h-18h ; oct.-mars : mar.-dim. 10h-17h Dernière entrée 20min avant la fermeture 4€

Beau comme un (Sacré)-Cœur
Mosteiro de São Vicente de Fora

Sa pompeuse silhouette immaculée joue un sublime concerto avec le bleu du ciel. Entre les murs de calcaire de cette œuvre de l'architecte italien Filippo

Azulejo du Miradouro de Santa Luzia

Terzi reposent des membres de la famille royale de Bragance. Le cloître du couvent des Augustins, quant à lui, vaut surtout pour ses panneaux d'azulejos bleu et blanc du 18e s., dont certains illustrent les fables d'un certain La Fontaine.

Largo de São Vicente ☎ 218 810 559 www.mosteirodesaovicentedefora.com
🕒 Mar.-dim. 10h-18h Dernière entrée 1h avant fermeture Concerts d'orgue Gratuits avr.-déc. le 2e sam. du mois à 17h € 5€

Une marée de toits roses
Miradouro Sophia de Mello Breyner Andresen

Un belvédère enchanteur, avec son petit kiosque-buvette à l'ombre des pins et de l'**Igreja da Graça**, qui cache un intérieur rococo et l'un des plus somptueux cloîtres de la capitale. Vue splendide sur les toits de la Mouraria et le Castelo de São Jorge avec en toile de fond le Tage et la silhouette du Ponte 25 de Abril.

Calçada da Graça São Vicente

Comme accroché au ciel
Miradouro da Senhora do Monte 👍

L'un des plus beaux belvédères de Lisbonne, en récompense d'une ascension méritante. Ce balcon au-dessus de la ville offre un panorama stupéfiant sur la colline de São Jorge, la Mouraria et la ville basse avec, en arrière-plan, l'estuaire du Tage. La chapelle est dédiée à Senhora do Monte, patronne de la fertilité. Prolongez le charme en redescendant par les *escadinhas* (escaliers).

Largo do Monte

Sur le Largo do Intendente Pina Manique

Renouveau d'un lieu de perdition
Largo do Intendente Pina Manique

Un superbe hôtel Art nouveau, la plus belle façade d'azulejos de la ville, relique de la célèbre fabrique Viúva Lamego, des cafés cool et des terrasses pour laisser filer le temps autour du *Jardin en kit* de Joana Vasconcelos : cette place, jadis un nid de prostitution et de trafics divers, est devenue l'un des lieux en vogue de la capitale. Le magnifique magasin **A Vida Portuguesa** y a posé ses objets poétiques du Portugal d'antan, et la palpitante **Casa Independente** (p.75) y fait danser les oiseaux de nuit branchés dans un palais du 19e s.

Melting-pot commercial
Largo do Martim Moniz

C'est sur cette place peu reluisante de la Mouraria, mais animée d'une vie de quartier très métissée, que débute la course du légendaire tram 28 – *elétrico* 28 (p.67). On préférera se perdre à l'est de la place, dans le lacis de ruelles et d'escaliers hérité de la ville maure du Moyen Âge, en contrebas du château et de Graça. Le meilleur moyen de toucher l'âme de ce *bairro* populaire qui a vu naître le fado, et où cohabitent cantines portugaises, restaurants chinois, cafés bobo et gargotes angolaises. À deux pas de la Baixa, une tout autre Lisbonne !

LES AVENIDAS

Née au bord du Tage, Lisbonne a grandi et s'est modernisée selon une irrésistible poussée vers le nord. À mesure que l'on s'éloigne du fleuve, la ville dévoile une autre facette, plus conforme à l'image que l'on se fait d'une capitale : de larges avenues rectilignes (les " Avenidas Novas "), des parcs gigantesques et des démonstrations d'architecture au fil des rues.

BON À SAVOIR
Les larges avenues des quartiers nord ne sont pas idéales pour le piéton solitaire. Préférez le bus ou le métro, notamment pour vous rendre à la fondation Gulbenkian.

Champs-Élysées portugais
Avenida da Liberdade
La ville du 19e s., fidèle au style pombalin, se matérialise le long de cette large avenue inspirée des Grands Boulevards parisiens avec ses grands hôtels et ses boutiques de luxe. La promenade élégante de Lisbonne, saupoudrée de fontaines et de petits kiosques où se rafraîchir à l'ombre des platanes.

Av. da Liberdade ◷ Boutiques Lun.-sam. 10h-19h

La coulée verte
Parque Eduardo VII
Au terme de votre douce ascension le long de l'Avenida da Liberdade, cueillez la récompense d'un vaste tapis de verdure et d'une fantastique perspective sur le Tage. Vous traversez le Parque Eduardo VII, plus attrayant pour ses deux serres exotiques des années 1930 que pour ses classiques parterres à la française. À l'opposé, le Pavilhão Carlos Lopes est recouvert de panneaux d'azulejos relatant les principales batailles portugaises.

218 170 996 ◷ Serres Tlj. 9h-17h ; été : 10h-19h € 3,10€, gratuit dim. et j. fér. jusqu'à 14h

Une magistrale leçon d'art
Fundação Calouste Gulbenkian
Figurines égyptiennes, tapis persans, enluminures médiévales, porcelaines chinoises, estampes japonaises, arts décoratifs français, peintures de Rembrandt, Turner, Degas, Renoir et Monet, sculptures de Pigalle et Rodin... et la plus grande collection de bijoux et de verres René Lalique ! Voilà un aperçu des 6 000 splendeurs réunies par le richissime homme d'affaires et collectionneur arménien Calouste Gulbenkian (1869-1955). À la collection du fondateur s'ajoute la collection moderne, florilège d'art portugais du 20e s. et de pop'art britannique. Et entre les deux, un superbe jardin parsemé de sculptures. La fondation programme aussi des concerts.

Av. de Berna, 45A (M° Praça de Espanha ou São Sebastião, bus 713, 716, 726, 742, 746, 756) 217 823 000 www.gulbenkian.pt ◷ Mer.-lun. 10h-18h Jardins Tlj. jusqu'au coucher du soleil € 10€

Un grand écart sur la vallée d'Alcântara
Aqueduto das Águas Livres
Sur près de 1km, une œuvre d'ingénierie et d'architecture du 18e s., destinée à acheminer vers la capitale les eaux des sources de la Serra de Sintra, et que l'on peut aujourd'hui parcourir à pied par tronçons. La plus impressionnante de ses 127 arches mesure 65m de haut.

Calçada da Quintinha, 6 218 100 215 www.epal.pt ◷ Musée Ouvert mar.-dim. 10h-17h30

RATO ET ESTRELA

Un réservoir d'eau baroque, la maison de la reine du fado et une gigantesque basilique : les preuves que ces quartiers méconnus de Lisbonne, au nord-ouest du Bairro Alto, n'ont rien d'une seconde zone !

Curiosité aquatique

Mãe d'Água das Amoreiras

L'Aqueduto das Águas Livres (p.57) termine sa course de 18km à la "Mère des eaux", immense réservoir d'eau limpide juché au-dessus du Rato. Un chef-d'œuvre de l'ingénierie hydraulique du 18e s. qui prête désormais la beauté de ses voûtes, de sa cascade et de ses reflets enchanteurs à des expositions d'art. En prime, une vue plongeante sur la ville depuis la terrasse.

Praça das Amoreiras, 10 218 100 215 Mer.-dim. 10h-13h30, mar. 10h-13h30 et 14h30-17h30 Fermé j. fér. 4€

Chez Amália

Casa-Museu Amália Rodrigues

Amoureusement mise sous cloche, la dernière résidence de LA star mondiale du fado s'ouvre désormais aux curieux. Tout est resté intact autour du splendide hall d'entrée recouvert d'azulejos à motifs floraux du 18e s.

Rua de São Bento, 193 213 971 896 www.amaliarodrigues.pt Tlj. 10h-18h 7€ 7€

Faire-part de naissance

Basílica da Estrela

Toute à sa joie d'enfanter, la reine Dona Maria I commanda cette grandiose église néoclassique (fin 18e s.). Admirez la crèche peuplée de 500 statuettes, avant de vous hisser jusqu'à la coupole pour admirer le Tage. En sortant, allez flâner dans le **Jardim da Estrela** où deux cafés invitent à la pause.

Praça da Estrela Lun.-sam. 9h-13h et 15h-18h30, dim. 15h-18h30 Jardins Tlj. 7h-0h 4€ (accès à la coupole)

LAPA ET ALCÂNTARA

Voisins de la trépidante Baixa, ces quartiers résidentiels sont bien plus paisibles. Les façades d'azulejos bordent des rues fleuries, où prolifèrent antiquaires et galeristes, et de jolies places égayées de terrasses. Au pied de l'iconique pont du 25-Avril, quelques poches de vie électrisent l'atmosphère et font souffler le bel esprit arty lisboète.

Le roi du Portugal

Museu Nacional de Arte Antiga

Le plus grand musée portugais, à ne manquer sous aucun prétexte ! Dans ce palais du 17e s., c'est un déluge de peintures, sculptures, dessins, meubles, argenterie, céramiques... du Moyen Âge au 19e s. Les chefs-d'œuvre se bousculent aux cimaises : le polyptyque de São Vicente, du Portugais Nuno Gonçalves, le *Saint Jérôme* d'Albrecht Dürer, le *Saint Augustin* de Piero Della

PRATIQUEZ L'*ESPLANADAR* !

Pour cette prescription quasi obligatoire de farniente à la mode portugaise, il suffit de lâcher prise et de s'installer en terrasse (*esplanada*) pour commander, selon l'heure, la soif ou la faim, un grand verre de *galão* (café au lait), une *tosta* (tartine), ou quelques *petiscos* (tapas) accompagnés d'un verre de *vinho verde* bien frais.
Aux kiosques des nombreux *miradouros* de la ville, cet art du bien-lézarder est sublimé par des vues à couper le souffle ! Bien loin du folklore, ces vieux *quiosques* 1900, réhabilités en 2009, ont été redécouverts par les habitants qui en usent au quotidien pour s'y désaltérer d'un verre de *limonada*, d'*orchata* (boisson à base d'amandes) ou de *leite perfumado* (lait parfumé au citron, sucre et cannelle servi frais), ou encore pour avaler un café sur le pouce, avant de filer au bureau. Ouverts 7 jours sur 7, ils ne font pas seulement partie du décor, mais constituent d'authentiques espaces de convivialité où vivre la ville.

Le kiosque du Jardim do Príncipe Real

Francesca, *La Tentation de saint Antoine* de Jérôme Bosch, sans compter les paravents japonais namban (16e s.) figurant l'arrivée des Portugais en terres nipponnes. De la cafétéria, ouverte sur les jardins, vue radieuse sur le Tage.

Rua das Janelas Verdes, 9. Autre entrée par le Jardim 9 de Abril. 213 912 800 www.museudearteantiga.pt Mar.-dim. 10h-18h Tarif 6€

Précieuses chinoiseries

Museu do Oriente

Téléportation en Extrême-Orient dans ce superbe musée logé dans un ancien entrepôt de stockage de morues. La pénombre quasi totale canalise l'attention sur des trésors d'une extrême rareté : estampes japonaises, chaussures de geishas, paravents chinois, marionnettes, porcelaines Ming, miniatures et autres objets précieux, témoins des liens ancestraux entre le Portugal et l'Asie.

Av. de Brasília, Doca de Alcântara 213 585 200 www.foriente.pt Mar.-dim. 10h-18h Fermé lun., 1er jan. et 25 déc. 6€

Le petit frère du Golden Gate

Ponte 25 de Abril

Rouge comme son modèle de San Francisco et comme les œillets de la révolution, cette réplique du Golden Gate (1966) est un exploit dans l'histoire des Ponts et Chaussées : 2,27km de longueur, 70m de hauteur et des fondations à près de 80m de profondeur. **Experiência Pilar 7** On peut y voir la maquette originale du pont, ausculter les entrailles d'un de ses piliers et vivre en projections et réalité virtuelle toute son histoire de câbles et d'acier. Suspendu à 80m au-dessus du vide, son belvédère en verre réserve une belle vue sur le Tage...

Experiência Pilar 7 Pilar 7 da Ponte 25 de Abril, Avenida da Índia 211 117 880 www.visitlisboa.com Mai-sept. : tlj. 10h-20h ; oct.-avr. : tlj. 10h-18h 6€

Le pont du 25-Avril

Le village "lisbohème"

LX Factory

Une gigantesque friche industrielle métamorphosée en usine à rêves urbains, où humer l'art du temps et se laisser harponner par la poésie des murs. Dans cet éden (ré)créatif cohabitent ateliers d'artistes, studios de danse, agences de pub et de mode, showrooms de designers... Restos, galeries d'art, tatoueurs et boutiques tendance y attirent une foule bohème et branchée venue se retrouver autour d'un verre ou d'un brunch, avant d'aller fureter à la Livraria Ler Devagar, une librairie unique en son genre. Concerts, expos, marché aux puces le dimanche, il se passe toujours quelque chose à la LX Factory !

Rua Rodrigues de Faria, 103 www.lxfactory.com

Jeu de cubes arty

Village Underground Lisboa

Avec ses conteneurs et vieux autocars empilés, ce village improbable, mis en couleur par le street-artiste lisboète AkaCorleone, n'est pas seulement un espace de coworking coolissime pour artistes, graphistes et designers. C'est aussi un lieu très vivant avec son bus à impériale transformé en café et ses nombreux événements : concerts, DJ sets, expos, cinéma, théâtre...

Av. da Índia, 52 215 832 469 www.vulisboa.com

BELÉM

Cap à l'ouest, le long du Tage, sur les traces des explorateurs partis affronter les mers inconnues pour de grandes découvertes. Plus marine, Lisbonne s'y fait aussi plus historique, avec ses deux joyaux classés au patrimoine mondial par l'Unesco (le Mosteiro dos Jerónimos et la Torre de Belém), et plus culturelle, avec sa profusion de musées. Autant de monuments auxquels il convient d'ajouter encore un trésor : l'irrésistible *pastel* de Belém !

Joyau d'art manuélin

Torre de Belém

Si sa terrasse du 5e étage ménage une vue époustouflante sur le Tage, c'est en restant à son pied que vous pourrez voir ses trésors d'ornementation : loggia à arcades, fenêtres à la vénitienne, dômes mauresques, croix de l'ordre du Christ... D'abord érigée au milieu du fleuve pour en défendre l'embouchure (1515-1519), cette merveille d'architecture militaire fut rattachée au continent par l'ensablement consécutif au séisme de 1755. Elle n'en demeure pas moins le symbole de la puissance maritime du Portugal au temps de sa splendeur.

Av. de Brasília 213 620 034 www.torrebelem.gov.pt Mar.-dim. 9h30-18h30 Dernière entrée 30min avant fermeture 6€

Tous dans le même bateau

Padrão dos Descobrimentos

Au bord du Tage, depuis 1960, cette immense caravelle de béton, typique de l'esthétique du régime de Salazar, rend hommage aux Grandes Découvertes. À la proue, l'infant Henri ouvre la voie à 32 explorateurs, missionnaires et cartographes statufiés pour l'éternité. Un ascenseur vous hissera jusqu'à la minuscule terrasse, avec vue sur la rose des vents dessinée en contrebas.

Av. de Brasília 213 031 950 www.padraodosdescobrimentos.pt Mars-sept. : tlj. 10h-19h ; oct.-fév. : mar.-dim. 10h-18h (dernière admission 30min avant fermeture) 6€

Pauses (n°10)
10 Antiga Confeitaria de Belém - *p.69* B2

Restaurants (n°31)
31 Nune's Real Marisqueira - *p.71*............ A2

Pour se faire de belles toiles

Museu Coleção Berardo

Formidable contrepoint à l'exubérance manuéline environnante, le **Centro Cultural de Belém** a des airs de ziggourat des temps modernes. Ce temple des arts vivants héberge des salles de spectacle, des boutiques, un restaurant avec terrasse donnant sur le Tage et la fabuleuse collection d'art du milliardaire José Berardo. L'occasion saisissante de partager le goût de l'homme d'affaires pour les grandes signatures des 20e et 21e s. : Man Ray, Picasso, Magritte, Dubuffet, Pollock, Klein, Bacon, Warhol...

Praça do Império 213 612 878 www.museuberardo.pt Tlj. 10h-19h 5€, gratuit le samedi

Dans le sillage des grands navigateurs

Museu de Marinha

Ce que ce musée nous montre et nous raconte de l'histoire de la marine est aussi dense que la liste des noms portugais qui figurent au Panthéon mondial des navigateurs ! En témoignent une superbe collection de maquettes de vaisseaux des grands explorateurs, des butins d'épaves et des globes terrestres. Visites tactiles pour les non-voyants.

Praça do Império ☎ 210 977 388 museu.marinha.pt ⏱ Mai-sept. : tlj. 10h-18h ; oct.-avr. : tlj. 10h-17h € 6,50€

Inimitable beauté

Mosteiro dos Jerónimos 👍

Un sublime manifeste de l'art manuélin ! Tel le pont d'un vaisseau pétrifié où gisent cordages, algues, chaînes, nœuds, palmes et coraux, le colossal monastère des Hiéronymites (16e s.) a été imaginé par Manuel I pour glorifier la toute-puissance du Portugal sur les mers du monde. La légende raconte que Vasco de Gama lui-même vint s'y recueillir la veille de son départ pour les Indes. **Igreja de Santa Maria de Belém** Une prouesse technique autant qu'artistique. Il faut voir les somptueuses broderies de pierre de ses portails sud et ouest, sa splendide voûte nervurée (de Castilho, 1522) et ses piliers octogonaux. L'église-halle abrite les tombeaux de Vasco de Gama, du poète Camões et de Manuel I. **Claustro** Sans doute l'un des plus beaux cloîtres du monde, signé Boytac et de Castilho en 1517, où repose le poète Fernando Pessoa. Vous serez subjugué devant cette dentelle de pierre qui se répand en entrelacs végétaux et motifs marins.

Cloître du monastère des Hiéronymites, à Belém

Praça do Império ☎ 213 620 034 www.mosteirojeronimos.gov.pt ⏱ Mai-sept. : mar.-dim. 9h30-17h30 ; oct.-avr. : mar.-dim. 9h30-17h30 € 10€ Achat des tickets aux machines du Museu Nacional de Arqueologia voisin.

Limousines d'autrefois

Museu dos Coches

Une clinquante collection de carrosses, landaus, berlines, calèches, litières, chaises à porteurs, voitures de promenade ou d'apparat (17e-20e s.) est stationnée dans un musée dont l'architecture minimaliste et épurée tranche

BON À SAVOIR

Impossible d'échapper aux files d'attente interminables à la **Torre de Belém** (p.61) et au **Mosteiro dos Jerónimos** (p.63). Pour ne pas perdre un temps précieux, mieux vaut éviter de visiter Belém le matin (le quartier est alors envahi par les cars de touristes) et si possible le week-end. Préparez-vous à faire également la queue pour croquer dans un *pastel de nata* à l'**Antiga Confeitaria** (p.69).

Le jardin botanique d'Ajuda

avec la luxuriance de ce qu'il renferme. Parmi les pièces remarquables, trois carrosses italiens à l'exubérance toute baroque, et la voiture qui transportait le roi Carlos I lors de l'attentat du 1er février 1908.

Av. da Índia, 136 ☎ 210 732 319 www.museudoscoches.pt ⏲ Mar.-dim. 10h-18h € 8€

Coup de foudre

MAAT – Museu de Arte, Arquitetura e Tecnologia

Telle une vague sur le point de déferler sur le Tage, le magnétique MAAT télescope ses courbes futuristes, reluisantes de milliers de céramiques blanches, aux briques rouges d'une superbe centrale électrique du 19e s. Expositions d'envergure d'artistes internationaux à la croisée de l'architecture, de l'art contemporain et des nouvelles technologies. Pensez à grimper sur le toit !

Av. Brasília ☎ 210 028 130 www.maat.pt ⏲ Mer.-lun. 10h-19h € Tarif 9€ (combiné avec Central Tejo)

C'est la vie de château !

Palácio Nacional da Ajuda

Sur les hauteurs de Belém, cet ancien palais royal, achevé en 1761, devint la résidence permanente de la famille régnante portugaise durant la seconde moitié du 19e s. Dans ce décor typique de la vie de cour, il expose d'importantes collections d'arts décoratifs (15e-20e s.), d'orfèvrerie (services de table des rois du Portugal) et de joaillerie (bijoux de la couronne portugaise).

Largo da Ajuda ☎ 213 637 095 www.patrimoniocultural.gov.pt ⏲ Ven.-mer. 10h-18h 10€ entrée : Ala das joias € 5€

7ha pour jouer à cache-cache

Jardim Botânico da Ajuda

Avec ses palmiers-dattiers, ses banians aux racines entrelacées et sa bambouseraie touffue, le plus ancien jardin botanique du pays rappelle qu'il fut la terre d'accueil des premières essences exotiques rares rapportées par les navigateurs portugais.

Calçada da Ajuda ⌚ Mai-sept. : lun.-ven. 10h-18h, w.-e. et j. fér. 10h-20h ; oct., avr. : tlj. 10h-18h ; nov.-mars : tlj. 10h-17h € 2€

L'EST ET LE PARQUE DAS NAÇÕES

En pleine mutation, les quartiers de Xabregas, Beato et Marvila, maillés d'entrepôts industriels abandonnés, se dévoilent sous un nouveau jour, arty et tendance. Un quartier ancré dans la culture avec ses galeries d'art et son superbe musée de l'Azulejo. Un peu plus loin en longeant le Tage, le Parque das Nações vous projette dans la ville du futur imaginée par les architectes de l'Expo'98.

As de carreaux

Museu Nacional do Azulejo

Pour tout savoir du plus célèbre carreau de 14 x 14cm, de ses origines jusqu'à sa production contemporaine. Cinq cents ans d'art exposés sur les deux étages d'un joli couvent du 16e s. De salle en escalier jusque dans le cloître, admirez-y modèles géométriques hispano-mauresques (15e-16e s.), carreaux d'Anvers (16e s.), baroques et contemporains, qui témoignent de l'inspiration inépuisable des céramistes à travers les siècles. À voir, l'immense panneau de Lisbonne avant le tremblement de terre de 1755. Aussi, bar et restaurant ouvrant sur un paisible patio.

Rua da Madre de Deus, 4 📱 218 100 340 www.museudoazulejo.gov.pt ⌚ Mar.-dim. 10h-18h € 5€

Flânerie dans la ville nouvelle

Parque das Nações

Né de l'Expo' 98, le "parc des Nations" vous catapulte dans un univers novateur et un brin poète. Ce lieu de promenade très apprécié des Lisboètes compte un aquarium, un casino, des salles de spectacle, des restaurants, des jardins d'eau pour batifoler en famille et une télécabine survolant le Tage. Vous y déambulerez entre œuvres d'art urbain et pavillons d'architectes de renom : Álvaro Siza Vieira et la gracieuse voile de béton du pavillon du Portugal, Regino Cruz et le coquillage du pavillon de l'Atlantique (Altice Arena)... À voir aussi, la résille de métal et de verre futuriste de l'Estação do Oriente, signée Santiago Calatrava, et la silhouette aérienne du Ponte Vasco da Gama, deuxième plus grand pont d'Europe !

Doca dos Olivais (M° Oriente et nombreux bus) 📱 www.portaldasnacoes.pt

La mer en bocal

Oceanário de Lisboa 👍

Une plongée fantastique dans les fonds marins ! Ce splendide océanarium, l'un des plus grands d'Europe, offre un tour du monde des océans avec près de 16 000 animaux et plantes. Laissez-vous entraîner dans un fabuleux ballet aquatique mêlant gros poissons (mérous, raies, requins), menu fretin et facétieuses loutres marines. Une visite jubilatoire !

Esplanada D. Carlos I 218 917 000 www.oceanario.pt Tlj. 10h-20h Dernière admission 1h avant fermeture Tarif 22€

À FAIRE

Remontez le temps chez un barbier

Barbearia Campos

De vieilles échoppes de barbiers se cachent dans le lacis des ruelles lisboètes. Parmi elles, la Barbearia Campos, plus vieux barbier d'Europe (1886). Des flacons en vitrine à l'évier en marbre, ici tout est d'un autre temps. Poussez la porte de l'un d'eux pour une coupe (15€) ou un rasage à l'ancienne (10€).

Largo do Chiado, 4 213 428 476 Page Facebook Lun.-sam. 9h-19h

Traversez le Tage en *cacilheiro*

Cacilheiros

Comme Venise a son *vaporetto*, Lisbonne a son *cacilheiro*. Ce petit ferry orange relie (toutes les 5 à 30min) les deux rives du Tage. Il permet de gagner Cacilhas (d'où son nom) tout en offrant le charme d'une douce traversée sur la mer de Paille et des vues inédites sur la ville. Trois embarcadères (*estações fluviais*) : Cais do Sodré pour Cacilhas ; Terreiro do Paço (Praça do Comércio) pour Montijo et Barreiro ; Belém pour Porto Brandão et Trafaria (transport de véhicules).

213 500 115 www.ttsl.pt Tlj. 5h20-1h40 2,60-5,70€/pers. AR

***Cacilheiro* reliant les deux rives du Tage**

Chinez à la foire de la Voleuse

Feira da Ladra

De l'invendu a priori invendable aux derniers CD à la mode, vous dénichez à peu près tout à la "foire de la Voleuse". Autour de la halle du marché de Santa Clara, c'est un vrai bric-à-brac de bibelots, vinyles, céramiques, fringues, bijoux, livres, cartes postales... Mais les bonnes affaires appartiennent à ceux qui se lèvent tôt ! Le plus grand marché aux puces de Lisbonne vaut aussi pour son ambiance : un concentré de vie locale où se côtoient Lisboètes de tout poil, brocanteurs, petits créateurs et vendeurs à la sauvette.

Campo de Santa Clara 218 170 800
Mar. et sam. 9h-18h ; mer.-ven. 13h-18h

Grimpez à bord de l'*elétrico* 28

***Elétrico* 28**

Le mythique petit tram jaune caracole en tête des plus séduisants clichés lisboètes. Un voyage vintage à bord de sa vieille carcasse brinquebalante équivaut à un travelling de 45min sur les plus charmants quartiers de Lisbonne : Graça, Alfama, Baixa, Chiado et Estrela. Le n°28 vous embarque Praça Martim Moniz, dans la Mouraria, se faufile partout, gravit et dévale des pentes dignes de montagnes russes, et termine sa course près du cimetière dos Prazeres, à Campo de Ourique. Gare aux pickpockets, qui profitent de la distraction des touristes subjugués.

Lun.-ven. 6h20-23h30, sam. 6h20-23h10, dim. et j. fér. 7h25-23h10

Faites le plein de saudade dans une *casa de fado*

Musique de l'âme dont les toutes premières notes s'élevèrent au 19e s. dans la Mouraria, le fado se goûte dans le silence, les yeux fermés et le cœur grand ouvert. Vous aurez le choix entre les dîners-concerts, chers mais de qualité, des maisons séculaires de fado comme **Parreirinha de Alfama** (p.74) ou **Sr. Vinho** (p.75), et les petites *tascas* moins formelles où s'exprime le fado amateur (*fado vadio*). Essayez par exemple **A Tasca do Chico Bairro Alto** (p.73).

Survolez le Tage

Telecabine Lisboa

Vous en prendrez plein les yeux à bord de ces télécabines suspendues à 20m au-dessus du Tage et du Parque das Nações. Une envolée reposante de 1km, de la Torre Vasco da Gama à l'Oceanário, à contempler le ballet des bateaux dans l'estuaire.

Passeio das Tágides (Estação Norte) 218 956 143 www.telecabinelisboa.pt Mi-mars-mai, mi-sept.-oct. : tlj. 11h-19h ; juin-mi-sept. : tlj. 10h30-20h ; nov.-mi-mars : tlj. 11h-18h 9€ A-R

NOS ADRESSES

PAUSES

Belle Époque

Confeitaria Nacional

Depuis 1829, on pousse sa porte avec enthousiasme, dans la délectable perspective d'y engloutir une *queijada de Sintra* (petit gâteau à base de fromage blanc), des *doces de ovos de Aveiro* (cornets sucrés à la pâte d'amandes) ou des *bolas de Berlim* (beignets fourrés de crème). On y mange sur le pouce, au comptoir dans un décor stuqué 1900, ou à l'étage, avec vue sur la place.

BAIXA (plan 3, B2 n°1) Praça da Figueira, 18B-C 213 424 470 Tlj. 8h30-20h

Le café du poète disparu

Martinho da Arcada

Pas de flânerie à Lisbonne sans une halte sous les arcades au nord-est de la Praça do Comércio, pour siroter un *bica* là où Fernando Pessoa avait ses habitudes à la sortie du bureau ; sa table réservée y est encore. En revanche, préférez ces nourritures spirituelles aux nourritures terrestres servies par l'établissement.

BAIXA (plan 3, C3 n°2) Praça do Comércio, 3
218 879 259 www.martinhodaarcada.com
Lun.-sam. 7h-23h

Dégustation d'exception
Viniportugal

Envie de goûter les vins portugais ? Viniportugal, plus grande salle de dégustation de vin du pays, propose une sélection de plus de 8 000 bouteilles de toutes les régions. Dégustation libre aux distributeurs (minimum 3€) ou thématique (1h, sur rés., en anglais et en portugais, 9-18€).

BAIXA (plan 3, C3 n°3) Praça do Comércio (côté ouest) 213 420 690 www.viniportugal.pt Avr.-oct. : tlj. 11h-19h ; nov.-mars : lun.-sam. 11h-19h

Glaces en costume rayé
Santini

Les rayures rouges et blanches de ce glacier de Cascais font des émules jusque dans le Chiado. Les parfums aux fruits caracolent en tête de cornet, tandis que les créations originales (gingembre, thé vert notamment) ravissent les plus audacieux. *Cone de gelado* à partir de 2,90€ environ.

CHIADO (plan 3, B3 n°4) Rua do Carmo,88
213 468 431 www.santini.pt
Tlj. 11h30-23h30

Bu et approuvé par Pessoa
A Brasileira ♥

On y sirote un divin *bica* (expresso) en compagnie du fantôme de bronze de Fernando Pessoa qui, attablé en terrasse pour l'éternité, tente, en vain, de rester incognito. Dans ce café emblématique et historique de Lisbonne, la torréfaction est une tradition maison

CHIADO (plan 3, B3 n°5) Rua Garrett, 120-122
213 469 541 Tlj. 8h-0h

L'antre des *pastéis*
Manteigaria

Dans une ancienne crèmerie, d'où le nom de "Manteigaria União" qui subsiste sur sa façade soigneusement préservée, cette fabrique de *pastéis de nata* s'érige en sérieuse concurrente de la célèbre maison de Belém. Les délicieux petits gâteaux sont entièrement préparés sous vos yeux (à raison de plus de 5 000 par jour !). Le lieu ne ferme qu'à minuit : un bon but de balade après le dîner !

BAIRRO ALTO (plan 3, A3 n°6) Rua do Loreto, 2
213 471 492 Tlj. 8h-0h

Salon de jardin
Esplanada do Príncipe Real ♥

Un havre parfait pour engloutir un petit déjeuner, combler un petit creux de *salgados*, dîner léger d'une grillade ou d'une planche de cochonnailles portugaises... et s'adonner à l'*esplanadismo* (équivalent du farniente) au milieu des arbres de la Praça do Príncipe Real. Plat env. 10-15€.

BAIRRO ALTO (plan 3, A1 n°7) Praça do Príncipe Real 965103912 Tlj. 9h-0h

Pour un *bica* suspendu
Clara Clara Café ♥

Autour de son kiosque, quelques tables en métal où goûter la fraîcheur et le calme du parc du Campo de Santa Clara. Vous pourrez vous y restaurer légèrement au son d'une musique soigneusement sélectionnée, avec la coupole du Panthéon pour témoin et le regard plongeant vers le Tage.

Pastéis de nata

GRAÇA (plan 2, C3 n°8) Jardim Botto Machado Campo de Santa Clara 218 850 172 Tlj. 10h-19h ; été : 10h-22h Horaires variables selon la météo

Le roi des cafés Belle Époque

Versailles

Ambiance Belle Époque dans ce café mythique fondé en 1922, dont certains esprits grognons regrettent le lustre d'antan, mais qui conserve un charme indéniable. Sa gourmandise ? Le fameux chocolat chaud, décliné en trois versions différentes (à la portugaise, à la française et à l'espagnole).

LES AVENIDAS (plan 2, B2 n°9) Av. da República, 15A 213 546 340 Tlj. 7h15-21h Fermé 1er jan. et 25 déc.

"LE" goût de Lisbonne

Antiga Confeitaria de Belém ♥

Le voyage n'est pas total tant que l'on n'a pas mordu dans un *pastel de nata* de Belém dont la recette est gardée secrète depuis 1837. Près de 10 000 petits délices dorés de pâte feuilletée garnis de crème aux œufs sortent quotidiennement des fours. Une cadence nécessaire pour satisfaire la horde des gourmands qui s'y pressent chaque jour, impatients de mordre dans la douceur tiède, saupoudrée de cannelle.

BELÉM (plan 4, B2 n°10) Rua de Belém, 84-92 213 637 423 www.pasteisdebelem.pt Juil.-sept. : tlj. 8h-22h ; oct.-juin : tlj. 8h-22h

RESTAURANTS

Petiscos d'antan

A Tendinha do Rossio €

Voilà près de deux siècles que la vaillante *tendinha*, évoquée par d'anciennes chansons de fado, sert *ginja* et *petiscos* maison ! En journée, c'est l'adresse incontournable pour satisfaire une petite faim à prix très doux : beignets de morue, *bifana* (petit steak de porc grillé servi dans un pain rond et relevé de moutarde ou de sauce piquante), sandwichs garnis de colin ou de poulet pané, *presunto* (jambon sec), *bacalhau* ou potage du jour, tout y est excellent.

ROSSIO (plan 3, B2 n°30) Praça Dom Pedro IV, 6 213 468 156 Lun.-ven. 7h-19h, sam. 8h-19h

Festin urbain

Mercado da Ribeira – Time Out Market ♥€

Le *food hall* qui fait fureur ! Derrière les comptoirs du Time Out Market officient les meilleurs chefs portugais du moment, attirant une foule d'amateurs sous la superbe halle du vieux Mercado da Ribeira. Des cuisines bouillonnantes sont envoyés à tour de bras poulpes grillés, burgers revisités, pizzas au poids et assiettes créatives, que l'on déguste à de grandes tables communes. Plat 7-11€.

CHIADO (plan 3, A4 n°20) Av. 24 de Julho / Praça D. Luís I 213 951274 www.timeoutmarket.com Lun.-ven. 10h-0h, w.-e. 10h-1h

Table de jeunesse

The Decadente ♥€

Une cuisine fusion, inventive mais dans les limites de l'écoresponsabilité, servie dans l'ambiance "bobohème" de l'auberge de jeunesse hype de Lisbonne. Également un lounge-terrasse où picorer de savoureux *petiscos* autour de cocktails 100% portugais.

BAIRRO ALTO (plan 3, A2 n°21) Rua de São Pedro de Alcântara, 81 213 461 381 www.thedecadente.pt Tlj. 12h-16h et 19h-23h30

Bollywood-sur-Tage

Lost in €

Insoupçonnable de la rue, la vue dont bénéficie cette adresse vaut à elle seule qu'on s'y attable. On en oublierait presque son curry de crevettes ou son hamburger maison, tant le panorama sur la colline du Castelo, le Tage et la Mouraria est rassasiant. Salade 7-11€, *tosta* 6-9€, plat 11-19€.

PRÍNCIPE REAL (plan 3, A1 n°22) Rua Dom Pedro V, 56D 917 759 282 www.lostinesplanada.com Tlj. 12h30-0h

BBQ face au Tage

Solar do Kadete €

Depuis 1994, ce restaurant familial à deux pas du Tage propose des spécialités de poissons et de viandes au barbecue. Dans un décor simple et une ambiance conviviale, vous pourrez goûter à des plats typiques et sans chichis de la cuisine portugaise. Entre les sardines ou le bar grillés, l'agneau rôti ou encore le *tachinho da casa* (marmite maison de poissons, gambas et riz), en terrasse ou à l'intérieur, chacun y trouvera son bonheur.

CAIS DO SODRÉ (plan 3, B4 n°23) Cais do Sodré, 2-4 213 427 255 www.facebook.com/SolarDoKadete Lun.-sam. 10h-0h

Kitsch kitchen

O Galeto €

Pour une pause seventies entre deux musées. Attablé au comptoir géant, au milieu de Lisboètes toujours pressés, vous y avalerez sur le pouce des brochettes de foie de volaille ou le classique *francesinha* de la maison : un croque-monsieur à la portugaise. Repas 10-20€.

LES AVENIDAS (plan 2, B2 n°24) Av. da República, 14 21 354 44 44 Tlj. 7h30-3h30

En collé-serré

Café Buenos Aires ♥€€

C'est l'excellente pièce de bœuf argentin, spécialité de la maison, qui vous expédie tout droit à Buenos Aires, mais le voyage est tout aussi délicieux avec les fleurs de courgettes croustillantes et chaque autre proposition de la carte créative et irréprochable. Rien d'étonnant à ce que la petite salle au charme suranné déborde souvent de gourmets affamés. Comptez 20-25€ à la carte.

ROSSIO (plan 3, B2 n°25) Calçada do Duque, 31B 213 420 739 www.cafebuenosaires.pt Lun.-sam. 18h-1h

Bistronomiquement vôtre !

Cantinho do Avillez €€

Dans sa cantine simple et chic, l'insatiable trublion de la gastronomie portugaise José Avillez revisite avec brio ses classiques, mariant le *nisa* (fromage de brebis) avec du jambon cru et du miel de romarin ou les coquilles Saint-Jacques avec la patate douce d'Algarve et les asperges vertes. Plat 16-22€.

CHIADO (plan 3, B3 n°26) Rua dos Duques de Bragança, 7 211 992 369 www.cantinhodoavillez.pt Tlj. 12h30-15h et 19h-0h, 12h30-0h

Vibrant

Bistro 100 Maneiras €€

La version poche du restaurant haut de gamme 100 Maneiras, qui avait fait sensation en 2010, a été désignée en 2017 par le magazine *Monocle* meilleur restaurant de la planète ! Né à Sarajevo, le chef Ljubomir Stanisic défend une cuisine proposant aussi bien un *burek* yougoslave qu'une *bistecca* italienne ou encore un authentique *arroz de cabidela* (littéralement, riz de poule au sang).

BAIRRO ALTO (plan 3, B2 n°27) Largo da Trindade, 9 910 307 575 www.100maneiras.com Lun. et jeu.-ven. 18h-2h, sam.-dim. 12h30-15h30 et 18h30-2h

Jeune star

A Cevicheria €€

Dominée par un poulpe géant suspendu au plafond, la table du jeune chef star Kiko Martins distille toutes les saveurs d'Amérique du Sud (il est né au Brésil), notamment des ceviches... Attention, le lieu ne reçoit que 25 convives, sans réservation.

PRÍNCIPE REAL (plan 3, A1 n°28) Rua Dom Pedro V, 129 218 038 815 www.acevicheria.pt Lun.-sam. 12h-23h, dim. 12h-0h

Une expérience unique

Ceia - Silent Living ♥€€

Atypique, le Ceia accueille treize convives, pas plus, autour d'une tablée pour qui le chef officie. L'endroit, sublime, est un hôtel de six suites au style épuré. Menu à 100€.

GRAÇA (plan 2, C3 n°29) Campo de Santa Clara, 128 910 715 587 www.silentliving.pt Mer.-sam. 20h (rés. en ligne)

Un grand bol d'iode

Nune's Real Marisqueira €€€

Une bande de langoustes et de homards claquant des pinces dans l'attente de leur dernière heure vous reçoivent dans cette institution incontestée du poisson à Lisbonne. Vous pourrez toutefois gracier ces gros crustacés en optant pour une Sole grillée (28€) ou un turbot frit accompagné d'un succulent riz à la tomate (23€).

BELÉM (plan 4, A2 n°31) Rua Bartolomeu Dias, 172 213 019 899 www.nunesmarisqueira.pt Mar.-dim. 12h30-0h

Voir aussi **Botequim** (p.40), **Acarajé da Carol** (p.41).

SHOPPING

Le feutre de Pessoa

Chapelaria Azevedo Rua

Ouverte en 1886 par un ancien viticulteur, la chapellerie est restée une affaire de famille qui affiche fièrement son enseigne au-dessus de la porte. Fernando Pessoa y trouvait son célèbre feutre.

ROSSIO (plan 3, B2 n°40) Praça Dom Pedro IV, 69 213 427 511 www.azevedorua.pt Lun.-sam. 10h-19h, sam. 10h-19h

La boîte à gants

Luvaria Ulisses

Blottie entre deux grosses colonnes corinthiennes, la plus petite boutique de Lisbonne vend les plus beaux gants de la capitale ! Depuis 1925, elle ne désemplit pas, et il faut parfois faire preuve de patience avant de pouvoir glisser sa main dans l'un de ses nombreux modèles.

ROSSIO (plan 3, B2 n°41) Rua do Carmo, 87A 213 420 295 www.luvariaulisses.com Lun.-ven. 10h-19h ; sam. 10h-13h et 14h30-19h

100% portugaises

Sapataria do Carmo

Le chausseur, fondé en 1904 par Paulo da Cruz et tenu par la même famille pendant trois générations, a rejoint en 2012 une autre famille qui a à cœur de poursuivre la tradition de qualité attachée à la maison. Ses modèles pour hommes et femmes (135-200€), créés dans des cuirs de grande qualité, sont cousus à la main pour un confort incomparable grâce au savoir-faire artisanal portugais.

CHIADO (plan 3, B2 n°44) Largo do Carmo, 26-27 213 423 386 www.sapatariadocarmo.com Lun.-sam. 10h-14h et 15h-19h

Un tour à l'épicerie

Casa Manuel Tavares

Cette épicerie fine soigne sa réputation depuis 1860, grâce à une sélection rigoureuse des meilleures spécialités régionales (cochonnailles, pâtisseries, vins et huiles d'olive). Les vitrines délicieusement garnies rivalisent avec une cave recelant des bouteilles de porto presque centenaires.

ROSSIO (plan 3, B2 n°42) Rua da Betesga, 1A et 1B 213 424 209 www.manueltavares.com Lun.-sam. 9h30-19h30

Vins, portos, liqueurs...

Garrafeira Nacional

Dans cette maison ancienne bien fournie, vous trouverez des bouteilles à tous les prix et pourrez vous fier aux conseils d'un personnel attentif. Large choix de vins, portos, liqueurs et eaux-de-vie de tout le Portugal.

BAIXA (plan 3, C3 n°43) Rua da Conceição, 20-26 218 852 395 www.garrafeiranacional.com Tlj. 9h30-19h30 ; tlj. 9h30-23h boutique TIME OUT

Fado à gogo

Discoteca Amália

Le fado vous envoûte ? Consultez un bon spécialiste. Ici, vous entrez chez un pionnier du genre. M. Manuel Simões, fondateur du magasin dans les années 1960, a en effet édité le premier disque de musique portugaise au Portugal. Vous pourrez y composer votre playlist 100% fado les yeux fermés et les oreilles grandes ouvertes.

BAIXA (plan 3, B2 n°45) Rua Áurea, 272 213 420 939 Lun.-ven. 10h-13h et 14h-18h, sam. 10h-13h et 14h-16h

Dans la boutique A Vide Portuguesa

Du 100% rétro portugais

A Vida Portuguesa ♥

Des icônes du quotidien portugais en édition originale ou rééditées : savons naturels dans leurs ravissants emballages, coquettes conserves de sardines, céramiques d'autrefois (Bordallo Pinheiro), jouets en bois... Une sélection signée Catarina Portas à qui l'on doit le formidable revival des traditions artisanales et industrielles lusitaniennes.

CHIADO (plan 3, B3 n°47) Rua Anchieta, 11 213 465 073 www.avidaportuguesa.com Lun.-sam. 10h-19h30, dim. 11h-19h30

De si jolis carreaux

Sant'Anna/showroom

Dernière en Europe à perpétuer le savoir-faire "purement artisanal" du 18e s., la boutique de cette célèbre fabrique de Belém permet de faire

SHOPPING ALTERNATIF
Si les dandys demeurent fidèles au Rossio, les bobos et la jeunesse branchée ont trouvé leur nouvel Eldorado dans le quartier résidentiel du **Príncipe Real**. Pour leur plaisir, les hôtels particuliers mutent en épiceries fines, tandis que les Rua da Escola Politécnica et Rua D. Pedro V alignent les boutiques tendance et les concept-stores pointus.

son choix parmi une grande variété d'azulejos et d'objets en céramique.

CHIADO (plan 3, B3 n°48) Rua do Alecrim, 95 213 422 537 www.santanna.com.pt Lun.-ven. 9h30-19h ; sam. 10h-19h

Emplettes au palais

Embaixada ♥

Un prodigieux concept-store aménagé dans un palais du 19e s. à l'architecture arabisante, et où chaque ancienne pièce d'habitation est convertie en boutique ! Vous y butinerez en appartement, de showrooms design en espaces de créateurs et de rayons cosmétiques en corners gastronomiques.

PRÍNCIPE REAL (plan 3, A1 n°49) Praça do Príncipe Real, 26 965 309 154 www.embaixadalx.pt Lun.-ven. 12h-20h, sam.-dim. 11h-19h Restauration jusqu'à 2h (jeu.-sam.) ou 1h (dim.-mer.)

Serrées comme des sardines

Conserveira de Lisboa ♥

Derrière l'immuable comptoir en service depuis 1930, une montagne d'emballages délicieusement rétro renfermant des poissons accommodés de plus de 200 façons. Sardines à l'ail, *caldeirada* de calamar, *carapaus* (chinchards) au piment, poulpe à l'huile d'olive, anguille à la tomate, ou œufs de sardines, le caviar portugais... Le plus difficile est de choisir !

ALFAMA (plan 3, C3 n°50) Rua dos Bacalhoeiros, 34 218 864 009 www.conserveiradelisboa.pt Lun.-sam. 9h-19h

SORTIES

Dans son jus de cerise

Ginjinha Rubi

Azulejos au mur et *ginjinha* au comptoir, cette maison fondée le 24 janvier 1931 attire une clientèle principalement composée d'habitués. L'occasion de vous fondre dans le décor et de sentir battre le cœur populaire de Lisbonne.

ROSSIO (plan 3, B1 n°60) Rua Barros Queiróz, 27 213 463 264 Lun.-sam. 7h-22h

Authentique ou revisitée

Ginjinha Sem Rival - Eduardino

Une devanture vintage invite à passer le seuil de ce microbar pour siroter une *ginjinha* le long de son minuscule comptoir. Goûtez également l'*Eduardinho*, la variante liquoreuse de la maison, à base d'anis et de caramel.

ROSSIO (plan 3, B1 n°61) Rua das Portas de Santo Antão, 7 213 426 976 Lun.-ven. 8h-0h, w.-e. 9h-0h

En mode *speed listening*

A Tasca do Chico Bairro Alto

Perpétuant la belle tradition du *fado vadio* (*vadio* signifiant "vagabond, libre, errant"), la Tasca do Chico ouvre sa petite scène aux chanteurs amateurs et semi-amateurs, tous priés de s'en tenir à trois chansons maximum pour conquérir leur auditoire.

BAIRRO ALTO (plan 3, A2 n°62) Rua do Diário de Notícias, 39 ☎ 961 339 696 www.tascadochico.com ⏲ Tlj. 19h-1h30 (fado à partir de 20h30)

Bien perché

The Insólito ♥

Une petite folie de la fratrie aux manettes de The Independente/ Decadente (p.70) qui vous expédie tout droit sur les toits de Lisbonne pour un drink au coucher du soleil, et même plus, si la faim vous gagne.

BAIRRO ALTO (plan 3, A1 n°63) Rua de São Pedro de Alcântara, 83 ☎ 211 303 306 www.theinsolito.pt ⏲ Restaurant Ouvert mar.-sam. 19h-23h Bar Ouvert mar.-sam. 18h-1h

Un moment suspendu

Park ♥

Au 7e étage d'un parking, ce lounge-bar/parc suspendu au-dessus du Tage et de la ville fait l'effet d'une cabane (de luxe) en haut d'un arbre ! Ambiance jeune, DJ sets et séances de cinéma de plein air, en buvant l'une des meilleures caïpirinhas de Lisbonne (6,50€ le verre).

BAIRRO ALTO (plan 3, A3 n°64) Calçada do Combro, 58 ☎ 215 914 011 ⏲ Été : lun.-mar. et jeu.-sam. 13h-2h ; hiver : mar.-sam. 13h-2h, dim. 13h-20h

Le plein de chaleur humaine

Portas Largas

Un établissement très prisé du quartier, assidûment fréquenté par une clientèle locale métissée, volontiers gay et toujours cosmopolite. On s'y presse, au propre comme au figuré.

BAIRRO ALTO (plan 3, A2 n°65) Rua da Atalaia, 105 ☎ 213 466 379 ⏲ Ven.-sam. 20h-3h, dim.-jeu. 20h-2h

Cabinet de curiosités

Pavilhão Chinês ♥

On se croirait chez un collectionneur anglais loufoque, mais ce décor improbable (et ultrachargé) est l'œuvre d'un designer excentrique. Entre un bataillon de soldats de plomb et une batterie d'éventails, on sirote de délicieux cocktails (7,50€). Une expérience en soi.

PRÍNCIPE REAL (plan 3, A1 n°66) Rua Dom Pedro V, 89-91 ☎ 213 424 729 ⏲ Lun.-sam. 18h-2h, dim. 21h-2h

Temple de l'amour

Pensão Amor

Dans cette ancienne maison close transformée en un lieu à entrées multiples (bar, club, librairie, cabaret, restaurant), démonstrations de burlesque et de pole dance ont remplacé les déambulations lascives des belles de nuit, mais le décor reste conforme à celui d'un cocon érotico-baroque qui invite à s'encanailler.

CAIS DO SODRÉ (plan 3, A4 n°68) Rua do Alecrim, 19 ☎ 213 143 399 www.pensaoamor.com ⏲ Lun.-mar. 14h-3h, mer.-jeu. 14h-22h30, ven.-sam. 14h-4h

Fado sur fond d'azulejos

Parreirinha de Alfama

Le dimanche soir, des fadistes de renom parviennent encore à réunir quelques Lisboètes venus se joindre aux touristes, dans cette institution du quartier de l'Alfama, tenue par Argentina Santos, l'une des plus charismatiques chanteuses de fado. Comptez 35-40€/pers.

ALFAMA (plan 3, D2 n°69) Beco do Espírito Santo, 1 ☎ 218 868 209 www.parreirinhadealfama.com ⏲ Mar.-dim. 19h30-0h (fado à partir de 21h)

Toute la ville à vos pieds
Chapitô ♥

Il n'est pas encore ouvert, le lieu qui viendra lui voler sa place de plus beau balcon sur les lumières de la ville et le Tage ! Entre école de cirque, bar à tapas, club de jazz et restaurant avec terrasse, c'est un sommet de romantisme, surtout à la nuit tombée.

ALFAMA (plan 3, C2 n°70) Rua Costa do Castelo, 1-7 ☎ 218 875 077 www.chapito.org
⏲ Bartô Bar Lun.-sam. 21h-2h
Restaurant tlj. 12h-18h et 19h-1h

Celui qui cache son jeu
Café da Garagem

Encore un lieu improbable, suspendu au-dessus de la ville, mêlant théâtre, bar et galerie d'exposition. Étagé sur la colline du Castelo, il semble banal vu de la rue mais se révèle magique à l'arrière, à mesure que l'on descend ses escaliers.

ALFAMA (plan 3, C2 n°71) Costa do Castelo, 75
☎ 218 854 190 ⏲ Tlj. 15h-22h

Un astre dans la nuit
LuxFrágil

Tous les papillons de nuit de la capitale adorent venir s'y brûler les ailes, voletant entre son dance-floor électro, son lounge où il fait bon chiller, son balcon avec vue sur le Tage et son toit-terrasse pour se repaître de la douceur des belles nuits d'été.

ALFAMA (plan 2, C3 n°72) Av. Infante D. Henrique, Armazém A, Cais da Pedra
☎ 218 820 890 www.luxfragil.com
⏲ Jeu.-dim. 23h-6h

Vue imprenable
Topo Martim Moniz

Au dernier étage d'un petit centre commercial submergé de boutiques exotiques, dans le quartier le plus multiculturel de la ville, ce bar (et restaurant) réserve une vue unique sur le

La terrasse du lounge-bar Park

château. Terrasse agréable aux beaux jours en soirée. Cocktails (9-10€), jus, smoothies...

MOURARIA (plan 3, C1 n°73) Centro Comercial Martim Moniz Praça Martim Moniz Piso 6
☎ 215 881 322 ⏲ Jeu.-sam. 12h30-2h, dim.-mer. 12h30-1h

Faites salon
Casa Independente

Un centre culturel avec plusieurs salons. Après les expositions, vous filez au bar vous restaurer de tapas, jus de fruits frais et petits plats.

MOURARIA (plan 2, C3 n°74) Largo do Intendente Pina Manique, 45
☎ casaindependente.com ⏲ Lun.-ven. 16h-22h

Pour un dîner chantant
Sr. Vinho

La glorieuse Maria da Fé n'y chante plus, mais veille toujours sur l'âme de cette maison de fado, parmi les plus huppées de la capitale. Vous pourrez y écouter ses protégés, tout en dégustant des spécialités de riz à la lotte, poulpe grillé et gâteau au miel et aux noix. Menu assez cher (env. 50€/pers.) mais servi jusqu'à 0h30.

LAPA (plan 2, B3 n°75) Rua do Meio à Lapa, 18
☎ 962 315 485 www.srvinho.com ⏲ Lun.-sam. 20h-2h (fado à partir de 21h15)

AUTOUR DE LISBONNE

Sur la rive sud du Tage, l'"Outra Banda", un grand Christ rédempteur vous tend les bras comme à Rio, un tortillard vous dépose sur les plages de la Costa da Caparica, le cabo Espichel vous emmène au bout du monde et les frétillantes cités de pêcheurs de Sesimbra et de Setúbal vous régalent de *choco frito*. À l'ouest de Lisbonne, il y a Estoril et Cascais, les stations balnéaires aux accents chics de la Riviera lisboète, Queluz et sa clinquante "maison de vacances" royale... et la merveilleuse Sintra !

À VOIR

ACCÈS ET INFOS

- Palais et parcs nationaux : dernière entrée 1h avant la fermeture.
- De Lisbonne, trains pour Estoril (28min) et Cascais (35min) depuis la gare de Cais do Sodré, Queluz (15min ; descente à Queluz-Belas) et Sintra (40min ; attention, ne pas descendre à Portela de Sintra !) depuis la gare du Rossio ; ferry pour Barreiro (gare fluviale Terreiro do Paço) puis train pour Setúbal ; cars pour Sesimbra et Setúbal.

ALMADA

La cité-dortoir de Lisbonne est depuis longtemps fréquentée par les Lisboètes pour ses restaurants de poisson et fruits de mer, en bord de quai. Faites comme eux, prenez le bac à Cais do Sodré pour Cacilhas (p.66), puis longez les quais où règne une ambiance de docks désaffectés et de street art. Pour finir, laissez-vous harponner par la vue de rêve sur Lisbonne à la terrasse de Ponto Final (p.87). Plus loin, l'**Elevador Panorâmico da Boca do Vento** permet d'accéder à la cité haute, plongée dans une certaine torpeur, où nichent le centre d'art contemporain de la **Casa da Cerca** et le Castelo de Almada.

Accès par le pont du 25-Avril ou par ferry Elevador Panorâmico ⏲ Tlj. 8h-0h € gratuit Casa da Cerca Rua da Cerca, 2 📱 212 724 950 www.m-almada.pt ⏲ Mar.-dim. 10h-18h Fermé j. fér. € Entrée libre

Rio 2

Santuário Nacional de Cristo Rei

Réplique "miniature" du Christ Rédempteur de Rio de Janeiro, cette statue en béton armé, élevée en 1959, mesure tout de même 28m de haut sur un piédestal de 82m ! Grimpez en ascenseur sur la plateforme pour un vertigineux panorama sur Lisbonne, le Tage et la péninsule de Setúbal !

Alto do Pragal Av. Cristo Rei En bateau de Cais do Sodré jusqu'au débarcadère de Cacilhas, puis bus 101, ou 35 min à pied 📱 212 751 000 www.cristorei.pt ⏲ Début juil.-mi-juil., début sept.-mi-sept. : tlj. 9h30-18h45 ; mi-juil.-août : tlj. 9h30-19h ; mi-sept.-juin : tlj. 9h30-18h Dernière entrée 15min avant fermeture € 6€

COSTA DA CAPARICA

Il suffit de passer le Ponte 25 de Abril pour atteindre d'un coup de voiture la Costa da Caparica et son long ruban de sable de 8km. Un petit train de plage, ouvert aux quatre vents, suit le rivage jalonné de 19 arrêts, le long de *praias* bordées de dunes et de pinèdes qui, dès l'arrivée des beaux jours et

À NE PAS MANQUER

- Cabo Espichel
- Parque Natural da Arrábida
- Palácio Nacional e Jardins de Queluz
- Sintra ★
- Palácio Nacional da Pena

Sesimbra et les remparts de son *castelo*

plus encore le week-end, exercent leur pouvoir d'attraction sur les familles lisboètes (p.84).

À 17 km au sud M° Praça de Espanha, puis bus 153

SESIMBRA ET SES ENVIRONS

Sa réputation de paradis de la pêche est entretenue par le cliché des *traineiras*, petits bateaux multicolores rentrant au port chargés de poisson. Sesimbra capture aussi dans ses filets des hordes d'estivants, attirés par ses plages et ses petites ruelles truffées de bars et de restaurants de poisson. Du **Castelo** mauresque, perché à 230m de hauteur, vous cueillerez une belle vue sur la baie, et de la **Fortaleza de Santiago**, citadelle du 17e s., votre regard embrassera les collines entourant la ville. Entrez dans l'**Igreja de Santa Casa da Misericórdia**, demeure d'un très vénéré Jesus das Chagas ("des plaies") sanguinolent.

Castelo R. Nossa Sra. do Castelo 11 Tlj. 7h-20h € Entrée libre **Fortaleza de Santiago** Rua da Fortaleza Tlj. 14h30-17h30 € Entrée libre **Capela de Santa Casa da Misericórdia** Largo 5 de Outubro Tlj. 9h-13h et 14h-17h

Un air de bout du monde

Cabo Espichel

Époustouflant ! Sauvage et déchirée, la pointe rocheuse de la péninsule d'Arrábida dresse ses falaises à plus de 100m au-dessus de l'océan (attention aux abords instables !). Au milieu de la lande déserte balayée par les vents, seuls se distinguent un phare et une église-auberge du 18e s., dotée d'un étonnant plafond peint en trompe-l'œil. À quelques pas de là, une minuscule chapelle, l'Ermida da Memória, à l'insolite "toit-couvercle" et au joli baptistère.

15km à l'ouest de Sesimbra Accès en bus par la compagnie Sul do Tejo (ligne 201), départ de la gare routière. Certains cars de Sesimbra desservent régulièrement Azoia, située à 2km du cap

Lac de bord de mer

Lagoa de Albufeira

Ce vaste plan d'eau frangé de pinèdes, près du bord de mer sur la côte ouest, est très prisé des véliplanchistes et amateurs de voile ou de pêche sportive.

15km env. au nord de Sesimbra

SETÚBAL ET SES ENVIRONS

Setúbal est un bon pied-à-terre pour crapahuter dans la Serra da Arrábida ou observer les dauphins de l'estuaire du Sado. Oubliez les cités d'immeubles autour de la cité portuaire. Sa vieille ville, charmante, régale de poissons et de fruits de mer, et ses entrepôts sont le terrain de jeu des street artistes. Vous y découvrirez l'église du **Convento de Jesus** (1496), premier exemple d'architecture manuéline, l'art de mettre les sardines en boîte au **Museu do Trabalho Michel Giacometti** et les ors baroques de la **Casa do Corpo Santo**. Grimpez au **Forte de São Filipe** pour un panorama somptueux sur l'estuaire du Sado et la Serra da Arrábida.

Posto de Turismo Av. Luísa Todi, 468 265 545 010 www.visitsetubal.com Été : tlj. 9h-0h ; hiver : ven.-sam. 9h-0h, dim.-jeu. 9h-20h **Convento de Jesus e Museu de Setúbal Église** Largo de Jesus 265 537 890 Mar.-sam. 10h-18h, dim. 14h-18h **Museu do Trabalho Michel Giacometti** Largo Defensores da República 265 537 880 Mar.-ven. 9h30-18h, sam.-dim. 14h-18h 1,50€ **Casa do Corpo Santo – Museu do Barroco** Rua do Corpo Santo, 7 Juin-mi-sept. : mar.-ven. 9h-12h30 et 14h-17h30, sam. 15h-19h ; mi-sept.-mai : mar.-ven. 9h-12h30 et 14h-17h30, sam. 14h-18h 1,50€ **Forte de São Filipe** Estr. Castelo de São Filipe (à une bonne demi-heure à pied du centre de Setúbal – pas de bus) **Posto de Turismo** Mar.-dim. 10h-12h et 13h-18h

C'est la Méditerranée

Parque Natural da Arrábida

De vertes collines et des falaises plongeant dans l'océan, des parfums mêlés de pinèdes et de maquis, et de petites plages paradisiaques... La Serra da Arrábida offre sa nature sauvage aux airs méditerranéens le long de superbes routes

Le port de Setúbal

BON À SAVOIR
Du 1er juin au 15 septembre, la route des plages entre Figueirinha et Portinho da Arrábida est interdite aux voitures en journée. Garez-vous dans l'un des parkings payants de Figueirinha ou du Creiro, puis prenez un bus municipal gratuit desservant les plages toutes les 20min entre 7h et 20h. De Setúbal, bus réguliers pour Figueirinha.

de montagne. Au sommet de la *serra* (500m), la N379-1 livre d'étourdissants points de vue et mène au **Convento da Nossa Senhora da Arrábida** (16e s.), paisible monastère construit à flanc de colline. Au pied de la *serra*, **Portinho da Arrábida**, petite anse de sable blanc aux eaux turquoise, saupoudrée de villas et de restaurants, vous fera aussi un gros coup de charme.

Convento da Nossa Senhora da Arrábida 15km à l'ouest de Setúbal 212 197 620 www.foriente.pt Visites guidées (portugais et anglais) mer., sam.-dim. Horaire à définir avec les organisateurs 5€

On en fait tout un fromage
Azeitão

On fait escale dans les villages d'Azeitão pour goûter trois denrées locales incontournables : le *queijo de Azeitão*, fromage de brebis qui se déguste à la petite cuillère, les *tortas de Azeitão*, petits gâteaux parfumés à la cannelle, et le vin. Une visite s'impose à la **Quinta da Bacalhôa**, dont les propriétaires sont grands producteurs de rouges, de blancs et de moscatel. Une parenthèse enchantée entre vignes, palais Renaissance, jardin à la française, caves et collections d'art. Rendez-vous pour la visite à l'**adega** (où est la billetterie), à Vila Nogueira de Azeitão (la *quinta* se trouve à 2,5km de là).

15km à l'ouest de Setúbal **Quinta da Bacalhôa** Estrada Nacional, 10 São Simão Vila Nogueira de Azeitão 212 198 067 www.bacalhoa.pt **Quinta** Visite (portugais-anglais-espagnol, sur rés.) lun.-sam. 10h et 15h 10€ (Palácio et Adega ; dégustation incluse)

ESTORIL ET CASCAIS

Le grand jeu
Estoril

Depuis le 18e s., la "ville des deux printemps" attire les visiteurs pour la douceur de son climat. La reine Maria Pia de Sabóia en fit une station à la mode au 19e s., suivie plus tard par un cortège de rois déchus, de prétendants aux trônes d'Europe, de riches hommes d'affaires, d'espions et de stars de cinéma. De son pedigree de station chic, Estoril a gardé des attractions phares qui entretiennent son prestige : son grand casino, où Ian Flemming trouva l'inspiration pour son personnage de James Bond, de très beaux golfs, des compétitions de motocyclisme et un open de tennis.

Env. 25km à l'ouest de Lisbonne par l'A5 ou la N6

Aristo-artistique
Cascais

Plus décontractée que sa voisine, Cascais a conservé son port de pêche, son pittoresque marché, une vieille citadelle investie par des artistes (Art District)

Le phare de Cascais

et une belle collection de **villas** balnéaires. À l'abri des foules de ses miniplages urbaines, renouez avec cet univers aristocratique du début du 20e s. dans le surprenant **Museu Condes de Castro Guimarães**, palais richement décoré à l'invraisemblable mélange de styles. Non loin, la **Casa das Histórias Paula Rego**, dessinée par Eduardo Souto de Moura (prix Pritzker 2011), expose des œuvres de l'artiste lisboète.

34km à l'ouest de Lisbonne par l'A5 ou la N6 **Museu Condes de Castro Guimarães** Av. Rei Humberto II de Itália Parque Marechal Carmona 214 815 304 bairrodosmuseus.cascais.pt Mar.-dim. 10h-18h 4€ **Casa das Histórias Paula Rego** Av. da República, 300 214 826 970 casadashistoriaspaularego.com Mar.-dim. 10h-18h 5€

QUELUZ

Ce que Versailles est à Paris, Queluz l'est à Lisbonne : une ville au sang bleu, choisie à partir de la seconde moitié du 18e s. par la famille royale comme destination de ses vacances, à mi-chemin entre la capitale et les forêts de Sintra.

16km à l'ouest de Lisbonne par l'A5 et la N117

Royale villégiature

Palácio Nacional e Jardins de Queluz

Cette résidence "secondaire" de la famille royale (jusqu'en 1908) compte parmi les plus remarquables exemples du style rococo. Comparé à un petit Versailles, le palais royal, achevé en 1760, a été en partie dessiné par l'architecte français Jean-Baptiste Robillon. Dans les appartements, lustres de cristal, miroirs, bois dorés, azulejos, plafonds en trompe-l'œil, tapis d'Arraiolos, paravents laqués et autres chinoiseries forment un décor éblouissant. Délicieuse balade dans les jardins à la française et le long du Canal Rex sur lequel la famille royale se promenait en barque.

Largo Palácio de Queluz 219 237 300 www.parquesdesintra.pt Mars-oct. : tlj. 9h-19h ; hiver : 9h-18h Dernière entrée 1h avant fermeture Fermé 25 déc. et 1er jan. 10€

Traînée de poudre
Fábrica da Pólvora de Barcarena

Excellente reconversion que celle de cette ancienne fabrique de poudre de Barcarena en un centre culturel ouvert aux formes les plus expérimentales de la création. Après plus de quatre siècles (de 1540 à 1988) d'activité industrielle, elle doit à la municipalité d'Oeiras sa nouvelle vocation.

Estrada das Fontainhas Barcarena 214 408796 Mar.-dim. 11h-17h (hiver 17h) Restaurant et bar Tlj. 9h-2h Parc Mai-sept. : tlj. 7 : 30-21h ; oct.-avr. : tlj. 7 : 30h-18h 2€

SINTRA ★

Le “glorieux Éden” encensé par lord Byron mérite bien plus qu'un saut de puce. Rivalisant de splendeur, ses jardins exubérants et sa jungle luxuriante s'étalent au flanc d'une petite *serra* où Lisboètes et romantiques viennent se rafraîchir. Très courue, parsemée de *quintas*, maisons cossues édifiées par les aristocrates et les bourgeois au fil des siècles, cette montagne a fait son entrée au patrimoine mondial de l'Unesco. Hormis le **Palácio Nacional de Sintra**, situé dans le centre historique dit Sintra-Vila (ou Vila Velha, la “vieille ville”), les principaux monuments sont disséminés dans la *serra*.

30km au nord-ouest de Lisbonne par l'A37

En direct du Moyen Âge
Palácio Nacional de Sintra

Deux monumentales cheminées coniques signalent la résidence d'été préférée de la dynastie des Avis (13e-16e s.), à laquelle les petits patios hispano-mauresques donnent des allures de palais mudéjar. C'est ici, sous la houlette du roi Manuel I (1495-1521), que l'azulejo a commencé son incroyable épopée portugaise ! Le palais recèle des salles fastueuses entièrement décorées de céramiques et des plafonds en bois d'une grande beauté, peints de pies, de cygnes ou de blasons.

Largo da Rainha Dona Amélia (Sintra-Vila) 219 237 300 www.parquesdesintra.pt Avr.-oct. : tlj. 9h30-18h30 ; nov.-mars : tlj. 9h30-18h 10€

Le vertige d'une descente aux enfers
Quinta da Regaleira

La plus magique et la plus mystique des *quintas*, née de l'imaginaire débridé de l'homme d'affaires fortuné Carvalho Monteiro (1848-1920). Un luxuriant jardin parsemé de fontaines et de cascades enveloppe cette symphonie de pierres néomanuéline, porte d'un monde souterrain dantesque avec son puits initiatique qui nous précipite vers les enfers, ses grottes et son lac mystérieux. Une relecture express de Dante et de sa *Divine Comédie* !

Rua Barbosa du Bocage (1km à l'ouest du centre-ville) 219 106 650 www.regaleira.pt Avr.-sept. : tlj. 10h-18h30 ; oct.-mars : tlj. 10h-18h30 10€

Ruelle à échoppes
Lojas do Picadeiro

Dans le vieux quartier de São Pedro, à 2km au sud-est de la vieille ville (Sintra-Vila), cette charmante impasse à l'écart de la Praça D. Fernando II compose un harmonieux bouquet de bars, restaurants, antiquaires et artisans. Une invitation à la flânerie non loin d'une chapelle du 15e s.

Praça D. Fernando II

> **BON À SAVOIR**
> La circulation vire au noir aux beaux jours et le week-end. Préférez le bus pour visiter les palais en dehors du centre, et garez-vous dès votre arrivée à Estefânia ou à Portela de Sintra, deux quartiers au nord de la vieille ville qui comptent plusieurs parkings.

LA *SERRA* DE SINTRA

De beaux restes
Castelo dos Mouros

Réduit à un mystérieux et romantique amas de ruines disséminées dans un bel écrin de verdure, ce château maure du 8e s. offre du haut de ses murailles un panorama spectaculaire, en particulier depuis le chemin de ronde et la tour royale. À la fin du 15e s., un ordre royal y consigna une communauté juive loin du reste de la population.

4km au sud du centre-ville par la route, ou par le bus 434 219 237 300 www.parquesdesintra.pt 9h30-18h30 8€

Improbable mais vrai
Palácio Nacional da Pena

Toute l'extravagance portugaise s'illustre dans ce palais d'*heroic fantasy*, qui coiffe sans complexe le piton rocheux de la *serra*, à 500m au-dessus de Sintra. L'œuvre fantasque du "roi artiste" Ferdinand de Saxe-Cobourg-Gotha (1816-1885) est un hallucinant mélange de couleurs flashy et de styles mauresque, gothique, manuélin, baroque et rococo, évoquant un cornet de glace à cinq parfums ! Tout aussi exubérant et fantaisiste, le **Parque da Pena** qui l'entoure dissimule dans sa jungle toutes sortes de folies, fontaines, belvédères et petits lacs, ainsi que le chalet romantique de la comtesse d'Edla.

Au sud de Sintra-Vila, par le bus 434, au départ de la gare ferroviaire www.parquesdesintra.pt Tlj. 9h30-18h30 14€ (palais et parc) Parque da Pena Estrada da Pena Tlj. 9h-19h

Un jardin des merveilles
Parque de Monserrate

À 5km de Sintra, ce parc forestier relève plutôt d'un invraisemblable musée botanique, avec son étang, ses bassins, sa chapelle ruinée et son cromlech ! Au fil de votre promenade (env. 1h), vous découvrirez une cascade et de nombreuses espèces d'arbres et de plantes exotiques. Puis vous accéderez au superbe Palácio de Monserrate, d'inspiration moghole. Une fantaisie au

BON À SAVOIR
Pour les sites des Parques de Sintra (palais de Queluz, Sintra, Pena et Monserrate, Castelo dos Mouros et Convento dos Capuchos), réserver son billet en ligne permet de bénéficier d'une réduction de 5%, mais surtout d'éviter une première queue aux billetteries. Billets combinés de 2 à 6 sites (réduction de 5 à 10%) uniquement dans les billetteries physiques.

La Quinta de Regaleira

romantisme tout britannique, conçue pour le richissime commerçant anglais Francis Cook, acquéreur du domaine en 1856.

5km à l'ouest de Sintra sur la N375 219 237 333 www.parquesdesintra.pt Mars-oct. : tlj. 9h-19h ; nov.-fév. : tlj. 9h-18h 8€

Leçon d'ascétisme

Convento dos Capuchos

Pour se "rincer l'œil" après le déluge de couleurs du Palácio Nacional, voici un monastère franciscain aux allures d'ermitage troglodytique, aménagé dans un chaos rocheux et occupé par seulement huit moines, jusqu'à son abandon en 1834. Exemple typique des monastères construits par les ordres mendiants, en réaction à l'opulence affichée des ordres séculiers, il multiplie les injonctions au dépouillement : cellules minuscules, liège tenant lieu d'azulejos... Le site prend toute sa mesure dans la solitude, de préférence tôt le matin, avant l'affluence.

Colares (9km au sud-ouest de Sintra, en voiture uniquement) 219 237 300 www.parquesdesintra.pt Tlj. 9h-18h 7€

LA CÔTE

Dans cet autre Finistère...

Cabo da Roca

38° 47' nord, 9° 30' ouest : ici pointe l'extrémité occidentale du continent européen, "là où la terre finit et où la mer commence" (Camões, *Les Lusiades*). Dominant de 140m les eaux tumultueuses qui s'écrasent à grand fracas contre la falaise, le "cap du Rocher" offre un beau point de vue sur le littoral tourmenté ; beaucoup de monde au coucher du soleil ! L'occasion d'un grand bol d'air iodé, car le vent, comme la mer, y est souvent redoutable. Des certificats sont même vendus (5 et 10€) à qui voudrait prouver son passage au cap.

19km à l'ouest de Sintra et 32km de Lisbonne Bus 403 de Cascais ou de Sintra

Piscine naturelle

Azenhas do Mar

La cascade de maisons blanches qui dévalent la falaise du village d'Azenhas do Mar se déverse dans une piscine naturelle creusée dans le rocher, dont l'eau salée se renouvelle à chaque marée haute. Une jolie carte postale ! Le bus 441 fait le trajet (40min) au départ du quartier de Portela de Sintra.

12km au nord-ouest de Sintra www.azenhasdomar.com

À FAIRE

Profitez des plages

Costa da Caparica

Aux beaux jours, leurs dunes ocre-rouge et leurs délicieux petits bars attirent baigneurs et surfeurs. La ville de Costa da Caparica est à portée de bus au départ de Lisbonne (TST 161) et de Cacilhas (TST 135). Chaque plage a son public de prédilection : **Praia do Castelo** est appréciée par la communauté LGBT ; **Praia da Bela Vista**, par les naturistes ; **Praia de São João da Caparica** fait le bonheur des surfeurs et **Praia da Fonte da Telha**, celui des véliplanchistes.

Sesimbra

Une incroyable plage de sable fin en pleine ville, bien orientée au sud, sans vagues ni rouleaux, équipée de centres et d'écoles de plongée sous-marine... La **Praia da Califórnia** a tout bon, si ce n'est la température de l'eau qui reste conforme aux normales affichées dans l'océan Atlantique !

Setúbal

Les plus belles plages s'étendent à l'ouest de Setúbal, au pied de la Serra da Arrábida, à **Figueirinha**, **Galapos** et **Portinho da Arrábida**. La plus facilement accessible est la plage de **Figueirinha**, distante de 7km et terminus d'un autobus qui dessert l'endroit pendant les mois d'été. Les amateurs d'interminables plages sauvages traverseront l'estuaire jusqu'à Tróia, où se succèdent celles de Bico das Lulas et de la **Costa da Galé**.

Estoril et Cascais

Les cabines de bain confèrent un certain charme à ces plages urbaines. À l'ouest de Cascais, certaines se font plus sauvages, telle la **Praia do Abano**. Notre préférence va à la **Praia do Guincho**, qui dessine un magnifique ruban clair entre le bleu de l'océan et le vert de la forêt toute proche. Paradis des joggeurs, des surfeurs et autres amateurs de sensations fortes, cette côte battue par les vagues est aussi agitée par les puissants courants que génère l'embouchure du Tage, prudence !

Observez les dauphins du Sado

Véritable sanctuaire, la réserve naturelle de l'estuaire du Sado est le refuge de nombreuses espèces rares en Europe, en particulier de certains oiseaux, mollusques et crustacés, mais également d'une trentaine de grands dauphins, tous identifiés grâce aux particularités de leur nageoire dorsale. Plusieurs agences proposent d'aller les voir (cohabitation limitée par la loi à 30min), selon diverses formules et types d'embarcations.

Vertigem Azul Rua Praia da Saúde, 11D Loja 10 Setúbal 265 238 000 www.vertigemazul.com

Roulez doux le long de l'océan

Cascais totalise 9km de pistes cyclables, le long de l'Atlantique, jusqu'à la plage du Guincho. Profitez-en !

Wonder Bike Av. Marginal, Bloco B, Loja 2 Cascais 926 883 323 www.wonderbike.pt
Tlj. 10h et 18h30 Location VTT : 15€/j.

Praia do Abano à Cascais

Promenez-vous dans les parcs de Sintra

Plusieurs parcours pédestres bien balisés partent du Palácio Nacional de Sintra (centre historique) et sillonnent la ville et la *serra*, de monuments en palais. **Pena** vous conduit au Palácio da Pena (p.82) en sinuant à travers son parc, jusqu'au bord d'étangs perdus dans la végétation (durée 1h30). **Castelo** vise le Castelo dos Mouros (p.82), avec une promenade aux alentours sur un sentier facile d'accès (durée 45min). **Quintas**, notre préféré, relie les somptueuses villas aristocratiques à l'extérieur de la ville. **Dépliants disponibles** à l'office de tourisme et téléchargeables en PDF sur le site de la mairie : www.cm-sintra.pt/percursos-pedestres.

NOS ADRESSES

PAUSES

L'attrape-gourmands

Padaria O Caseiro

On se rue dans cette pâtisserie, réputée la meilleure de Sesimbra, pour poser ses paniers pleins du marché qui se tient juste derrière. Les plus affamés croqueront dans une *farinha torrada*, la spécialité locale.

SESIMBRA Av. da Liberdade, 15 📱212 280 963 🕒Tlj. 8h-19h

Lunch ou goûter

Pastelaria Capri

Sur une aimable placette arborée et animée, cette pâtisserie est l'une des plus fréquentées de Setúbal. Ses multiples propositions sucrées et ses en-cas salés calmeront les petites faims à toute heure de la journée.

SETÚBAL Largo da Misericórdia, 38 📱265 523 020 🕒Lun.-sam. 8h-19h30, dim. 8h-13h

Petit doigt en l'air

Pastelaria Garrett

Une ambiance délicieusement cosy règne dans ce salon de thé où les gâteaux sont plutôt raffinés mais la clientèle un peu fanée parfois.

ESTORIL Av. de Nice, 54 📱214 680 365 🕒Mer.-lun. 7h30-19h30

Fournisseur des rois

Santini Cascais Baia

En 1949, l'Italien Attilio Santini commence sa conquête “glaciaire” sur la plage de Tamariz à Estoril avant de s'installer à Cascais en 1971. Adoubée par le roi d'Italie en exil et le roi d'Espagne Juan Carlos, cette vénérable institution de la crème glacée a depuis essaimé à Lisbonne et à Porto.

CASCAIS Alameda dos Combatentes da Grande Guerra, 100 📱210 966 779 www.santini.pt 🕒Tlj. 11h-0h

Pour un en-cas

Grão de Café & Folha de Chá

Quelques tables pour prendre le soleil en tentant de faire abstraction des voitures et d'imaginer à leur place les carrosses qui desservaient jadis le palais de Queluz. De bons gâteaux et des salades.

QUELUZ Largo Mouzinho de Albuquerque, 29 📱214 355 072 🕒Tlj. 10h-0h

DOUCEURS LOCALES
Challengers des *pastéis de nata* dans l'ordre des pâtisseries portugaises les plus célèbres et convoitées, les ***queijadas*** sont de petits gâteaux à base de fromage frais, de farine de blé, de sucre, d'œufs et de cannelle. Sintra est le berceau de cette spécialité rustique qui remonterait au 13e s.

Queijadas **de Sintra**

Likée par Eça de Queirós !

Queijadas da Sapa

Autoproclamée "fabrique des véritables *queijadas* de Sintra", cette pâtisserie, située un peu à l'écart du centre historique de Sintra, est aussi réputée que la Casa Piriquita auprès des habitants de la région. Elle est la plus ancienne de la ville, citée paraît-il, par le grand écrivain Eça de Queirós en personne !

SINTRA Volta do Duche, 12 ☎219 230 493
🕒Mar.-ven. 9h-18h, sam.-dim. 9h30-18h30

RESTAURANTS

Dernière table avant les flots

Ponto Final ♥€€

Un pas de plus et vous tombez à l'eau ! Tout, tout au bout du quai, attablez-vous pour déguster une cuisine traditionnelle, où le poisson règne en Poséidon, et profiter de la vue grandiose sur Lisbonne, au loin. Une adresse romantique au soleil couchant. Même si vous prolongez la soirée tard dans la nuit, le *cacilheiro* vous rapatriera Praça do Comércio. Réservation conseillée le soir. Comptez 20-25€.

ALMADA (plan 2, B4 n°32) Rua do Ginjal, 72 De Cacilhas, prendre vers la droite le Cais do Gingal sur 1 km ☎212 760 743
🕒Mer.-lun. 12h30-16h et 19h-23h

Plébiscitée par les pêcheurs

Isaías ♥€

Pour dénicher cette adresse, suivez les pêcheurs qui en ont fait leur

La terrasse du Ponto Final

repaire. On y sert les produits de la mer en portions généreuses (seiche, calamar, pieuvre ou poisson), et des poissons fraîchement écaillés et immédiatement grillés à l'extérieur. Exquis dessert maison, le *sanadura*, à base de blancs d'œuf.

SESIMBRA Rua Coronel Barreto, 2 914 574 373 Lun.-sam. 12h-15h et 19h-21h30

Le roi de la seiche frite

O Rei do Choco Frito – Casa Santiago €

Un classique souvent bondé. Les serveurs y sont parfois un peu débordés, mais le *choco frito* est paraît-il l'un des meilleurs de la ville. Vous pourrez le manger doré à souhait, pour 7€. Le restaurant propose par ailleurs palourdes, gambas, riz aux fruits de mer et quelques bons plats de morue ou de viande.

SETÚBAL Av. Luísa Todi, 92 265 221 688 Lun.-ven. 12h-15h et 18h-22h ; sam. 12h-22h

Fraîche comme ses sushis

Confraria €€

Cette pétillante table séduit par la fraîcheur de ses sushis et sashimis, et par sa terrasse ombragée. Comptez 30€.

CASCAIS Rua Luís Xavier Palmeirim, 14 214 834 614 www.confrariasushi.pt Dim.-jeu. 12h30-0h, ven.-sam. 12h-23h (service continu)

À deux pas du palais

Restaurante d'El Rei €

La visite de Queluz vous a ouvert l'appétit ? Cette table saura vous rassasier d'une cuisine sans histoire, très honnête, dans un cadre moderne. Plat 8-15€ env.

QUELUZ Largo Mouzinho de Albuquerque, 1-7 214 350 674 www.del-rei.com Lun.-sam. 10h-22h30, dim. 10h-16h

Par le goût alléchés

Adega do Saloio ♥€

Un face-à-face de restaurants dont le succès incontesté repose sur l'exigence d'une cuisine faite maison. Viandes succulentes, poulpes, seiches et morues préparées *a lagareiro*, au four, assaisonnées d'un filet d'huile d'olive, sont à la base des menus. Plats autour de 12€. Menus touristiques de 15 à 18€.

SINTRA Largo do Chão de Meninos Rua Álvaro do Reis, 32 219 231 422 adegadosaloio.weekly.com Mer.-lun. 12h-15h et 19h-22h

Au-dessus des embruns

Azenhas do Mar ♥€€€

Comme une bernique à son rocher, ce restaurant est rivé à la falaise en surplomb de la mer. L'addition est élevée pour la région, mais quel cadre ! Magnifié par un éclairage à la bougie le soir, il permet de déguster son poisson (au poids) comme en lévitation au-dessus du rivage. Juste en-dessous, commencez par un apéritif au bord de la piscine d'eau salée du Terraço. Réservation conseillée.

AZENHAS DO MAR (12km au nord-ouest de Sintra) 219 280 739 www.azenhasdomar.com Tlj. 12h30-23h (ferme à 22h en basse saison) Fermé à Noël et au Nouvel An.

SHOPPING

L'appel du moscatel

Sabor da Baía

Dans la Casa da Baía, écrin stylé de l'office de tourisme et d'une cafétéria-terrasse, ce magasin de produits régionaux est doublé d'une excellente cave proposant les breuvages de plus d'une trentaine de producteurs (de 2,50 à 45€). Très beau choix de moscatel de Setúbal, nommés en 2011 comme les meilleurs muscats du monde. Goûtez aux *barquilhos de Setúbal*, les fameuses petites barquettes à l'orange.

SETÚBAL Av. Luísa Todi, 468 265 545 010 Été : tlj. 9h30-20h ; hiver : ven.-sam. 9h-0h, dim.-jeu. 9h-20h

Ne pas laisser sur le carreau

Calaferrim

Dans le quartier des antiquaires, un bel échantillon d'azulejos (30-150€ les 4 selon les époques et de 5-35€ l'unité) et de très beaux meubles anciens.

SINTRA Praça D. Fernando II, 18 Lojas do Picadeiro 219 231 837 Tlj. 14h-20h

COULEUR LOCALE

Une extraordinaire corne d'abondance que celle du **marché de Cascais** pour lequel on vient de très loin. Laitues, herbes médicinales, tomates juteuses à souhait... les produits dévalent les pentes de la *serra* voisine pour entrer en concurrence avec les poissons de l'Algarve et les fruits de mer vendus à l'intérieur du marché couvert aux murs ornés d'azulejos.

Av. D. Pedro I Mer. et sam. 6h30-14h

L'ESTREMADURA

Des vagues XXL pour surfeurs casse-cou, des kilomètres de sable et des pinèdes à perte de vue, un palais qui a la folie des grandeurs, deux monastères primés par l'Unesco et un pèlerinage géant : l'Estremadura fait dans les extrêmes et la démesure ! Elle nous enivre encore de liqueur de griotte dans un amour de cité médiévale, nous enveloppe de son charme rétro dans une ancienne ville thermale et nous entraîne dans les profondeurs de grottes mystérieuses.

ACCÈS ET INFOS

- Principales distances depuis Lisbonne : Ericeira (50km nord-ouest), Peniche (100km nord), Óbidos et Caldas da Rainha (90km nord), Nazaré (120km nord), Alcobaça (111km nord-est), Batalha (130km nord), Leiria (140km nord-est), Fátima (120km nord).
- Toutes ces villes sont accessibles en car depuis Lisbonne. Également, 2 trains directs/j. pour Óbidos et Caldas da Rainha, d'où l'on peut prendre un bus pour Peniche ou Leiria via Nazaré, Alcobaça et Batalha. Liaison Leiria-Fátima.

À VOIR

ERICEIRA

De la Praça da República, perpétuellement animée, vous pouvez descendre vers les amples plages du sud et le port de pêche, ou choisir de les contempler du haut de la falaise : les terrasses ensoleillées du Parque de Santa Marta, lieu de promenade et de détente (tennis, minigolfs, aires de jeux pour les enfants, restaurant luxueux, terrasses de café), font une tribune idéale d'où assister au spectacle des bateaux de pêche tirés sur la plage par des tracteurs. Et aussi pour admirer le coucher du soleil ! Les plages les plus sauvages, São Sebastião et Matadouro, s'étirent au nord. Les surfeurs se retouvent sur le spot de Coxos, considéré comme l'un des meilleurs du pays.

Posto de Turismo Praça da República, 17 261 863 122 www.cm-mafra.pt Tlj. 10h-13h et 14h-18h

MAFRA

Le minuscule village de Mafra s'est fait un nom avec la construction du plus grand ouvrage baroque du pays : un projet pharaonique réalisé grâce aux richesses de l'Empire et qui, aujourd'hui, manquerait presque d'évincer sa toute aussi impressionnante voisine, la chasse royale Tapada Nacional.

10km à l'est d'Ericeira **Posto de Turismo** Torreao sul do Palacio de Mafra 261 863 122 www.cm-mafra.pt Tlj. 10h-18h

Pour tout l'or du Brésil

Palácio Nacional de Mafra

Voyez plutôt : 880 pièces, 4 500 portes et fenêtres… Ce qui devait être un modeste couvent a muté, par la folie des grandeurs de João V, en un gigantesque palais-monastère, dont l'édification (1717-1730) mobilisa 50 000 ouvriers ! La résidence d'été des rois du Portugal donne à voir des appartements croûlant

À NE PAS MANQUER

- Palácio Nacional de Mafra
- Arquipélago das Berlengas
- Óbidos
- Praia da Nazaré
- Mosteiro de Alcobaça ★
- Mosteiro de Santa Maria da Vitória (Batalha) ★

Les façades colorées d'Ericeira

sous le marbre, un hôpital, une basilique et l'une des plus belles bibliothèques au monde, dont les 36 000 ouvrages sont protégés des insectes papivores par les chauves-souris ! En sortant du monastère, le baroque **Jardim do Cerco** est un endroit agréable où pique-niquer.

Terreiro Dom João V ☎ 261 817 550 www.palaciomafra.gov.pt ◷ Mer.-dim. 9h30-17h30 € 6€

Bestiaire grandeur nature
Tapada Nacional de Mafra

Ancien domaine royal de chasse créé par le roi João V en 1747, ce parc forestier protégé par un mur d'enceinte de 21km héberge une faune extrêmement riche (cerfs, sangliers, renards, blaireaux, rapaces). De nombreuses activités complètent ce sylvestre tableau : parcours pédestres et VTT, ateliers d'apiculture, démonstrations de fauconnerie, balade en petit train, musée des attelages...

6km au nord de Mafra sur la route de Gradil ☎ 261 817 050 www.tapadademafra.pt
◷ Été, hiver : tlj. 9h-18h Ferme plus tôt hors saison € 9,50€

PENICHE ET SES ENVIRONS

"Là où il y a des filets, il y a de la dentelle"
Peniche

Avec ses immenses plages, son célèbre spot de surf de Supertubos, ses restaurants de poisson et l'archipel des Berlengas, Peniche a la cote. Jusqu'au 15e s., la petite ville perchée au sommet d'imposantes falaises était encore une île, rattachée petit à petit au continent par la formation d'un long cordon dunaire. La presqu'île a conservé son ambiance authentique de port de pêche et une **forteresse** qui servit de prison au régime de Salazar. Elle fait aussi dans la dentelle depuis quatre siècles : allez jeter un coup d'œil sur cet artisanat à l'**Escola de Rendas de Bilros** où les dernières dentellières de Peniche font cliqueter leurs fuseaux.

90km au nord d'Ericeira Posto de Turismo Rua Alexandre Herculano 262 789 571 www.cm-peniche.pt Tlj. 9h-18h (horaires variables selon la fréquence de l'activité touristique) **Fortaleza de Peniche** Campo da República museunacionalresistencialiberdade-peniche.gov.pt fermé temporairement **Escola de Rendas de Bilros** Rua Alexandre Herculano (près du Posto de Turismo) 262 780 100 www.cm-.peniche.pt Lun.-ven. 9h-13h et 14h-17h

Éden pour mouettes

Arquipélago das Berlengas

Quatre îles baignées par des eaux translucides... Au large de Peniche, l'archipel sauvage des Berlengas, classé réserve de biosphère par l'Unesco, est le refuge de milliers d'oiseaux de mer et un paradis pour le snorkeling et la plongée sous-marine. On peut faire le tour de l'île de **Berlenga Grande**, la seule accessible, à pied ou en barque (embarcadère au fort de São João Baptista) pour explorer les curiosités naturelles jalonnant la côte : des grottes marines dont la **Furado Grande** qui, après avoir traversé l'île, aboutit à la **Cova do Sonho**, une baie entourée d'une muraille de falaises rougeâtres.

Au large du Cabo Carvoeiro Traversée en bateau depuis Peniche (vente des billets aux kiosques sur le port), toute l'année ou de juin à mi-sept. Rés. conseillée (accès à l'île limité à 350 pers./j.).

ÓBIDOS

Un haut rempart ceint cette citadelle qui abrite de tortueuses ruelles pavées et d'adorables maisons chaulées, soulignées de jaune ou de bleu. Telle vous

La vieille ville d'Óbidos, dominée par son château médiéval

COULEUR LOCALE
Les adresses ne manquent pas pour goûter la fameuse ***ginjinha* d'Óbidos**. Les moines cisterciens auraient composé la recette de cette liqueur au 12e s. On s'emploie de nos jours à la reproduire en utilisant les jeunes griottes acidulées de la région. Pour la touche gourmande, elle est servie ici dans de petits récipients en chocolat noir ou blanc.

apparaîtra Óbidos, la cité des reines portugaises que le roi Dinis I donna en dot à son épouse Isabel. Aussitôt franchie la Porta da Vila, apprêtez-vous à faire un bond dans le passé. L'**Igreja de Santa Maria** cache un superbe décor d'azulejos du 18e s. dans un écrin Renaissance. Si vous n'êtes pas sujet au vertige, parcourez le chemin de ronde pour de jolies perspectives sur la cité, le château du 13e s. et la campagne alentour.

80km au nord d'Ericeira **Posto de Turismo Municipal** Porta da Vila 262 959 231 www.cm-obidos.pt Mai-sept. : tlj. 9h30-19h30 ; oct.-avr. : lun.-ven. 9h30-18h, w.-e. et j. fér. 9h30-12h30 et 13h30-17h30 **Igreja de Santa Maria** 262 959 633 Été : tlj. 9h30-19h ; hiver : tlj. 9h30-12h30 et 14h30-17h

CALDAS DA RAINHA

De magnifiques façades Art nouveau témoignent des fastes passés de cette ville thermale où le temps semble s'être arrêté. Eaux sulfureuses et mondanités y attiraient toute l'élite portugaise à la Belle Époque. Pour se mettre dans le bain, direction le **Museu do Hospital e das Caldas** et l'**Igreja de Nossa Senhora do Pópulo**, ancienne chapelle de l'hôpital thermal fondé en 1485. À compléter par une promenade romantique dans le parc thermal. Enfin, c'est à Caldas que sont fabriquées depuis 1884 les légendaires céramiques de Rafael Bordallo Pinheiro, dont les œuvres emblématiques sont exposées au **Museu da Cerâmica**.

88km au nord d'Ericeira **Posto de Turismo** Rua Provedor Frei Jorge de São Paulo, 1 262 240 005 www.cm-caldas-rainha.pt Lun.-ven. 9h-19h, sam.-dim. 9h-13h et 15h-19h (horaires variables) **Museu do Hospital e das Caldas** Rua Rodrigo Berquó 262 830 300 museudohospital.wordpress.com Mar.-sam. et j. fér. 10h-16h 4€ **Igreja de Nossa Senhora do Pópulo** Fermé pour restauration

Faïences culte
Museu da Cerâmica

Ce captivant musée entièrement dédié aux arts du feu occupe l'ancienne *quinta* du vicomte de Sacavém, lui-même collectionneur et céramiste averti. Entre les productions de faïenceries locales, portugaises et étrangères des 19e et 20e s., celles qui émergent du lot sont les œuvres figuratives de **Rafael Bordallo Pinheiro** (1846-1905), grand céramiste et caricaturiste, célèbre créateur du personnage de Zé Povinho, l'archétype du Portugais moyen, cousin éloigné du Ratapoil de Daumier. Outre l'architecture néoromantique du bâtiment, les jardins valent aussi le coup d'œil.

Rua Dr. Ilídio Amado Ap. 97 262 840 280 museudaceramica.blogspot.com Été : mar.-dim. 10h-12h30 et 14h-18h ; hiver : mar.-dim. 10h-12h30 et 14h-17h30 3€

La plage de Nazaré

NAZARÉ

L'une des plus fameuses "cartes postales" du Portugal, avec son dédale de ruelles pavées qui dégringolent jusqu'à une plage de sable frangée de falaises. Destination prisée des Portugais, Nazaré a toutefois perdu de son pittoresque. À la plage des pêcheurs s'est substituée celle des baigneurs. Fini le spectacle des embarcations tirées sur la plage par des bœufs, depuis qu'un port a été creusé au sud de la baie. Mais il reste celui des barques colorées et des vieilles femmes qui surveillent le poisson en train de sécher ! Entre octobre et février, les plus hautes vagues du monde, de plus de 30m, attirent la crème des surfeurs.

115km au nord d'Ericeira **Posto de Turismo** Av. Vieira Guimarães Mercado Municipal 262 561 194 www.findoutnazare.pt Mai-juin, sept. : tlj. 9h30-13h et 14h30-19h ; juil.-août : tlj. 9h-20h ; oct.-avr. : tlj. 9h30-13h et 14h30-18h

Star de la *West Coast*

Praia da Nazaré

Face à la plage la plus courue de la côte ouest, égayée de tentes rayées de couleurs vives, un long front de mer en *calçada portuguesa* aligne hôtels, restaurants, boutiques de plage et de souvenirs. Derrière, les ruelles piétonnes du quartier des pêcheurs, bordées de maisons blanchies à la chaux, fourmillent de commerces et de bonnes adresses où manger du poisson. Un quartier bien agréable pour musarder ! Coup d'œil aux traditions locales au **Museu do Peixe Seco** : un étalage de poissons et de poulpes séchés, une coutume incombant aux femmes, qui la perpétuent de nos jours avec les produits invendus.

Museu do Peixe Seco – Núcleo 2 Av. Manuel Remígio
262 550 010 Lun.-ven. 9h30-13h et 14h-17h30, sam.-dim. 15h-18h

Vagues XXL en ligne de mire
O Sítio

On atteint le Nazaré d'en haut (à 110m de hauteur) par le vieil **ascensor** (funiculaire) ou, pour les plus courageux, par un chemin pavé. Au sommet, la vue sur le littoral est fantastique. Là, il faut visiter l'**Igreja de Nossa Senhora da Nazaré** (17e s.), pour son décor d'azulejos, ses autels en *talha dourada* et sa Vierge de Nazareth, qui a donné son nom à la ville. Voyez aussi le **Forte de São Miguel Arcanjo** : on peut y contempler les vagues les plus colossales du monde qui déferlent en hiver sur la **Praia do Norte**. Le fort abrite un musée sur le canyon sous-marin de Nazaré, long de 100km et profond de 5km, à l'origine de ces vagues géantes.

Ascensor 262 550 010 Tlj. 7h15-0h Départ toutes les 15min 4€ **Igreja de Nossa Senhora da Nazaré** O Sítio **Église** Avr.sept. : tlj. 9h-19h ; oct.-mars : tlj. 9h-18h Visite circuit intérieur 9h-17h30 sauf pendant les messes Entrée libre dans l'église **Forte de São Miguel Arcanjo** Rua 25 de Abril O Sítio **Centro Interpretativo do Canhão da Nazaré** Été : tlj. 10h-20h30 ; reste de l'année : tlj. 10h-18h 2€

SENSATIONS FORTES

Nazaré semble avoir fait du surf sa nouvelle image de marque en se taillant une place de choix dans le circuit mondial des grosses vagues. L'Américain Garrett McNamara est entré dans la légende en y surfant, en 2011, un monstre de près de 24m de hauteur. Record battu en 2018 par le Brésilien Rodrigo Koxa avec une vague de 24,38m. Ces géantes prennent forme dans le plus grand ravin sous-marin d'Europe, le canyon de Nazaré.

ALCOBAÇA

Comme à Clairvaux
Mosteiro de Alcobaça ★

Alcobaça doit sa renommée à son abbaye cistercienne, fondée au 12e s. par le premier roi du Portugal, Afonso Henriques, dans le contexte de la Reconquête. Son église Santa Maria (13e s.), classée au patrimoine mondial de l'humanité, est l'un des plus beaux édifices cisterciens du monde chrétien. Sitôt le porche franchi, vous serez saisi par l'ampleur et le dépouillement de sa nef, longue de 106m. Ne manquez pas les tombeaux royaux de Pedro I et d'Inês de Castro commémorant l'amour tragique des Roméo et Juliette portugais. Reste à découvrir le cloître du Silence, le réfectoire, la gigantesque cuisine et le dortoir avec ses voûtes en croisée d'ogives.

116km au nord d'Ericeira 262 505 120 www.mosteiroalcobaca.pt
Été : tlj. 9h-18h30 ; hiver : tlj. 9h-17h30 6€ Visite de l'église gratuite, du cloître payante

BATALHA ET SES ENVIRONS

Monument phare
Mosteiro de Santa Maria da Vitória ★

Une splendeur gothique parée d'exubérance manuéline, sculptée comme de la dentelle : voilà le plus beau des monastères portugais, doublé d'un panthéon royal. Emblème de l'indépendance portugaise, il a été édifié trois ans

Chapelles inachevées du monastère de Batalha

après la victoire de João I sur les Castillans à la bataille d'Aljubarrota (1385). Gigantesque vaisseau hérissé de pinacles, l'église dévoile la plus haute nef du pays et la chapelle du Fondateur, écrin des tombeaux de João I et de son fils Henri le Navigateur. Ne manquez pas le cloître royal et les Capelas Imperfeitas, mausolée à ciel ouvert flanqué de sept "chapelles inachevées" et d'un portail monumental.

135km au nord d'Ericeira Caisse sur le bas-côté gauche de la nef de l'église 244 765 497 www.mosteirobatalha.pt Été : tlj. 9h-18h30 ; hiver : tlj. 9h-17h30 6€

Pas vraiment carré

Castelo de Porto de Mós

La ville de Porto de Mós vaut le détour surtout pour son château (15e s.) hors du commun avec son plan irrégulier, sa loggia au look de palais italien et ses tours couronnées de coupoles pyramidales reluisantes de magnifiques faïences vertes.

Porto de Mós (7,5km au sud de Batalha) www.municipio-portodemos.pt Mai-sept. : mar.-dim. 9h30-12h30 et 14h-18h ; oct.-avr. : mar.-dim. 9h30-12h30 et 14h-17h30 1,50€

LEIRIA ET SES ENVIRONS

Stratégique mais pas que

Leiria

À l'ombre de grands sites touristiques, Leiria demeure une cité injustement méconnue. Elle est pourtant attachante, avec son vieux centre historique recroquevillé sur les méandres de la rivière Liz et son **Castelo** imprenable, cramponné à un mamelon abrupt, dont la superbe loggia Renaissance fait l'orgueil de la ville. C'est aussi un bon point de chute pour découvrir les sites alentour comme Batalha, Alcobaça ou Fátima. Le **Mimo**, un musée interactif consacré à l'image en mouvement, et le **Moinho do Papel**, premier moulin à papier du pays (1411) où l'on apprend à fabriquer une feuille de papier, amuseront petits et grands.

140km au nord d'Ericeira **Posto de Turismo** Jardim Luís de Camões 244 848 770 www.turismodocentro.pt Tlj. 9h30-12h30 et 14h-17h30 **Castelo** Avr.-sept. : tlj. 9h30-18h30 ; oct.-mars : tlj. 9h30-17h30 Fermé 25 déc., 1er jan. et dim. de Pâques € 2,10€ (billet combiné château + Mimo + Moinho do Papel 3€) **Mimo-Museu da Imagem em Movimento** Largo de São Pedro Tlj. 9h30-17h30 **Moinho do Papel** Rua Fábrica do Papel, 13 Avr.-sept. : lun.-ven. 9h30-12h et 14h30-17h, w.-e. et j. fér. 9h30-18h ; oct.-mars : lun.-ven. 9h30-12h et 14h30-17h, sam. 14h-17h30

Bois flottant
Pinhal de Leiria

La célèbre pinède royale a été plantée au 13e s. sous l'impulsion de Dinis I. Utilisés par les constructeurs de caravelles, ses bois ont flotté sur toutes les mers du monde avant d'alimenter les fourneaux des verreries de Marinha Grande, industrie à laquelle rend hommage le très beau **Museu do Vidro**. D'une surface initiale de 11 000ha, la plus vieille forêt du Portugal a été dévastée par un incendie en 2017. Les parcelles qui en subsistent se concentrent autour de Marinha Grande et de São Pedro de Moel.

Environ 13km à l'ouest de Leiria par l'IC9 **Museu do Vidro** Marinha Grande 244 573 377 Mar.-dim. 10h-13h et 14h-18h Visite guidée sur rés. € 1,50€

FÁTIMA ET SES ENVIRONS

La visite du sanctuaire de Fátima s'impose pour qui veut saisir sur le vif la grande ferveur des Portugais. Difficile de rester indifférent devant les pèlerins avançant à plat ventre ou à genoux, le regard extatique ! Plus de 5 millions de personnes s'y rendent chaque année, en particulier les 12 et 13 mai, le 8 septembre et le 13 octobre. Ces journées de pèlerinage font de Fátima l'un des plus importants sanctuaires catholiques dans le monde.

150km au nord d'Ericeira **Posto de Turismo** Av. D. José Correia da Silva (à quelques mètres de l'extrémité sud-est du sanctuaire) 249 531 139 Lun.-ven. 9h-13h et 14h-17h, w.-e. et j. fér. 9h-13h et 14h-18h

Sanctuaire culte
Fátima

L'immense esplanade où se rassemblent les fidèles accueille la **Basílica de Nossa Senhora**, église néobaroque qui abrite les tombeaux de Jacinta et de Francisco, la **chapelle des Apparitions**, érigée sur le lieu de la première apparition de la Vierge, et la gigantesque rotonde moderne de la **Basílica da Santíssima da Trindade**, élevée pour le 90e anniversaire des apparitions. Le **Museu de Cera** relate, au travers de 32 scènes, l'histoire des apparitions.

Museu de Cera Rua Jacinta Marto 249 539 300 www.mucefa.pt Lun.-ven. 9h30-13h et 14h-18h, w.-e. et j. fér. 9h30-18h € 7,50€

DRÔLE D'AFFAIRE
Le 13 mai 1917, la Vierge apparaît à trois jeunes bergers, Jacinta, Francisco et Lúcia, avant de leur confier, tous les 13 de chaque mois jusqu'à octobre, plusieurs prophéties, dont la fin du communisme, la fin de la Première Guerre mondiale et l'attentat contre le pape en 1981. Depuis, des pèlerins du monde entier affluent à Fátima.

Retour au Moyen Âge

Vila Medieval de Ourém

Du haut de sa colline, la jolie petite cité médiévale d'Ourém domine stratégiquement les paysages environnants. Pas étonnant d'y trouver une forteresse ! Doublée d'un palais au 15e s., elle forme l'un des plus beaux ensembles fortifiés du Portugal avec ses inclusions de briques rouges qui lui donnent un air vénitien. De réjouissantes déambulations à travers les ruelles et placettes vous attendent à l'intérieur des murailles. L'église, la fontaine gothique, le palais du Conseil et le quartier juif évoquent un passé florissant.

12km au nord-est de Fátima € Entrée libre (sauf dans l'enceinte du château)

À FAIRE

Enfilez le maillot

Foz do Lizandro

Avec son large banc de sable et le fleuve du même nom, Foz do Lizandro offre aux baigneurs de choisir entre les eaux calmes de la rivière et les flots vivifiants de l'Atlantique. Quelques restaurants aux alentours pour un repas simple.

2,5km au sud d'Ericeira

Foz do Arelho

L'étendue lagunaire d'Óbidos (Lagoa de Óbidos) est submergée deux fois par jour par la marée, tandis qu'à Foz do Arelho (l'embouchure de la rivière Arelho), la côte et ses longues plages sableuses sont encore préservées. Un cadre éclatant, assiégé en été, quasiment désert en hiver. Plusieurs cafés, restaurants et bars sont situés sur la plage et au-dessus, dont la très populaire **Pastelaria Doce Mar** (Rua Visconde Morais), idéale pour petit déjeuner ou goûter.

9km au nord-ouest de Caldas da Rainha

Sortez les planches

Ribeira d'Ilhas et São Julião

À 3km au nord d'Ericeira, inscrite au rang des spots les plus réputés d'Europe, **Ribeira d'Ilhas** accueille les plus grandes compétitions internationales. À 8km d'Ericeira, encadrée par deux hautes falaises, la très belle plage de **São Julião** se prolonge vers le sud sur plus d'un kilomètre de sable fin : une autre carte postale célèbre du surf au Portugal.

Ericeira

Cabo Carvoeiro

Baleal Surf Camp

Depuis 1993, les spécialistes du Baleal Surf Camp vous apprennent à vous tenir sur la vague, **Baleal** étant l'une des plages les plus réputées pour le surf.

Cantinho da Baia, Praia do Baleal Casais do Baleal (à 5km de Peniche) 961 316 204 www.balealsurfcamp.com € Leçon de 2h 30-40€, stage de 5j. 135-150€ Cours privé 70€-90€

Nazaré Surf School

Cours particuliers ou en groupe sur la plage de Nazaré. Il faut juste être motivé, précisent les moniteurs, et être âgé de 4 ans ou plus.

Av. da República, Edificio S. Miguel Nazaré 916 386 907 www.nazaresurfschool.pt € Cours particulier 70€

Promenez-vous le long de la côte sauvage

De la Península da Papôa au Cabo Carvoeiro

En voiture, à vélo ou à pied, allez respirer l'air du large le long de la **route côtière** (8km) de la presqu'île de Peniche. Commencez par le nord et la péninsule de Papôa, prolongée par la **Pedra dos Corvos**, propice à l'observation des oiseaux de mer. En direction du cap, la route suit la côte rocheuse, et croise le quartier de Remédios et sa jolie **Capela de Nossa Senhora dos Remédios**. Plus au sud, le **Cabo Carvoeiro** se signale par le phare de Peniche et la **Nau dos Corvos**, un gros rocher aux allures de proue de bateau.

Faîtes le malin devant un *T. rex*

Dino Parque Lourinhã

Lourinhã est connue pour ses plages extra, son excellente eau-de-vie, ses moulins à vent et... ses dinosaures ! On a en effet mis au jour dans la région de nombreux ossements et empreintes de pas de diverses espèces. Au cœur d'une pinède, un petit "Jurassic Park" invite à se mesurer à plus de 180 spécimens de dinosaures grandeur nature. Une série d'activités couronnent l'expérience et feront de vos enfants de parfaits paléontologues en herbe. Aires de jeux, de pique-nique, cafétéria.

Rua Vale dos Dinossauros, 25 Abelheira (10km au nord-est de Lourinhã) 261 243 160 www.dinoparque.pt Mars-mai, oct. : tlj. 10h-18h ; juin-sept. : 10h-19h ; nov.-fév. : tlj. 10h-17h 13€

Voyagez au centre de la Terre

Parque Natural das Serras de Aire e Candeeiros

Dans ce parc naturel à l'âpre beauté, situé aux portes de Porto de Mós, Dame Nature a creusé dans le calcaire plusieurs séries de grottes souterraines, parmi les plus vastes et les plus profondes du Portugal. Plusieurs ont été aménagées pour être visitées, comme celles d'**Alvados** et de **Santo António** (visite combinée des deux grottes pour 9,40€) ou, la plus spectaculaire, celle de **Mira de Aire**, découverte en 1947.

21km au sud de Batalha et 13km de Fátima Grutas de Alvados et Grutas de Santo António 249 841 876 www.grutasalvados.com Juil.-août : tlj. 10h-18h30 ; sept.-juin : mar.-dim. et j. fér. 10h-17h 6,60€ Grutas de Mira de Aire 244 440 322 www.grutasmiradaire.com Juin, sept. : tlj. 9h30-19h ; juil.-août : tlj. 9h30-20h ; oct.-mars : tlj. 9h30-17h30 ; avr.-mai : tlj. 9h30-18h 7,50€

NOS ADRESSES

PAUSES

Douce heure du sucré

Pastelaria Salvador

L'indice de fréquentation de sa terrasse est proportionnel à l'indice glycémique des becs sucrés qui s'y pressent pour déguster un *ouriço de Ericeira* (gâteau aux amandes et aux œufs) ou un *Salvador* (sorte de forêt-noire aux pommes). Deux délices qui justifient la réputation de la maison.

ERICEIRA Rua Eduardo Burnay, 75 968023468 Jeu.-dim. 8h-12h, lun. et mer. 8h-20h

Tombées du ciel

Pastelaria Alcôa

La plus célèbre des adresses gourmandes de la région, réputée pour ses pâtisseries conventuelles (2-3€), souvent primées. Laissez-vous tenter par le *torresmo do céu* (épaisse tartelette fourrée aux amandes et aux œufs), le *torrão da abadessa* (amandes, noisettes et œufs) ou l'"œuf du paradis" (citrouille caramélisée, amandes et pignons).

ALCOBAÇA Praça 25 de Abril, 44 (face à l'entrée du monastère) 262 597 474 www.pastelaria-alcoa.com Tlj. 8h30-19h30

Péché mignon

Pastelaria Oliveira

Institution de Batalha depuis 1972, la maison Oliveira a ouvert deux autres boutiques dans le centre historique de la cité. Pour un péché de gourmandise à commettre dès la sortie de l'église. Et toujours un large choix de pâtisseries dans cette belle salle vitrée, dont la *especialidade da casa* : le *pudim de amêndoa*, sorte de petite tartelette aux amandes (1,25€).

BATALHA Praça D. João I 244 769 930 Tlj. 8h-20h

***Cavacas*, spécialités de Caldas da Rainha**

The place to be

Aldeia dos Sabores

L'une des boutiques de l'incontournable *pastelaria* Aldeia dos Sabores se dresse sur la plus jolie place de la ville, et l'une des plus élégantes du Portugal, particulièrement mise en valeur à la tombée de la nuit lorsque les gracieuses maisons, toutes différentes les unes des autres, se découpent sur l'encre du ciel. Sous les arcades, l'adresse attire une foule d'amateurs.

LEIRIA Praça Rodrigues Lobos, 22
963 847 533 Tlj. 7h-20h

RESTAURANTS

D'excellents poissons

Canastra ♥€€

Avec ses airs de remise de pêcheurs et son nom évoquant le panier que les femmes se posaient jadis sur la tête pour transporter la pêche du jour, le ton est donné : poissons ultra-frais, cuisinés sur le gril et accompagnés de légumes. Le service soigné finit de justifier son succès. Pensez à réserver. Repas env. 20-25€/pers.

ERICEIRA Rua Capitão João Lopes, 8A
261 865 367 Jeu.-mar. 12h-15h et 19h30-23h30 (cuisine ouverte jusqu'à 22h)

Retour de chasse

O Brasão €

Grande salle claire pour cet établissement familial. Recettes du cru et spécialités de gibier, telles que l'*ensopado de veado* (cerf) ou la *marinada de javali* (sanglier). La carte propose aussi des mets moins forts, comme les *jaquinzinhos fritos com arroz de tomate* (tout petits maquereaux frits accompagnés d'un délicieux riz à la tomate). Plat du jour env. 10€.

MAFRA Tv Manuel Esteves, 7 261 815 687
Jeu.-lun. 12h-15h et 19h-22h

Pour un *arroz de peixe*

Tasca do Joel ♥€

C'est l'un des restaurants les plus appréciés de Peniche. À la carte, des produits frais de qualité, préparés simplement (9,50-18€) : fruits de mer et poissons (l'*arroz de peixe* est un délice), viandes maturées, porc noir de l'Alentejo, sanglier... Les indécis pourront opter pour les plats du jour (7,25-12,50€) ou une série d'entrées et leur florilège de fromages portugais, coquillages et crustacés.

PENICHE Rua do Lapadusso, 73 ☎ 262 782 945 www.tascadojoel.pt 🕒 Mar.-sam. 12h-14h et 19h-22h (cuisine ouverte jusqu'à 21h)

Se taper des tapas

Ja ! mon Ja ! mon €

Alléchante carte de tapas (5-9€) et de plats portugais (14-17€) et du pain maison cuit au feu de bois (parfois à la caroube ou à la spiruline, une algue qui donne une couleur bleue !). Plaisante terrasse avec vue sur l'aqueduc. En hiver, vous pourrez profiter de la chaleur du grand four ouvert.

ÓBIDOS Rua da Biquinha, Largo do Chafariz Novo ☎ 916 208 162 🕒 Mer.-dim. 12h-15h et 19h-22h

Authentique *tasca*

Casa Antero €

Tenue depuis 1957 par la même famille, la Casa Antero est le rendez-vous prisé des habitants pour *petiscar*, déjeuner ou dîner de *petiscos* (5-10€) accompagnés de vins de la région. La maison est également appréciée pour ses plats régionaux de *bife* (bœuf), cuisiné à toutes les modes. Une taverne portugaise typique et populaire où il est fortement conseillé de réserver.

CALDAS DE RAINHA Beco do Forno, 7 ☎ 911 762 388 Page Facebook 🕒 Lun.-ven. 8h30-22h, sam. 8h30-15h

La maison des amis

Solar dos Amigos €€

Amateur de viande, ce restaurant traditionnel de la campagne de Caldas de Rainha est la table qu'il vous faut : côtes d'agneau (*meia dose* 25€), rumsteak (*meia dose* 35€), *secretos de porco nero* (porc noir ; *meia dose* 20€)... Et, si vous préférez le poisson, vous pourrez aussi y savourer un excellent *bacalhau à Campino* (pain maison fourré à la morue et aux légumes) ou du poulpe au four (22€). Plats très copieux, la *meia dose* (demi-dose) est largement suffisante pour 1-2 personnes. Accueil convivial et service attentionné.

CALDAS DE RAINHA Rua principal, 49 ☎ 262 877 135 Page Facebook 🕒 Lun.-ven. 12h-15h et 19h-23h, w.-e. 12h15-15h45 et 19h-23h30

La fête à la sardine

Casa Pires-A Sardinha ♥€

Si vous demandez à n'importe quel habitant des environs où manger la meilleure *sardinha assada* (sardine grillée), la réponse est toujours la même : chez Pires alias A Sardinha. L'endroit est très prisé par les Portugais. Il est donc difficile de trouver une table libre, mais l'attente en vaut la peine. Plat 7-16€ env., sardines avec accompagnement 11,20€.

NAZARÉ Largo de Nossa Senhora da Nazaré, 45 (O Sítio, à droite de l'église) ☎ 262 553 391 🕒 Mar.-dim. 12h-15h30 et 19h-22h

De la mer à l'assiette

Rosa dos Ventos €€

À Nazaré, voilà plus de 25 ans que la Rosa dos Ventos est la table incontournable pour tous les amateurs de fruits de mer (15-45€) et de poissons (18€). À sa terrasse de poche ou dans

Sardines grillées

sa petite salle décorée d'azulejos et de filets de pêche, faites votre choix de poisson parmi la pêche du jour avant de le déguster grillé quelques minutes plus tard. Ambiance familiale et chaleureuse.

NAZARÉ Rua Gil Vicente, 88 ☎910 200 204 ⌚Ven.-mer. 12h-15h15 et 19h-21h45

Pas fou

MAD ♥€€

Perché en bord de falaise, avec une terrasse livrant une vue époustouflante sur la côte et l'océan, le MAD offre une expérience culinaire unique. En cuisine, le génial Slavo Husar revisite les classiques portugais et fait vibrer toute la mer dans l'assiette : au final, des plats hypercréatifs dont on se délecte dans un décor façon cabane de pêcheurs. Pour la balade digestive, direction la plage en contrebas. Règlement uniquement en espèces.

NAZARÉ Rua do Vale Furado, 65 Pataias 10km au nord de Nazaré ☎244 599 244 Page Facebook ⌚Tlj. 12h30-22h

Trois générations aux fourneaux

Restaurante António Padeiro ♥€

Une vénérable brasserie, en activité depuis les années 1930. Tradition culinaire respectée avec des classiques (chevreau, poulpe, morue) accommodés de main de maître. Gardez un peu de place pour le dessert : les meilleures pâtisseries conventuelles de la ville vous sont proposées. Plat 10,50-17€.

ALCOBAÇA Rua Dr. Maur Cocheril, 27 ☎262 582 295 www.antoniopadeiro.com ⌚Tlj. 12h-15h et 19h-23h Fermé 4 sem. (2 avant et 2 après l'été)

C'est le doyen qui régale

Dom Duarte €

Au-dessus de la Pastelaria Oliveira se trouve le restaurant le plus ancien de la ville, et au meilleur rapport qualité-prix. Parmi les spécialités de cuisine portugaise traditionnelle : le *naco de vitela* (23€ pour deux) et la *massada de gambas*, de succulentes pâtes aux crevettes (28€ pour deux). Prix moyen d'un plat 11€/pers. La vue sur le monastère est incluse !

BATALHA Praça D. João I, 5C ☎244 766 326 restaurantedomduarte.pt ⌚Tlj. 12h-15h et 19h-22h

La cantine du coin

Restaurante A Toca €

Qualité et portions consistantes dans ce grand restaurant populaire et traditionnel : télévision omniprésente, nappes en papier et inévitables murs d'azulejos. Une cantine de choix, notamment le dimanche soir, lorsque toutes les autres adresses sont fermées. On s'y active alors dans une ambiance digne d'une brasserie parisienne. Plat 6-14€, *meiadose* 6-9€.

LEIRIA Rua Dr. Correia Mateus 244 832 221
Jeu.-mar. 12h-15h et 19h-22h30

Les recettes de tante Alice

Restaurante Tia Alice €€

Murs en pierre, mobilier en bois clair, nappes et serviettes en coton écru, vaisselle raffinée… Déco chic, doublée d'une ambiance chaleureuse, dans ce restaurant familial où l'on sert depuis 30 ans une cuisine traditionnelle irréprochable et généreuse : riz au canard, gratin de morue aux crevettes, veau rôti au four à bois (19,50€)…

FÁTIMA Av. Irmã Lúcia de Jesus, 152
249 531 737 Mar.-sam. 12h-15h et 19h30-21h ; dim. 19h30-21h

SHOPPING

Artisanat en perdition

Oficina do Barro

L'Oficina do Barro est une attrayante boutique-atelier d'artisanat où vous pourrez dénicher des *verguinhas*. Objets typiques d'Óbidos, ce sont de petits récipients de céramique colorés, en forme de paniers, fabriqués et peints à la main (5-40€). Luiza, Luísa et Zita sont les trois dernières artisanes à exercer encore cette activité dans la ville.

ÓBIDOS Rua Direita, 95 965 675 221
Été : tlj. 9h-20h ; hiver : tlj. 9h-13h et 14h-18h

Hirondelles et feuilles de chou

Fábrica de Faianças Rafael Bordallo Pinheiro ♥

La fabrique de céramique fondée par Rafael Bordallo Pinheiro à Caldas da Rainha en 1884 est encore en activité. À l'entrée du site, le magasin propose ses services de table naturalistes en feuilles de chou, ainsi que les personnages et les animaux emblématiques de la marque, parmi lesquels la célèbre et gracieuse hirondelle. Articles *outlet* au 1er étage.

CALDAS DA RAINHA Rua Rafael Bordalo Pinheiro, 53 262 839 380 (rés.)
www.bordallopinheiro.pt
Lun.-sam. 10h-19h, dim. 14h30-19h

La reine des poires

Mercado

Chaque matin, la Praça da República se couvre d'étals odorants et colorés, où trône en vedette la poire d'appellation *pera rocha*, spécialité du coin. Cet énorme marché de fruits et de légumes, qui réunit les producteurs alentour, est un incontournable de Caldas da Rainha pour ses prix stupéfiants et la qualité des produits.

CALDAS DA RAINHA Praça da República
Tlj. 8h-13h

Céramiques Bordallo Pinheiro

Le haut du panier
Victoria Handmade

Les deux sœurs Esperança Vitória et Carla Maria ont appris de leur père l'art de tisser le jonc. Dans leur boutique-atelier, elles proposent toutes sortes de paniers, boîtes et sacs, entièrement faits maison, de la cueillette de la matière première au produit final. Des articles de top qualité, alliant tradition et modernité. À partir de 35€.

PORTO DE MÓS Rua Eng. Monteiro Conceição, 84 Corredoura ☏918 803 514 www.victoriahandmade.pt ◷Lun.-sam. 10h-13h et 14h30-18h30

De pied en cap
Chapelaria Liz

Créée en 1928 et encore tenue par la même famille, la chapellerie Liz est fameuse. Robustes chaussures de cuir, bottes et mocassins fabriqués dans la région, bibis, panamas, borsalinos et une collection de bonnets et de chapeaux de laine de la marque Galgo, maison réputée des environs de Porto. Les prix sont à l'unisson, à l'ancienne eux aussi : à partir de 6€ le chapeau !

LEIRIA Rua Barão de Viamonte, 14 A ☏244 823 244 ◷Lun.-sam. 10h30-13h et 15h-18h30 Fermé le sam. ap.-m. en août

SORTIES

Un pot dans le patio
Cantinho dos Sabores

Dans l'agréable cour intérieure de ce restaurant attenant à la boucherie, dégustez un plat ou buvez un verre à l'ombre des grands arbres. Les soirées sont animées, car les jeunes de la ville s'y donnent rendez-vous.

PENICHE Largo Bispo de Mariana, 24 ☏262 781 073 cantinhosabores.webnode.pt ◷Mer.-dim. 10h-0h

En direct du pressoir
Lagar da Mouraria

Dans une maison de la fin du 18e s. joliment restaurée, un ancien pressoir à vin reconverti en bar. Atmosphère plutôt tranquille pour passer un après-midi ou une sympathique soirée parmi d'antiques ustensiles liés à la vinification. En revanche, on zappe la cuisine.

ÓBIDOS Rua da Mouraria ☏262 959 358 ◷Tlj. 9h-23h (ou plus tard selon l'affluence)

Accents *british*
Os Filipes Bar

Ouvert en 1987, le plus réputé des cafés du Largo Cândido, aux airs de pub anglais, est celui qui draine le plus de monde, et surtout la jeunesse. Terrasse sur la place.

LEIRIA Largo Cândido dos Reis, 1A ☏244 828 372 ◷Lun.-jeu. 12h30-1h, ven.-sam. 12h30-2h

Vieux comptoir à liqueur
A Ginjinha d'Castelo Ourém

Vieux mobilier et armoires-présentoirs en bois vert d'eau : tout est resté dans son jus dans cette ancienne épicerie-taverne ouverte en 1912. L'épicerie a fermé, seul reste le portrait de l'épicière, dont le petit-fils continue de servir aux habitants et gens de passage la *ginjinha* maison, cette liqueur de griotte chère au centre du Portugal (1€ le petit verre en chocolat).

OURÉM Largo da Sé Colegiada Ourém Velha ☏915 357 092 ◷Juin-sept. : tlj. 10h-2h ; oct.-mai : tlj. 10h-24h

LE RIBATEJO

Au nord de cette riche province en bordure du Tage, Tomar mérite vraiment d'être inscrite dans vos carnets de voyage, d'autant que sa région, aux airs de Toscane avec ses doux vallons parsemés de cyprès, vaut vraiment le détour. Cité belvédère un peu oubliée, Santarém réserve des panoramas sensationnels sur le Tage et des églises à foison qui lui ont valu son surnom de "capitale du gothique".

ACCÈS ET INFOS

- Tomar est à 140km au nord de Lisbonne et Santarém à 80km au nord-est.
- De Lisbonne, 20 à 30 trains/j. pour Tomar (2h) et Santarém (30min-1h).

À VOIR

TOMAR ET SES ENVIRONS

L'ancienne capitale des Templiers coule des jours heureux au bord de la rivière Nabão. Perché sur une colline, son extraordinaire couvent du Christ est l'un des monuments les plus emblématiques de l'histoire portugaise, classé au patrimoine mondial de l'humanité par l'Unesco. Sur la route du couvent, voyez la basilique Renaissance **Nossa Senhora da Conceição**. Dans la vieille ville, les pavés gravés de la croix des Templiers vous mèneront sur la Praça da República, où trône la statue du grand maître Gualdim Pais, fondateur du couvent du Christ. Face à lui, l'**Igreja de São João Baptista** (15e s.) surprend avec son beau portail manuélin et sa flèche octogonale.

Posto de Turismo Av. Dr. Cândido Madureira ☎ 249 329 823 www.cm-tomar.pt Été : tlj. 9h30-18h ; hiver : tlj. 10h-17h **Nossa Senhora da Conceição** ☎ 249 322 730 Visite gratuite sur rés. **Igreja de São João Baptista** Praça da República Fermé pour restauration

QG de moines-soldats

Convento de Cristo ★

Le couvent de l'ordre du Christ s'abrite derrière les remparts du Castelo dos Templários (château des Templiers), érigé à partir de 1160 à l'initiative de Gualdim Pais, maître provincial de l'ordre du Temple. Labyrinthe de salles, de couloirs, de cloîtres et de chapelles, le gigantesque couvent-forteresse collectionne les joyaux du roman au baroque. Un coup d'œil dans le dortoir, le réfectoire et les cuisines vous donnera un aperçu de la vie quotidienne de ses occupants. **Charola dos Templários** Émerveillez-vous devant l'exubérante rotonde des Templiers (12e s.), d'une splendeur toute byzantine. Ce polygone de seize côtés s'inspire du plan de l'église du Saint-Sépulcre à Jérusalem. À l'intérieur, huit piliers forment un curieux octogone à deux étages, coiffé d'une coupole et décoré de fresques datant du règne de Manuel I (début du 16e s.). **Fenêtre de Tomar** La plus célèbre et la plus extravagante réalisation manuéline du Portugal est un chef-d'œuvre avec ses sculptures en forme de coquillages, de cordages et de végétaux : un manifeste à la gloire des découvertes maritimes ! Tout le poids de cette composition des années 1510 semble

À NE PAS MANQUER

- Convento de Cristo (Tomar) ★
- Castelo de Almourol (Vila Nova da Barquinha)

Vue sur le château et le couvent du Christ, à Tomar

reposer sur les épaules d'un seul personnage, dans lequel certains ont voulu voir l'architecte Diogo de Arruda, son concepteur. Au sommet se dressent la croix de l'ordre du Christ et les emblèmes du roi Manuel Ier.

249 313 481 www.conventocristo.gov.pt Juin-sept. : tlj. 9h-18h30 ; oct.-mai : tlj. 9h-17h30 € 6€

Suédoises en boîte

Museu dos Fósforos de Aquiles da Mota Lima

Amis philuménistes et vitolphilistes, cette adresse ne doit certainement pas vous être inconnue. Pour les autres, hâtez-vous de découvrir le plus grand musée européen consacré à... la boîte d'allumettes ! Plus de 43 000 spécimens du monde entier sont exposés, offrant plus d'un siècle d'histoire de l'illustration et de la publicité.

Convento de São Francisco, au fond de la cour à gauche 249 329 823 Avr.-sept. : mar.-dim. 10h-13h et 14h-18h ; oct.-mars : mar.-dim. 10h-12h et 14h-17h € Entrée libre

Mini *road trip* en Italie

Aqueduto dos Pegões–Mata Nacional dos Sete Montes

Aussi monumental que méconnu, le magnifique aqueduc dos Pegões (fin 16e s.) alimentait en eau le Convento de Cristo : 6km d'arches s'élevant jusqu'à 30m de haut ! Rien de plus simple que de le longer. Il se voit de loin et se rejoint facilement par de charmantes petites routes de campagne dans un paysage qui ressemble à la Toscane. L'aqueduc prend fin à Tomar, dans la **Mata Nacional dos Sete Montes**, une forêt close de murailles idéale pour faire le plein de chlorophylle et de fraîcheur en été.

À l'est de la ville Mata Nacional dos Sete Montes Praça Infante D. Henrique Été : tlj. 8h30-19h30 ; hiver : tlj. 9h-17h Entrée libre

COULEURS LOCALES

La **Festa dos Tabuleiros**, fête populaire la plus courue du Portugal, donne lieu tous les quatre ans à un impressionnant défilé de jeunes filles portant sur leur tête le *tabuleiro*, monticule de pains superposés et de fleurs pesant jusqu'à 15 kg ! Concerts, jeux et banquets animent les rues de Tomar, décorées de fleurs en papier. Prochaine édition en 2023 !

Célébration de la Festa dos Tabuleiros, à Tomar

Sorti d'un conte de fées

Castelo de Almourol

Dressé sur un îlot au milieu du Tage, ce petit château du 13e s. a été bâti par les Templiers, alors responsables de la sécurité de la région. Sa forme presque parfaite, surgissant au milieu des eaux, donne l'impression d'un décor de film de Walt Disney ! Des barques à moteur vous conduiront sur l'île (2,50€ AR).

Ilhota do Rio Tejo Praia do Ribatejo Vila Nova da Barquinha (21km au sud de Tomar)
249 720 358 Mer.-dim. 10h-12h20 et 14h30-18h (horaires variables) 4€

SANTARÉM ET SA RÉGION

L'élégante capitale du Ribatejo est un formidable balcon sur le Tage et son immense vallée qui s'étend à perte de vue. Le **Jardim das Portas do Sol** et le **Miradouro de São Bento** offrent des perspectives superbes sur les méandres du fleuve et les clochers de la ville, qui ne compte pas moins de douze églises !

Si vous le pouvez, évitez d'y passer le dimanche : seule la messe du matin anime un peu la très belle place Sá da Bandeira et le parvis de la cathédrale. Ensuite, vers 13h, Santarém, désertée, plonge dans une étrange torpeur...

70km au sud de Tomar Posto de Turismo Rua Capelo e Ivens, 63 Été : lun.-ven. 9h-18h ; hiver : w.-e. et j. fér. 10h-13h30 et 14h-16h Fermé 1er jan., dim. Pâques et 25 déc.
Jardim das Portas do Sol Au bout de l'Avenida 5 de Outubro

Souvenirs des grandes expéditions

Igreja de Nossa Senhora da Graça

La plus jolie des nombreuses églises de Santarém (14e et 15e s.) abrite la modeste stèle funéraire du navigateur Pedro Álvares Cabral (1468-1520), "découvreur" du Brésil, et le gisant de Pedro de Menezes, premier gouverneur de Ceuta, mort en 1437. Le portail gothique est surmonté d'une admirable rosace flamboyante, paraît-il ciselée dans un seul bloc.

Largo Pedro Álvares Cabral Mar.-dim. 10h-13h30 et 14h30-19h

65 000 azulejos au compteur !

Igreja de Nossa Senhora de Marvila

Un portail manuélin d'une exquise délicatesse incite irrésistiblement à pénétrer dans cette église, véritable concentré de l'histoire de l'art religieux au Portugal. L'ensemble, entièrement tapissé d'azulejos, constitue le plus bel exemple national de décoration du 17e s.

Largo de Marvila 243 325 552 Mer.-dim. 10h-13h et 14h30-19h

Le sel sans la mer

Salinas de Rio Maior

Situés à 30km de la mer, ces marais salants sont considérés comme une merveille de la nature... Le sel, 100% naturel, provient d'un puits visible au milieu des salines : l'eau extraite est sept fois plus salée que l'eau de mer ! L'exploitation du site daterait de la fin du 12e s., mais on pense que les Romains l'exploitaient déjà. Les cabanes en bois du village, transformées en commerces, proposent du sel sous différentes formes ainsi que de l'artisanat.

Estrada das Salinas, 47 Rio Maior 33km au nord-ouest de Santarém 243 991 121
Tlj. 10h-22h30

À FAIRE

Assistez à une *tourada*

Haut lieu de la tauromachie, Santarém attire les foules les jours de *tourada*. Pour assister à cette corrida à cheval (sans mise à mort), guettez les affiches ou renseignez-vous à l'office de tourisme. La saison tauromachique s'étend de Pâques à octobre, mais vous aurez plus de chances de voir une *tourada* début juin, au moment de la grande foire agricole.

NOS ADRESSES

PAUSES

Fait avec amour
Estrelas de Tomar
Outre les traditionnelles *fatias* de Tomar composées de jaunes d'œuf et de sirop de sucre, cette pâtisserie au look années 1950 propose des *queijinhos doces*, friandises à la pâte d'amandes, et les fameux *beija-me depressa* ("embrasse-moi vite"), à base de jaune d'œuf sucré (10€ la douzaine) dont on ne fait qu'une... bouchée !

TOMAR Rua Serpa Pinto, 12 (au bas de la rue piétonne) 249 313 275 Été : tlj. 8h-20h ; hiver : jeu.-mar. 8h-19h30

En odeur de sainteté
Pastelaria Bijou
Qu'ils portent bien leur nom, ces petits gâteaux à base d'œufs, de sucre et d'amandes ! Inventés par les religieuses du monastère voisin de Santa Clara, ils se dégustent dans la pâtisserie, sur la ravissante place de la cathédrale, la seule ouverte le dimanche. Autres divines spécialités de la maison, le *pampilho* (œuf et pâte brisée, 1,10€) et le *celeste*, un nuage d'amandes et d'œufs (0,80€).

SANTARÉM Rua Capelo e Ivens, 135 243 322 905 Tlj. 8h-19h

Cuisine salée
Salarium €€
Après la visite des salines, prenez place à Salarium, installé dans une bâtisses en bois du village, avec vue sur les marais salants. À la carte, de bons plats régionaux, notamment des spécialités de veau et de thon en croûte de sel (sur réservation) et, pour les petites faims, des salades et des planches de *petiscos* à partager.

RIO MAIOR Rua dos Templários, Estrada das Salinas 915 517 069 www.salarium.pt Lun. et mer. 12h-15h30, jeu.-dim. 12h-15h30 et 19h-21h30

Rua Serpa Pinto, dans la vieille ville de Tomar

RESTAURANTS

La vue est belle

A Bela Vista €

Une vieille maison à encorbellement, de l'autre côté de la Ponte Velha ! Vous dînerez ici sous la glycine, en bordure du Rio Nabão, ou bien dans la salle à l'atmosphère d'autrefois. Il est cependant dommage que cet établissement, fondé en 1922 et présenté comme l'un des meilleurs restaurants de la ville, vive sur sa réputation. Le cadre est plus exceptionnel que la cuisine (prix moyen 12,50€/pers.).

TOMAR Rua da Fonte do Choupo, 6
249 312 870 abelavista.pt
Mer.-lun. 11h-23h

Touradamania

Taberna do Quinzena ♥€

Une institution depuis 1870, tenue par la même famille depuis quatre générations ! Dans cette taverne portugaise, pas un mètre carré qui n'évoque les taureaux et les *toureiros*. Une sacrée galerie de personnages s'y donnent rendez-vous pour jouer aux dominos, gentiment s'étriller et vider des verres d'un vin rouge plutôt tachant. Convivial et authentique ! Chaque jour, des spécialités différentes.

SANTARÉM Rua Pedro de Santarém, 93-95
243 322 804 www.quinzena.com
Lun.-sam. 12h30-0h (cuisine ouverte jusqu'à 22h30)

Comme dans l'arène

Taberna e Mercearia Sebastião €

Décoré d'anciens meubles d'épicerie et d'illustrations tauromachiques, cet agréable restaurant prépare une cuisine traditionnelle et de saison : en avril-mai, les incontournables anguilles et, en hiver, de l'agneau rôti. Accueil chaleureux. Plat 9-10€.

SANTARÉM Tv do Froes, 15 243 302 444
Lun.-sam. 10h-15h et 19h-23h

SORTIES

Centenaire fringant

Café Paraíso ♥

Depuis un siècle, tout Tomar se retrouve quotidiennement dans ce très beau café, inauguré en 1911 par l'arrière-grand-père de l'actuelle propriétaire, et dont le décor n'a pas changé depuis les fifties. Ouvert tôt, fermé tard, il bruisse d'une animation constante. Vous y trouverez de quoi manger sur le pouce (salades, soupes et sandwichs). Wifi.

TOMAR Rua Serpa Pinto, 127 249 312 997 cafeparaisotomar.com Lun. 20h-2h, mar.-sam. 8h30-2h, dim. 9h30-19h

Au bord du *rio*

Orquestra de Sabores 2

Après avoir flâné dans les jardins longeant le Nabão et traversé la petite île de Mouchão pour admirer la rivière et ses différents seuils, la grande roue hydraulique en bois, les saules pleureurs et le joli *coreto* ("kiosque à musique"), faites une pause à l'agréable terrasse de ce café en pleine verdure. Aire de jeux pour enfants attenante.

TOMAR Au bord du Nabão, dans le Parque Desportivo, à côté du Jardim do Mouchão
965 098 637 Mar.-dim. 10h-0h (horaires variables)

IÇO
« ABREME A PORTA DO TEU JARDIM »

Des plages dorées et lagunes argentées de la Beira Litoral aux cimes de la Beira Alta, les anciennes provinces des "bords" (Beiras) font leur show à la marge ! Vous y goûterez la fièvre étudiante de Coimbra aussi bien que l'émouvante solitude d'un petit village, et la douceur d'une ville thermale comme la rudesse d'une citadelle oubliée. Cette région du Centro a le don de combiner les contraires !

Les Beiras

***Moliceiro*, l'embarcation traditionnelle d'Aveiro**

Plan 5

PORTO
Sta. Maria de Feira
Arouca
SA. DE MONTEMURO
RIO PAIVA
S. João de Madeira
Ovar
A29
CHÃS 1 116 M
SA. DE ARADA
Torreira
Estarreja
Murtosa
Vilarinho
Sever do Vouga
Oliveira de Frades
S. Pedro do Sul
Vouzela
PRAIA SÃO JACINTO
PRAIA DA BARRA
Aveiro
IP5
Costa Nova
Gafanha da Encarnação
Ílhavo
Vista Alegre
A1
IC2
Vagos
Águeda
Caramulo
SA. DO CARAMULO
COSTA DE PRATA
Oliveira do Bairro
IC1
A17
IP3
BEIRA LITORAL
PRAIA DE MIRA
Mira
Tondela
LA CÔTE, DE FIGUEIRA DA FOZ À AVEIRO p.132
N234
Curia
Mealhada
Buçaco-Luso
Santa Comba Dão
RIO DÃO
A35
Carregal do Sal
Cantanhede
PRAIA DA TOCHA
N335
546 M
SA. DA BUÇACO
N1
IP3
COIMBRA ET SES ENVIRONS p.120
N109
PRAIA DE QUIAIOS
IC6
A14
Penacova
RIO ALV.
CABO MONDEGO
SA. DE BOA VIAGEM
COIMBRA
RIO MONDEGO
Buarcos
Montemor-o-Velho
Torres de Mondego
Vila Nova de Poiares
Arganil
Figueira da Foz
N17
N2
Góis
Condeixa-a-Nova
Soure
Lousã
CONÍMBRIGA
N112
IC3
IC2
Penela
SA. DA LOUSÃ
Pampilhosa da Serra
A1
SA. DO SICÓ
A13
IC1
A17
Pombal
IC8
IC8
Pedrogão Grande
Figueiró dos Vinhos
A1
SA. DE ALVELOS
1 084 M
Leira
LISBOA
MONASTÈRE DE BATALHA
MONASTÈRE DE TOMAR
RIO ZÊZERE
LISBONNE, L'ESTREMADURA ET LE RIBATEJO p.35
MONASTÈRE D'ALCOBAÇA

PORTO ET LE NORD
p.153
VALLÉE DU DOURO
Barca de Alva
Marialva
Castelo Rodrigo
Trancoso
Pinhel
Villa Franca das Naves
LA BEIRA ALTA
p.140
Viseu
Mangualde
São João de Lourosa
Fornos de Algodres
Celorico da Beira
Almeida
Castelo Bom
SALAMANCA
Vilar Formoso
Castelo Mendo
Nelas
V. N. de Tázem
Canas de Senhorim
S. Paio
Linhares
Cavadoude
Guarda
Gouveia
SERRA DA ESTRELA
Seia
Oliveira do Hospital
Manteigas
Valhelhas
Poço do Inferno
1 480 m
Torre 1 993 m
Belmonte
Sabugal
Penhas da Saúde
Loriga
Covilhã
Sortelha
Piódão
1 340 m
Sa. da Malcata
Sa. de Leomil
Sa. da Lapa
Sa. da Marofa
Rio Vouga
Rio Mondego
Rio Côa
Vallée du Zêzere
Rio Zêzere
Penamacor
Fundão
Sa. da Gardunha
Vale de Prazeres
Alpedrinha
ESPAGNE
Sa. do Muradal
Sa. do Murador
Castelo Novo
Monsanto
LA BEIRA BAIXA
p.140
Idanha-a-Velha
Termas de Monfortinho
Idanha-a-Nova
Castelo Branco
Rio Ocreza
LISBOA
Alcántara
Rio Tejo
N
15 km
N2
N228
N102
N221
N226
N310
IP5
N17
N239
IP2
N112
N233
N240
N355
N18

QUATRE BONNES RAISONS...

... de sillonner les Beiras en tous sens.

La **SERRA DA ESTRELA** (p.141), pour crapahuter sur le toit du Portugal et profiter de ses sommets et de ses lacs au cours de vivifiantes randonnées !

AVEIRO (p.133) Pour traduire *dolce vita* en portugais, on navigue sur la lagune et les canaux de cette Venise de poche.

☀ **COIMBRA** (p.122), pour voir les étudiants en cape noire chanter la sérénade aux demoiselles, au clair de lune, genou à terre...

☀ **MONSANTO** (p.146), pour ses maisons imbriquées dans un chaos de boules de granit qu'on dirait tombées de la poche d'un géant.

RENDEZ-VOUS AVEC...

Né à Bayonne en 1981, Bruno Maria quitte le Pays basque à l'âge de 9 ans, lorsque ses parents décident de retourner vivre au Portugal, leur pays d'origine. Depuis, il vit dans la région d'Aveiro, sur la plage de Vagueira-Vagos, où il a fondé une école de surf en 2009. Une région entourée d'eau, de forêts et de belles et longues plages de sable où le soleil brille toute l'année. Voici ses coups de cœur.

Ma balade sur l'eau

A Aveiro Com Paixão

La meilleure façon de visiter Aveiro est d'embarquer sur l'un de ces bateaux typiques de la lagune, les *moliceiros* (p.135), qui naviguent sur les principaux canaux de la ville et dans la Ria d'Aveiro. L'occasion de découvrir quelques secrets de la belle cité.

AVEIRO Rua João Mendonça, 31
234 097 573 www.aveirocompaixao.pt
Départ tlj. toutes les 15min à partir de 9h en été, toutes les 30min de 9h à 18h en hiver

Mon musée

B Fábrica de Porcelana da Vista Alegre

L'histoire de cette fabrique de porcelaine, dont l'ancienne usine a été convertie en musée, me fascine. Fondée en 1824, Vista Alegre est l'une des rares marques de luxe portugaises connues dans le monde, qui produit toujours de la vaisselle, de la porcelaine décorative et du cristal de haute qualité.

ILHAVO Forte da Barra 234 320 628 vistaalegre.com Mai-sept. : tlj. 10h-19h30 ; oct.-avr. : tlj. 10h-19h 6€

POUR PRENDRE UN COURS DE SURF AVEC BRUNO

Bruno et son équipe vous accueillent sur la plage de Vagueira, l'une des plus belles de la région d'Aveiro, pour un cours de surf ou de *stand up paddle* (2h, 25 €).

Secret Surf School
VAGUEIRA Praia do Labrego, Parque Aquatico, rua do Labrego 915 480 890
www.facebook.com/secretsurfschool

Mon refuge sauvage

C Reserva Natural das Dunas de São Jacinto

Pour prendre un bon bol d'air, je file dans la réserve naturelle des dunes de São Jacinto. L'étroite péninsule sablonneuse sépare les eaux salées de l'océan des eaux saumâtres de la rivière Vouga. Entre plages, dunes, forêt de pins et marécages, c'est le

Dans la réserve naturelle des Dunas de São Jacinto

lieu idéal pour découvrir la faune et la flore de la région.

AVEIRO (São Jacinto) 234 331 282 www.natural.pt Été : tlj. 9h-17h ; hiver : tlj. 9h-15h

Ma table iodée

D Canastra do Fidalgo

Entre la mer et la lagune, ce restaurant décontracté sert une cuisine fraîche et locale dans un cadre tendance. La bonne option pour se régaler de poissons et de fruits de mer, et, par la même occasion, tomber sous le charme des maisons colorées de ce village de pêcheurs.

COSTA NOVA DO PRADO Av. José Estevão, 240 234 394 859 canastradofidalgo.pt Mar.-sam. 12h30-14h30 et 19h-0h (cuisine ouverte jusqu'à 22h30) ; dim. 12h30-14h30

Mon repaire festif

E Santos da Praça

Dans le quartier de Beira Mar, en plein centre d'Aveiro (p.133), le Santos da Praça est mon bar préféré pour prendre un verre en fin de journée ou en soirée. La terrasse sur la place est très agréable en été et l'ambiance garantie quand des DJ sont aux platines.

AVEIRO Largo da Praça do Peixe, 3 234 427 479 facebook.com/SantosDaPraca Tlj. 19h-4h

Mon coucher de soleil

F Luna Bar

Mon spot préféré est à Praia da Vagueira : une terrasse baignée de bonnes vibrations surplombant la mer et la *ria*, d'où l'on peut admirer un fabuleux coucher de soleil. Sur cette belle plage, les vagues de classe mondiale font le bonheur des surfeurs. On y trouve un musée d'art contemporain en plein air et on y pratique encore l'*arte xávega*, une forme de pêche traditionnelle.

VAGUEIRA Praia da Vagueira Rua do Labrego 966 830 403 Jeu.-mar. 10h-22h

ET SI LES BEIRAS ÉTAIENT...

Un son Ce serait le bruit des vagues qui se brisent.

COIMBRA ET SES ENVIRONS

Glissez-vous dans le sillage des étudiants à la célèbre cape noire et partez à la découverte de l'une des plus belles villes du Portugal. De sa vénérable université perchée sur la colline, d'irrésistibles ruelles médiévales dégringolent jusqu'aux rives du Mondego, tout imprégnées de liesse estudiantine et d'airs de fado. L'ancienne capitale du royaume mérite bien plus qu'une simple halte !

ACCÈS ET INFOS

- Coimbra se situe à 200km au nord de Lisbonne et à 120km au sud de Porto par l'A1.
- Parking : se garer sur la rive gauche du Mondego (parking gratuit).
- En train : Coimbra se situe sur la ligne Lisbonne-Porto ; nombreuses liaisons quotidiennes.
- En car : liaisons avec les principales villes du Portugal assurées par Rede Expressos (www.rede-expressos.pt).
- Visiter : le centre historique se visite à pied ; des bus électriques et un ascenseur aérien (près du marché Pedro V) relient la ville basse et la colline de l'université (www.smtuc.pt, 1,60€).

À VOIR

COIMBRA ★

L'histoire de l'antique Æminium est liée à la cité romaine de Conímbriga. Elle héritera de son nom par contraction et des fonctions d'évêché, après la décadence de celle-ci au 5e s. Ravie une première fois aux Maures en 878, puis reconquise en 1064, elle devint capitale du royaume naissant, de 1139 à 1256, avant de s'effacer au profit de Lisbonne. Elle doit sa renommée à son université, fondée à Lisbonne en 1290 par Dinis I. Balloté entre Coimbra et Lisbonne, ce phare du savoir se fixe une fois pour toutes dans le palais royal de Coimbra en 1537. La ville connaît alors son âge d'or et, depuis, Coimbra continue de vivre au rythme de l'année universitaire.

Posto Municipal de Turismo Praça da República 239 857 186 www.cm-coimbra.pt Lun.-ven. 9h30-18h

Doyenne fringante

Universidade de Coimbra

Pénétrez dans l'une des plus vieilles universités du monde, classée par l'Unesco. À l'ombre de sa tour de 33m, le **Paço das Escolas** dévoile sa **Via Latina**, galerie à colonnade où seule la langue latine était autorisée, la **salle des examens privés** et la **salle des Chapeaux**, où les étudiants reçoivent le bonnet de fin d'études. À voir aussi, la riche **Capela de São Miguel**, la **prison académique**, utilisée jusqu'en 1834, et la **Biblioteca Joanina** aux vertigineux rayonnages remplis de 60 000 livres. Une splendeur baroque de bois exotique, de marbre et d'or, offerte au 18e s. par João V grâce à l'or du Brésil.

Largo da Porta Férrea 239 589 884 (w.-e.) ou 239 242 744 (semaine) reservas@uc.pt visit.uc.pt/pt/info Hiver : tlj. 9h-17h ; été : tlj. 9h-19h30 Dernière entrée 30min avant fermeture Fermé lors des cérémonies 12,50€ Visite guidée (sur rdv tlj. à 11h et 14h30) 20€

À NE PAS MANQUER

- Coimbra ★
- Mata Nacional do Buçaco

Coimbra et les rives du Mondego

Romane mais costaude

Sé Velha

Son look de forteresse, avec ses murs crénelés et ses meurtrières, vous propulse d'un coup d'œil au temps de la Reconquête. Voilà la plus ancienne cathédrale (1180) du pays après celle de Braga, pure beauté romane, due à deux architectes français. Admirez les huit colonnes sculptées, toutes différentes, du portail, et ne manquez pas, à droite de l'église, le plus vieux cloître gothique du Portugal et ses rosaces de pierre.

Largo da Sé Velha ☎ 918 425 091 sevelha-coimbra.org 🕒 Lun.-ven. 10h-17h30, sam. 10h-18h30, dim. et j. fér. 11h-17h Fermé lors des cérémonies € 2,50€

> **COULEUR LOCALE**
> Début mai, la ***Queima das Fitas***, fête symbole de l'université de Coimbra, célèbre en fanfare la fin de l'année universitaire avec le "brûlage des rubans", que les étudiants en cape et soutane arborent à la boutonnière tout au long de leurs études. Un grand moment de liesse ponctué de défilés, de bals et de sérénades au clair de lune.

Éblouissantes sculptures

Museu Nacional de Machado de Castro

Entre peintures religieuses, azulejos et trésors d'orfèvrerie, le plus captivant des musées de Coimbra dévoile des collections d'une incroyable richesse, avec en point d'orgue les sculptures Renaissance des grands maîtres français de l'école de Coimbra, Nicolas Chantereine et Jean de Rouen. L'écrin, un ancien palais épiscopal bâti sur les vestiges du forum romain, a de quoi surprendre :

Pauses (n°1 et 2)
2 Nicola - *p.127* A2
1 Pastelaria Briosa - *p.127* A2

Restaurants (n°10 à 17)
15 Dux Taberna Urbana - *p.129* A1
10 Jardim da Manga - *p.128* B1
17 Refeitro - *p.129* A1
16 Restaurante Sete - *p.129* A1
11 Solar do Bacalhau - *p.129* A2
14 Tapas nas Costas - *p.128* A2
12 Terraço da Alta - *p.128* B1
13 Zé Manel - *p.128* A2

Shopping (n°22)
22 Garrafeira de Celas - *p.130* B1

Sorties (n°30 à 34)
33 À Capella - *p.131* A1
32 Bar Quebra - *p.131* A2
30 Café Santa Cruz - *p.130* A1
34 Galeria Santa Clara - *p.131* A2
31 Passaporte - *p.131* A2

l'impressionnant cryptoportique est un vrai labyrinthe ! Cafétéria avec terrasse et beau point de vue sur la Sé Velha et le Mondego.

Largo Dr. José Rodrigues ☎ 239 853 070 www.museumachadocastro.gov.pt
🕒 Mar.-dim. 10h-18h Fermé 1er jan., dim. de Pâques, 1er mai, 4 juil., 24 et 25 déc. € 6€

Mignonne comme un chœur

Igreja de São Tiago

Un petit joyau de l'art roman du 12e s., d'une élégante simplicité, taillé dans la même pierre brun orangé que la vieille cathédrale. Gravissez l'imposante volée de marches pour observer de près les charmants détails d'oiseaux et de végétaux des colonnes et chapiteaux du portail.

Praça do Comércio 🕒 Jan.-juil., sept.-déc. : tlj. 8h-20h ; août : jeu. 8h-20h € Entrée libre

Dernière demeure des premiers rois

Igreja de Santa Cruz

L'église du monastère de Santa Cruz dévoile de délicates sculptures Renaissance de Nicolas Chantereine et de Jean de Rouen. Voyez le portail, la chaire et les tombeaux des premiers souverains portugais, Afonso Henriques et Sancho I, finement ciselés. Fondé en 1130, puis reconstruit au 16e s., le monastère augustin a abrité un temps l'université, comptant le poète Camões parmi ses élèves. Ne manquez pas le magnifique cloître du Silence, chef-d'œuvre manuélin.

Rua Martins de Carvalho, 3 ☎ 239 822 941 ⏲ Lun.-sam. 9h30-16h30, dim. 13h-17h (messes entre 9h et 11h30) € 3€

Du temps où Coimbra était musulmane

Torre de Almedina – Núcleo da Cidade Muralhada

Grimpez dans la tour d'Almedina (11e s.), rare vestige des fortifications de la ville. Vous y attendent une maquette interactive de la Coimbra médiévale et, au sommet, une galerie ouverte à 360° sur la ville.

Pátio do Castilho ☎ 239 833 771 ⏲ Mar.-sam. 10h-13h et 14h-18h € 1,80€

Plein les yeux et les oreilles

Torre de Anto – Palácio de Sub-Ripas

La **tour** médiévale, où niche le **Núcleo da Guitarra e do Fado de Coimbra**, offre des vues éclatantes sur la ville et une immersion sonore dans l'univers si particulier du fado de Coimbra. Lié aux traditions académiques, ce dernier est chanté exclusivement par les hommes en cape noire. Au-dessous se trouve la **Casa do Arco** ("maison de l'Arc"), sous laquelle on passe pour découvrir le **palais de Sub-Ripas**, orné de fenêtres manuélines et de médaillons dus à Jean de Rouen, sculpteur français établi à Coimbra vers 1520.

Rua de Sobre Ribas **Núcleo da Guitarra e do Fado de Coimbra** Rua de Sobre Ribas, 35 **☎ 239 857 119 ⏲ Mar.-dim. 10h-13h et 14h-18h**

Monument végétal

Jardim Botânico 👍

Nonchalamment étagés entre l'université et les rives du Mondego, ses grandes allées de tilleuls, ses arbres tropicaux et ses fontaines baroques lui confèrent un charme infini, en particulier au coucher du soleil. Voulu par le marquis de Pombal, en complément de la faculté de botanique qu'il créa en 1772, ce jardin est l'œuvre du naturaliste italien Domenico Vandelli, à qui l'on doit le jardin botanique d'Ajuda (p.64) à Lisbonne.

Alameda Dr. Júlio Henriques ☎ 239 242 747 (visite guidée) www.uc.pt/jardimbotanico ⏲ Avr.-sept. : tlj. 9h-20h ; oct.-mars : 9h-17h30 € Entrée libre

Flânerie au bord du *rio*

Parque Verde do Mondego

Cafés et restaurants ont fleuri dans ce gigantesque parc aménagé sur la rive droite du Mondego, devenu l'un des rendez-vous préférés des étudiants et des familles. Au bout de la promenade, le curieux pavillon Centro de Portugal, créé par les deux "starchitectes" Souto de Moura et Siza Vieira, est entièrement revêtu de liège. Empruntez la passerelle Pedro et Inês (réservée aux piétons et aux cyclistes) pour rejoindre l'autre rive, où deux piscines découvertes attendent les baigneurs en été.

Av. Lousã

Sauvé des eaux

Mosteiro de Santa Clara-a-Velha

Les ruines de l'ancien couvent Santa Clara, fondé par la reine sainte Isabel au 14e s., invitent à une déambulation insolite. Abandonné en 1677 à cause des crues incessantes du Mondego, le monastère est resté enlisé dans le limon pendant des siècles, si bien que les vestiges de l'église, et de ce qui fut le plus grand cloître du pays, dévoilent aujourd'hui une architecture gothique pure. Édifié au 17e s. pour remplacer le couvent inondé, le **Convento de Santa-Clara-a-Nova** abrite non loin de là, mais en hauteur, le très vénéré tombeau de cristal et d'argent de la reine Isabel.

Rua das Parreiras, Santa Clara 239 801 160 www.culturacentro.gov.pt/mosteiro-santa-clara-a-velha Été : mar.-dim. 10h-18h ; hiver : mar.-dim. 9h-17h 4€ Convento de Santa Clara-a-Nova Lun.-ven. 9h-18h45 (en hiver, le monastère peut fermer plus tôt) 2€ (église et cloître)

Amours secrètes et scène de crime

Quinta das Lágrimas

Un lieu éminemment romantique, où les escaliers de pierre et les vieux arbres ont dû être témoins de bien des amours et désamours. C'est dans les bois autour de la *quinta*, où se rencontraient secrètement Pedro et Inês, que cette dernière fut assassinée par les sbires d'Afonso IV. Selon la légende, les larmes d'Inês créèrent la **Fonte das Lágrimas** ("fontaine des Larmes"). Grâce à la **Fonte dos Amores**, un ruisseau d'amour qui coulait vers le couvent, Inês recevait les lettres que Pedro plaçait sur de petits radeaux de bois.

Rua José Vilarinho Raposo 239 802 380 Mi-mars-mi-oct. : mar.-dim. 10h-19h ; mi-oct.-mi-mars : mar.-dim. 10h-17h 2,50€

AUX ENVIRONS DE COIMBRA

Art de vivre à la romaine 2.0

Museu PO.RO.S

Ce palpitant musée interactif consacré à la colonie romaine des Terres de Sicó offre une plongée virtuelle dans l'Antiquité. Remontez l'histoire en passant par le "tunnel du temps" : amorcez votre voyage en découvrant l'organisation de l'Empire avant de vous immerger dans la vie quotidienne antique. Vous pourrez, par exemple, habiller un gladiateur ou vous promener dans la ville romaine idéale.

Av. Bombeiros Voluntários de Condeixa, 41 Condeixa-a-Nova (16km au sud-ouest de Coimbra par l'IC2) 239 949 122 www.poros.pt Mar.-dim. 10h-18h 5€

L'Empire fantôme

Ruínas de Conímbriga

Les ruines de l'antique cité romaine, la plus vaste et la mieux préservée de Lusitanie, occupent un site bucolique d'une douceur presque toscane, qui ne devait pas tant dépayser les envahisseurs romains. Venez y découvrir les vestiges d'échoppes, de bains publics, d'un aqueduc et de villas ornées de somptueuses mosaïques. Celles de la **maison des Jets d'eau** (3e s.), clou de la visite, donnent à voir Persée et Méduse, un centaure cerné de dauphins et Silène montant un âne. Pour mieux comprendre l'histoire du site, de son occupation celtique à son abandon au 6e s., visitez le musée avant d'entamer le circuit des ruines.

Condeixa-a-Velha Conímbriga ☎ 239 941 177 www.conimbriga.pt 🕒 Tlj. 10h-19h € 4,50€

Bouffée romantique

Mata Nacional do Buçaco 👍

Aux portes de la station thermale de Luso, l'enchanteresse forêt close de Buçaco compte parmi les plus belles d'Europe. Les Carmes y plantèrent leur monastère et moult essences exotiques au 17e s. Plusieurs sentiers invitent à explorer cette sylve magique parsemée de fougères arborescentes et de cèdres colossaux, de chapelles ruinées, de lacs, de cascades et de fontaines rongées par le lichen. Au cœur du parc, l'extravagant **palais de Buçaco**, petite folie du 19e s. bâtie par les rois portugais et reconvertie en palace, ajoute son pesant de romantisme à la balade.

Buçaco-Luso ☎ 231 937 000 www.fmb.pt 🕒 Juin-sept. : lun.-ven. 8h30-19h, w.-e. 8h30-20h ; oct.-mai : tlj. 9h-17h € Automobile 5-7€, marcheurs et cyclistes gratuit

Jardins et palais de Buçaco

À FAIRE

Voguez sur le Mondego

O Pioneiro do Mondego

En amont de Coimbra, le Mondego s'écoule en pleine nature, le long d'une profonde vallée arborée. De Penacova, O Pioneiro do Mondego propose deux parcours en canoë ou en kayak, l'un accessible à tous jusqu'à Torres do Mondego (18km, 3 à 4h de descente, 22,50€), l'autre pour les plus aguerris jusqu'à Coimbra (18km, 4-5h, 25€). Une balade rafraîchissante entre forêt, villages de montagne et petites plages où se baigner.

Rua da Calçada, 21 Cheira Penacova Coimbra 239 478 385 www.opioneirodomondego.com Tlj.

O Basófias

Pour une autre perspective sur la ville, la compagnie OdaBarca organise des balades en bateau-mouche sur le fleuve d'une durée d'environ 1h. 9,50€ (4-12 ans 5€).

Coimbra Presque en face du Posto de Turismo do Centro, quai du Parque Dr. Manuel Braga 969 830 664 www.odabarca.com Mar.-dim. 16h (également à 15h et 17h pour un minimum de 10 pers.) Fermé jan.

Baignez-vous dans l'eau douce

Praia Fluvial de Torres do Mondego

Aussi appelée Praia Fluvial de Palheiros e Zorro, cette plage de sable et de gravier sur la rive gauche du Mondego, face au village, rafraîchira une chaude journée d'été. La baignade, bien que non surveillée, y est autorisée : l'eau est de bonne qualité et les courants sont sans danger. Un petit bar avec terrasse, sur la plage, sert boissons et sandwichs.

Torres do Mondego (8,5km à l'est de Coimbra)

Portugal dos Pequenitos

Découvrez le Portugal à hauteur d'enfant

Portugal dos Pequenitos

Depuis les années 1940, le "Portugal des tout-petits" invite à déambuler entre les monuments les plus célèbres du pays en version miniature (Batalha, Alcobaça...). Maisons typiques, potagers et jardins de poche, manoirs, chapelles et pavillons évoquant les anciennes colonies lusophones complètent cette ville à échelle d'enfant. De quoi donner aux plus grands l'impression d'être Gulliver !

Praça Rossio de Santa Clara Coimbra 239 801 170 www.portugaldospequenitos.pt Mars-mai, mi-sept.-mi-oct. : tlj. 10h-19h ; juin-mi-sept. : tlj. 9h-20h ; mi-oct.-mi-fév. : tlj. 10h-17h 14€ (4-12 ans 5€)

Prenez les eaux
Termas de Luso

Ce centre thermal dernier cri propose une large gamme de soins (spa, massages ayurvédiques ou aux pierres chaudes...) et dispose de deux élégantes piscines thérapeutiques. L'une d'elles, conçue par le bureau de Gustave Eiffel en 1894, vaut le coup d'œil. Un souterrain relie les thermes au Grande Hotel de Luso.

Rua Álvaro Castelões Buçaco-Luso 231 937 910 www.termasdeluso.pt Lun.-ven. 9h-13h et 14h-18h, sam. 9h-13h et 15h-20h

NOS ADRESSES

PAUSES

Échappées du couvent
Pastelaria Briosa

Une bonne adresse, où vous attendent nombre de spécialités, dont les fameuses gourmandises créées dans les couvents de la région : *pastéis de Lorvão* (aux amandes), *pastéis de Santa Clara* (amandes, œufs et courge) et *pastéis de Tentúgal*, du nom d'un village proche (sorte de papillotes de pâte feuilletée enveloppant une préparation aux œufs).

COIMBRA (plan 6, A2 n°1) Rua Ferreira Borges, 211 239 821 617 www.pastelariabriosa.com Tlj. 7h-21h

Meringues géantes
Nicola

Dans la principale rue commerçante de la ville, ce café-restaurant se targue de fabriquer sur place la grande majorité des douceurs qu'il propose. Version maison des célèbres *pastéis de Tentúgal* (additionnés d'amandes), *barrigas de freira* (littéralement, "ventres de religieuses") aux amandes et aux œufs, et énormes meringues.

COIMBRA (plan 6, A2 n°2) Rua Ferreira Borges, 35 Mar.-sam. 8h-22h30, dim. 8h-15h

Le goût de la cannelle
Pastelaria Alidoce

Dans cette pâtisserie centrale, vous trouverez la spécialité sucrée de Condeixa-a-Nova : l'*escarpiada*, confectionnée à partir de pâte à pain, de sucre roux, de cannelle et d'huile d'olive. Un délice typique et

Briosa et pastél de Tentúgal

copieux qui calmera à coup sûr les petits creux !

CONDEIXA-A-NOVA Praça da República (en face de la mairie) Tlj. 7h-20h

Parfum Belle Époque

Rosa Biscoito

À la fois bar à tapas, épicerie fine et café, ce 3 en 1 s'est installé sous les moulures des hauts plafonds de l'ancien casino Art nouveau (1885). Parfait pour un verre et quelques *petiscos*, à déguster dans la grande salle du fond, en essayant d'imaginer les fastes de la Belle Époque. Des expositions temporaires ont lieu dans l'espace attenant.

BUÇACO-LUSO Alameda do Casino 936 585 386 Mer. et dim.-lun. 10h-22h, jeu.-sam. 10h-23h

RESTAURANTS

Spot insolite

Jardim da Manga €

Face au monument le plus curieux de la ville, une fontaine Renaissance jaune poussin tout en tourelles et arcs-boutants, goûtez à l'une des spécialités de Coimbra comme le *leitão da Bairrada* (cochon de lait grillé), parfois à la carte le dimanche. Plat 8-11€.

COIMBRA (plan 6, B1 n°10) Rua Olímpio Nicolau Rui Fernandes 239 829 156 www.jardimdamanga.net Dim.-ven. 12h-15h et 19h-22h30

Terrasse sur la ville

Terraço da Alta

Perché sur la colline de Coimbra, au plus près de l'université, Terraço da Alta offre une vue magnifique sur la ville grâce à sa grande terrasse en balcon. Allez-y apprécier le coucher de soleil en sirotant un cocktail (6-7,50€), puis y dîner d'un *poke bowl* au thon ou végan (11-12€), ou encore de plats plus classiques à l'image du porc noir et risotto aux champignons sauvages (18€) et des *migas de bacalhau* (19€).

COIMBRA (plan 6, B1 n°12) Rua da Couraça Apóstolos, 49 927 318 578 www.menuterraco.com Mar.-jeu. 12h30-15h30 et 18h30-0h, ven.-sam. 12h30-15h30 et 18h30-1h, dim. 12h30-17h

Dans le cœur des étudiants

Zé Manel ♥€

Couverte de petits mots écrits par des générations de fidèles étudiants, une minuscule taverne fameuse pour ses *ossos* (travers de porc), ses *feijoada de leitão* (haricots blancs avec cochon de lait rôti) et son patron haut en couleur : Zé Manel.

COIMBRA (plan 6, A2 n°13) Beco do Forno, 12 239 823 790 Lun.-ven. 12h30-15h et 19h30-22h, sam. 12h30-15h

As des tapas

Tapas nas Costas €

Difficile d'éviter ce restaurant niché dans les escaliers do Quebra Costas, au cœur de la vieille ville. Dans une belle salle contemporaine tout en profondeur, qui conduit à d'imposantes arches de pierre, régalez-vous de délicieuses tapas (4 à 8€) : petites côtelettes d'agneau, magret de canard, mille-feuille de morue, crème au lait au thym...

COIMBRA (plan 6, A2 n°14) Rua do Quebra Costas, 19 239 157 425 www.tapasnascostas.pt Mar.-sam. 12h-23h ; dim. 12h-16h

Au restaurant Zé Manel

Petiscos entre terre et mer

Dux Taberna Urbana €

Cette plaisante "taverne urbaine" sort un peu des classiques avec un grand choix de *petiscos* et de judicieuses recettes de la mer (poulpe à la galicienne, beignets de morue... 3-10€) et de la terre (œufs brouillés à la *farinheira*, une saucisse fumée). Belle carte de vins rouges de la Bairrada.

COIMBRA (plan 6, A1 n°15) Rua Dr. Manuel Rodrigues, 43 239 093 723 www.duxrestaurante.com Tlj. 12h-15h et 19h-22h

Sept extra

Restaurante Sete €

Sete : 7 entrées, 7 plats, 7 desserts et 7 suggestions végétariennes, tout simplement ! Dans l'assiette, d'intelligentes réinterprétations de la cuisine locale joliment dressées : salade de morue aux poivrons rôtis (6,90€), pannequets de sardines sur riz aux oignons confits (12,70€), pudding Abade au coulis d'orange et amandes salées (4,50€)... Bons vins de la Bairrada et du Dão.

COIMBRA (plan 6, A1 n°16) Rua Dr. Martins de Carvalho, 10 239 060 065 seterestaurante.wixsite.com/coimbra Mer.-lun. 12h30-15h et 19h-22h (en hiver ferme 1 j. supplémentaire, variable)

Popote et poterie

Refeítro €

Cet atelier de céramique abrite un restaurant. Dans une salle originale ayant conservé ses fours, vous pourrez voir les artisans au travail et acquérir l'une de leurs pièces. La cuisine puise dans la tradition et propose aussi des plats végétariens. Queue de bœuf mijotée au vin rouge (12,75€), minipoulpes à l'ail (13,25€), risotto aux champignons (13,50€)...

COIMBRA (plan 6, A1 n°17) Quintal do Prior, 2-4 Terreiro da Erva 239 820 080 refeitrorestaurant.wixsite.com/coimbra Lun. 19h30-22h30, mar.-sam. 12h30-15h et 19h30-22h30

Le roi du *bacalhau*

Solar do Bacalhau €€

Pour savourer l'un des meilleurs *bacalhau* de Coimbra, poussez la porte de ce restaurant au décor rustique doté d'une belle mezzanine sous verrière. Au menu, une vingtaine de spécialités régionales de *bacalhau* (13,50-17,50€) – *bacalhau à Solar* (frit, avec piments et tomates), *no pão* (émietté sur du pain), *no forno* (au four), *com natas* (à la crème)... Difficile de faire un choix ! Également quelques plats de viande, notamment un exquis filet mignon de porc à l'ananas et gambas grillées (17,50€).

COIMBRA (plan 6, A2 n°11) Rua da Sota, 12 239 098 990 www.facebook.com/solardobacalhau Tlj. 12h-15h et 19h-22h30

À vous rendre chèvre

Regional do Cabrito €

La spécialité culinaire de Condeixa-a-Nova est sans conteste le chevreau cuit au four à bois. Dégustez-le ici, accompagné de son riz aux abats et de ses pommes de terre (16€, portion suffisante pour deux).

CONDEIXA-A-NOVA Praça da República, 25
239 062 438 www.oregionaldocabrito.com
Jeu.-mar. 12h-15h30 et 18h30-22h

Tout est bon dans le cochon

Pedra de Sal €€

Dans une petite salle boisée vous seront proposés tous les morceaux du *porco preto* (cochon noir de l'Alentejo) en portions très copieuses : *cachaço* (échine), *bochechas* (joues), *lagartos*, *abanicos*, *secretos*... ou encore *espetadas*, brochettes de porc noir et de crevettes roses. Excellente carte des vins. Plat 14,50-19€.

LUSO Rua Francisco António Dinis, 33
231 939 405 www.restaurantepedradesal.com
Jeu.-mar. 12h-15h et 19h-22h, mer. 19h-22h

SHOPPING

Shopping ascensionnel

Escada do Quebra Costas

Dans cette rue en escalier assez escarpée (traduction littérale : "casse-dos") qui s'élève de la porte d'Almedina jusqu'au parvis de la vénérable cathédrale, plusieurs boutiques vendent des productions artisanales, notamment la célèbre faïence bleu et blanc de Coimbra.

COIMBRA (plan 6, A2)

Vins du cru

Garrafeira de Celas

Dans sa boutique un peu excentrée, José Duro vous fera découvrir les particularités des nectars portugais, surtout ceux de la région. Plongez dans l'univers des vins de la Bairrada (rouges, entre 3,50 et 70€). Le choix est vaste ! Parmi les mousseux de Bairrada, goûtez un *espumante* São Domingos (6,75€), cuvée blanc de blancs, d'une belle finesse.

COIMBRA (plan 6, B1 n°22) Rua Bernardo de Alburquerque, 64 239 482 398 www.garrafeiradecelas.pt Lun.-ven. 9h-13h et 14h30-20h ; sam. 9h-13h

SORTIES

Un monument

Café Santa Cruz ♥

Voûtes manuélines, boiseries ouvragées, tables en marbre et chaises en cuir... Vous entrez dans le plus beau café de Coimbra, établi depuis 1923 dans une ancienne église du couvent de Santa Cruz. L'endroit est resté populaire, fréquenté par les étudiants comme les touristes pour sa délicate tartelette aux amandes (*crúzio*) et ses soirées fado gratuites (lun.-sam. à 18h et 22h, dim. à 18h).

COIMBRA (plan 6, A1 n°30) Praça 8 de Maio
239 833 617 www.cafesantacruz.com
Lun.-sam. 7h-0h, dim. 8h-20h

Au Café Santa Cruz

Perchoir de choix

Passaporte

Ce bar-lounge a investi l'ancien palais du gouverneur civil de Coimbra. Bâti à flanc de colline, le splendide manoir signé Raul Lino surplombe magnifiquement le fleuve. De quoi laisser filer le temps, attablé en terrasse avec vue sur le Mondego, ou dans l'ancienne bibliothèque, pour s'imprégner de l'atmosphère du lieu. Cocktails à partir de 7,50€.

COIMBRA (plan 6, A2 n°31) Couraça da Estrela, 13 ☎239 600 138 www.passaporte.pt ⏲Lun.-jeu. 18h-1h, ven.-sam. 18h-2h, dim. 17h-0h

Du jazz sinon rien

Bar Quebra

Dans ce bar en plein cœur historique de la ville, vous pourrez écouter des concerts de jazz tous les derniers vendredis et samedis du mois et, de mi-juin à début septembre, tous les week-ends, lors du Festival QuebraJazz. Terrasse dans les escaliers. Tapas et *tostas* 3-5€, verre de vin env. 2,50€. Concerts de jazz à partir de 22h30.

COIMBRA (plan 6, A2 n°32) Escadas de Quebra Costas, 45-49 ☎239 841 174 ⏲Juil.-août : lun.-sam. 12h-2h, dim. 12h-21h ; sept.-juin : lun.-sam. 12h-2h

La chapelle du fado

À Capella

Dans cette chapelle désacralisée du 14e s., on vient écouter du fado de Coimbra tous les soirs à partir de 21h30 (3 sessions de 20min). S'y presse avec ferveur une clientèle de connaisseurs, attirés par le décor et l'acoustique parfaite du lieu. Arrivez tôt pour avoir une bonne place assise. Entrée 10€ (avec boisson).

COIMBRA (plan 6, A1 n°33) Rua Corpo de Deus ☎239 833 985 www.acapella.com.pt ⏲Tlj. 18h-1h

Coolitude

Galeria Santa Clara ♥

De l'autre côté du fleuve, dans un cadre très attrayant, ce bar-galerie d'art déroule une gigantesque terrasse guignant les ruines du monastère de Santa Clara-a-Velha. Petites expositions, concerts, discussions littéraires et DJ le week-end. Large éventail de thés, cocktails (6,50€), vins et en-cas (4,50-11,50€).

COIMBRA (plan 6, A2 n°34) Rua António Augusto Gonçalves, 67 ☎239 441 657 www.galeriasantaclara.com ⏲Mer.-sam. 15h-1h ; dim. 15h-21h

BON À SAVOIR

À Coimbra, les oiseaux de nuit ne sortent du nid que fort tard. Rythmée par la vie étudiante, l'activité nocturne connaît un pic le jeudi, jour de grand défouloir, car beaucoup de jeunes rentrent chez eux pour le week-end. Par ailleurs, certains endroits leur sont exclusivement réservés, et il faut montrer patte blanche ou une carte d'étudiant de l'année en cours pour y entrer.

LA CÔTE, DE FIGUEIRA DA FOZ À AVEIRO

Le long de la Côte d'Argent, la Beira Litoral essaime des kilomètres de sable fin pour dorer au soleil. Figueira da Foz, station balnéaire fétiche des Portugais depuis le 19e s., attire les foules avec sa plage, son casino et sa vie nocturne animée. Une bien jolie carte postale vous attend plus au nord, le long des canaux d'Aveiro, où la gondole locale vous promène entre salines et lagune.

À VOIR

FIGUEIRA DA FOZ

Hôtels, casino, commerces et restaurants façonnent la nouvelle cité balnéaire peu attrayante mais très vivante en été. Tournez le dos au front de mer bétonné pour profiter de cette plage extraordinaire, tellement grande que des caillebotis ont été installés un peu partout pour la traverser ! Le **Palácio Sotto Maior**, extravagante propriété un peu décrépite, évoque la splendeur passée de Figueira quand, au début du 19e s., le casino attirait toute la jet-set ibérique. À voir aussi, les collections d'art, d'archéologie et d'arts décoratifs du très éclectique **Museu municipal Santos Rocha**.

ACCÈS ET INFOS

- Figueira da Foz est située à 50km à l'ouest de Coimbra. Aveiro est à 60km au nord-ouest de Coimbra et à 75km au sud de Porto.
- En train : liaisons Coimbra-Figueira da Foz (une quinzaine de trains/j., 1h), Coimbra-Aveiro et Porto-Aveiro (au moins un départ en semaine toutes les heures, moins le w.-e.). De Lisbonne, plus de 15 trains/j. pour Aveiro (2h15).
- En car : de Lisbonne, Porto, Leiria et Coimbra, liaisons quotidiennes avec Aveiro et Figueira da Foz.

Posto de Turismo Av. 25 de Abril (près de l'hôtel Sweet Atlantic & Spa) Tlj. 9h30-13h et 14h-17h30 **Palácio Sotto Maior** Rua Joaquim Sotto Mayor, 75 Fermé temporairement **Museu Municipal Santos Rocha** Rua Calouste Gulbenkian 233 402 840 Juil.-mi-sept. : mar.-ven. 9h30-18h, sam. 14h-19h ; mi-sept.-juin : mar.-ven. 9h30-17h, sam. 14h-19h 2€

LES ENVIRONS DE FIGUEIRA DA FOZ

***Spring Break* de Coimbra**

Buarcos

À l'extrémité de la baie, Buarcos se rejoint facilement et agréablement à pied, bercé par la rumeur de l'océan. Ancien village de pêcheurs métamorphosé en station balnéaire mais encore truffé de ruelles pittoresques, il reste l'éternelle petite sœur de Figueira da Foz. Les étudiants de Coimbra l'ont élu pour fêter la fin de leurs examens. La raison ? La plage est bien moins étendue que sa voisine, et il faut marcher peu dans le sable pour poser sa serviette au bord de l'eau !

2km au nord-ouest de Figueira **Posto de Turismo** Núcleo Museológico do Mar, Rua Governador Soares Nogueira 233 433 019 Lun.-ven. 9h-13h et 14h-17h

À NE PAS MANQUER

- Aveiro
- Serra de Boa Viagem
- Praia da Barra et Costa Nova
- Praia de São Jacinto

Sur les canaux d'Aveiro, la "Venise portugaise"

Des kilomètres de murailles

Montemor-o-Velho

Montemor-o-Velho est célèbre pour son **château** médiéval, perché au sommet d'un éperon rocheux. Faites le tour de ses interminables remparts qui, durant l'occupation de l'Estremadura par les Maures, empêchèrent ces derniers d'atteindre Coimbra. Ils enserrent un donjon, offrant un superbe panorama des rizières de la vallée du Mondego, et de l'**Igreja de Santa Maria da Alcáçova**, petite église romane (1090) rebâtie à l'époque manuéline avec d'élégantes colonnes torses. Au pied du château, le **Convento de Nossa Senhora dos Anjos** renferme le somptueux tombeau de Diogo de Azambuja, dû à Diogo Pires.

15km à l'est de Figueira, 28km à l'ouest de Coimbra Posto de Informação Turística (dans l'enceinte du château) 239 680 380 Été : tlj. 10h-20h ; hiver : tlj. 10h-17h30
Château et église Avr.-oct. : tlj. 10h-20h ; nov.-mars : tlj. 10h-18h30 Entrée libre

AVEIRO

Avec son immense lagune, ses canaux et ses embarcations à la proue recourbée, la jolie ville d'Aveiro a hérité du surnom (très exagéré) de "Venise portugaise". Elle n'en demeure pas moins une ville étudiante et touristique animée toute l'année, très plaisante à parcourir au fil de l'eau, à bord d'un *moliceiro*, ou à pied entre façades Art nouveau et maisons de pêcheurs colorées. Son petit centre historique se visite assez rapidement. Vous aurez ainsi assez de temps pour aller jusqu'à Ílhavo découvrir l'un des plus beaux musées maritimes du Portugal, ainsi que la manufacture de porcelaine de Vista Alegre, la plus réputée du pays.

Posto de Turismo Rua João Mendonça, 9-11 234 406 484 Tlj. 10h-12h30 et 13h30-18h
Buga Loja Buga Praça do Mercado, 2

Réclusion à perpétuité

Museu de Aveiro

L'ancien couvent de Jésus (15e s.), dont la superbe architecture justifie à elle seule la visite, conserve une extraordinaire collection d'art sacré. Dans ses murs vécut en recluse la princesse Joana, fille canonisée d'Afonso V, jusqu'à sa mort en 1490. L'église à l'exubérance baroque abrite le tombeau marqueté de marbre de la célèbre pensionnaire et dévoile d'étonnantes chinoiseries dans son *coro alto* ("chœur haut"). Vous découvrirez aussi de nombreux tableaux évoquant la vie de l'infante, le cloître Renaissance et le réfectoire, entièrement carrelé d'azulejos à motif "camélia".

R. João Mendonça, 9 234 423 297 Mar.-dim. 10h-12h30 et 13h30-18h 5€

IL ÉTAIT UNE FOIS...

Port prospère grâce aux *bacalhoeiros* qui partaient au large de Terre-Neuve traquer la morue, Aveiro voit son destin chavirer lorsque, en 1575, une fulgurante tempête ferme sa baie d'une barrière de sable, la privant d'un accès direct à l'océan. Il faut attendre le 19e s. pour que le cordon dunaire soit crevé, permettant aux eaux de la lagune de retrouver la mer, et Aveiro un peu d'attrait.

La vie de ma mer, quel joyau !

Museu Marítimo de Ílhavo

La bourgade sans grâce d'Ílhavo recèle l'un des plus beaux musées maritimes du Portugal. Didactique et ludique, poignant et instructif, ce lieu-hommage à la mer et aux marins, est, d'abord une œuvre architecturale en soi. À l'intérieur, sur plus 8 000m² d'espaces d'exposition cohabitent une splendide collection de coquillages du monde entier, des maquettes et instruments nautiques, ainsi qu'une magistrale reconstitution d'un chalutier de la fin du 19e s., pour évoquer la Faina Maior, la Grande Pêche à la morue.

Av. Dr. Rocha Madahil Forte da Barra Ílhavo (5km au sud d'Aveiro) 234 329 990 museumaritimo.cm-ilhavo.pt Mar.-sam. 10h-18h, dim. 14h-18h 6€

Interdit aux éléphants, et aux maladroits

Fábrica de Porcelana da Vista Alegre

Un parc et un palais pour les maîtres, une usine, un théâtre et une cité ouvrière pour les travailleurs, et une chapelle pour tous. Véritable cité

Porcelaines de Vista Alegre

autonome, la plus célèbre manufacture de porcelaine du Portugal, fondée en 1824, concourt, depuis deux siècles, au dressage des plus prestigieuses tables de la planète. Un panorama complet des créations, un aperçu de la fabrique et une démonstration de l'étape manuelle de la peinture composent la visite. Trois boutiques pour succomber : une consacrée aux nouveautés, une autre réservée aux céramiques de Bordallo Pinheiro, et un magasin de fins de série.

Forte da Barra Ílhavo (9km au sud-ouest d'Aveiro) 234 320 628 vistaalegre.com Mai-sept. : tlj. 10h-19h30 ; oct.-avr. : tlj. 10h-19h Visite chapelle à 10h45, 11h45, 15h, 16h, 17h et 18h 6€ (musée + chapelle)

À FAIRE

Allez au marché

Mercado Engenheiro Silva

Ce beau marché municipal n'a pas bougé depuis 1892, l'année de sa création, gravée sur sa façade. Sous sa verrière et sa structure de métal bat le véritable cœur de Figueira da Foz.

Passeio Infante D. Henrique Figueira da Foz Juin-mi-sept. : tlj. 7h-19h ; mi-sept.-mai : lun.-sam. 7h-16h

Mettez-vous au vert

Serra de Boa Viagem

Hérissée d'eucalyptus, de pins, de cèdres et d'acacias, cette petite *serra* est un charmant lieu d'escapade pour qui souhaite prendre un bol d'air loin de la ville.

4km au nord de Figueira da Foz (longer la route côtière après Buarcos jusqu'au phare du cap Mondego, puis obliquer vers l'est)

Croisez sur les canaux d'Aveiro en *moliceiro*

Emblème d'Aveiro, les *moliceiros* sont ces fameuses barques à fond plat, à la poupe et à la proue recourbées en col de cygne et peintes de motifs naïfs. Munies de voiles carrées, elles sillonnaient la lagune, transportant le sel des salines, servant à la pêche à l'anguille et au ramassage des *moliços* (algues) utilisées comme engrais. Elles promènent désormais les touristes sur la Ria d'Aveiro et les cinq canaux de la ville (env. 45min). Départs selon la compagnie au Rossio, à Fonte Nova (devant l'hôtel Meliá Ria) ou devant le marché aux poissons.

EcoRia

Départ tlj. toutes les heures de 10h à 18h en été, de 10h à 17h en hiver. Tarif 13€, 4-12 ans 6€.

Aveiro 234 425 563 www.ecoria.pt

Memórias da Ria

Départ tlj. toutes les heures de 10h à 18h30 en été, toutes les 30min de 10h à 16h en hiver. Tarif 6-16€ selon la visite choisie (5-12 ans 5€).

Aveiro 234 482 365 www.douroacima.pt

Sur le front de mer de Costa Nova

Aveiro Com Paixão

Départ tlj. toutes les 15min à partir de 9h en été, toutes les 30min de 9h à 18h en hiver. Tarif 13€, 5-12 ans 6€ (p.118).

Aveiro 234 097 573 www.aveirocompaixao.pt

Piquez une tête

Praia de Quiaios

Malgré un début d'urbanisation vigoureux, cette plage protégée par un cordon dunaire a gardé un aspect sauvage. La route qui y mène à partir de Buarcos, à travers la Serra de Boa Viagem, est un véritable enchantement.

14km env. au nord de Figueira da Foz

Praia da Barra et Costa Nova

Deux plages à l'ouest d'Aveiro. La première est grande et surpeuplée en été, et la seconde, plus petite, occupe une étroite lagune, séparée par un cordon de dunes. Côté océan, la plage et, côté Ria, un petit village de pêcheurs avec ses adorables maisons de plage à rayures colorées : les *palheiros*. À rejoindre en voiture ou bus depuis la gare (AR 4,92€).

Forte da Barra

Praia de São Jacinto

Aux abords de la Reserva Natural das Dunas de São Jacinto (p.118), cette plage plus sauvage ravira les amoureux de dunes et de balades en bord de mer. D'Aveiro, rejoignez Forte da Barra en bus, puis traversez la lagune en ferry (www.aveirobus.pt/transporte-fluvial). Resteront ensuite 4km à parcourir.

Forte da Barra Tlj. 9h-12h et 13h30-17h Reserva Natural das Dunas de São Jacinto Aveiro 234 331 282 Été : tlj. 9h-17h ; hiver : tlj. 9h-15h

NOS ADRESSES

PAUSES

Rayon frais

Emanha 2

Trouver des glaces *caseira* ("faites maison") au Portugal est parfois une gageure ! Ouvert presque jour et nuit, Emanha est pour cette raison l'un des attraits de Figueira da Foz. Quelques parfums originaux (miel et sésame, porto, pignon, algue) et des *batidos de fruta* ("yaourts aux fruits") divins.

FIGUEIRA DA FOZ Esplanada Silva Guimarães, 7 ☎ 233 402 860 emanha.pt ⏲ Juil.-août : tlj. 8h-2h ; sept.-juin : tlj. 8h-0h

Douceurs locales

Pastelaria Confeitaria Ramos

Une nouvelle spécialité à accrocher à votre tableau de chasse gourmand, les *ovos moles* ! Ces "œufs mous" sont une préparation très sucrée à base de jaunes d'œufs et de pâte d'amandes, habilement enveloppée de pain azyme. Un café pour faire glisser, et vous serez comblés !

AVEIRO Av. Dr. Lourenço Peixinho, 86-88 ☎ 234 423 289 pastelariaramos.com ⏲ Lun.-sam. 8h-20h, dim. 15h-20h

RESTAURANTS

Orgie de sardines

Mar À Vista €

Point de chute idéal après une balade sur la plage, cette adresse aux murs tendus de filets de pêche ne s'embarrasse pas de superflu. Ici, on ne sert qu'un plat : les *sardinhas assadas*, de savoureuses petites sardines grillées (12€). Arrivez tôt et, si toutes les places sont déjà prises, indiquez votre nom sur la liste d'attente.

FIGUEIRA DA FOZ Rua 5 de Outubro, 92 ☎ 233 107 271 ⏲ Tlj. 12h30-19h30

Faim nocturne

O Picadeiro ♥€

Le repaire des joueurs et des noctambules, qui ont l'habitude d'y venir après la fermeture du casino pour dévorer, *mal passado* ("bien saignant"), le fameux *bife a Picadeiro*, un steak servi avec une sauce à la moutarde et un œuf. Acras à la salicorne, espadon, raie, mérou... Les plats sont atypiques (10-15€).

FIGUEIRA DA FOZ Rua Académico Zagalo, 20 ☎ 233 041 157 ⏲ Mar.-dim. 10h-22h30 (fermé le lun. en hiver, 2 sem. en jan. et 2 sem. en oct.)

Sardine grillée sur pain grillé

Une institution !

Caçarola 1 ♥€€

Dans l'ambiance "Belle Époque balnéaire" d'une vaste salle ornée d'azulejos, de maquettes de bateaux et de lustres Art nouveau, jeunes et moins jeunes engloutissent crevettes et anguilles frites, poissons grillés à la braise, *açordas* de lotte et copieux plateaux de fruits de mer. Agréable terrasse couverte. Repas env. 35€/pers.

FIGUEIRA DA FOZ Rua Cândido dos Reis, 65
911 842 423 www.cacarola1.com
Mer.-lun. 12h-16h et 19h-23h

Cuisine de supers nanas

Musgo €

Une petite cantine végétarienne tenue par trois jeunes femmes pleines de peps et d'idées, comme en témoigne le délicieux plat unique du déjeuner (deux plats au choix le soir). Jus frais, belle sélection de thés et petite terrasse où se tasser entre copains. Menu midi 7,90€, plat 8,50€.

AVEIRO Rua do Tenente Rezende, 37
234 424 075 Page Facebook Lun.-mar. 12h30-15h, mer.-sam. 12h30-15h et 19h30-22h

Pour les amateurs d'huîtres

Ostraveiro €€

Cette jolie cabane flottante isolée au milieu des marais salants de la Ria d'Aveiro a plus d'un tour dans sa bourriche. Allez-y pour déguster les huîtres (20€ la douzaine) et la salicorne maison, aux œufs ou aux crevettes (4-7€), mais aussi pétoncles, palourdes et coques de la *ria*. Conquis ? Restez pour la nuit dans son *boat house* (deux adultes et deux enfants, à partir de 130€/nuit) ou dans son Nid de sel, un igloo en bois hypercosy (deux adultes et un enfant, à partir de 130€/nuit). Réservation impérative. Traversée inclue.

AVEIRO Canal Principal (Antiga Lota) Parking Rua do Sal, puis rejoindre l'embarcadère de Cais do Sal. Traversée assurée par Ostraveiro
913 453 876 www.ostraveiro.com Été : mer.-dim. 11h-18h30 ; hiver : ven.-dim. 12h-16h

Dans la vieille ville d'Aveiro

Délicieusement impertinent

O Bairro ♥€€

Inventifs, détonnants, décalés... Les plats de ce restaurant sont tous terriblement tentants et superbement présentés : agneau, asperge et pistache, magret de canard et purée de noix, morue et coulis de mangue... Plat 16-20€.

AVEIRO Largo da Praça do Peixe, 24 234 338 567 Jeu.-mar. 12h30-15h et 19h30-23h

Voir aussi **Canastra do Fidalgo** (p.119).

SHOPPING

Noces de paille

Loja de Artesanato

M. Brioso se passionne pour le jonc et l'osier, comme en témoigne sa belle sélection de chapeaux de la région, de paniers pour ramasser les fruits, ranger le bois ou présenter le pain, fabriqués par des artisans portugais. Prix très variables selon la qualité et la taille de l'ouvrage.

AVEIRO Largo da Apresentação, 12 (face à l'église) 968 754 014 Été : lun.-sam. 9h30-12h30 et 14h30-19h, dim. 9h30-12h30 ; hiver : lun.-sam. 9h30-12h30 et 14h30-19h

Meilleurs souvenirs du pays

Cais À Porta

Au bord d'un canal, derrière une pimpante façade Art nouveau, un vaste concept-store où dénicher la crème des créations portugaises. Lampes en papier zoomorphiques, sacs-seaux en cuir, céramiques design, cosmétiques... Dommage que l'on ne puisse pas tout rapporter !

AVEIRO Cais das Falcoeiras, 6 963 574 196 www.caisaporta.pt Été : lun.-ven. 10h-19h, sam.-dim. 10h-13h et 15h-19h ; hiver : mar.-ven. 10h-19h, sam.-dim. 10h-13h et 15h-19h

Voir aussi **Vista Alegre** (p.118).

SORTIES

Voyage immobile

AutocarroBar

Près du campus universitaire, ce vieux bus rouge aux airs britanniques se prolonge à l'arrière par une salle tout en longueur. Une gigantesque terrasse fait office de salle d'attente. Il y a toujours beaucoup de monde à l'arrêt, mais l'engin est rarement bondé, et vous trouverez certainement de la place.

AVEIRO Largo da Universidade 234 385 552 Page Facebook Lun.-ven. 9h-4h, sam.-dim. 11h-4h

Scène ouverte

Toc'aqui Bar

Une adresse bien connue des étudiants et un incontournable de l'été pour sa terrasse animée et ses impromptus musicaux. Le Toc'aqui possède une collection d'instruments de musique mise à la disposition de ses clients amateurs de bœufs. Lancez-vous !

AVEIRO Largo da Praça do Peixe, 5 916 338 080 Page Facebook Mai-sept. : tlj. 11h-4h ; oct.-avr. : tlj. 17h-4h

Voir aussi **Santos da Praça** (p.119) et **Luna Bar** (p.119).

LA BEIRA ALTA ET LA BEIRA BAIXA

À l'intérieur des terres, la belle architecture de Viseu et les vignes de la Beira Alta offrent un doux prélude aux envolées granitiques de la Serra da Estrela, terrain de jeu grandeur nature des fourmis randonneuses. Plus à l'est, Guarda et un chapelet de villages-forteresses gardent un œil sur la frontière espagnole. Au sud, la Beira Baixa somnole loin du monde, rappelant déjà l'Alentejo.

ACCÈS ET INFOS

- Viseu est à 90km au nord-est de Coimbra, Manteigas à 125km à l'est, Guarda à 165km au nord-est et Castelo Branco à 150km au sud-est.
- Accès à la Serra da Estrela : véhicule nécessaire pour atteindre la plupart des villages du massif. En hiver (et souvent jusqu'en avril), certaines routes sont fermées à cause de l'enneigement.
- En train : le chemin de fer dessert Guarda, Covilhã et Castelo Branco (7 à 10 trains/j. de Lisbonne).
- En car : de Lisbonne, Porto et Coimbra, liaisons avec Viseu, Guarda, les principales localités de la Serra da Estrela et Castelo Branco ; liaisons quotidiennes entre Viseu, Guarda, Covilhã et Castelo Branco.

À VOIR

VISEU

Attachante et agréable, réputée pour sa douceur de vivre, la capitale de la Beira Alta invite à la flânerie et... à la gourmandise ! Épicentre du vignoble du Dão, l'un des plus fameux du pays, elle possède aussi une extraordinaire tradition pâtissière. Patrie de Viriathe, le Vercingétorix lusitanien qui résista à l'occupant romain, la cité vit éclore au 16e s. la plus célèbre école de peinture portugaise, l'Oficina de Viseu. Du Rossio, on grimpe vers la vieille ville, sur la colline qui domine le Rio Pavia. Dans ce ravissant dédale de ruelles dallées de granit se côtoient nobles demeures et édifices prestigieux.

Welcome Center Casa do Adro, Adro da Sé 232 420 950 www.visitviseu.pt
Lun.-sam. 9h-13h et 14h-17h, dim. et j. fér. 9h30-13h et 14h-17h30

Adro da Sé

Une place gracieuse, où l'antique Paço dos Três Escalões fait face au balcon des Chanoines, et où l'Igreja da Misericórdia oppose sa façade rococo à la massive cathédrale (**Sé**), mélange de gothique et de maniérisme. Allez admirer sa "voûte des nœuds" manuéline, attribuée à l'architecte du cloître de Belém.

Sé Lun.-sam. 9h-13h et 14h-17h30, dim. 9h30-12h et 14h-18h30

Museu Grão Vasco

Un musée à ne pas manquer, même si vous frôlez l'indigestion d'églises et d'art sacré, pour les toiles des peintres de la fameuse école de Viseu, et en particulier celles de son chef de file, Vasco Fernandes, dit Grão Vasco (1475-1541). À voir : un saisissant *Calvário*, une étonnante représentation réaliste de saint Pierre, et les *Feux de la Pentecôte*, figurant la "voûte des nœuds" de la

À NE PAS MANQUER

- Museu Grão Vasco (Viseu)
- Serra da Estrela ★
- Belmonte
- Piódão
- Jardim do Paço (Castelo Branco)
- Monsanto

La vallée du haut Zêzere, dans la Serra da Estrela

cathédrale. Dans une *Adoration des Mages*, provenant d'un retable de la Sé, le roi noir Balthazar a été remplacé par un chef amérindien emplumé !

Paço dos Três Escalões ☎ 232 422 049 www.museunacionalgraovasco.gov.pt
🕒 Mer.-dim. 10h-13h et 14h-18h € 4€

Œuvres d'art et voitures de luxe

Museu do Caramulo

Au cœur de la jolie Serra do Caramulo, un sanatorium des années 1920 abrite un musée surprenant, riche d'une ébouriffante collection d'art, de jouets et de voitures anciennes. Vous y découvrirez pêle-mêle céramiques antiques, porcelaines Ming, tapisseries, peintures (Grão Vasco, Vieira da Silva, Picasso, Dalí...) et une Mercedes-Benz Grosser blindée, unique au monde, achetée par les services secrets pour Salazar après un attentat qui faillit lui coûter la vie.

Rua Jean Lurçat, 42 Caramulo (35km au sud-ouest de Viseu via Tondela) ☎ 232 861 270 www.museu-caramulo.net 🕒 Été : mar.-dim. 10h-13h et 14h-18h ; hiver : mar.-dim. 10h-13h et 14h-17h € 9€

SERRA DA ESTRELA ★

Culminant à 1 993m au mont Torre (rendez-vous des skieurs en hiver), la "montagne de l'Étoile" déroule un décor de pitons rocheux, de lacs glaciaires, de torrents impétueux et de vertigineux ravins. Parc naturel protégé, cette barre de granit est le paradis des randonneurs en été. Elle peut être parcourue en voiture en une journée, et de façon plus digeste en deux jours. La boucle occidentale Gouveia-mont Torre-Seia-Gouveia représente environ 110km. Un autre circuit, à l'est du massif, permet de découvrir Manteigas, la vallée glaciaire du Rio Zêzere, et Covilhã, ville universitaire la plus haute du pays.

☎ www.natural.pt

Château de Linhares

Ça plane pour lui

Linhares

Planté sur un énorme mont rocheux, son puissant château aux tours crénelées surplombe des ruelles sinueuses et de vieilles maisons de granit ornées de gargouilles et de fenêtres manuélines. Linhares est l'un des douze villages historiques labellisés du Portugal et l'un des plus grands centres de parapente du pays.

Au nord de Gouveia, sur la route de Celorico da Beira, au détour d'une route sinueuse www.cm-celoricodabeira.pt
Posto de Turismo Rua Direita Linhares
Tlj. 9h-13h et 14h-17h

Sous le signe de l'art

Gouveia

Une jolie bourgade enrichie de plusieurs petits musées, dont le **Museu Municipal de Arte Moderna Abel Manta**, consacré au peintre moderniste natif de Gouveia, Abel Manta. En sortant du musée, ne manquez pas la superbe fenêtre manuéline de la Casa da Torre !

Au nord de Manteigas par la N232 **Posto de Turismo** Jardim da Ribeira 238 083 930 www.cm-gouveia.pt Tlj. 9h30-12h30 et 14h-18h **Museu Municipal de Arte Moderna Abel Manta** Rua Direita, 45 Mar.-dim. 9h30-12h30 et 14h-18h Entrée libre

Slalom entre les boules de granit

De Gouveia à Manteigas

La route (N232) s'élève jusqu'aux hauts plateaux parsemés de blocs de granit étrangement sculptés par l'érosion. Visible depuis la route, la **Cabeça do Velho** évoque la tête d'un vieillard. Quelques kilomètres avant la Pousada de São Lourenço, un chemin sur la droite mène aux **Penhas Douradas** ("roches Dorées"), d'où partent moult sentiers de randonnée. Le fleuve Mondego prend sa source à proximité, et les environs sont piquetés de petits lacs. Sur l'autre versant, les landes de bruyère et de genêts font place à un paysage plus austère, tandis que s'amorce la descente en lacet vers Manteigas.

Camp de base

Manteigas

Déployé au fond de la vallée du Zêzere, ce village de montagne constitue un emplacement stratégique pour visiter la Serra da Estrela. Son petit centre ancien exhibe d'élégantes demeures seigneuriales, et c'est d'ici que partent les plus jolies randonnées pédestres dans la *serra*.

30km au sud-est de Gouveia **Posto de Turismo** Rua Dr. Esteves de Carvalho, 2 Sameiro 275 981 129 www.cm-manteigas.pt Mar.-sam. 9h-13h et 14h-18h Fermé 3 sem. en oct. et 3 sem. en nov.

L'un des plus beaux paysages de la *serra*

Vallée du haut Zêzere

À quelques kilomètres de Manteigas s'étend sur 4km une splendide vallée glaciaire, rigole quasi parfaite (un cas d'école pour géographes !) au creux de laquelle coule le Zêzere. Dans un cadre déserté, une route droite (N338), où il n'est pas rare de croiser des animaux, longe la rivière. Les randonneurs partent ici en quête des sources du Zêzere. Après quelques tournants, on retrouve au terme de la haute vallée la route N339 Seia-Covilhã. À gauche, direction Penhas da Saúde, puis Covilhã, à droite direction Seia et le mont Torre.

Au sud de Manteigas par les N338 et N339

BON À SAVOIR

À 3km de Manteigas, vous pouvez aussi décider de rejoindre la cascade du **Poço do Inferno** ("puits de l'Enfer") à environ 5km de la route principale, et traverser la forêt de chênes et de châtaigniers pour gagner les gorges de la rivière Leandros et sa cascade de 30m de haut. Notez qu'elle peut manquer d'eau en été (peu photogénique) et geler en hiver (saisissant).

Sur le toit du Portugal

Torre

Tutoyez le ciel à 1 993m d'altitude au mont Torre, plus haut sommet du Portugal. Vous y accéderez par une route en zigzags spectaculaire à partir de la N339. Rochers affleurant aux reflets vert turquoise et éboulis moussus laissent progressivement la place au seul élément minéral granitique et à des paysages lunaires... Les plus sportifs pourront emprunter le parcours pédestre depuis **Penhas da Saúde** (2h40) ou **Loriga** (3h30). Au sommet, parfois balayé par un vent glacial, difficile d'embrasser d'un seul coup d'œil le panorama, tant la plateforme est vaste ! Restaurant, boutiques.

Au sud de Manteigas par la N338 sur environ 20km

Ex-capitale de l'industrie lainière

Covilhã

Malgré son élévation moyenne (800m), Covilhã donne parfois l'impression d'une ville de haute montagne, avec ses ruelles escarpées et ses points de vue étourdissants. Dotée d'une université, elle fut jadis l'une des plus importantes cités lainières d'Europe. À la fin du 18e s., le marquis de Pombal y créa la première manufacture royale de draps, qui, jusqu'à la fin du 19e s., employait 400 ouvriers. Dans le très beau **Museu de Lanifícios** qui y siège désormais, vous découvrirez les bâtiments réservés à la teinture des draps, les dortoirs et le réfectoire.

50km au sud de Manteigas Visit Covilhã Praça do Município ☎ 275 330 635 www.visitcovilha.com ⏲ Tlj. 9h-12h30 et 14h-17h30 **Museu de Lanifícios-Real Fábrica de Panos e Real Fábrica Veiga** Rua Marquês d'Ávila e Bolama (dans l'université) ☎ 275 319 724 ⏲ Mar.-dim. 9h30-12h et 14h30-18h Ⓔ 5€

Cap sur le Brésil !

Belmonte

Un charmant village au riche patrimoine architectural et culturel. À côté des ruines du **château** et de sa muraille percée d'une fenêtre manuéline, l'église romane de **Santiago** abrite la dépouille du célèbre navigateur Pedro Álvares Cabral, natif de Belmonte et "découvreur" du Brésil en 1500. Dans la maison de la famille Cabral, anciens seigneurs de Belmonte, le **Museu dos Descobrimentos** entraîne les visiteurs dans un long périple à l'ère des découvertes. Enfin, le **Museu Judaico** raconte l'histoire de la communauté de juifs marranes de Belmonte, contraints durant des siècles d'exercer leur culte en secret.

45km à l'est de Manteigas, 14km au nord de Covilhã **Posto de Turismo** Largo do Brasil 275 911 488 www.cm-belmonte.pt Été : tlj. 9h30-13h et 14h30-18h ; hiver : tlj. 9h30-12h30 et 14h30-17h30 **Castelo** Été : mar.-dim. 9h30-13h et 14h30-18h ; hiver : mar.-dim. 9h-12h30 et 14h30-17h30 2€ **Igreja de Santiago** Largo do Brasil 275 088 698 Mi-avr.-mi-sept. : mar.-dim. 9h30-13h et 14h30-18h ; mi-sept.-mi-avr. : mar.-dim. 9h-12h30 et 14h-17h30 **Museu dos Descobrimentos** Rua Pedro Álvares Cabral 275 088 698 Mar.-dim. 9h30-12h30 et 14h-17h30 5€ **Museu Judaico** Rua da Portela, 4 275 088 698 Mar.-dim. 9h-12h30 et 14h-17h30 4€

Merveille isolée

Piódão

En venant de la Serra da Estrela, la route sinue dans une vallée verdoyante plantée d'oliviers, d'acacias, de pins et de vignes, où s'étendent de beaux villages. À son extrémité, cramponné aux pentes de la Serra de Açor, Piódão constitue l'apothéose. Tout de bois, de schiste et d'ardoise, l'adorable hameau se fond admirablement dans le paysage. Sur fond de terrasses escarpées d'un vert profond, c'est un empilement de hautes maisons de pierre noire

Le village de Piodão

aux portes peintes en bleu, parmi lesquelles se détache la blanche Igreja Matriz. Le **Núcleo Museológico** raconte la vie de ce village longtemps coupé du monde.

66km à l'ouest de Covilhã, 55km à l'est d'Arganil Núcleo Museológico Largo Cónego Manuel Fernandes Nogueira **235 732 787 Mi-juin-mi-sept. : tlj. 10h-13h et 14h-18h ; mi-sept.-mi-juin : tlj. 9h-13h et 14h-17h 1€**

GUARDA

Guarda est une ville frontière, très loin de la mer et... la plus haute du Portugal ! Plus froide, plus rude... Ces singularités en ont fait une cité à part, authentique, résistante et mystérieuse, néanmoins ignorée des visiteurs. Guarda compte une cathédrale, parmi les plus belles du pays, et un château offrant un époustouflant panorama à 360°. Sa vieille ville médiévale dévoile d'anciennes demeures aux portes ogivales, la **Torre dos Ferreiros** ("tour des Forgerons"), les églises baroques de la **Misericórdia** et de **São Vicente**, ainsi que le palais épiscopal, écrin des collections d'art et d'archéologie du **Museu da Guarda**.

84km à l'est de Viseu Welcome Center Praça Luís de Camões, 21 **271 205 530 www.mun-guarda.pt Lun.-ven. 9h-12h30 et 14h-17h30, w.-e. et j. fér. 9h-13h et 14h-17h**
Museu da Guarda Rua Alves Roçadas, 30 **271 213 460 Été : mar.-dim. 9h30-12h30 et 14h-18h ; hiver : mar.-dim. 9h-12h30 et 14h-17h30 2€**

Idylle gothico-manuéline
Sé

Avec ses arcs-boutants, pinacles, gargouilles et rebords tréflés, la cathédrale n'est pas sans rappeler Batalha. La construction de cet imposant édifice de granit aux accents de forteresse s'est étalée de 1390 à 1540, d'où cette imbrication d'architectures gothique et manuéline. La touche Renaissance a été apportée à l'intérieur par Jean de Rouen, auteur du gigantesque et magnifique retable en pierre d'Ançã (16e s.), grouillant d'une centaine de personnages.

Largo João de Almeida **969 330 910 Été : tlj. 10h-13h et 14h-17h30 ; hiver : tlj. 9h30-13h et 14h-17h 1,50€**

CASTELO BRANCO

Castelo Branco a longtemps été le centre somnolent de la Basse-Beira. Écrasée de chaleur en été, très froide l'hiver, cette cité oubliée a beaucoup grandi tout en gardant intact le charme de ses ruelles médiévales menant aux ruines du château. Les amateurs d'azulejos fileront au **Museu Cargaleiro** découvrir l'œuvre de ce peintre et céramiste natif de la région. Comme suspendue en équilibre, l'impressionnante structure futuriste du **Centro de Cultura Contemporânea** abrite des expositions temporaires d'artistes actuels. Mais la meilleure surprise réside dans l'incroyable Jardim do Paço Episcopal.

100km au sud de Guarda Posto de Turismo Av. Nuno Álvares, 30 **272 330 339 www.cm-castelobranco.pt Lun.-ven. 9h30-19h30, w.-e. 9h30-13h et 14h30-18h**
Museu Cargaleiro Rua dos Cavaleiros, 23 **Mar.-dim. 10h-13h et 14h-18h 3€ Centro de Cultura Contemporânea** Campo Mártires da Pátria **Mar.-dim. 10h-13h et 14h-18h Visites guidées mer. à 11h, w.-e. à 11h et 15h , 3€**

Dans les jardins du palais épiscopal de Castelo Branco

Primitifs portugais et broderies de soie

Museu Francisco Tavares Proença Júnior

Dans ce merveilleux musée aménagé dans l'ancien palais des évêques (17e s.), plusieurs toiles attribuées à Grão Vasco et à l'Oficina de Viseu méritent à elles seules la visite. Vous y admirerez aussi les *colchas*, couvre-lits de lin brodés de délicats fils de soie, pièce maîtresse du trousseau de mariage qui fit les riches heures de Castelo Branco. Le musée possède également une formidable série de broderies en soie du 17e s. de Chine, de Goa et de Macao.

Largo da Misericórdia 272 344 277 Été : mar.-dim. 10h-13h et 14h-18h 3€

Méditation baroque

Jardim do Paço

Les jardins du palais épiscopal, ponctués de statues, de bassins, d'orangers et d'un déluge de buis taillés, sont une véritable invitation à la contemplation. La thématique de la statuaire est multiple, des rois du Portugal aux allégories des vices et vertus. Un caprice d'inspiration italienne, dû à João de Mendonça, évêque de Guarda entre 1711 et 1736. Extraordinaire !

Rua Bartolomeu da Costa 272 330 339 Été : tlj. 9h-19h ; hiver : tlj. 9h-17h 3€

Le village dans les rochers

Monsanto

De tous les villages médiévaux fortifiés formant l'ancienne ligne de défense le long de la frontière espagnole, Monsanto est le plus impressionnant. Sur une éminence rocheuse dominée par une forteresse invincible, les maisons de pierre se fondent magnifiquement dans un décor chaotique d'énormes blocs de granit. Déambulez dans ces ruelles hors du temps et grimpez vers le château en longeant les boutiques d'artisanat, où sont vendues les *marafonas*, poupées sans visage que les jeunes mariés glissent sous leur lit de noces... Du haut des chemins de ronde, superbe panorama à 360° sur la campagne.

50km au nord-est de Castelo Branco (N233)

À FAIRE

Trinquez au Dão

Entre Viseu et la Serra da Estrela s'élabore l'un des meilleurs vins d'appellation contrôlée portugais (depuis 1907) : le dão. Les meilleurs crus, dont la teneur en alcool est plus forte (jusqu'à 13°), proviendraient des caves localisées dans les parages de Vila Nova de Tazém, de São Paio et de Pinhanços.

Solar do Vinho do Dão **Parque Fontelo Rua Dr. Aristides Sousa Mendes Viseu ☎ 232 410 060 www.cvrdao.pt ⏲ Lun.-sam. 10h-12h30 et 14h-18h (19h sam.)**

Faites-en tout un fromage

C'est entre Viseu et Guarda, notamment autour de Fornos de Algodres et Celorico da Beira, que sont fabriqués les fromages (*queijos*) de brebis d'appellation Serra da Estrela. Un délice fleuri que vous pourrez acheter ou déguster sur une tranche de pain de seigle, accompagné parfois de marmelade de potiron, au **Solar do Queijo Serra da Estrela**.

Solar do Queijo **Largo de Santa Maria, 5 Celorico da Beira ☎ 271 747 473 www.solardoqueijo.com ⏲ Mar.-dim. 9h-13h et 14h-17h**

Randonnez dans le Parque Natural da Serra da Estrela

Manteigas est le point de départ des plus belles randonnées du parc. Les 200km de sentiers verts **Trilhos Verdes** (www.manteigastrilhosverdes.com) invitent à crapahuter entre lacs, forêts, cascades, hameaux de schiste et petites cabanes de bergers (randonnées de 1h à 8h). Les dénivelés souvent importants exigent un minimum de condition physique. Préférez la période de mai à octobre. Renseignements dans les deux centres d'information du parc, à Manteigas et à Seia.

Delegação de Manteigas **Rua 1° de Maio, 2 ☎ 275 980 060 www.natural.pt ⏲ Lun.-ven. 9h-12h30 et 14h-17h30** **Delegação de Seia** **Praça da República, 28 ☎ 238 001 060 ⏲ Lun.-ven. 9h-13h et 14h-17h30**

Pratiquez le ski d'été

Ski Parque

Dans la vallée voisine de Manteigas, une modeste piste de neige artificielle ouverte toute l'année. Si l'on met de côté sa fibre écolo (l'activité est un peu décalée dans une région où l'eau manque), on pourra initier un enfant au plaisir de la glisse. Un peu court pour les skieurs patentés avides de se dégourdir. Tarif 14€/1h, puis 4€ par heure suppl., téléski et matériel compris.

Sameiro (6km à l'est de Manteigas) ☎ 963 832 726 www.skiparque.pt ⏲ Juin-août : tlj. 17h30-19h30 ; sept.-juin : tlj. 10h-18h Fermé temporairement

Parcourez la Serra do Açor à pied, à VTT ou en canoë

Plusieurs boucles de différents niveaux (entre 5 et 10km) sont proposées aux marcheurs à partir de Piodão. Le Posto de Turismo et le musée distribuent les itinéraires et conseillent les visiteurs.

Cumes do Açor
Une agence spécialisée dans les sports d'aventure : parcours à VTT à travers la *serra* (minimum 10 pers. 25€/pers.), descente en canoë de la rivière Alva, un confluent du Mondego (avr.-mai ou oct. 30€/pers.), etc.
Av. das Forças Armadas (face à l'hôtel du même nom) Arganil (38,5km à l'ouest de Piódão via Cerdeira) 235 205 959 Tlj. 24h/24

Rafraîchissez-vous en famille
Piscina Praia
À l'ouest de la ville, dans la nouvelle périphérie, les 80ha de Piscina Praia sont entièrement réservés à la détente et aux loisirs. Le lieu étant très fréquenté l'après-midi, il vaut mieux y aller tôt le matin pour profiter des plages de sable et des immenses bassins (l'équivalent de trois piscines olympiques !).
Av. do Empresário Castelo Branco 272 348 320 www.albigec.pt Lun.-ven. 9h-13h et 15h-20h30, sam. 9h-13h et 15h-19h30 3,80€ (5-11 ans 2,60€, moins de 5 ans gratuit)

NOS ADRESSES

PAUSES

Numéro 1 à Viseu
Confeitaria Amaral
Ce royaume des friandises réunit toutes les spécialités de Viseu, *pastéis de feijão, castanhas de ovos* ou *pão de azeite*. Il y a souvent la queue sur le trottoir...
VISEU Rua Dr. Francisco Lobo, 54 232 422 920 Tlj. 7h-20h

En terrasse au café O Bule, Guarda

Pause intello
Leya na Pretexto
La Livraria Pretexto, librairie mais aussi cafétéria, porte bien son nom. Tout est "prétexte" en effet pour s'arrêter dans cet endroit séduisant où les lettres sont reines. Les grands écrivains portugais contemporains connaissent l'adresse et y font halte régulièrement pour des lectures-rencontres.
VISEU Rua Formosa, 83-103 232 467 280 Lun.-ven. 9h-19h30, sam. 9h-19h

Vue cathédrale
O Bule
Un sympathique salon de thé où grignoter à toute heure. Salé ou sucré, tout est frais et fait maison. La terrasse, donnant sur les arcs-boutants de la cathédrale, est un enchantement. Thé floral bio 1,50€ la tasse.
GUARDA Rua D. Miguel de Alarcão, 29 271 211 275 Lun.-ven. 8h-20h, sam.-dim. 10h-20h

Gourmand à toute heure

Padaria do Mileu

Cette boulangerie à l'entrée de la ville propose d'excellents pains mais aussi une carte intéressante pour petit-déjeuner, déjeuner léger ou goûter sur place. Les *tostas mistas* (croque-monsieur) et les *torradas* (pain grillé et beurré) sont très appréciées, tout comme les pâtisseries servies à toute heure de la journée avec un café *cheio* (tasse pleine) ou *galão* (au lait).

GUARDA Av. Cidade de Watterbury, 19 271 211 661 www.facebook.com/padariadomileu Lun.-sam. 6h-20h

RESTAURANTS

Bon plan

Colmeia ♥€

Une charmante table à prix incroyablement doux, avec un menu quotidien autour de 9€ incluant soupe, plat, dessert et café ! À l'intérieur, des familles et des employés du quartier emplissent les deux petites salles. Mais la grâce de cette adresse discrète réside dans la belle terrasse ombragée, au pied de l'imposante muraille de la cathédrale.

VISEU Rua das Ameias, 12 232 422 453 Tlj. 12h-15h30 et 19h-22h30

Reine de l'impro

Inprovviso ♥€

Un resto italien d'un nouveau genre associant vins du Dão et pizzas "improvisées" à partir de produits frais et de saison (asperges, figues...). Aussi, des bruschettas, des salades fraîches, des lasagnes et un tiramisu revisité (pêche-basilic, poire-cannelle, fraise-menthe...). Pizza 5-12€.

VISEU Rua do Cerrado Lote, 9 232 461 033 www.inprovviso.pt Mar.-sam. 12h-14h et 19h-22h, lun. 19h30-22h

Approuvé par les autochtones

O Tacho ♥€

Une vraie surprise dans une rue qui ne paye pas de mine. L'agréable grande salle sobrement décorée est souvent pleine à midi comme le soir. Les plats régionaux sont servis en portions généreuses. Plat 8-18,50€, menu du jour 13,50€ (lun.-ven.).

GUARDA Rua Comandante Salvador do Nascimento, 27 271 214 002 www.restaurante-otacho.pt Dim.-ven. 12h-15h et 19h-22h

Pêche du jour

O Caçador ♥€

Dans cette excellente *marisqueira* familiale en face du Jardim Municipal, les marteaux s'activent pour décortiquer crabes et homards. Fruits de mer, poissons, poulpes et calamars en provenance de Peniche sont livrés quotidiennement. Spécialité ultime du lieu : le riz aux fruits de mer. Plat 9-13€.

GUARDA Rua Batalha Reis, 121 271 211 702 www.restauranteocacador.com Mar.-dim. 12h-14h30 et 19h-21h30

Rustique contemporain

Cova da Loba €€

L'une des adresses les plus renommées de la région pour ses créations contemporaines respectueuses des traditions, sa longue carte des vins, son atmosphère feutrée et sa paisible terrasse. Quelques incontournables, comme la soupe de perdrix aux bolets et shiitakés dans sa croûte feuilletée, ou le filet de bœuf grillé et sauce au *queijo da serra*. Env. 25€/pers.

LINHARES Largo da Igreja ☎271 776 119 www.covadaloba.com ⏲Ven.-mar. 12h-15h et 19h-22h, jeu. 19h-22h

Adresse sympa

Central €

Un lieu vivant, ouvert sur la rue, assez fréquenté et vite saturé, car il y a peu de tables. Assiette copieuse, genre bistrot, et des pizzas (plat 9-13€). Laissez-vous tenter par la truite grillée ou par le médaillon de veau avec ses pommes de terre au four nappées de *queijo da serra* fondu.

MANTEIGAS Rua Bernardo Marco Leitão (près du Posto de Turismo du Parque da Serra da Estrela) ☎962 925 509 ⏲Tlj. 10h-22h

Sous la vigne

Zé do Sporting ♥€

Une réjouissante surprise que cet élégant restaurant aménagé dans l'ancien siège social du club sportif local. Ne manquez pas sa vaste terrasse camouflée sous une treille plus que centenaire. Agneau, lapin, cochon de lait et chevreau mitonnés de multiples manières, et à prix doux (env. 10€).

COVILHÃ Rua Comendador Mendes Veiga ☎275 334 127 ⏲Mar.-sam. 11h30-15h et 19h-22h30, dim. 11h30-15h

Branché

Alkimya €

Créchant dans une ancienne bibliothèque, ce café-restaurant à la belle charpente de bois a conservé les rayonnages d'antan. Vous vous y installerez pour un simple verre accompagné de *petiscos* (3-4€) ou pour goûter une cuisine actuelle mixant produits régionaux et épices d'ailleurs (boudin pomme-curry). Plat 13-15€.

COVILHÃ Av. Frei Heitor Pinto, 1 ☎275 334 174 ⏲Mar.-sam. 12h30-15h et 19h30-23h

Bacalhau et cabrito

Encosta da Muralha €

Dans la rue menant au château, ce restaurant parie sur sa carte des vins et sur des classiques régionaux, avec un arrivage quotidien de poisson frais. Au dessert, craquez pour la *tigelada da Beira*, un soufflé parfumé d'une goutte de vieux porto et d'un soupçon de cannelle. Angélique ! Carte de 12 à 18€.

CASTELO BRANCO Rua da Piscina, Lote 19 r/c ☎969 674 150 ⏲Mar.-sam. 12h-15h30 et 19h-22h, dim. 12h-15h30

Tradition revisitée

Cabra Preta ♥€

Abrité de l'agitation de la rue par un verdoyant patio, cet agréable bar-restaurant adossé aux murailles du château est réputé pour sa cuisine moderne, qui revisite la tradition portugaise, et pour son accueil chaleureux. Tous les matins, on cuit du pain dans le four à bois. Plat 10-15€.

CASTELO BRANCO Rua de Santa Maria, 13 ☎272 030 303 Page Facebook ⏲Mar.-sam. 12h-15h et 19h-22h, dim. 12h-15h

SHOPPING

Jour de marché

Feira Semanal de Viseu

Le plus grand marché de la région se tient le long du Rio Pavia. On y vend absolument de tout, de la morue bien sûr, mais aussi de merveilleux vins et fromages produits dans les environs. Poules, dindons et lapins font le bonheur des enfants.

VISEU Av. Capitães ⏲Mar. matin

Musée-magasin
Casa da Ribeira

Une vitrine de l'artisanat local : fleurs en papier de Fragosela, broderies de Tibaldinho, poteries noires de Modelos et Ribolhos, dentelles de Bilros, vannerie, tissage, objets en fer forgé...(possibilité de visite guidée 5 pers. minimum, 1€/pers.)

VISEU Rua do Coval ☎232 427 428
🕒Mar. 14h-18h, mer.-dim. 10h-13h et 14h-18h

Poteries, chaussons & co.
Artesenato Maria Odete Vaz Rodrigues

Outre l'éternel coq en céramique de Barcelos, vous y trouverez une belle sélection de paniers, broderies et vêtements en laine de la région, ainsi que des peaux de mouton, des chaussons et des gants fourrés, du vin, des liqueurs et du miel.

GUARDA Largo Dr. Amandio Paul, 4
☎271 213 544 🕒Jan.-juin : lun.-ven. 9h15-13h et 14h30-19h, sam. 9h15-13h ; juil.-déc. : lun.-sam. 9h15-13h et 14h30-19h

Fromages typiques de la Serra da Estrela

Rendez-vous de gourmets !
Casa dos Presuntos

Viande à la découpe, fruits frais ou en bocaux et, surtout, un choix incroyable de fromages de chèvre et de brebis, de charcuteries, de miels, et de confitures. Essayez celles au potiron, aux noix et aux amandes.

COVILHÃ Rua Comendador Mendes Veiga, 19
☎275 334 127 🕒Mar.-ven. 9h-13h et 14h30-18h30, sam. 9h-13h et 15h-19h

SORTIES

Sur le carreau
Café do Teatro

Au débouché nord de la Rua Direita et juste à côté du théâtre, une grande salle sans autre véritable attrait que ses dimensions et ses médaillons d'azulejos représentant les plus grands écrivains portugais. Café très fréquenté par la jeunesse locale.

VISEU Largo Mouzinho de Albuquerque, 28
☎232 436 188 🕒Lun.-sam. 7h30-21h

Toile ou concert
Cine Teatro Avenida

Inauguré en 1954 à l'époque salazariste, ce théâtre-cinéma est emblématique de l'esthétique post-Art déco de l'*Estado Novo*. Une programmation très variée, du vaudeville à la danse contemporaine, en passant par des films indépendants ou des concerts de fado, ajoute à l'intérêt du lieu.

CASTELO BRANCO Av. General Humberto Delgado ☎272 349 560 www.culturavibra.com
🕒Mar.-sam. 14h-19h

Le nord du Portugal fait tourner les têtes ! À commencer par Porto, sa capitale romantique, d'où l'on se laisse glisser en bateau jusqu'aux vignes de la vallée du Douro. Dans le verdoyant Minho, on arpente de sublimes cités, on se la coule douce sur les plages de la Costa Verde et on crapahute dans la nature flamboyante du parc national de Peneda-Gerês. Et dans l'austère Trás-os-Montes se cache le coin le plus secret du pays...

Porto et le Nord

Les façades colorées du Cais da Ribeira, à Porto

Plan 7

Vigo
A CORUÑA
ESPAGNE
Ourense (Orense)
A9
A52
A52
São Gregório
RIO MIÑO
Tui
Valença do Minho
Monção
Melgaço
Barroças e Taias
Castro Laboreiro
RIO LIMIA
Vila Nova de Cerveira
A3
Paredes de Coura
Extremo
SA. DA PENEDA
SANTUÁRIO DE N. S. DA PENEDA
SANTA TECLA 341 M
Vilar de Mouros
N101
SA. DA SOAJO
Vila Praia de Âncora
Caminha
Rubiães
Arcos de Valdevez
Soajo
Ermelo
Lindoso
PRAIA DE MOLEDO
N13
Ponte de Lima
RIO LIMA
N203
PARQUE NACIONAL DA PENEDA-GERÊS
Pitões das Júnias
FAROL DE MONTEDOR
MONTE DE SANTA LUZIA
N202
Bravães
Ponte da Barca
Montalegre
PRAIA DO CANTO MARINHO
Viana do Castelo
Correlha
SA. AMARELA
VILARINHO DAS FURNAS
LE MINHO p.188
PRAIA DO CABEDELO
Gerês
SA. DO GERÊS
Paradela
N103
Terras de Bouro
COSTA VERDE
A3
Vila Verde
Caniçada
PARQUE NACIONAL DA PENEDA-GERÊS p.204
SA. DO BARROSO
N201
RIO CÁVADO
IC1
Mire de Tibães
N103
Vieira do Minho
N311
Esposende
Barcelos
BOM JESUS DO MONTE
Póvoa de Lanhoso
SA. DA CABREIRA
Praia de Ofir
Braga
Fão
N205
N103
MONTE SAMEIRO 572 M
CITÂNIA DE BRITEIROS
Cabeceiras de Basto
RIO TÂMEGA
A28
Taipas
São Torcato
Póvoa de Varzim
Vila Nova de Famalicão
Guimarães
Vila Pouca de Aguiar
A11
MONTE DA PENHA 617 M
Vila do Conde
Mondim
N101
IC1
Trofa
Felgueiras
PARQUE NATURAL DO ALVÃO
SA. DE ALVÃO
N2
Santo Tirso
N14
Lixa
A3
Amarante
Vila Real
Lousada
PISCINAS DAS MARÉS
Maia
Travanca
Mateus
A4
Matosinhos
Paredes
ALTO DO ESPINHO 895 M
PORTO p.160
PORTO
Valongo
Penafiel
R. TÂMEGA
A4
Marco de Canaveses
SA. DO MARÃO
PRAIA DE LAVADORES
Gondomar
Paço de Sousa
Vila Nova de Gaia
N108
Peso da Régua
PRAIA DA MADALENA
A41
DOURO
Mesão Frio
RIO DOURO
Entre-os-Rios
Resende
CAPELA DE SÃO PEDRO DE BALSEMÃO
Espinho
Lamego
Cinfães
Castelo de Paiva
Ucanha
A1
N1
A32
N226
Sa. Maria de Feira
SA. DE MONTEMURO
Arouca
São João de Tarouca
RIO PAIVA
SA. DE LEOMNIL
A29
CHÃS 1 116 M
SA. DE ARADA
N2
LES BEIRAS p.113
RIO VOUGA
COIMBRA, LISBOA
Aveiro

ESPAGNE
MONTES DE LEÓN
MANZANEDA
1 778 M
RIO ARNOIA
PEÑA NOFRE
1 291 M
SIERRA DE LA CABRERA
A52
MADRID
PARQUE NATURAL
DE MONTESINHO
Vilarinho
Castrelos
Vinhais
N103-7
N103
RIO TUA
Chaves
N103
RIO TUELLA
Castro
de Avelãs
Bragança
Milhão
Vidago
LE TRÁS-OS-MONTES
p.212
N2
A4
Outeiro
N122
Santa Comba
de Rossas
SA. DE NOGUEIRA
Pedras
Salgadas
SA. DA PADRELA
Podence
Vimioso
N218
Romeu
Macedo
de Cavaleiros
Mirandela
Murça
Palheiros
Miranda
do Douro
SA. DE BORNES
N216
Parada
de Pinhão
RIO TUA
RIO SABOR
Picote
Alfândega
da Fé
N102
Sendim
Alijó
Vila Flor
Mogadouro
N221
SA. DO MOGADOURO
Favaios
Tua
FONTE LONGA
883 M
C527
VALLÉE DU DOURO
S. João da
Pesqueira
RIO DOURO
Torre de
Moncorvo
N220
LA VALLÉE DU DOURO
p.180
Pocinho
Freixo
de Espada
à Cinta
RIO DOURO
Vila Nova
de Foz Côa
SA. DO REBOREDO
Penedono
Castelo
Melhor
Barca
d'Alva
N102
ESPAGNE
RIO YELTES
PARQUE
ARQUEOLÓGICO
DO VALE DO CÔA
RIO CÔA
Marialva
MAROFA
977 M
N
15 km

☀ CINQ BONNES RAISONS...

... d'explorer Porto et le Nord.

☀ La **SERRA DO GERÊS** (p.208), pour piquer une tête dans la Cascata da Portela do Homem (p.210), une piscine naturelle couleur émeraude.

☀ Le **TELEFÉRICO DE GAIA** (p.172), pour survoler le Douro et les célèbres chais de Porto.

☀ **VILA NOVA DE GAIA** (p.164) ou une **QUINTA** de la vallée du Douro (p.180), pour déguster un porto vintage.

☀ De **PESO DA RÉGUA À PINHÃO** (p.185), pour vous offrir une croisière dans la célèbre vallée du porto.

☀ **BOM JESUS DO MONTE** (p.192), pour prendre de la hauteur en gravissant les 600 marches du célèbre sanctuaire, ou même en prenant le funiculaire !

RENDEZ-VOUS AVEC...

Cidália Abreu est professeure de portugais à Porto et viticultrice dans la région d'Amarante, dans le Tâmega. Le vignoble de son père était son jardin d'enfance alors, quand ce dernier décide d'arrêter son activité, c'est elle qui prend la relève ! Taille des vignes, vendanges, foulage des raisins : presque tout est fait à la main (... ou au pied !) selon des méthodes traditionnelles. Coups de cœur d'une femme dynamique aussi pétillante que son vin !

Mon havre de paix

A Parque Florestal de Amarante

Dans mes vignes ou dans ce parc, je suis bien. C'est la paix totale. Toute seule, à l'abri du soleil sous mon grand chapeau, avec un livre et l'odeur des arbres, j'oublie les heures... C'est juste formidable ! Ce parc a été créé pour préserver les espèces d'arbres et de fleurs en péril, notamment à cause des nombreux incendies qui ont ravagé la région.

AMARANTE ☏ 255 410 870
www.jardinshistoricos.pt/ad/187 🕒 Tlj. 24h/24

Mon petit paradis nature

B Parque Natural do Alvão

Au nord-ouest de Vila Real, dans les montagnes de l'Alvão (p.158), coule une petite rivière, le Rio Olo, un affluent du Tâmega. De grandes cascades, de majestueux rochers, des troupeaux en liberté... Là-bas, c'est la nature à l'état pur. Intacte. Primitive. Magique ! Les chutes de Fisgas de Ermelo sont facilement accessibles par la route depuis le village de Fojo, et le sentier qui y mène est très bien balisé.

ERMELO Serra do Alvão (30km au nord-ouest de Vila Real) ☏ 259 302 830 natural.pt

Ma cure bien-être

C Termas de Amarante

Quand j'ai le temps, je vais me requinquer dans ces termes. Ces eaux aux vertus médicinales

GOÛTER AU *VINHO VERDE* DE CIDÁLIA

On peut trouver le *vinho verde*, rouge ou blanc, de Cidália, appelé "O Principe do Tâmega", et son huile d'olive dans plusieurs boutiques et supermarchés de la région, notamment à la coopérative Dolmen, à Amarante.

Dolmen
AMARANTE Av. General Silveira, 59
☏ 255 100 025 www.dolmen.pt
🕒 Lun.-ven. 9h-12h30 et 14h-18h, w.-e. et j. fér. 10h-12h30 et 14h-17h

Dans le parc naturel de la Serra do Alvão

connues depuis plus d'un siècle sont idéales pour soulager les problèmes osseux et respiratoires. Cure complète ou soins ponctuels, toutes les options sont possibles.

AMARANTE Rua Tenente Laranjeiro, 224
914 371 333 www.cm-amarante.pt/pt/termas-de-amarante

Ma cantine

D Restaurante Pensão Avião

Ce que j'aime, c'est le naturel. Pour me régaler il faut que ce soit simple mais vrai. Dans ce restaurant qui doit son nom à la rapidité du service, les recettes sont simplicissimes. La viande, issue de l'élevage du propriétaire ou de petits producteurs locaux, est de première qualité. Le *vitela assada* (veau rôti), l'*arroz de forno* (riz au four), le *cabrito* (chevreau) et l'*anho* (agneau) sont un délice.

AMARANTE Rua do 31 de Janeiro, 21
255 432 992

SI MA RÉGION ÉTAIT...

Une senteur Ce serait celle des vignes fin avril, quand les grappes se forment... Une odeur revitalisante, douce et fraîche, si agréable !

Mon péché de gourmandise

E Confeitaria da Ponte

Cette antique pâtisserie produit tous les célèbres petits gâteaux de la région d'Amarante : *lérias*, avec des éclats d'amandes, *foguetes*, *papos de Anjo*, *brisas do Tâmega*, etc. Toutes ces spécialités de couvent sont à base de jaunes d'œuf : les clarisses utilisaient les blancs pour amidonner les habits ecclésiastiques, il fallait bien faire quelque chose avec les jaunes ! Les religieuses préparaient les pâtisseries et les distribuaient aux indigents. On disait qu'un seul petit gâteau était assez calorique pour nourrir son homme une journée.

AMARANTE Rua do 31 de Janeiro, 186
255 432 034 confeitariadaponte.pt
Tlj. 8h30-20h

PORTO ★

Réputée laborieuse et rebelle, cette vieille dame penchée sur le Douro cache bien son jeu, tour à tour usant de ses vieux charmes pour vous envelopper d'une nostalgie aussi douce qu'un porto Vintage, ou vibrant d'une folle énergie. Belle à croquer dans la Ribeira, traditionnelle à Bolhão, festive à Clérigos, arty à Cedofeita ou balnéaire à Foz do Douro, l'effervescente capitale du Nord vous mettra des souvenirs plein les poches et des azulejos plein les yeux.

ACCÈS ET INFOS

- Porto est reliée aux principales villes du pays et du Nord en train (gares de Campanhã et de São Bento) et en car.
- Se déplacer : à pied dans le centre historique ; carte Andante pour voyager en métro (www.metrodoporto.pt), bus (www.stcp.pt) et train de banlieue ; tramways touristiques (www.portotramcitytour.pt), taxis (www.raditaxis.pt), location de vélos et scooters (www.vieguini.pt).
- Posto de Turismo da Câmara Municipal Rua Clube dos Fenianos, 25 ☎ 223 326 751 www.visitporto.travel ⏲ Mai-oct. : tlj. 9h-20h ; nov.-avr. : tlj. 9h-19h

À VOIR

RIBEIRA

Au pied de sa cathédrale perchée sur la colline, le vieux quartier populaire de la Ribeira, classé au patrimoine mondial par l'Unesco, est un irrésistible dédale médiéval de ruelles escarpées et de maisons entassées dévalant jusqu'au Douro. Là vous attendent pauses en terrasse et panoramas sur le fleuve, qu'un pont mythique enjambe avec éclat. Ces quais aux maisons multicolores vous transportent dans la carte postale animée du Porto marchand d'autrefois. Il fera bon flâner dans la **Rua das Flores**, vivante et pleine de charme avec ses boutiques et ses cafés, et sur la **Praça Dom Infante Henrique**, dominée par la belle halle 19e du **Mercado Ferreira Borges**.

Quelques beaux restes

Sé 👍

Une cathédrale aux allures de forteresse, sans réelle unité architecturale, où la rosace romane voisine avec le portail baroque. Attardez-vous devant l'autel en argent de la chapelle de São Sacramento, chef-d'œuvre de l'orfèvrerie portugaise. Puis devant l'impressionnant retable du maître-autel en *talha dourada*, signé Nicolau Nasoni, maître incontesté du baroque portuan. Le cloître gothique (payant), que l'on rejoint par de belles portes baroques sculptées par le même Nasoni, est paré de superbes azulejos du 18e s. relatant des scènes tirées des *Métamorphoses* d'Ovide. Là, un majestueux escalier mène au **Museu de Arte Sacra** et à l'auguste salle capitulaire. Magnifique vue depuis la terrasse supérieure.

Terreiro da Sé ☎ 222 059 028 Cathédrale, cloître et Museu de Arte Sacra ⏲ Avr.-oct. : tlj. 9h-18h30 ; nov.-mars : tlj. 9h-17h30 (clocher ferme 30min plus tôt) € 3€

À NE PAS MANQUER

- Sé
- Palácio da Bolsa
- Igreja de São Francisco
- Cais da Ribeira
- Igreja e Torre dos Clérigos
- Centro Português de Fotografia
- Fundação de Serralves
- Caves Sandeman

Les quais toujours animés de Cais da Ribeira

Aux marches du palais

Paço Episcopal

Derrière sa façade de granit, le palais des évêques de Porto cache un somptueux escalier (18e s.) conçu par Nasoni, ainsi que plusieurs salles d'apparats. Dans celle du fond, ne pas manquer le tapis tissé en regard des arabesques du plafond ! Superbe vue sur le Douro.

Terreiro da Sé 910 440 044 Lun.-sam. 9h-13h et 14h-18h 4€ (6€ avec la Sé)

Un peu "néo-tous-les-styles"

Palácio da Bolsa

L'un des édifices les plus étonnants de la ville, tant pour son opulence que son éclectisme. Propriété de la chambre de commerce et d'industrie de Porto, et toujours en activité, le palais de la Bourse a connu une construction de très longue haleine, entre 1842 et 1910 ! Du gigantesque hall des Nations (avec son lustre d'une tonne et demie !) aux ors du somptueux Salon arabe, la visite guidée (obligatoire et en français) offre un fascinant témoignage de l'importance du négoce à Porto.

Rua Ferreira Borges 223 399 013 www.palaciodabolsa.com Tlj. 9h-18h30
Fermé 1er jan. et 25 déc. 10€

Mine d'or

Igreja de São Francisco

Apothéose de l'exubérance baroque, la principale église gothique de la ville croule sous les *talhas douradas* : un déluge de dorures et d'autels sculptés par les plus grands maîtres du genre. Imaginez : plus de 200kg d'or revêtent les colonnes, les piliers, les chapelles et jusqu'à la voûte de la nef. Saisissant !

Pauses (n°1 à 6)

- 4 Base - *p.174* A1
- 1 Café do Cais - *p.173* A3
- 2 Confeitaria do Bolhão - *p.174* . B1
- 3 Majestic Café - *p.174* B1
- 5 Santini - *p.174* A2
- 6 Zenith Brunch & Cocktails - *p.174* A1

Restaurants (n°10 à 19)

- 19 Cantina 32 - *p.175* A2
- 14 Cantinho do Avillez - *p.176* .. A2
- 16 Flow - *p.176* A1
- 10 Mercado Beira-Rio - *p.175* ... A3
- 17 Mercado Bom Sucesso - *p.176* A2
- 13 Nicolau - *p.175* A1
- 18 Postigo do Carvão - *p.175* A3
- 11 Santiago - *p.175* B1
- 15 Traça - *p.176* A2

Shopping (n°20 à 26)

- 22 A Pérola do Bolhão - *p.178* ... B1
- 24 Armazém - *p.178* A2
- 26 Burel - *p.177* A2
- 20 Claus Porto - *p.177* A2
- 25 Cultura Portuguesa - *p.178* .. B2
- 21 Instituto dos Vinhos do Douro e do Porto - *p.178* A2

Sorties (n°30 à 38)

- 36 Café-Bar Âncora d'Ouro - *p.179* A1
- 34 Coliseu do Porto - *p.179* B1
- 32 Espaço Porto Cruz - *p.179* ... A3
- 33 Maus Hábitos - *p.179* B1
- 37 Plano B - *p.179* A1
- 38 Rua Tapas & Music Bar - *p.179* A1
- 35 Teatro Nacional São João - *p.179* B2
- 30 Wine Quay Bar - *p.178* A2

Ne manquez pas l'extraordinaire *Arbre de Jessé* (1719), ainsi que les figures composant *Les Martyrs du Maroc* (1750).

Rua do Infante D. Henrique ☎ 222 062 100 www.ordemsaofrancisco.pt ⌚ Mars-avr., oct. : tlj. 9h-19h ; mai-sept. : tlj. 9h-20h ; nov.-fév. : tlj. 9h-17h30 € 8€

Déluge polychrome

Cais da Ribeira 👍

Avec ses maisons hautes éclaboussées de couleurs et d'azulejos, ses guirlandes de linge aux balcons et ses arcades de pierre, le **quai de la Ribeira** est l'incarnation même du pittoresque. Les flâneurs s'y disputent les terrasses carressées par le soleil, bientôt le regard aimanté par la dentelle de fer du pont Dom Luís I, les bateaux glissant sur le Douro et les chais à porto de Gaia. À arpenter de jour comme de nuit, sans oublier la grouillante **Praça da Ribeira**, mix de bâtisses médiévales, d'arcades 19e s. et de fontaines baroque et contemporaine.

Passage de douane

Alfândega / Museu dos Transportes

Situé sur les rives du Douro, l'ancien hôtel des douanes du 12e s., chargé de percevoir les taxes sur les marchandises transitant à Porto, a été réhabilité par Souto de Moura dans les années 1990. Aujourd'hui, il abrite le Centre des Congrès, le musée des Transports et des Communications et accueille expositions permanentes et temporaires.

Rua Nova da Alfândega ☎ 223 403 000 www.ccalfandegaporto.com www.amtc.pt ⌚ Mar.-ven. 10h-13h et 14h-18h, sam.-dim. 15h-19h € Musée des Transports 3€

> **SOMBRE HISTOIRE**
> Le 28 mars 1809, plus de 4 000 habitants fuyant le feu des troupes napoléoniennes périrent après s'être engagés sur le fragile "pont de barques" reliant alors les deux rives du Douro. Réalisé par Teixera Lopes, un bas-relief de bronze rend hommage aux malheureuses victimes sur le quai de Ribeira, au niveau d'Alminhas da Ponte.

Chariot élévateur

Funicular dos Guindais

Ce funiculaire ultramoderne relie le quartier de Ribeira, au bord du fleuve, à la colline de Batalha, en longeant les antiques murailles de la ville. L'engin parcourt 230m en 2min ! Départ au pied du pont Dom Luís I.

Rua da Ribeira Negra, 314 ⌚ Avr.-oct. : dim.-jeu. 8h-22h, ven.-sam. 8h-0h ; nov.-mars : dim.-jeu. 8h-20h, ven.-sam. 8h-22h € 3€

Presque une aura de tour Eiffel

Ponte Luiz I

L'icône de Porto ! Ce splendide double pont (1886) aux innombrables poutrelles métalliques est l'œuvre du Gustave Eiffel allemand : Théophile Seyrig. Son tablier supérieur, que se partagent métro et piétons, ménage un fantastique point de vue sur la ville basse. Son tablier inférieur, partagé avec les voitures, permet de rallier les quais de Vila Nova de Gaia.

Le pont Dom Luís I

VILA NOVA DE GAIA

Passé le pont Dom Luís I, vous débarquez chez l'éternelle rivale de Porto, affairée depuis le 18e s. à chouchouter de précieux breuvages sur la rive sud du Douro. Gaia se déguste dans la pénombre et les odeurs de bois humide de ses chais à porto alignés le long des quais. On y cueille la plus belle vue qui soit sur la polychrome Ribeira. Avant de la quitter, envolez-vous en téléphérique pour le **Jardim do Morro** et offrez-vous Porto en grand format. Une piste cyclable de 17km aménagée le long des quais permet d'atteindre le village de pêcheurs de **São Pedro da Afurada** et de superbes plages peu fréquentées.

Grands crus

Chais de porto

Le long des quais bercés par le va-et-vient des *rabelos*, ces barques à fond plat qui transportaient les barriques de vin, les entrepôts à touche-touche égrènent les noms des grandes maisons, souvent à consonance anglaise, qui font la notoriété des vins de Porto. Une telle concentration s'explique par les conditions idéales d'humidité qu'offre la rive la moins ensoleillée du Douro pour l'élevage du porto. Parmi la soixantaine de caves, une quinzaine de maisons prestigieuses comme Sandeman (p.172) ou Ferreira (p.173) proposent des visites-dégustations (liste à l'office de tourisme).

WOW - World of Wine

Le nouveau quartier culturel de Porto vous accueille à Gaia avec ses sept musées thématiques conçus comme autant d'expériences autour du vin, du chocolat, du liège, de la mode au Portugal..., ses neuf restaurants, bars et cafés, son école du vin (ateliers et dégustations) et ses boutiques ! Cet immense complexe de 35 000 m^2, situé au-dessus des chais, réserve une vue époustouflante sur Porto et le Ponte Luís I.

Rua do Choupelo, 39 ☎ 220 121 200 wow.pt ⏲ Lun.-ven. 12h-19h, sam.-dim. 10h-19h € Tarif 20€/musée (3 musées 45€, 5 musées 65€)

Balcon vertigineux

Mosteiro e Igreja da Serra do Pilar

Dominant la ville et le fleuve de son imposante silhouette, regardant jusqu'à la mer par temps clair, cet ancien couvent transformé en caserne abrite

POUR UN BON VIEUX PORTO

Patience et longueur de temps sont les vertus qui président à l'élaboration d'un bon porto. Quinze ans lui sont nécessaires pour exprimer toute la palette aromatique attendue d'un vrai "Vintage". Exclusivement maturés en fûts, les Tawnys sont les plus recherchés. Les Seniors, dits "Fine Old Tawny", sont vieillis dix ans, vingt ans ou plus. Le Colheita, issu d'une seule vendange, patiente au moins sept ans en fût avant la mise en bouteille. De qualité inférieure, le porto le plus courant, dit "Ruby", passe l'essentiel de son existence en bouteille. Pour ces vins, on cherche à contrôler l'évolution de la couleur, et à garder l'arôme fruité et la vigueur des vins jeunes. Parmi les Rubys, les LBV (Late Bottled Vintage) ont vieilli au moins quatre ans et atteignent leur summum cinq ans plus tard.

Dans les caves de la maison de porto Cálem

toujours une atypique église (16e s.) en forme de rotonde, surmontée d'une coupole et d'une balustrade. Son cloître circulaire doté de 36 colonnes ioniques est tout aussi surprenant ! Fantastique vue sur Porto et le Douro du dôme de l'église.

Largo de Aviz Santa Marinha 220 142 425 Avr.-sept. : mar.-dim. 10h-18h30 ; oct.-mars : mar.-dim. 10h-17h30 Info : pour le moment pas de visites guidée(Visites guidées obligatoires mar.-dim. à 10h30, 11h30, 12h30, 13h30, 15h30 et 16h30) € 2€ cloître et salle du chapitre, 4€ église et coupole

Presque une carte postale
São Pedro da Afurada

Un immuable petit village de pêcheurs, sur lequel le temps ne semble pas avoir eu de prise. On y savoure le spectacle du déchargement des poissons, on y croise les femmes qui discutent au lavoir, tandis que les hommes préparent le gril du soir. Fouler ses ruelles pavées et s'octroyer un brin de causette avec ses autochtones demeure la plus sûre façon de découvrir comment cette petite communauté a résisté à l'épreuve du temps.

4 km au sud-est de Porto, vers l'embouchure du Douro

COULEUR LOCALE

Si Porto est un must pour le street art, Gaia n'est pas en reste. La preuve par ***Half Rabbit***, le lapin géant réalisé en 3D avec des détritus par la star lisboète Bordalo II. L'une des œuvres les plus percutantes de sa série *Trash Animals*, à contempler à l'angle des ruas Dom Afonso III et Guilherme Gomes Fernandes.

ALIADOS ET BOLHÃO

Glissez un œil dans la gare de São Bento, arpentez la très chic avenue dos Aliados, perdez-vous dans les petites rues commerçantes et populaires de Bolhão et faites un bond dans le Porto de la Belle Époque ! Autour du mythique **Mercado do Bolhão** (Rua Formosa, lun.-ven. 8h-20h, sam. 8h-18h), qui a rouvert en septembre 2022 après une restauration complète, les rues fourmillent de petites boutiques traditionnelles. On y papillonne entre *confeitarias*, cafés historiques et petites épiceries familiales. Autant de reliques délicieuses résistant aux chaînes internationales qui ont envahi la **Rua de Santa Catarina**.

Un voyage à elle seule
Estação de São Bento

L'architecture de fer et de verre de la somptueuse gare de style Beaux-Arts (1896) nous ramène à la grande époque du chemin de fer. Il faut arpenter sa salle des pas perdus, hall monumental tapissé de plus de 20 000 azulejos. Peints en 1930 par Jorge Colaço, ils illustrent l'histoire des transports, des scènes de vie rurale et de grands épisodes de l'histoire du Portugal.

Praça de Almeida Garrett

Les Champs-Élysées portuans

Avenida dos Aliados

Avec ses opulentes façades de style Beaux-Arts, ses banques, ses hôtels de luxe et ses grands cafés Belle Époque, la longue avenue de Porto dessine les contours du cœur économique et politique de la ville depuis le début du 20e s. Lieu de tous les grands événements, le "salon de Porto" déroule sa large promenade de la tour-clocher de l'hôtel de ville (Paços do Concelho), digne des beffrois du Nord, à la **Praça da Liberdade**, où trône une statue équestre du roi Pedro IV (1866). Ne manquez pas l'ancien Café Impérial, bijou Art déco occupé par "le plus beau McDonald's du monde".

Bien enrobée

Capela das Almas de Santa Catarina

L'église la plus ravissante de la ville, aux façades entièrement revêtues d'azulejos bleu et blanc. Elle fut construite au début du 18e s., mais ce n'est qu'en 1929 qu'Eduardo Leite la para de ses 15 947 carreaux de faïence figurant le martyre de sainte Catherine et la mort de saint François. Pas très gai, mais assurément photogénique !

Rua de Santa Catarina, 428 📱 222 005 765 🕒 Lun.-ven. 7h30-19h, w.-e. et j. fér. 7h30-18h €) Entrée libre

CLÉRIGOS ET MIRAGAIA

C'est dans le grouillant quartier de **Clérigos** que vous prendrez le pouls de la ville. Le jour, vous écumez ses librairies et ses concepts-stores avant de lézarder sur les pelouses des toits du **Passeio dos Clérigos**. Le soir, mêlez-vous à la foule des fêtards dans la **Rua da Galeria de Paris**, qui prête ses charmes Art nouveau à une ribambelle de bars et de clubs. Au sud de Clérigos, les ruelles pentues de **Miragaia**, fief de l'ancien quartier juif du 14e s., rappellent la Ribeira, la foule en moins. Ce balcon sur le Douro qui "regarde Gaia" gratifie de vues sublimes, à goûter depuis le **miradouro da Vitória** ou des pelouses en terrasses du **Jardim das Virtudes**.

Miradouro da Vitória Rua de São Bento da Vitória, 11 **Jardim das Virtudes** Calçada das Virtudes 🕒 Avr.-sept. : tlj. 9h-19h ; oct.-mars : tlj. 9h-18h

Chandelle !

Igreja e Torre dos Clérigos

Impossible de manquer la plus haute tour du Portugal, aux airs de campanile toscan, et son église rocaille aussi ravissante qu'un petit théâtre italien. Œuvre phare du génial architecte italien Nicolau Nasoni, achevée en 1763, elle est devenue l'emblème de la ville. Du haut de ses 75m, vous décrocherez une vue panoramique vertigineuse sur Porto ! Ses 49 carillons sonnent à 12h01 et 18h01 précises, tandis qu'un concert d'orgue est donné tous les jours à midi sous les ors et les marbres roses de l'église ovale.

Rua de S. Filipe de Nery 📱 220 145 489 www.torredosclerigos.pt 🕒 **Église** Tlj. 9h-19h **Tour** Juil.-sept. : tlj. 9h-23h ; oct.-juin : tlj. 9h-19h

Les églises jumelées dos Carmelitas et do Carmo

Magique comme Poudlard
Livraria Lello

La file de touristes qui s'étire devant l'entrée n'a d'égale que sa réputation de "plus belle librairie du monde" ! Inaugurée en 1906, cette petite cathédrale de livres néogothique est devenue fameuse pour avoir inspiré à J. K. Rowling l'univers de Harry Potter. Filtrée par sa verrière colorée, une douce lumière nimbe le somptueux décor intérieur : étagères en faux bois sculpté et escalier à double volée aux courbes voluptueuses. Moins d'attente à l'heure du déjeuner.

Rua das Carmelitas, 144 222 002 037 www.livrarialello.pt Tlj. 9h30-19h Tarif 5€ (déductible sur l'achat d'un livre) Billets en vente sur le site Internet

Gémellité baroque
Igrejas dos Carmelitas e do Carmo

Deux églises baroques maintenues en mitoyenneté par la Casa Escondida, la plus petite maison de la ville : à droite, l'Igreja do Carmo (18e s.) est la plus exubérante avec sa façade richement ornée et son incroyable flanc d'azulejos (1912) ; à gauche, l'Igreja dos Carmelitas (17e s.) est beaucoup plus sobre, bien que son intérieur recèle d'opulentes *talhas douradas*.

Rua do Carmo Igreja dos Carmelitas Tlj. 9h-12h30 et 14h-18h30 Tarif 1€

Photos en cellule
Centro Português de Fotografia

Une ancienne prison brillamment reconvertie en musée de la photographie ! L'imposant bâtiment du 18e s. a abrité des détenus jusqu'en 1975, dont le "Robin des Bois portugais", Zé do Telhado, et l'auteur romantique Camilo Castelo Branco. Ses cachots collectifs et cellules accueillent désormais des expositions de photos anciennes ou contemporaines. Au 3e étage, impressionnante collection d'appareils photographiques, dont des spécimens "maquillés", utilisés par les espions pendant la guerre froide.

Largo Amor de Perdição (ancienne prison et tribunal de Porto) 220 046 300 cpf.pt
Lun.-ven. 10h-18h, w.-e. et j. fér. 15h-19h Entrée libre

CEDOFEITA ET MASSARELOS

À l'est du centre, le quartier de **Cedofeita** a séduit la faune créative et arty de la ville. Investies par le street art, les **ruas Miguel Bombarda, do Rosário** et **de Breiner**, qui forment le très hype "Porto Art District", égrènent galeries d'art, centres culturels, boutiques de créateurs, friperies et cantines bio. Encore plus à l'est s'étendent **Massarelos** et son élégant parc panoramique, le **Jardim do Palácio de Cristal**.

Alter ego de Rodin et Manet

Museu Nacional Soares dos Reis

Dans ce palais rose néoclassique (18e s.) sont exposées les sculptures et peintures des plus grands artistes portugais des 19e et 20e s. Vous y admirerez le célèbre marbre *L'Exilé* (*O Desterrado*, 1874), chef-d'œuvre du sculpteur Soares dos Reis, originaire de Vila Nova de Gaia, et la peinture de la très naturaliste école de Porto représentée par Henrique Pousão, Artur Loureiro, Silva Porto et Marquês de Oliveira. Dans la section des arts décoratifs, ne manquez pas les superbes paravents namban du Japon (17e s.) décrivant l'accostage d'un bateau portugais.

Palácio dos Carrancas, Rua de D. Manuel II, 44 223 393 770 www.museusoaresdosreis.pt
Mar.-dim. 10h-18h Tarif 3€

Havre romantique

Jardim do Palácio de Cristal

Avec ses paons en liberté, son lac, ses grottes, ses fontaines et sa chapelle, ce luxuriant jardin du 19e s. dégage une atmosphère des plus romantiques. On vient y cueillir, du haut de ses belvédères en terrasses, de fantastiques vues sur le Douro. Le jardin tient son nom du Palais de Cristal (1865), immense serre de verre et d'acier remplacée en 1952 par le **Pavilhão Rosa Mota**, palais des sports aux airs de soucoupe volante que l'on gravir jusqu'au sommet accompagné d'un guide pour admirer Porto à 360°. À l'ouest du parc, le **Museu Romântico** évoque avec délice le quotidien de la bourgeoisie portuane du 19e s. à travers des expositions temporaires.

Rua de D. Manuel II 225 320 080 Tlj. 8h-23h Pavilhão Rosa Mota Porto 360° 220 503 257 www.superbockarena.pt Mar.-dim. 10h-16h30 12,50€ Museu Romântico Rua de Entre-Quintas, 220 226 057 032 www.museudacidadeporto.pt Mar.-dim. 10h-17h30 4€

BOAVISTA

Excentré dans le nord-ouest de la ville, le quartier des affaires déballe sa panoplie de grandes avenues, de tours modernes, de boutiques de luxe et de grands hôtels. Il abrite surtout deux icônes culturelles : la **Maison de la musique** et

La Casa de Serralves

la **fondation Serralves**, fiertés des *Portuenses*. Les cantines autour de la Praça Mouzinho de Albuquerque et le très couru **Mercado Bom Sucesso** (p.176) sont là pour régaler.

Ovni musical

Casa da Música

On ne se lasse pas de le regarder sous tous les angles : un immense polyèdre de verre et de béton, qui change de forme à mesure que l'on se déplace. Inaugurée en 2005, la grande salle de concert de Porto est considérée comme le plus beau geste architectural de Rem Koolhaas. Le bâtiment vaut une visite pour ses clins d'œil à l'architecture locale (azulejos et *talha dourada* version 21e s.) et pour ses surprenants couloirs vitrés. Un temple futuriste où se télescopent toutes les musiques : classique (orchestre symphonique de Porto), jazz, pop, rock, fado...

Av. da Boavista, 604/610 220 120 220 www.casadamusica.com Tlj. 10h-18h
Visites guidées en portugais et anglais tlj. à 11h et 16h 10€

> **COULEUR LOCALE**
> Vieux de la vieille à Porto, les **tramways** (*elétricos*) ont repris du service dans les quartiers les plus emblématiques de la ville. La ligne 1 part du parvis de l'église São Francisco et longe le Douro jusqu'à Foz do Douro. La ligne 18 roule entre Massarelos et Carmo. La ligne 22 suit un parcours dans le centre-ville, entre Carmo et Batalha. Ticket (à bord) 3,50€.

L'avant-garde est dans la nature

Fundação de Serralves

Œuvre de l'architecte star Álvaro Siza Vieira, le **Museu de Arte Contemporânea** imprime sa silhouette blanche dans le superbe parc boisé de Serralves. Un écrin minimaliste où sont présentées des œuvres d'art des années 1960 à nos jours (collection permanente) et des expos d'art contemporain à la pointe de l'actu ! Le vaste parc, où vous flânerez entre sculptures, roseraie, petit lac, jardins potagers et essences exotiques, réserve une autre surprise : la (toute rose) **Casa de Serralves**, superbe demeure Art déco que vous visiterez pour son architecture et ses expositions temporaires.

Rua de D. João de Castro, 210 ☎ 226 156 500 www.serralves.pt ⏲ Avr.-sept. : tlj. 10h-19h ; oct.-mars : lun.-ven. 10h-18h, w.-e. 10h-19h Fermeture 1er jan. et 25 déc. € 20€ (musée et parc) ; rés. en ligne

FOZ DO DOURO

Il suffit de longer le Douro sur quelques kilomètres et voilà l'océan ! Le Porto balnéaire se dessine à **Foz do Douro** ("embouchure du Douro") : petites plages de sable nichées dans les rochers, terrasses branchées, villas et immeubles huppés, et vieux quartier de pêcheurs piqueté de boutiques et de restaurants chics. Son long *passeio* doublé d'une piste pour vélos file vers le nord jusqu'au **Castelo do Queijo**, un fort du 17e s., et jusqu'à l'immense **Parque da Cidade**. Au-delà se profile Matosinhos.

Castelo do Queijo Praça de Gonçalves Zarco ⏲ Mar.-dim. 9h-18h **Parque da Cidade** ⏲ Tlj. 7h-0h

MATOSINHOS

Dans cet ancien village de pêcheurs promu grand port de pêche au 19e s., on navigue entre une ambiance de docks et l'atmosphère *sea, surf and sun* d'une grande plage dorée. Passage obligé par le frétillant marché aux poissons (Rua França Júnior) et les *churrasqueiras* de la **Rua Heróis de França**, envahie par les effluves de poissons grillés au barbecue. Dans la ville natale d'Álvaro Siza Vieira (prix Pritzker 1992), la **Casa da Arquitectura** propose la visite guidée d'icônes architecturales comme l'étonnant **Terminal de Cruzeiros de Leixões** (2014), terminal de croisière qui se déroule tel un ruban.

Casa da Arquitectura Av. Menéres, 456 ☎ 227 669 300 www.casadaarquitectura.pt ⏲ Été : mar.-ven. 10h-19h, w.-e. 10h-20h ; hiver : mar.-ven. 10h-18h, w.-e. 10h-19h € 8€

À FAIRE

Voguez sur le Douro en *rabelo*

Les *barcos rabelos*, autrefois utilisés pour le transport du vin, vous embarquent pour une balade (50min, 15€/pers.) à la découverte des six ponts de la ville. Départs du Cais da Ribeira avec **Douro Acima** et du Cais de Gaia avec **Rota do Douro**. Croisières à la journée jusqu'au vignoble du Douro (autour de 80 €).

Douro Acima ☎ 222 006 418 www.douroacima.pt ⏲ Mai-oct. : tlj. 10h-19h ; nov.-jan. : tlj. 10h-16h30 ; fév.-avr. : 10h-17h **Rota do Douro** ☎ 223 759 042 www.rotadodouro.pt ⏲ Tlj. 9h30-18h

Prenez de la hauteur

Teleférico de Gaia

Vue magique depuis les cabines du téléphérique de Gaia – qui relient les quais au Jardim do Morro – sur la Ribeira, le Douro et le majestueux Ponte Dom Luís I.

Calçada da Serra,143 223 741 440 www.gaiacablecar.com Avr., oct. : tlj. 10h-19h ; mai-sept. : tlj. 10h-20h ; nov.-mars : tlj. 10h-18h 6€, 9€ AR

Créez vos azulejos

Gazete Azulejos

Pour percer les mystères de ces petits carreaux de faïence typiques qui recouvrent les façades des maisons et des églises à Porto, rendez-vous dans l'atelier de Gazete Azulejos, près de l'école des Beaux-Arts. Alba et Marisa vous proposent de créer l'azulejo de vos rêves ! Après le choix du motif parmi un catalogue de dessins historiques, place à la pratique : peinture et émaillage du carreau brut, puis cuisson à 1 000 °C (les carreaux sont disponibles le lendemain).

Rua do Duque de Palmela, 230 912 891 581 gazeteazulejos.com 32€ Durée 2h

Survolez la canopée

Treetop Walk Serralves

Un bain de forêt en ville ! C'est ce que vous permettra cette délicieuse promenade toute en bois, juchée sur des pilotis, au cœur du parc de Serralves. À 15m de hauteur, au sommet des chênes-lièges et des séquoias, parmi les geais, les merles et les pics-verts, c'est toute la vie de la canopée et la biodiversité du parc qui s'anime devant vous.

Fundação de Serralves Parque de Serralves 226 156 500 www.serralves.pt Avr.-sept. : lun.-ven. 10h-19h, w.-e. 10h-20h ; oct.-mars : lun.-jeu. 10h-18h, w.-e. 10h-19h 20€ (musée, parc, Treetop Walk), 12€ (Treetop Walk)

Promenade dans la canopée au parc Serralves

Percez les secrets du porto

Caves Sandeman

Une bonne leçon de fermentation et de conservation dans l'une des plus célèbres caves de porto, fondée par un jeune Écossais en 1790 et reconnaissable à la mystérieuse silhouette noire et chapeautée du *Don*, le fameux logo de la marque. Pour ne pas vous perdre dans le dédale de 20 000 cuves et tonneaux, vous vous arrimerez à la cape et au sombrero de votre guide !

Largo Miguel Bombarda, 47 223 740 533 www.sandeman.eu 10h-13h et 14h-18h Visites toutes les 15min env. Rés. conseillée 17€ (visite guidée et dégustation de 3 vins)

Caves Ferreira

L'une des visites guidées les plus complètes et les plus spectaculaires du genre, qui retrace tout le processus de vinification, de la récolte du raisin à sa maturation en cuves. Douze millions de litres de vin vieillissent ici, et les doyennes des bouteilles datent de 1815 ! La dégustation d'un blanc et d'un rouge est incluse dans la visite.

Au niveau du n°70 de l'Av. Ramos Pinto Madalena ☎ 223 746 106 ⏲ Tlj. 10h-12h30 et 14h-18h € 17€ (visite guidée et dégustation de 3 vins)

Décompressez dans une barrique de porto

The Yeatman Hotel-Caudalie Vinothérapie Spa

Ce spa s'est fait une spécialité des raisins de la beauté. Parmi la longue liste de soins à base de ces précieuses grappes, vous pourrez succomber à la formule "bain barrique" dans un Jacuzzi enrichi d'extrait de raisin (70€).

Rua do Choupelo ☎ www.the-yeatman-hotel.com/fr/porto-spa/soins/

Passez un moment avec les ouvrières de Pinhais

Conservas Pinhais

L'une des dernières fabriques de conserves de sardines de Matosinhos, dans son jus Art déco. Admirez la dextérité des femmes qui travaillent ici, pour certaines depuis plus de 40 ans, dans la joie et la bonne humeur : du nettoyage des poissons jusqu'au pliage des jolis papiers emballant les conserves. Testez vous-même et voyez si vous feriez une bonne recrue !

Av. Menéres, 700 ☎ 229 380 042 www.conservaspinhais.com Réservation au moins 3 jours avant

Barbotez dans une piscine d'eau de mer

Piscinas das Marés

Plaisante alternative aux vagues parfois déchaînées du littoral, ces deux bassins de béton à la beauté brute se fondent parmi les rochers de la Praia de Leça. Une œuvre emblématique de l'architecte Álvaro Siza Vieira (1966), conçue de telle sorte que l'eau se renouvelle avec les marées.

Praia de Leça Av. da Liberdade ☎ 229 952 610 ⏲ Mi-juin-mi-sept. : tlj. 9h-19h € 7€ (9€ le w.-e.)

NOS ADRESSES

PAUSES

Avec les bateaux pour témoins

Café do Cais

Un café design, en verre et en acier, tout en transparence ! Allez-y surtout pour sa terrasse au bord de l'eau, parfaite pour contempler le va-et-vient des bateaux sur le Douro. Snacks, plats locaux (morue, *francesinha*, poulpe...) et bande-son jazzy.

RIBEIRA (plan 8, A3 n°1) Cais da Estiva ☎ 223 233 063 cafedocais.pt ⏲ Été, hiver : tlj. 10h-0h, mar.-dim. 10h-23h

On fond !
Santini

Ce glacier de Caiscais, repérable à sa déco à rayures rouges et blanches, fabrique une vraie glace artisanale jamais égalée depuis plus de 70 ans ! Au comptoir, difficile de choisir son parfum parmi les sorbets aux fruits frais, à l'orange de l'Algarve, au melon du Ribatejo, à la framboise, ou encore aux noix, aux amandes...

RIBEIRA (plan 8, A2 n°5) Rua das Flores, 87 221 156 392 www.santini.pt Tlj. 11h30-22h30

Vieille dame
Confeitaria do Bolhão

Cette vénérable pâtisserie de 1896 ne désemplit pas. Vous vous y arrêterez pour une *tigelinha do Bolhão*, la spécialité maison aux amandes, ou pour un en-cas salé à grignoter dans la salle du fond, très lumineuse avec ses grands miroirs et ses ornements Belle Époque.

BOLHÃO (plan 8, B1 n°2) Rua Formosa, 339 223 395 220 Page Facebook Lun.-ven. 5h30-20h été, lun.-ven. 6h30-19h

Décor à tomber
Majestic Café ♥

Le plus célèbre et le plus chic des cafés *portuenses*, ouvert en 1921, au somptueux cadre Art nouveau. Il serait impardonnable de ne pas avoir rêvassé sur une de ses banquettes de cuir, absorbé par la dégustation de *rabanadas* (pain perdu aux noix saupoudré de cannelle) et la contemplation des lustres, moulures, vieux miroirs, colonnes et sculptures.

Au Majestic Café

BOLHÃO (plan 8, B1 n°3) Rua de Santa Catarina, 112 222 003 887 www.cafemajestic.com Lun.-sam. 9h-23h

En apesanteur
Base ♥

Au cœur d'un jardin planté d'oliviers, un kiosque idéal pour une pause bucolique avec la tour de Clérigos en ligne de mire ! Les pelouses coiffent un petit passage marchand très design, le Passeio dos Clérigos. Muni d'un spritz, on y chillerait pour l'éternité !

CLÉRIGOS (plan 8, A1 n°4) Passeio dos Clérigos, Rua das Carmelitas 910 076 920 baseporto.com Ven.-sam. 10h-2h, dim.-jeu. 10h-1h ; hiver : tlj. 12h-22h30

Dieu du brunch
Zenith Brunch & Cocktails

Au cœur du quartier de la Baixa, Zenith propose des brunchs et des mets alléchants : burgers (11€), trilogie de tacos, galettes au tapioca, pancakes (7€), mais aussi *bowls* (10-12,50€) et bagels. Ne manquez pas la spécialité, une chakchouka mémorable (10€) : soit une cassolette de poivrons rouges et de tomates, avec une pointe de harissa, du yaourt grec et des œufs, le tout passé au four et servi avec de la coriandre et du pain grillé...

CLÉRIGOS (plan 8, A1 n°6) Praça de Carlos Alberto, 86 220 171 557 www.zenithcaffe.pt Tlj. 9h-19h

RESTAURANTS

Foodhall

Mercado Beira-Rio

Pause hype sous l'ancienne halle de ce marché bordé par les stands de *street food*. Un Super Bock, un plateau de sushis, jambon ibérique, petits plats végétariens, pâtisseries (4-11€), et c'est reparti !

VILA NOVA DE GAIA (plan 8, A3 n°10) Av. Ramos Pinto, 148 930 415 404 www.mercadobeirario.pt Tlj. 11h-22h (marché frais lun.-sam. 7h-18h)

Ovni culinaire

Santiago €

La meilleure *francesinha* (8,75€) de la ville, dixit les Portuans ! Spécialité incontournable de Porto, la gargantuesque "petite française" additionne pain, fromage, steak, jambon, saucisses et œuf, le tout nappé d'une sauce tenue secrète par la famille Pereira depuis 1978. L'expérience serait incomplète sans une assiette de frites et un petit verre de *vinho verde*.

BOLHÃO (plan 8, B1 n°11) Rua Passos Manuel, 226 222 055 797 cafesantiago.pt Lun.-sam. 11h30-23h

Branché sain

Nicolau €

Comme à Lisbonne, Nicolau Porto est un restaurant branché proposant une cuisine saine et variée à déguster toute la journée. Inutile de réserver, ici c'est premier arrivé, premier servi. Au petit déjeuner, pour un brunch (15€) ou un dîner, vous vous régalerez avec ses *bowls* réconfortants (9-10€), ses burgers végétariens ou carnés (8,50€), ses salades hypervitaminées (9-10€) et une multitude de jus de fruits, de smoothies, de kombuchas et de cocktails...

CEDOFEITA (plan 8, A1 n°13) Largo de Alberto Pimentel, 4 222 082 406 www.ilovenicolau.com Tlj. 9h-23h

Face au Douro

MXM Food & Drinks €

Au bord du Douro, cet ancien atelier de métallerie transformé en studio de danse, et devenu temple du hip-hop, recèle aussi un excellent bar-restaurant où déjeuner d'un brunch (18-25€), d'un burger de poisson (10,50€), d'une *francesinha* traditionnelle (12€) ou d'une myriade de *petiscos* créatifs. De la terrasse, vue sur l'estuaire, la marina et la réserve naturelle de Vila Nova de Gaia.

MASSARELOS (hors plan 8 par A1 n°12) Rua do Ouro, 264 911 997 919 www.mxmartcenter.com Dim.-jeu. 12h-19h, ven.-sam. 12h-22h

Taverne typique

Postigo do Carvão €€

Non loin du Ponte Luís I, dans une ruelle de la Ribeira, cette taverne doit son nom à une ancienne porte, encore visible à proximité, par laquelle le charbon était déchargé près de la fontaine Taurina. La cuisine est familiale et traditionnelle, une ambiance brasserie dans un joli cadre rustique où tous les plats typiques portugais sont au menu. *Arroz de marisco* (riz aux crustacés, 35€/2 pers.), daurade grillée, cabri rôti (16,50€), porc aux palourdes (14,50€)...

RIBEIRA (plan 8, A3 n°18) Rua da Fonte Taurina, 24 222 004 539 www.postigodocarvao.com Tlj. 11h-0h

Cantine chic

Cantina 32 €€

Avant d'être un restaurant, la Cantina 32 était un ancien entrepôt de parfums, comme le rappellent les vieilles bouteilles de parfum de son décor. Prenez place autour de l'une des grandes tables communes pour savourer les spécialités du chef Luís Américo : des planches à partager, de belles assiettes originales, et notamment un délicieux saumon mariné et un incroyable carpaccio de poulpe. Parmi les desserts originaux, mention spéciale pour le cheesecake banane-chocolat servi dans un pot en terre...

RIBEIRA (plan 8, A2 n°19) Rua das Flores, 32 222 039 069 www.cantina32.com Lun. et mer.-sam. 12h30-15h et 18h30-23h, mar. 12h30-15h

Annexe bistronomique

Cantinho do Avillez €€

Le chef star José Avillez, doublement étoilé, distille son obsession des bons produits finement accommodés dans de délicieuses et pimpantes cantines qui sévissent aussi à Lisbonne et à Cascais : haricots verts frits à la sauce tartare, risotto de champignons au bacon fumé... Plat autour de 20€.

RIBEIRA (plan 8, A2 n°14) Rua Mouzinho da Silveira, 166 223 227 879 cantinhodoavillez.pt Dim.-jeu. 12h30-15h et 19h-23h, ven.-sam. 12h30-15h et 19h-0h

La péninsule en intégralité !

Traça €€

Un néobistrot haut en couleur, à l'écart du circuit touristique habituel de la Ribeira. Ibérique dans l'âme, la carte hésite, toujours avec brio, entre l'Espagne et le Portugal, la viande et le poisson. Terrasse stratégiquement étagée sur la place de São Domingos. Vins extra. Plat 15-25€.

RIBEIRA (plan 8, A2 n°15) Largo de São Domingos, 88 222 081 065 www.restaurantetraca.com Lun.-jeu. 12h-15h et 19h-23h, ven. 12h-15h et 19h-1h, sam. 12h30-16h et 19h-1h, dim. 12h30-15h30 et 19h-23h

Le chic décontracté

Flow €€

Dans une ancienne fabrique de céramique néomauresque, un immense bar-restaurant autour d'un patio. Murs de brique et luminaires en osier, la déco chic et naturelle fait mouche, tout comme la cuisine méditerranéenne inventive du chef Rui Mingatos. Plat 17-29€.

CEDOFEITA (plan 8, A1 n°16) Rua da Conceição, 63 222 054 016 www.flowrestaurant.pt Lun.-ven. 19h-23h, sam.-dim. 19h-0h

Portugal sous cloche

Mercado Bom Sucesso

Sous la halle de ce marché des années 1940 reconverti en *food hall*, les stands de *street food* puisent dans le répertoire gourmand portugais : à vous les *rissóis* (chaussons à la viande), les petits sandwichs au cochon de lait (*sande pernil*), les *pastéis de bacalhau* (flan à la morue) et les montagnes de pâtisseries !

BOAVISTA (plan 8, A2 n°17) Praça Bom Sucesso, 74-90 226 056 610 www.mercadobomsucesso.pt Dim.-mer. 18h-23h, w.-e. et j. fér. 18h-0h (marché frais lun.-sam. 9h-20h)

Sur le gril

Casa Aberta ♥€€

Design et pleine de bonne humeur, cette "maison ouverte" nimbée de musique et de lumière douces est un havre de bon goût. La chef Luisa Gouveia vous régale de *petiscos* (attendez d'avoir goûté ses délicats *pecadilhos* !), de planchettes et de viandes braisées à partager. Comptez 14-21€/pers.

FOZ DO DOURO Rua do Padre Luís Cabral, 1080 915 963 272 Page Facebook Mar.-ven. 12h30-14h30 et 19h30-22h30, sam. 12h30-15h et 19h30-23h

En terrasse au bord du Douro

Pêche du jour
O Filipe €€

Si vous arrivez à résister aux alléchants fumets de sardines grillées qui s'élèvent des barbecues de la mythique Rua Heróis de França, gagnez O Filipe, l'adresse préférée des habitants. Plats de poissons et fruits de mer frais du jour et divinement cuisinés. Incontournable ! Prix moyen avec boisson 30-35€.

MATOSINHOS Av. Eng. Duarte Pacheco, 36 229 377 181 Mar.-sam. 12h-15h30 et 19h-23h, dim. 12h-15h30

SHOPPING

Savonnettes de luxe
Claus Porto ♥

Autrefois plébiscités par la famille royale et fabriqués artisanalement à Porto depuis 1887, des savons aux fragrances originales (laitue, tabac...) emballés à la main dans des papiers rétro (14€ pièce). À l'étage, petit musée consacré à l'histoire de la marque et de ses packagings iconiques.

RIBEIRA (plan 8, A2 n°20) Rua das Flores, 22 914 290 359 www.clausporto.com Tlj. 11h-19h

100% laine
Burel

Burel, c'est une collection d'articles de décoration et de mode au design à la fois innovant et intemporel, mais aussi un engagement, celui de sauvegarder la tradition lainière de la Serra da Estrela. Les bergers de ses hauts plateaux fournissent la laine vierge transformée artisanalement en autant de sacs, écharpes (env. 60€), bonnets, chapeaux, plaids (110-200€)...

RIBEIRA (plan 8, A2 n°26) Rua de Mouzinho da Silveira, 83 915 174 710 www.burelfactory.com Lun.-sam. 10h-19h, dim. 11h-19h

Grands crus
Instituto dos Vinhos do Douro e do Porto

L'Institut des vins abrite une exposition sur le porto et propose une visite guidée des laboratoires où les vins de la région sont testés avant certification. Large choix de grands crus et dégustation libre au distributeur (1,50-9,90€ le verre).

RIBEIRA (plan 8, A2 n°21) Rua Ferreira Borges, 27 222 071 669 www.ivdp.pt Lun.-ven. 10h-12h et 14h-18h Visite guidée (5€) suivie d'une dégustation 11h30-12h, 14h-17h

Dans un monument historique
A Pérola do Bolhão

Un passage obligé ! Derrière sa délicieuse devanture Art nouveau, cette épicerie traditionnelle de 1917 offre un choix infini de produits locaux : saucisses, morue, fromages, conserves, portos, cafés, liqueurs, caramels et noix vendus au kilo.

L'épicerie A Pérola do Bolhão

BOLHÃO (plan 8, B1 n°22) Rua Formosa, 279 222 004 009 Page Facebook Lun.-ven. 9h-13h et 14h-19h, sam. 9h-13h

Le liège dans tous ses états
Cultura Portuguesa

Cultura Portuguesa a fait du liège en provenance de l'Alentejo la matière première d'une collection de chaussures et d'accessoires végans respectueux de l'environnement. Ici, sandales (65€), sneakers, tennis, sacs à main et sacs à dos (70-200€), et même tapis de yoga (100€), se déclinent dans un beau liège blond résistant à l'eau et respirant.

RIBEIRA (plan 8, B2 n°25) Rua de Mouzinho da Silveira, 312 911 534 867 www.culturaportuguesa.eu Lun.-ven. 10h-18h, sam. 10h-19h

Le paradis des chineurs
Armazém

Sous la charpente en bois d'un ancien hangar de la Porto Real Companhia Velha s'empilent vinyles, antiquités, jouets d'autrefois, meubles de designers et vêtements d'occasion. Après votre chasse au trésor, vous pourrez vous détendre autour d'un verre en terrasse ou... louer un vélo.

MIRAGAIA (plan 8, A2 n°24) Rua de Miragaia, 93 222 011 702 armazemporto.com Tlj. 11h30-20h

SORTIES

Collé-serré avec le Douro
Wine Quay Bar

Les places sont comptées dans ce microbar à vins, très prisé pour sa vue sur le Douro et ses savoureux *petiscos*. Magique au coucher du soleil !

RIBEIRA (plan 8, A2 n°30) Muro dos Bacalhoeiros, 111-112 222 080 119 www.winequaybar.com Tlj. 16h-22h30

Perchoir de dégustation

Espaço Porto Cruz

De l'avis de tous, le meilleur *rooftop bar* de la ville pour déguster, sur fond de DJ set, de savoureux cocktails à base de porto, comme le Cruz Spicy Pink, avec orange et piment. Également une boutique, un espace d'exposition et un restaurant.

VILA NOVA DE GAIA (plan 8, A3 n°32) Espaço Porto Cruz, Largo Miguel Bombarda, 23 910 553 559 www.porto-cruz.com Mar.-sam. 12h30-0h, dim. 12h30-16h cuisine ferme 22 : 00

Non-conformiste

Maus Hábitos ♥

Perché au dernier étage d'un parking Art déco, l'indéfinissable Maus Hábitos ("mauvaises habitudes") est un espace hybride furieusement arty et branché : expos d'art, concerts, DJ sets, bar, restaurant-pizzeria avec vue sur la Baixa et brunch le week-end.

BOLHÃO (plan 8, B1 n°33) Rua Passos Manuel, 178 222 087 268 www.maushabitos.com Lun. 18h-0h, mar.-jeu. 12h-0h, jeu. 12h-2h, ven.-sam. 12h-6h

Populaire ou pointu

Coliseu do Porto

Superbe paquebot Art déco, la salle mythique de Porto, ouverte en 1941, brille par son éclectisme : opéra, concerts pop-rock, fado, théâtre, cirque, danse, cinéma... Au sous-sol, un autre bastion culturel : le club underground **Passos Manuel**.

BOLHÃO (plan 8, B1 n°34) Rua Passos Manuel, 137 223 394 940 www.coliseu.pt

À l'italienne

Teatro Nacional São João

Danse, théâtre, opéra et expérimentations des langages scéniques contemporains dans l'atmosphère luxueuse du plus grand théâtre de la ville (1920), de style néoclassique.

BOLHÃO (plan 8, B2 n°35) Praça da Batalha 223 401 900 www.tnsj.pt

Les bancs de la fac

Café-Bar Âncora d'Ouro

Depuis 1909, l'ancien Piolho ("Le Pou", comme l'appellent certains) grouille tellement d'étudiants qu'il favorisait à l'époque la transmission du petit parasite. Une institution centenaire restée intacte avec son kiosque buraliste et ses petites tables en Formica.

CLÉRIGOS (plan 8, A1 n°36) Praça Parada Leitão, 43-55 222 003 749 www.cafepiolho.com Lun.-jeu. 7h-2h, lun.-sam. 7h-2h cuisine ferme 02h

Mieux qu'un plan A

Plano B ♥

Un bar-club survolté et le meilleur endroit où se déhancher jusqu'au bout de la nuit ! Le lieu, à la déco alternative chic, empile plusieurs salles accueillant concerts, expos d'art, performances artistiques et DJ sets pointus. Comptez 2€ la bière.

CLÉRIGOS (plan 8, A1 n°37) Rua Cândido dos Reis, 30 www.planobporto.net Ven.-sam. 22h-6h

Tapas en musique

Rua Tapas & Music Bar

Au cœur de la Baixa, dans une étroite ruelle animée qui aligne bars et tavernes, le Rua se distingue grâce à son menu de tapas portugaises très élaborées que l'on déguste en musique grâce à une programmation live toujours percutante.

CEDOFEITA (plan 8, A1 n°38) Tv. de Cedofeita, 24 917 356 644 www.ruatapasmusic.com.pt Tlj. 19h30-0h

LA VALLÉE DU DOURO ★

Qu'on la découvre par ses petites routes sinueuses, depuis le pont d'un *rabelo* ou à travers les fenêtres d'un train vintage, c'est le coup de foudre assuré ! Dans cette vallée des merveilles sculptée de la main de l'homme, le "fleuve d'or" trace ses langoureux méandres au milieu des collines zébrées de vignes. Aux marges de la vallée, Lamego, Amarante, Vila Real et la vallée du Côa recèlent des pépites qui valent le détour.

ACCÈS ET INFOS

- Peso da Régua (porte d'entrée du vignoble du porto) est à 130km de Porto via Amarante et Vila Real.
- En train : de Porto, une douzaine de trains/j. pour Peso da Régua (www.cp.pt) et des liaisons en car pour Lamego, Amarante et Vila Real (www.rodonorte.pt, www.rede-expressos.pt).
- Loja Interativa de Turismo Av. do Douro Peso da Régua ☎254 318 152 ⏲ Tlj. 10h-12h30 et 14h-18h30

À VOIR

Si vous avez du temps, vous pouvez remonter la basse vallée du Douro dès la sortie de Porto à travers les vignobles du *vinho verde*. Comptez environ 3h de route très sinueuse avant d'atteindre le Haut-Douro viticole (Alto Douro Vinhateiro) à Peso da Régua, où commence l'aire délimitée de l'élaboration du porto et la plus belle portion de la vallée. L'option plus rapide (1h40) consiste à rejoindre Peso da Régua par l'IP4 puis l'IP3 via Amarante et Vila Real.

BASSE VALLÉE DU DOURO

C'est la patrie du *vinho verde*, ce fameux vin vert produit dans toute la province du Minho. De Porto, on la rejoint par la N108 qui longe la rive droite jusqu'à Entre-os-Rios, point de franchissement du fleuve, vers Castelo de Paiva (N224). La route (N222) file ensuite le long de la rive gauche, cousue de vignes et d'oliviers, et à l'urbanisation pas toujours très heureuse. Passé la jolie bourgade de **Cinfães** et ses *quintas*, **Resende** est l'un des principaux centres de production du *vinho verde*. Sur la route de Lamego (N226), le **Miradouro da Boa Vista** livre un beau panorama sur le vignoble dégringolant vers la vallée. Vous pourrez aussi gagner directement Peso da Régua.

LAMEGO

Pour qui longe la vallée du Douro, c'est un petit (mais sinueux) détour qui n'a rien de déplaisant. Blottie au pied des ruines de son **Castelo** (12e s.) et d'un impressionnant escalier baroque, la cité doit beaucoup à la folie des grandeurs de ses différents évêques. Vous y découvrirez de nombreuses églises, sa superbe **Sé**, qui cache des fresques de Nasoni et un petit cloître Renaissance, et le trésor du **Museu de Lamego**, logé dans le luxueux palais épiscopal : cinq peintures sur bois (16e s.) de Grão Vasco. La ville est célèbre pour son *espumante*, un vin mousseux, et son jambon fumé.

À NE PAS MANQUER

- Lamego
- Amarante
- Casa de Mateus (Mateus)
- Alto Douro Vinhateiro
- Parque Arqueológico do Vale do Côa
- Sillonner la vallée à toute vapeur

Les vignes en terrasse de la vallée du Douro

Loja Interativa de Turismo Rua Regimento de Infantaria, 9 ☎ 254 099 000 www.cm-lamego.pt ⌚ Été : tlj. 10h-19h ; hiver : tlj. 10h-13h et 14h-18h **Castelo** ⌚ Mar.-dim. 10h-18h **Sé** Rua das Cortes, 2 ⌚ Tlj. 8h30-13h et 14h30-19h **Museu de Lamego** Largo de Camões Cambre ☎ 254 600 230 www.museudelamego.gov.pt ⌚ Tlj. 10h-18h € 3€

Le baroque en 600 marches

Santuário de Nossa Senhora dos Remédios

Haut lieu de pèlerinage, Notre-Dame-des-Guérisons (18e s.) est éclipsée par son monumental escalier baroque à double rampe, aussi spectaculaire que celui du Bom Jesus de Braga, quoique moins ornementé, avec ses paliers parés de fontaines, de sculptures et d'azulejos : plus de 600 marches à gravir (soit 15-20min d'ascension). Pensée pour les fidèles qui, jadis, s'y hissaient à genoux ! Le sanctuaire est aussi accessible par 3km de route (dir. Viseu).

Cambres ☎ 254 655 318 ⌚ Tlj. 8h30-19h (18h en hiver)

AMARANTE

Un tour rapide de cette adorable petite ville, accrochée aux rives de la rivière Tâmega, vous donnera envie de vous y attarder ! Pont fortifié (18e s.), église à coupole au charme italien, berges verdoyantes, ruelles sinueuses et balcons en fer forgé plantent un décor aussi délicieux que ses pâtisseries. Dans l'**Igreja de São Gonçalo** (16e s.), on embrasse le gisant du saint Valentin local depuis le 13e s. pour trouver l'âme sœur. Et on découvre une grande figure du cubisme au **Museu Municipal Amadeo de Souza-Cardoso**.

60km à l'ouest de Lamego **Igreja de São Gonçalo** Praça da República ☎ 255 422 050 ⌚ Été : tlj. 8h30-19h ; hiver : tlj. 8h30-18h € Entrée libre **Museu Municipal Amadeo de Souza-Cardoso** Alameda Teixeira de Pascoaes ☎ 255 420 282 www.amadeosouza-cardoso.pt ⌚ Juin-sept. : mar.-dim. 10h-12h30 et 14h-18h ; oct.-mai : mar.-dim. 9h30-12h30 et 14h-17h30 € 1€

VILA REAL

Si la "ville royale" ne déborde pas de charme, elle est une agréable étape où visiter la Casa de Mateus ou le Parque Natural do Alvão. Son vieux centre, animé de boutiques et de terrasses de café où s'éternisent les étudiants de l'université, dévoile une profusion de balcons et de portails en ferronnerie d'art, une cathédrale gothique et une exubérante chapelle baroque, la Capela Nova. L'arrière du cimetière de São Dinis réserve une vue sensationnelle sur les profondes gorges du rio Corgo et du rio Cabril.

40km au nord de Lamego

Étiquetée sur un rosé

Casa de Mateus

L'un des plus somptueux manoirs baroques, célèbre pour figurer sur les étiquettes du vin rosé Mateus. Sertie d'un superbe jardin à la française planté de camélias, de broderies de buis, de cèdres séculaires et d'un tunnel végétal, la demeure du 18e s. attribuée à Nicolau Nasoni fait face à un grand miroir d'eau. La visite guidée dévoile plusieurs salles avec peintures et mobilier d'époque, la bibliothèque et la chapelle. Dégustations de vins et d'huiles d'olive.

Mateus (2km au nord-est de Vila Real)
259 323 121 www.casademateus.com
Mai-oct. : tlj. 9h-18h30 ; nov.-avr. : tlj. 9h-17h 14€

La baroque Casa de Mateus

ALTO DOURO VINHATEIRO

Vous entrez dans l'un des plus beaux vignobles du monde, classé par l'Unesco ! Entre Peso da Régua et São João da Pesqueira, les paysages à couper le souffle du Haut-Douro viticole, ciselés par 2 000 ans de viticulture, semblent irréels. Des vignes à perte de vue, striant de rangées horizontales ou verticales une infinité de petites terrasses de pierres sèches, étagées en gradins : du pur *land art* façonné par des générations d'anonymes ! Aux œnotouristes en quête de vins fameux, les *quintas* badigeonnées de blanc ou de rose se signalent par petites touches éclatantes. C'est ici que naissent les meilleurs vins du Douro et les plus grands portos.

Travelling sensationnel sur la vallée

De Peso da Régua à São João da Pesqueira

De Peso da Régua, capitale de la vallée du Douro, partaient les *rabelos* remplis de barriques de vin en direction de Vila Nova de Gaia : une histoire que raconte son **Museu do Douro**. Sur l'autre rive, la splendide route N222 promet un *road trip* inoubliable à fleur d'eau et de vignes jusqu'à **Pinhão** et sa gare croquignolette, d'où s'élancent des croisières en *rabelo*. Là, empruntez la jolie route (N323) qui grimpe jusqu'au village de **Sabrosa**, berceau de Magellan, ou reprenez la N222 jusqu'au **Museu do Vinho de São João da Pesqueira**, pour une introduction aux vins de Porto et du Douro, non sans avoir profité du point de vue de **São Salvador do Munho**.

Museu do Douro Rua Marquês de Pombal Peso da Régua 254 310 190 www.museudodouro.pt Avr.-oct. : tlj. 10h-18h ; nov.-mars : tlj. 10h-17h30 6€ **Museu do Vinho de São João da Pesqueira** Av. Marquês de Soveral, 79 254 489 983 www.sjpesqueira.pt Tlj. 10h-13h et 14h-18h 6€

IL ÉTAIT UNE FOIS...

C'est le marquis de Pombal qui, à la suite de fraudes et frelatages, délimita le domaine viticole du Douro en 1756. À l'aide de 335 bornes en pierre, les "pombalines", plus l'instauration de règles de production et de critères objectifs de qualité, il fit des vins du Haut-Douro la première AOP du monde !

VALLÉE DU CÔA

Solitaire à l'amande

Vila Nova de Foz Côa

Cette petite ville propulsée sur la scène internationale par la notoriété du parc archéologique de la Vallée du Côa, ne présente en elle-même que peu d'intérêt. La "capitale de l'amandier fleuri" vaut surtout pour sa campagne environnante qui, jusqu'à Barca de Alva, regorge de superbes amandiers, en fleur vers la fin février et le début mars.

90km à l'est de Lamego

Land art préhistorique

Parque Arqueológico do Vale do Côa

Cerfs, chevaux, bouquetins, chèvres, poissons... Des centaines de gravures rupestres, datant pour la plupart du paléolithique, ont été découvertes par hasard en 1989, lors d'un projet de barrage dans l'austère vallée du Côa. Contemporaines des peintures de Lascaux, mais moins spectaculaires, elles n'en sont pas moins exceptionnelles. Le **Museu do Côa** en présente plusieurs répliques. **Visite du parc** Cette galerie d'art à ciel ouvert, classée par l'Unesco, s'étire sur 17km. Trois sites, que l'on approche en 4x4 puis à pied en compagnie d'un guide, dévoilent chacun un petit échantillon de gravures : **Canada do Inferno**, **Ribeira de Piscos** et **Penascosa**, le plus facile d'accès. Réservez par Internet ou téléphonez 15 jours à l'avance. Prévoyez chapeau, gourde et crème solaire.

Accueil et musée À la confluence des rios Douro et Côa, à 1km de Vila Nova de Foz Côa (accès fléché) 279 768 260 www.arte-coa.pt Mars-mai : mar.-dim. 9h30-12h et 13h30-18h ; juin-sept. : mar.-dim. 9h30-19h ; oct.-fév. : mar.-dim. 9h-17h30 Visite guidée sur rés. (personnel francophone) Musée 7€, visite guidée 17€ par site **Canada do Inferno** Visite le matin au départ du musée Durée env. 2h **Ribeira de Piscos** Visite le matin au départ du musée Durée 2h30 **Penascosa** Visite l'après-midi au départ du Centro de Recepção de Castelo Melhor (15km au sud-est de Vila Nova de Foz Côa) Durée 1h30

À FAIRE

Faites un tour en *gaivota*

Aux beaux jours, les *gaivotas* (littéralement “mouettes”), Pédalo à quatre chaises abritées sous un parasol, déambulent sur le rio Tâmega. Une petite promenade amusante et un point de vue différent sur la ville d'Amarante. “Embarcadère” sur le pont, où se louent aussi de petits bateaux à rames.

Amarante Juin-sept.

Dégustez *douro*, porto ou *vinho verde*

Quinta da Pacheca

Elle est l'une des rares *quintas* de la région qui soit encore une affaire de famille. Après la visite guidée des chais (45min), vous goûterez toute la gamme élaborée ici. Visite et dégustation à partir de 15€. La *quinta* dispose d'un restaurant gastronomique, de chambres luxueuses et de grosses barriques pour dormir au milieu des vignes.

Cambres Lamego (2,5km au sud de Peso da Régua) 254 331 229 www.quintadapacheca.com Tlj. 10h-18h Pour les visites, réservation conseillée

Quinta da Aveleda

veleda est une énorme *quinta* sise dans un magnifique parc et environnée de vignes. Appartenant à la même famille depuis plus de 400 ans, le lieu est connu pour ses vins verts et ses eaux-de-vie (Adega Velha). On y visite les jardins, on assiste à l'embouteillage et on finit par une dégustation des vins de la maison (vert, blanc et rouge), accompagnée du fromage pareillement produit ici. Petite boutique. Tarif visite et dégustation a partir 11€, table d'hôtes sur rés. Nombreuses *quintas* dans les environs, demandez conseil au Posto de Turismo.

Rua da Aveleda, 2 Penafiel (25km à l'est d'Amarante) 255 718 200 www.aveleda.com Visite tlj. sur rés.

Sillonnez la vallée à toute vapeur

Comboio Histórico a Vapor

Remontez le temps et la vallée du Douro dans un vieux train à vapeur de 1924. Une balade de 3h, entre Peso da Régua et Tua via Pinhão, dans l'esprit des pionniers du 19e s.

Estação de Comboios Peso da Régua 707 210 220 www.cp.pt Départs tous les w.-e. de juin à fin octobre (plus fréquemment en août), 45€ AR (4-12 ans 22,50€). Renseignement en gare

Voguez sur le Douro

Barca Douro

D'avril à octobre, croisières en tout genre sur le Douro, au départ de Vila Nova de Gaia, Peso da Régua ou Barca de Alva. Pour un aller-retour Peso da Régua-Pinhão (demi-journée avec déjeuner), comptez env. 71€.

Av. Ramos Pinto, Loja 240 Vila Nova de Gaia
223 722 415 www.barcadouro.pt

Le train à vapeur de la vallée du Douro

Randonnez dans la Serra do Alvão

Parque Natural do Alvão

Culminant à 1 330m, la Serra do Alvão étonne surtout par ses formations géologiques : sphères de granit, chutes d'eau vertigineuses... Traversés par la vallée du Rio Olo (p.158), ces stupéfiants paysages minéraux sont essentiellement semés de genêts, de bruyères et de pins, une des principales ressources des hameaux de l'Alvão. Parcourir les nombreux sentiers balisés qui sillonnent les landes est le meilleur moyen de découvrir cet écosystème surprenant. Vous trouverez au **Centro de Informação e Interpretação da Serra do Alvão**, à Vila Real, toute la documentation nécessaire à l'exploration du parc.

Au nord-ouest de Vila Real Centro de Informação e Interpretação da Serra do Alvão Largo dos Freitas Vila Real 259 302 830 natural.pt Lun.-ven. 9h-12h30 et 14h-17h30

NOS ADRESSES

PAUSES

Bolo pas très catho

Confeitaria da Ponte ♥

Une terrasse très agréable où faire une pause sucrée en profitant d'une vue magnifique, juste au pied du pont. À croquer parmi les spécialités : les *lérias*, *foguetes*, *papos de anjo* et *brisas do Tâmega*, sans oublier le *bolo de São Gonçalo*, hommage phallique au saint patron des vieilles filles, vénéré à Amarante.

AMARANTE Rua 31 de Janeiro, 186
255 432 034 Tlj. 8h30-20h

Tentations monacales

Casa Lapão

Oubliez le cadre et concentrez-vous sur les meilleures friandises traditionnelles de la ville : *pitos de Santa Luzia* (courge et cannelle), *pastéis de Santa Clara* et *pastéis de toucinho* (la célèbre spécialité maison !), aussi nommées *cristas de galo* pour leur forme évoquant la crête d'un coq. Comptez 2€ la pièce.

VILA REAL Rua da Misericórdia, 56
259 324 146 Tlj. 9h-19h

La maison des *bôlas*

Pastelaria da Sé

Adresse culte où goûter les *bôlas* de Lamego, sortes de fougasses fourrées de jambon, de fromage ou de sardines, idéales pour caler les petits creux. En version sucrée, optez pour la *bolâ de Berlim*, fourrée de crème pâtissière.

LAMEGO Rua Virgílio Correia, 16 (le long de la cathédrale) 254 612 463 Mer.-dim. 9h30-12h30 et 14h30-19h Fermé 2 dernières sem. de juil.

Voir aussi **Confeitaria da Ponte** (p.159)

RESTAURANTS

En amoureux

Zé da Calçada €

Pour un dîner des plus romantiques, il faut s'y rendre aux beaux jours et prendre place sur la terrasse en hauteur : on jouit alors d'une vue sans pareille sur le pont baigné par le somnolent Tâmega ! *Petiscos* soignés, cuisine de grande qualité et divin chariot de desserts. Une table assez réputée dans la région. *Meia dose* 12-15€.

AMARANTE Rua 31 de Janeiro, 81 255 426 814 www.zedacalcada.com Tlj. 12h-15h et 19h-22h

Roi de la *francesinha*

Restaurante Cardoso €

Si vous n'avez pas goûté à la *francesinha* de Porto, voici l'occasion ! Les habitués, amateurs de la sauce qui mélange ici whisky, brandy, porto et bière, sont conquis, et les salles bondées aux heures de pointe. Pour les "petites" faims, *prego no pão* (sandwich au steak) ou *sande de queijo da serra* (sandwich au fromage). Plats 6-8€.

VILA REAL Rua Miguel Bombarda, 42 259 325 329 Page Facebook Mar.-dim. 12h-14h et 19h-0h (cuisine ouverte jusqu'à 22h30)

Cantines typiques

Adega Matos et Casa Filipe €

Ces deux popotes côte à côte sont difficiles à départager tant elles se ressemblent. L'Adega Matos est peut-être plus vivante et authentique. Les deux servent de copieux plats de viande (agneau, chevreau…) de 6 à 9€.

LAMEGO Rua Virgílio da Correia, 52 et 58 (flanc est de la cathédrale) Adega Matos 254 612 967 Tlj. 7h30-21h Casa Filipe 254 612 428 Lun.-sam. 12h-14h et 19h-21h

Approuvé par les autochtones

Restaurante O Maleiro €

Ce restaurant familial, très populaire auprès des habitants, sert une copieuse cuisine traditionnelle portugaise depuis les années 1970. Calamars grillés, coq et grillades de viande et de poisson défilent dans la grande salle ornée d'azulejos, ou sur les deux petites terrasses (d'où l'on aperçoit le Douro). Repas complet 13-20€.

PESO DA RÉGUA Rua dos Camilos, 108 254 313 684 Page Facebook Tlj. 12h-23h Fermé 2 sem. fin oct.

Face au Douro

Veladouro €€

Face aux vignes qui s'étagent sur la rive opposée du Douro, la terrasse de ce petit restaurant situé sur la plage fluviale est certainement la plus agréable pour une étape gourmande à Pinhão. Au menu, les éternels et réconfortants classiques de la cuisine

UNE POTERIE UNIQUE AU MONDE
Menacée de disparition, la poterie noire de Bisalhães (*olaria negra*), cuite dans des fours creusés dans la terre noire, a été inscrite sur la liste du patrimoine culturel immatériel par l'Unesco. Perpétuant une tradition vieille de cinq siècles, les derniers potiers de Bisalhães déballent leurs créations à l'entrée de Vila Real (Av. da Noruega) : pots, cruches, plats et objets de décoration à la beauté brute.

portugaise, servis généreusement : morue, poulpe, daurade et *picanha*. Plats 15-22€.

PINHÃO Praia Fluvial 254 738 166 Page Facebook Tlj. 12h-15h et 19h-21h

Voir aussi **Restaurante Pensão Avião** (p.159).

SHOPPING

Cueillir un pique-nique
Casa Rodrigues
Un petit magasin avec d'appétissants jambons suspendus, charcuteries régionales (*enchidos*), fromages et miels. Également, du *vinho verde* et du porto qui, au 16e s., avant la venue des Anglais, s'appelait *vinho cheirante de Lamego* ("vin parfumé de Lamego").

Poterie noire de Bisalhães

LAMEGO Rua da Olaria, 61 964 294 312 Lun.-sam. 9h-22h

Voir aussi **Dolmen** (p.158).

SORTIES

Vin vert et cochonnailles
Taberna Don Rodrigo
Un lieu tout entier dédié à la dégustation du *presunto* (jambon cru ou cuit, à partir de 4€ le sandwich) et à... la poésie : les clients sont invités à écrire des poèmes sur les murs ! Aussi, d'autres *fumeiros* typiques de la région, à compléter d'un verre de *vinho verde* (1€ le verre).

AMARANTE Rua 31 de Janeiro, 39 255 422 564 Page Facebook Tlj. 9h-20h

Aperitivo bucolique
A Presunteca – Casa do Presunto
En bas de l'escalier menant au Santuário de Nossa Senhora dos Remédios, ce bar à vins vaut pour sa belle terrasse et son choix pointu de vins, portos et jambons de Lamego. Formule verre de porto et charcuteries 9€. Également boutique.

LAMEGO Estrada Nacional 2 962 856 296 Tlj. 9h30-19h30

LE MINHO

Bien arrosé, ce Minho si mignon, verdoyant comme les berges de ses eaux mutines et les vignes qui produisent son *vinho verde*, compile tous les délicieux clichés du Portugal. Braga la pieuse allume mille cierges à la minute, Barcelos pavane, fière comme son coq, dans les allées de sa *feira*, et Viana do Castelo, belle comme un cœur (filigrané), revêt toujours son plus beau costume folklorique pour aller danser. Et pendant ce temps, Guimarães bichonne un fabuleux patrimoine...

ACCÈS ET INFOS

- Guimarães est à 50km au nord-est de Porto et Braga à 55km. Barcelos se trouve à 22km à l'ouest de Braga et Viana do Castelo à 60km au nord-ouest.
- En train : de Porto, nombreuses liaisons quotidiennes pour Guimarães, Braga, Barcelos et Viana do Castelo.
- En car : liaisons entre Porto, Guimarães, Braga et toutes les villes du Minho. Comptez 25min de trajet entre Guimarães et Braga.

À VOIR

GUIMARÃES

Celle qui se revendique comme le berceau du pays a vu naître dans ses murs le premier roi du Portugal, Afonso Henriques, artisan de la Reconquête contre les Maures. Couronné de deux châteaux, son ravissant cœur médiéval a été inscrit au patrimoine mondial par l'Unesco et la ville a obtenu ses galons de "capitale européenne de la culture" en 2012. Pour un tour d'horizon, grimpez d'abord au **Castelo**, cramponné à son rocher depuis le 12e s., dont les sept tours carrées et crénelées jalonnent l'enceinte triangulaire qui entoure le donjon. Puis musardez entre les façades anciennes de la Rua de Santa Maria et les arcades du Largo da Oliveira, où trône la gothique **Igreja de Nossa Senhora da Oliveira**.

Loja Interativa de Turismo Praça de São Tiago, 37 ☎ 253 421 221 www.guimaraesturismo.com Été : lun.-ven. 9h30-19h, sam. 10h-19h, dim. 10h-17h ; hiver : lun.-ven. 9h30-12h30 et 14h-17h30, sam. 10h-17h, dim. et j. fér. 10h-13h30 **Castelo** Rua Conde Dom Henrique Tlj. 10h-18h € 2€ **Igreja de Nossa Senhora da Oliveira** Largo da Oliveira ☎ 253 416 144 Lun.-sam. 9h30-18h30, dim. 10-18h30

Hérissé du donjon

Paço dos Duques de Bragança

Au pied de la Colina Sagrada, sa silhouette massive en impose avec ses fines cheminées de brique tendues vers le ciel. Construit au début du 15e s. par les ducs de Bragance, l'édifice fut délaissé dès le 16e s. au profit du nouveau palais alentejan de Vila Viçosa. Si la restauration un tantinet brutale des années 1930 tout comme le mélange des styles et des époques rendent la visite un peu déroutante, on retient les admirables tapisseries des 16e-18e s. et la salle des banquets, dont le plafond suggère la coque d'un vaisseau retourné.

Rua Conde Dom Henrique ☎ 253 412 273 www.pacodosduques.gov.pt Tlj. 10h-18h Fermé 1er jan., dim. de Pâques, 1er mai et 25 déc. € 5€

À NE PAS MANQUER

- Guimarães
- Braga
- Santuário do Bom Jesus do Monte
- Viana do Castelo
- Ponte de Lima
- Feira de Barcelos
- Praia da Foz do Minho

Le palais des ducs de Bragance, à Guimarães

Sacrées splendeurs

Museu Alberto Sampaio

Logé dans les bâtiments et le cloître d'un ancien couvent, c'est l'un des plus beaux musées nationaux d'art sacré. Vous y verrez des sculptures en bois doré, des peintures de l'école portugaise, ainsi qu'une importante collection d'orfèvrerie et d'objets liturgiques. Ne manquez pas la tunique militaire que le roi João I aurait portée lors de la bataille d'Aljubarrota (14 août 1385), le fabuleux triptyque de la Nativité en argent doré et les fresques prélevées dans les églises du nord du pays.

Rua de Alfredo Guimarães ☎ 253 423 910 www.museualbertosampaio.gov.pt
🕒 Mar.-ven. 10h-18h, sam.-dim. 10h-13h et 14h-18h € 3€

Jeu de cubes

Centro Internacional das Artes José de Guimarães

Né en 1939, José de Guimarães est l'un des plus importants plasticiens contemporains du Portugal. Le musée qui porte son nom fait dialoguer les œuvres de l'artiste avec celles de son immense collection personnelle d'arts premiers et d'art oriental ancien. Il est abrité dans un somptueux écrin, imbrication de cubes de laiton, livré en 2012 par le collectif d'architectes Pitágoras.

Plataforma das Artes e da Criatividade Av. Conde Margaride, 175 ☎ 253 424 715
www.ciajg.pt 🕒 Mar.-ven. 10h-17h, sam.-dim. 11h-18h € 4€

Rendez-vous côté jardin

Palácio e Centro Cultural Vila Flor

Cet ensemble est composé d'un centre culturel pluridisciplinaire, hébergé dans un palais du 18e s., et de deux auditoriums contemporains. Son remarquable jardin en terrasses, avec balustres rocaille et escaliers à rampes, mérite le détour. Le jardin est libre d'accès, mais les pièces du palais n'ouvrent que lors des expositions.

Av. Dom Afonso Henriques, 701 ☎ 253 424 700 www.ccvf.pt € 2€

Si Guimarães m'était contée...

Casa da Memória

Dans une ancienne usine de plastique remodelée par les architectes Miguel Guedes et Carlos Melo Dias, le musée d'histoire de la ville, à la muséologie ludique, moderne et colorée. Histoire, géographie, architecture, folklore, légendes et personnalités locales vous sont présentés par le biais de multiples objets, maquettes, photographies et vidéos.

Av. Conde Margaride, 536 ☎ 253 424 716 www.casadamemoria.pt ⏲ Mar.-ven. 10h-17h, sam.-dim. 11h-18h € 3€

Au sommet du Monte da Penha

Balade au grand air

Monte da Penha

À 2 min à l'est du centre, envolez-vous en téléphérique (400m en 10min) pour rejoindre un jardin romantique suspendu, au milieu d'une forêt de pins et d'eucalyptus parsemée de gros rochers polis. Autour du sanctuaire Art déco qui trône au sommet s'égrènent une chapelle et des restaurants, dont l'**Adega do Ermitão**, un lieu insolite pour manger des sardines grillées en plein air (suivre les pancartes "Gruta N. S. do Carmo").

Teleférico da Penha Lugar das Hortas ☎ 253 515 085 www.turipenha.pt
⏲ Avr.-mai, oct. : tlj. 10h-18h15 ; juin-juil., sept. : lun.-ven. 10h-18h15 ; août : tlj. 10h-20h ; nov.-mars : ven.-dim. et j. fér. 10h-18h15 Dernier accès 15min avant fermeture
Fermé pour maintenance le dernier lun. du mois € 7,50€ AR

BRAGA

Braga regorge d'édifices religieux, qui lui valent le surnom abusif de "Rome portugaise". Les nombreux sanctuaires comme les fêtes de la Semaine sainte attestent d'une ferveur religieuse intacte. Les esthètes quant à eux goûteront son extravagance baroque. La capitale du Minho se révèle aussi incroyablement trépidante avec ses rues commerçantes et ses jolies places bordées de terrasses de café, bondées d'étudiants qui ne quitteraient Braga pour aucune autre université du pays. Elle reste malgré tout conservatrice : le coup d'État de 1926 qui allait installer la dictature de Salazar est parti d'ici.

25km au nord-est de Guimarães **Loja Interativa de Turismo** Av. da Liberdade, 1
☎ 253 262 550 www.cm-braga.pt ⏲ Lun.-ven. 9h-13h et 14h-18h15, sam.-dim. 9h30-13h et 14h-17h30

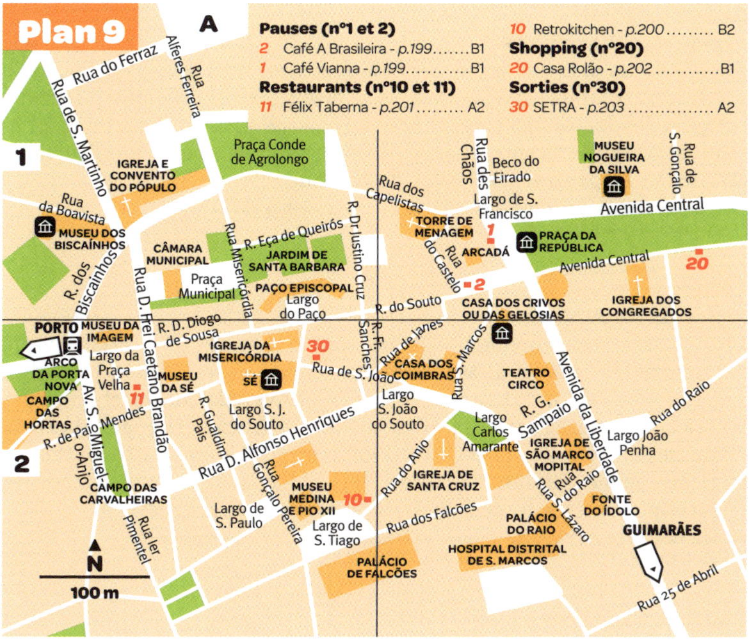

Sé une incontournable

Sé

Sans conteste, le monument le plus important de la ville. Et pour cause ! Malgré les apparences, la Sé, fondée au 11e s., est la plus ancienne cathédrale du Portugal. Sous la bonne garde de tours manuélines aux toits délicatement filigranés et de ses arcs gothiques, le porche cache un superbe portail roman, sculpté de scènes du *Roman de Renart*. L'alternance de sobriété et d'exubérance se prolonge à l'intérieur avec la belle voûte manuéline du chœur, une chapelle recouverte d'azulejos racontant la vie du premier évêque de Braga et des orgues baroques en bois doré absolument stupéfiantes.

Rossio da Sé (entrée par la Rua do Cabido) 253 263 317 www.se-braga.pt
Été : tlj. 8h-19h ; hiver : tlj. 8h-18h30 € 2€

Museu da Sé

Statues, stalles baroques, fastueuses grandes orgues... Suivez le guide (en français !) et son trousseau de grosses clés usqu'au capharnaüm lapidaire qui occupe les chapelles le long de la cour. La Capela dos Reis y recèle les mausolées d'Henri de Bourgogne et de son épouse, les parents d'Afonso Henriques, et la dépouille d'un archevêque momifié naturellement sur la pierre au 17e s.

Tlj. 9h30-12h30 et 14h30-18h € 2-3€

Grand seigneur !

Museu dos Biscaínhos

Auréolée d'un pimpant jardin, la noble demeure (18e s.) évoque le mode de vie de l'aristocratie à l'époque baroque, à travers celui de la famille qui occupa l'étage et des domestiques logés au rez-de-chaussée. Faites le tour du propriétaire, de la salle de réception aux cuisines, regarnies d'objets d'arts décoratifs (17e-18e s.), en passant par le salon de musique.

Rua dos Biscaínhos 253 204 650 www.museudosbiscainhos.gov.pt
Mar.-dim. 10h-12h30 et 14h-17h30 2€

Lézarder en beauté

Praça da República

Les terrasses de café invitent à la pause sous les arcades 18e s. de cette vaste place. En retrait, la **Torre de Menagem** est tout ce qui reste du château érigé en 1378 par le roi Fernando I. La place s'ouvre sur l'**Avenida Central** et son jardin voué à la flânerie. Parmi les façades baroques, le **Museu Nogueira da Silva**, luxueuse demeure des années 1950-1960, présente les précieuses collections du riche homme d'affaires : Vierges à l'Enfant flamandes, netsukés japonais, faïences portugaises... Café dans le jardin parsemé de statues.

Museu Nogueira da Silva Av. Central, 61 **253 601 275 www.mns.uminho.pt**
Mar.-ven. 10h-12h et 14h-17h ; sam. 14h-17h 3€

Souriez, vous êtes épié !

Casa dos Crivos ou das Gelosias

Parfait reflet des préoccupations religieuses et morales des 17e-18e s., la maison des "Grilles" ou des "Jalousies" (17e-18e s.) exhibe une curieuse façade de fenêtres à jalousies en bois. D'un cachet presque oriental, elle permettait aux femmes d'observer l'activité de la rue sans être vues.

Rua de S. Marcos, 41 253 615 288 Mar.-ven. 10h-13h et 14h30-18h, sam.-dim. 10h-13h et 15h-18h (lors d'une exposition temporaire) Entrée libre

"Plus près de toi, mon Dieu ! "

Santuário do Bom Jesus do Monte

Le magistral escalier baroque du sanctuaire du Bom Jesus est l'une des plus folles réalisations architecturales du pays : une vertigineuse volée d'escaliers à double rampe, traçant une Via Sacra de quelque 600 marches, ponctuée de chapelles, de fontaines et de statues. Décidée en 1723, sa construction dura presque un siècle. Adossé à un versant boisé du Monte Espinho, le sanctuaire compose un merveilleux balcon de verdure suspendu au-dessus de la ville. L'atteindre à pied revient littéralement à effectuer son chemin de croix ! L'alternative ? Emprunter le funiculaire hydraulique de 1882.

5km à l'est de Braga par la N3 (on peut garer son véhicule en bas de la montée)
253 676 636 bomjesus.pt Été : tlj. 8h30-19h ; hiver : tlj. 8h30-18h Entrée libre
Funiculaire Guindais Été : dim.-jeu. 8h-22h, ven.-sam. 8h-0h ; hiver : lun.-jeu. 8h-20h, ven.-sam. 8h-22h 5€

BON À SAVOIR
Pour accéder au sanctuaire depuis la plateforme d'où part l'escalier, vous avez le choix : en voiture (sur 2km), en funiculaire (payant), à pied (20min d'ascension) ou encore à genoux, les bras en croix (plus rare). Préférez les premières heures du matin, quand le mont est encore enrubanné de brumes, ou le soir, lorsque la lumière décline.

Via Sacra
En bon pèlerin, empruntez le sentier qui zigzague à travers la forêt en stationnant à chacune des 14 scènes de la Passion du Christ. Vous gravirez ensuite l'**Escadório dos Cinco Sentidos** ("escalier des Cinq Sens"), scandé de fontaines allégoriques évoquant les plaisirs terrestres. Avant que l'**Escadório das Três Virtudes** ("escalier des Trois Vertus") ne vous rappelle au salut de votre âme, avec ses fontaines symbolisant la Foi, la Charité et l'Espérance. Vous touchez enfin au but : une église néoclassique plutôt ordinaire. Sur sa gauche, des sentiers rejoignent un romantique petit lac (location de barques).

Pour le fond et pour la forme

Galeria Mário Sequeira
Dans le vaste parc, ou entre les murs du bâtiment puissamment minimaliste conçu par Carvalho Araújo en 1994, vous profiterez des collections qui font de cette galerie une référence majeure dans l'art contemporain portugais et international. À l'air libre, les sculptures et installations de stars du moment (Richard Long, Gerhard Richter, Julian Opie, Rachel Whiteread...). Et à l'intérieur, peintures, vidéos et photographies.

Rua da Galeria, 129 Parada de Tibães (5km au nord-ouest de Braga sur la N205-4) 253 602 550 www.mariosequeira.com Lun.-ven. 10h-13h et 15h-19h

BARCELOS

Baignée par le Rio Cávado, Barcelos doit sa notoriété à... un coq, devenu l'emblème du Portugal. On le retrouve en série, vivant ou décoratif, sur les étals de la gigantesque **feira** du jeudi matin, qui attire une foule bigarrée depuis le... 12e s. Barcelos possède aussi de belles églises comme l'**Igreja de Nossa Senhora do Terço**, à voir pour ses azulejos. Près du pont médiéval, les ruines poétiques du palais des comtes de Bragance (15e s.) accueillent un **musée archéologique** lapidaire à ciel ouvert. L'improbable château en granit a tout des restes d'une vieille église irlandaise !

22km à l'ouest de Braga **Posto de Turismo** Largo Dr. José Novais, 27 253 811 882 www.cm-barcelos.pt Mi-mars-sept. : lun.-ven. 9h30-18h, sam. 10h-13h et 14h-17h, dim. 10h-13h et 14h-16h ; oct.-mi-mars : lun.-ven. 9h30-17h30, sam. 10h-13h et 14h-17h **Igreja de Nossa Senhora do Terço** Avenida dos Combatentes da Grande Guerra, 240-272 253 811 451 Mer.-lun. 9h-12h et 14h-18h **Museu Arqueológico** Largo do Município 253 824 741 Mar.-ven. 10h-13h et 14h30-17h30, w.-e. et j. fér. 10h-12h30 et 14h-17h30 Entrée libre

VIANA DO CASTELO

L'une des merveilles du Minho, blottie sur la rive droite du Rio Lima au pied de la colline de Santa Luzia. Station balnéaire, port de pêche et centre historique, la pimpante petite ville resplendit encore du temps où elle rivalisait avec Porto dans le négoce maritime, la construction navale et le commerce du sucre et de l'or. Ses festivals folkloriques, ses gigantesques *romarias* et son artisanat attirent les foules en été. On s'installe alors aux terrasses de la **Praça da República**, entre la loggia de la Casa da Misericórdia, aux airs de palais vénitien, et les arcades gothique du Paço do Conçelo.

60km au nord-ouest de Braga Welcome Center Praça do Eixo Atlântico 258 098 415 www.cm-viana-castelo.pt Juil.-août : tlj. 10h-19h ; sept.-juin : mar.-dim. 10h-13h et 14h-18h

Garde-robe colorée

Museu do Traje

Poussez la porte de ce musée pour aller voir de près le costume traditionnel *vianense*, si populaire qu'il est devenu l'un des emblèmes du Portugal.

Praça da República 258 809 306 Mar.-ven. 10h-18h ; sam.-dim. 10h-13h et 15h-18h 2€

Beautés en série

Museu de Artes Decorativas

Une avalanche de céramiques de toutes les régions du Portugal, du mobilier indo-portugais du 17e s., quelques sculptures et peintures, des pièces archéologiques et une galerie de dessins, le tout exposé dans les salles tapissées d'azulejos d'un palais du 18e s.

Largo São Domingos 258 809 305 Mar.-ven. 10h-18h ; sam.-dim. 10h-13h et 15h-18h 2€

***Coração de Viana* (cœur de Viana)**

Bat'hôpital

Navio-Hospital *Gil Eannes*

Mouillant dans le port au bout des docks, face au Largo Vasco da Gama, le *Gil Eannes* est un ancien navire-hôpital construit en 1955 dans les chantiers navals de la ville. Par la suite, il fit également office de brise-glace avant d'être converti en auberge de jeunesse. Elle a fermé, mais le bateau se visite encore.

258 809 710 www.fundacaogileannes.pt Avr.-sept. : tlj. 9h-19h ; oct.-mars : tlj. 9h-18h 4,50€

COULEUR LOCALE

Les bijouteries ne manquent pas à Viana, et pour cause : le *coração de Viana* ("cœur de Viana"), ornement en filigrane d'or, est le symbole de la ville et l'une des icônes du Portugal. Indissociable des riches costumes traditionnels du Minho, revêtus lors des *romarias*, il s'est fait une place au cou des stars hollywoodiennes.

SAUVÉ PAR LE COQ

Un pèlerin en chemin vers Compostelle accusé de larcin, se vit octroyer par son juge, alors attablé, une ultime chance de prouver son innocence. Désignant le coq rôti qui venait d'être servi, l'infortuné tenta le tout pour le tout : "Si je suis innocent, ce coq chantera au moment où l'on me pendra." L'assemblée s'esclaffa, mais au moment fatidique on entendit le volatile chanter. Notre pèlerin qui, comme par miracle, avait vu la corde refuser de se serrer autour de son cou, fut aussitôt libéré. Il revint quelques années plus tard à Barcelos pour sculpter une croix en hommage à saint Jacques et à la Vierge, que l'on peut voir aujourd'hui au Museu Arqueológico. Depuis, des coqs en terre cuite prennent la poussière sur les étagères des appartements de la ville...

Le fameux coq de Barcelos

Montmartre-sur-Mer
Santa Luzia

De la colline de Santa Luzia, on décroche l'un des plus fascinants panoramas du Portugal, englobant la ville, le fleuve, la montagne, l'océan et la côte découpée au loin. Le mont est coiffé d'une imposante basilique néobyzantine, construite au début du 20e s. sur le modèle du Sacré-Cœur de Montmartre, dont le dôme permet de jouir d'un point de vue encore plus élevé. Un conseil, allez-y le matin ou en fin de journée lorsque le soleil couchant éclaire la ville basse. Le tableau est réellement exceptionnel !

Templo-Monumento do Sagrado Coração de Jesus em Santa Luzia Accès en funiculaire (AS 2€), en voiture (5km), ou par l'escalier qui longe le funiculaire (15min) Montée au dôme (158 marches !) payante (2€) 258 823 173 www.templosantaluzia.org Avr.-oct. : tlj. 9h-18h ; nov.-mars : tlj. 9h-17h

EN REMONTANT LE MINHO

Forteresse assiégée
Valença do Minho

Le long du Rio Minho, frontière naturelle entre le Portugal et l'Espagne, la cité enclose par un impressionnant système de fortifications à la Vauban accueille le voisin espagnol à bras (et tiroir-caisse) ouverts. On sera tenté d'y voir un enfer boutiquier, spécialisé dans le linge de maison (plutôt ordinaire), mais le soir venu, après que la marchandise est remballée, c'est un véritable enchantement que de déambuler par ses ruelles pavées de gros galets.

Posto de Turismo Portas do Sol, Paiol do Campo de Marte 251 823 329 www.visitvalenca.com Lun.-ven. 9h-17h, sam.-dim. 9h-12h30 et 14h-17h

Trésors liquides
Monção

La place forte de **Monção** (prononcez “monçon”) possède l'intimité qui fait tant défaut à sa voisine. Une étape fort agréable, réputée pour ses eaux thermales et son vin alvarinho, le plus apprécié des *vinhos verdes*. Ceinte de fortifications un peu trop grandes pour elle, la petite ville s'étend près de la rivière, qu'elle domine d'un joli belvédère au fond de sa grand-place. Son **Igreja de Santa Maria dos Anjos** (13e s.) abrite le tombeau de Deu-la-Deu Martins, la Jeanne d'Arc locale.

Posto de Turismo Casa do Curro, Praça de Deu-la-Deu Monção 251 649 013 www.valedominhodigital.pt Tlj. 10h-13h et 14h-18h

PONTE DE LIMA

Une petite bourgade absolument charmante où l'on vient goûter à la douceur des berges verdoyantes du Rio Lima, constellées de pique-niqueurs dès les beaux jours. Elle doit son nom et sa notoriété à son pont d'origine romaine, d'une longueur exceptionnelle, qui chevauche le fleuve. Une profusion de très belles demeures seigneuriales entourées de vignes complète la carte postale. La capitale du *vinho verde* possède un petit musée très didactique sur le vin vert, que vous pourrez déguster sur place.

Le pont romain de Ponte de Lima

Loja Interactiva de Turismo Torre da Cadeia Velha Passeio 25 de Abril 258 240 208 Tlj. 9h30-12h30 et 14h-17h30 **Centro de Interpretação e Promoção do Vinho Verde** Casa Torreada dos Barbosa Aranha Rua da Fonte da Vila, 38 258 900 426 www.cipvv.pt Mar.-dim. 10h-12h30 et 14h-18h 3€

À FAIRE

Faites la foire à Barcelos

Feira de Barcelos

Sur l'immense esplanade de Barcelos, c'est le grand déballage depuis le Moyen Âge ! Sur les étals du plus grand marché du pays, des montagnes de charcuteries, de fromages, de fruits parfumés et de beaux légumes voisinent avec une ribambelle de dentelles, broderies, paniers et céramiques, à laquelle s'ajoute l'incontournable colonie de coqs de Barcelos. Malgré la pression touristique et le fatal commerce d'un artisanat de moins en moins original, il reste un authentique marché régional et l'un des plus animés du pays.

Campo da República Barcelos Jeu. (mer. si jeu. férié)

Allez à la plage

Praia do Cabedelo

De l'autre côté du Rio Lima, juste après l'embouchure du fleuve, la plus belle plage des environs de Viana do Castelo a presque tout pour elle, sauf le privilège d'être baignée par des eaux à température agréable.

Viana do Castelo Accès en bus (dir. Anha) et en ferry-boat par l'embarcadère de Praça de Liberdade (mai-sept. : départ tlj. 9h-19h, jusqu'à 0h en août)

Praia do Canto Marinho

Isolée, cette plage encore sauvage se cache derrière un long cordon dunaire, avec un large banc de rochers sur lesquels se fracassent les vagues. Pour la

La plage de Caminha

trouver, il vous faudra la chercher patiemment (à la sortie de Viana do Castelo, vers le nord, sur la RN13, empruntez le sentier pavé en face de la chapelle baroque Senhor do Bonfim, située sur la droite, à quelques centaines de mètres). La promenade qui suit le rivage jusqu'aux plages voisines est plus que conseillée !

Carreço Viana do Castelo (8,5km au nord de Viana do Castelo)

Praia da Foz do Minho

C'est la plage la plus proche de Caminha. Avant d'emprunter les caillebotis qui conduisent à travers les pins à cette immense étendue sablonneuse, vous trouverez sur la droite une plage fluviale, sans vagues, épargnée par le vent qui souffle bien souvent sur la côte océane, et donc parfaite si vous avez des enfants.

Caminha (1km à peine du centre dir. Viana do Castelo)

Praia de Moledo

Le long d'un océan plutôt agité, les 2km de sable fin de la petite station balnéaire de Moledo sont très prisés des surfeurs. À droite, on distingue le curieux profil pointu du Monte de Santa Traga et, en face, sur une petite île rocheuse, le fort d'Ínsua, construit au 15e s. comme couvent puis transformé en poste de défense de la côte.

Moledo (4km au sud de Caminha, sur la route de Viana do Castelo)

Pagayez sur les *rios*

MinhAventura

Balades en kayak : parcours de 2h30 à 3h (25€/pers.). Location de vélos, promenades guidées, cours et sorties en *stand-up paddle*.

Rua Dr. Luciano Pereira Silva Caminha 910 986 232 www.minhaventura.com

Olá Vida

Parcours en kayak de 2h30 (80€/3 pers.), circuits à vélo, en Jeep ou en bateau.

Parque de Lazer do Castelinho Vila Nova de Cerveira (12km au nord-est de Caminha par la N13) 964 994 440 www.olavida.pt

Clube Náutico

Le club nautique de Ponte de Lima propose la location de kayaks (3€/h) et de vélos (8€/demi-journée, 15€/j.), pour filer le long du Rio Lima !

São Gonçalo Arcozelo (sur l'autre rive du fleuve) 258 944 899 www.clubenautico.pt Tlj. 9h-20h

Partez en randonnée

Área Protegida das Lagoas de Bertiandos e de São Pedro d'Arcos

À 4km de Ponte de Lima, l'aire protégée des lagunes de Bertiandos et de São Pedro d'Arcos promet une rafraîchissante échappée nature. Riche en biodiversité, la baie du fleuve Estorãos recèle aussi des ruines romaines et des vestiges d'architecture médiévale. Cinq promenades de 1,6km à 12,5km (6h de marche) permettent de s'immerger dans ce milieu humide et boisé. Toutes commencent et se terminent au **Centre d'interprétation de l'environnement**, source d'informations sur la faune et la flore locale.

Ponte de Lima https://lagoas.cm-pontedelima.pt Centro de Interpretação Ambiental Rua da Lagoa de São Pedro d'Arcos, 476 Arcos (10km à l'ouest de Ponte de Lima) 258 240 201 Lun.-ven. 9h-12h30 et 14h-17h30, w.-e. 14h30-17h30

NOS ADRESSES

PAUSES

Manège à tentations

Nova Camir

Impossible de résister aux *tortas* (gâteaux garnis d'une préparation de *gila* – variété de courge –, jaune d'œuf et amandes) ou au *toucinho do céu* ("petit lardon du ciel", aussi à base de jaune d'œuf et d'amandes) qui pavanent en vitrine. Quelques tables en terrasse.

GUIMARÃES Largo do Toural, 105 253 415 997 Page Facebook Tlj. 7h30-0h

Indétrônable !

Café Vianna ♥

Faites comme Camilo Castelo Branco et Eça de Queiroz, deux grands écrivains portugais de la fin du 19e s., qui avaient coutume de s'y retrouver. Sous les arcades de la Praça da República, une valeur sûre, validée par les touristes autant que par les autochtones.

BRAGA (plan 9, B1 n°1) Praça da República 253 262 336 Page Facebook Dim.-jeu. 10h-0h, ven.-sam. 10h-2h

Sous l'angle historique

Café A Brasileira ♥

Encore un incontournable *bracarense*, plus populaire et bohème, qui draine une clientèle hétérogène fidèle. La journée, préférez l'intérieur ample et stylé à la terrasse prise d'assaut.

BRAGA (plan 9, B1 n°2) Largo Barão de São Martinho 253 262 104 Page Facebook Dim.-jeu. 10h-0h, ven.-sam. 10h-1h (cuisine ouverte jusqu'à 22h)

Exquises *queijadas*

A Colonial

Vous vous régalerez d'abord avec les yeux de pâtisseries à la française et de macarons que Francisco Gomes a appris à préparer aux côtés de Pierre Hermé. Mais surtout, vous y goûterez les meilleures *queijadas* qui soient, petits gâteaux à base de fromage frais, cuits dans leur délicieuse feuille de sucre durci.

BARCELOS Largo Pt Nova, 43 253 811 365
Tlj. 8h30-19h30

À la sortie du four
Natário
Les habitants connaissent de mémoire l'heure des fournées : vers 16h30 notamment, les trois salles se remplissent en un éclair de gourmands venus déguster la *bola de Berlim* toute chaude, le fameux chausson fourré à la crème pâtissière. Une institution à ne pas confondre avec l'enseigne Zé Natário.

VIANA DO CASTELO Rua Manuel Espreigueira, 37 258 822 376
pastelariaconfeitariamanuelnatario.pt
Lun. 9h-19h, mer.-sam. 9h-19h, dim. 9h-13h30 et 15h30-19h Fermé 2 sem. mi-mai et 2 sem. fin sept.

Buller en terrasse
Confeitaria Havaneza
Pour prendre un verre dans la journée en savourant des *madalenas* (gâteau à la *gila*, sorte de confiture de courge), des *margaridas* (à base d'œuf) ou des *manjericos* (à base d'œuf, *gila* et noix de coco). L'occasion de s'immerger dans l'effervescence de la place.

PONTE DE LIMA Largo de Camões
258 741 355 Lun.-ven. 8h30-20h, sam. 8h30-23h

RESTAURANTS

Fantaisies végétariennes
Cor de Tangerina ♥€
À l'étage d'une vieille demeure agrémentée d'un charmant jardin, Dinis et Filiana font leurs gammes à partir de produits locaux et bio. Et leur créativité fait merveille, à l'instar du *conquistador*, plat traditionnel revisité à base de "viande végétale". Plat 12,50€.

GUIMARÃES Largo Martins Sarmento, 89
253 542 009 www.cordetangerina.pt
Mar.-jeu. 12h-15h, ven.-sam. 12h-15h et 19h30-22h

Spécialités bien envoyées
Novo Nora do Zé da Curva ♥€€
Faussez compagnie à la foule de la Praça São Tiago et du Largo de Oliveira le temps d'un repas sur la terrasse du 3e étage avec jolie vue sur les principaux monuments de Guimarães. Plats de viande ou poisson de 8,50€ (*meia dose*) à 22,50€ (*dose*). Le tout avec une parfaite maîtrise des cuissons !

GUIMARÃES Rua Rainha Dona Maria II, 125-129
912 242 971 Page Facebook
Mar.-ven. 12h-15h et 19h-22h30, sam. 12h-15h et 19h-23h, dim.-lun. 12h-15h

Petit coin vintage
Retrokitchen ♥€
La cantine rétro-bohème de Rui et Tania fait fureur auprès d'une clientèle cosmopolite. Le midi, menu unique (6,50€), combinant une soupe et un plat au choix, simples mais créatifs. Le soir, un tableau noir condense une carte réduite. En été, bar et terrasse à l'arrière.

BRAGA (plan 9, B2 n°10) Rua do Anjo, 96
253 267 023 Page Facebook
Mar.-sam. 12h30-15h et 19h30-23h

Pastéis de bacalhau

L'homme des tavernes

Félix Taberna €

Entre auberge et bar à vins, un restaurant familial pris d'assaut pour son fameux *arroz de pato* (riz au canard), à faire suivre d'une tarte au *queijo* (fromage) et au coulis de framboises. Sans réservation, tentez de vous faire une petite place au comptoir. Plat 10-14€.

BRAGA (plan 9, A2 n°11) Largo da Praça Velha, 18-19 253 617 701 Page Facebook Mar.-sam. 12h-15h30 et 19h-0h, lun. 9h-0h (cuisine ouverte jusqu'à 22h30)

Sans fausse note

Casa dos Arcos €

Dedans comme dehors, cette taverne tire son succès d'un cadre authentique, d'un service très attentionné, et d'une cuisine portugaise de haut vol. Ici, c'est la fricassée de champignons et châtaignes qui fait office de salade d'accueil. Plat 10-15€.

BARCELOS Rua Duques de Bragança, 185 912 539 661 Page Facebook Mer.-sam. 12h-15h30 et 19h-22h30, dim. 12h-15h30

Dans l'air du temps

À Moda Antiga €

Un "Retro Market & Bistro", pour changer des restaurants traditionnels. Pas de haute gastronomie, mais des salades fraîches, des sandwichs et de savoureux burgers (6,50-9€), à dévorer sur la terrasse. Bières artisanales du Minho. La boutique vend des produits portugais "à l'ancienne" : cosmétiques, céramiques, chocolats et bonbons.

VIANA DO CASTELO Largo João Tomás da Costa, 63 258 023 229 amodaantiga.pt Mar.-dim. 12h-15h et 19h-22h

Serrés comme des sardines

Casa Primavera ♥€

Dans le quartier des pêcheurs, cette authentique taverne prisée des habitants et des sardiniers est toujours bondée. Impossible de manger sans lier connaissance avec son voisin. Peut-être même partagerez-vous un plat de sardines grillées, la spécialité, et l'on vous montrera comment les manger, posées sur un morceau de *broa de milho* ("pain au maïs"), avec un peu d'huile d'olive. Plat 8-12€.

VIANA DO CASTELO Rua Góis Pinto, 59 258 821 807 Lun.-sam. 12h-15h et 19h-22h

À la sauce saudade

Fatum – Casa de Fados €

Une *casa de fados* intimiste, logée dans la muraille de la forteresse. La pittoresque salle voûtée résonne du chant des *fadistas* plusieurs soirs par semaine lors de dîners-concerts de grande qualité (30€). Le reste du temps, carte variée de *petiscos* à partager (3-14€) et plats portugais élégamment dressés (autour de 13€).

VALENÇA DO MINHO Portas da Coroada, Rua do Major Severino 251 818 140 Lun.-mer. et ven.-sam. 12h-16h et 19h-22h30 heure de fado, dim. 12h-16h heure de fado

La star c'est l'agneau

Restaurante Sete a Sete €€

Entre murs de granit et petites tables en bois, dégustez-y les yeux fermés une plantureuse cuisine régionale : veau, cochon noir (*porco preto*), bœuf et morue grillés, poulpe, lamproie (en saison), sans oublier la spécialité locale : le *cordeiro à Monção*, un morceau d'agneau mariné, cuit au four à bois et servi avec du riz au safran. Plat 12-23€.

MONÇÃO Rua Conselheiro João da Cunha, 55
251 652 577 restauranteseteasete.pai.pt
Mar.-sam. 12h-15h et 18h30-23h, dim. 12h-15h

Sang pour sang local

Restaurante Alameda €

Devant le fleuve, une adresse sûre pour goûter la spécialité du coin : *arroz de sarrabulho* (riz cuit avec le sang et les filets de porc, bœuf et poulet) accompagné de *rojões* (morceaux de porc et de charcuterie). Pas très léger, mais délicieux ! En boisson, le vin vert maison tiré à la pression et, en dessert, la *pêra bêbada* (poire au vin rouge).

PONTE DE LIMA Alameda de São João, 40
258 941 630 Mar.-dim. 11h30-15h et 18h30-21h

SHOPPING

Vert bouteille

Casa de Sezim

Sur la Rota dos Vinhos, une *casa* du 18e s. aux airs d'hacienda plante le décor de ce domaine viticole de 26ha, créé au 14e s. À déguster et/ou acheter, plusieurs vins blancs, dont le fameux *vinho verde* moult fois primé (7€ la bouteille).

GUIMARÃES Rua de Sezim Santiago de Candoso (6km au sud-ouest du centre-ville)
253 523 000 www.sezim.pt

Dans un salon de la Casa Sezim

Hôtel de commerce

Casa Rolão ♥

Quatre boutiques indépendantes ont investi cet édifice rococo bâti en 1770. Au rdc, la librairie Centésima Página cache un café et un jardin. Au 1er étage : parquets qui craquent et plafonds en stucs composent le décor de Vá De Retro, une boutique de meubles vintage, et d'Obi, une marque de vêtements pour femmes.

BRAGA (plan 9, B1 n°20) Av. Central, 118-124
962 348 525 Page Facebook
Lun.-sam. 9h-19h30

Love love me do !

Ourivesaria Venâncio Sousa

Vous trouverez d'authentiques “cœurs de Viana” dans cette bijouterie centenaire (1872), tenue depuis six générations par la famille Coutinho. Ne vous étonnez pas de la bande-son rock, Victor Coutinho, l'avant-dernier descendant en date, est notoirement connu pour être... le plus grand collectionneur au monde de vinyles des Beatles et des Rolling Stones !

VIANA DO CASTELO Rua Picota, 57/61 258 822 498 Lun.-ven. 9h30-12h30 et 14h30-19h, sam. 10h-13h

Star des *vinhos verdes*
Adega Cooperativa Regional de Monção

La coopérative de la région de production du célèbre alvarinho. Le must ? Le très fruité alvarinho Deu-la-Deu qui fait tout de même de 11,5° à 13°. Sont également représentés trois cépages rouges (brancelho, negrão et cainho) et un blanc (trajadura), répondant à l'appellation de *vinhos verdes*, ainsi que des eaux-de-vie. Dégustation sur rendez-vous.

MONÇÃO Cruzes-Macedo 251 652 167 www.adegademoncao.pt Lun.-ven. 9h-12h30 et 14h-18h, sam. 9h-12h30

SORTIES

Bien bouchonné
Rolhas e Rótulos

Tout en enfilade, une vraie cave à boire et à manger, escortée par une prolifique carte des vins. La sélection de fromages, bières, jambons fumés et saucissons spéciaux se fait fort de ne pas décevoir les palais exigeants. Allez cueillir la vue sur le Padrão do Salado à l'étage : bluffante ! Tapas à partir de 6€.

GUIMARÃES Largo da Oliveira, 11 253 048 068 Lun.-mer. 10h-0h, jeu.-sam. 10h-2h

Sortie d'usine
SETRA

Au 1er étage d'une usine de matelas reconvertie cohabitent fauteuils moelleux, meubles dépareillés et photos d'icônes du rock, tandis que résonnent classiques pop rock des années 1970 à 1990. Cocktails convaincants, concerts mer.-jeu. et DJ sets ven.-sam.

BRAGA (plan 9, A2 n°30) Rua de São João, 15 (1er étage) 911 128 423 Page Facebook Mar.-sam. 20h-2h

Hola España !
Fronteira

Baptisé "Frontière", "l'ultime bar portugais du Caminho de Santiago" est situé à l'extrémité nord de la citadelle, vis-à-vis du Rio Minho et du pont reliant l'Espagne et le Portugal. C'est de loin le bar le plus animé de la ville, avec une large sélection de bières artisanales et de gins.

VALENÇA DO MINHO Av. de Espanha 967 598 489 Mer.-ven. 8h30-15h30 et 19h-0h, sam.-dim. 8h30-0h

Chez le Che
Bar Cervejaria Rampinha

Un bar pour le moins improbable dans une ville comme Ponte de Lima, entièrement dédié à la figure emblématique de... Che Guevara. Sur les murs, quelques intrus parmi lesquels les Beatles, Marilyn ou encore Lénine, et des fanions d'équipes de football. Grand choix de bières belges et allemandes, et *petiscos*.

PONTE DE LIMA Rua Formosa, 37 258 943 211 Ven.-sam. 16h-4h

PARQUE NACIONAL DA PENEDA-GERÊS ★

Isolé du monde et d'une beauté folle, le seul parc national du Portugal étanche les soifs de nature sauvage et de paysages grandioses. Ses quatre "petites" montagnes (Peneda, Soajo, Amarela et Gerês) réservent de rares mais somptueuses routes en lacet reliant d'adorables villages aux maisons de granit. Et aussi de vivifiantes randonnées entre gorges, cascades, torrents, lacs, forêts, landes et déserts granitiques.

À VOIR

Apothéose végétale du Minho, ce parc de 70 000ha protège une nature épique saupoudrée de menhirs, de ponts romains, d'abris de bergers, de chapelles et de petites communautés traditionnelles de bergers et d'agriculteurs, au mode de vie ancestral, qui font tout le piquant de la découverte. Mais la plupart de ses trésors ne se livreront vraiment qu'aux seuls randonneurs. La Serra do Gerês, l'aire d'environnement la plus sauvage, est vitale pour la conservation du loup ibérique, de l'aigle royal et de la salamandre lusitanienne. Vous avez peu de chance de les croiser, vous verrez plus facilement chevaux sauvages, chèvres et bœufs à longues cornes paissant dans les hauts pâturages.

ACCÈS ET INFOS

- Accès : véhicule essentiel pour rejoindre et visiter le parc (accès payant de juin à sept.). Liaison régulière en car Braga-Gerês (7/j. en sem., 3 ou 4 le w.-e.) et 2 bus/j. en semaine pour Portela do Mezio, Lindoso et Soajo depuis Ponte da Barca ou Arcos de Valdevez (www.salvador-transportes.com). Interdiction de se garer sur certaines routes en zones protégées.
- Cinq portes d'accès au parc avec bureaux d'informations touristiques et espaces d'expositions.
- Adere Une excellente source d'informations. Sur le site Internet, rés. d'hébergement en ligne et cartes détaillées du parc et des différents sentiers balisés, téléchargeables gratuitement. Rua D. Manuel I Porta de Lindoso Ponte da Barca 258 452 250 www.adere-pg.pt Lun.-ven. 9h-12h30 et 14h30-18h

SERRA AMARELA ET SERRA DO SOAJO

Si vous venez de Ponte de Lima, c'est par là que vous atteindrez le parc national. Ponte da Barca, porte de la Serra Amarela (Porta do Lindoso), et Arcos de Valdevez, porte de la Serra do Soajo (Porta do Mezio), sont des bases idéales pour explorer la région, agréablement posées au bord du Rio Lima et du Rio Vez. Niché dans la forêt, le centre de la Porta do Mezio, doté d'un parc aventure et d'une piscine en plein air, propose diverses activités : randonnée, canyoning, canoë...

Porta do Lindoso Lugar do Castelo Ponte da Barca 258 578 141 Avr.-sept. : tlj. 10h-18h ; oct.-mars : tlj. 10h-12h30 et 14h-17h **Porta do Mezio** Arcos de Valdevez 258 510 100 www.portadomezio.pt Avr.-juin, sept. : tlj. 9h30-18h ; juil.-août : lun.-ven. 9h30-20h, w.-e. 10h-20h ; oct.-mars : tlj. 9h30-17h

À NE PAS MANQUER

- Lindoso
- Serra do Gerês
- Randonner sur le Trilho dos Moinhos de Parada
- Barboter dans une piscine naturelle

Cascade dans le parc national de Peneda-Gerês

Digne d'*Un dimanche après-midi à la Grande Jatte*

Ponte da Barca

La petite ville doit son nom au joli pont qui, à partir du 15e s., remplaça la barque qui permettait aux pèlerins de traverser le Rio Lima sur la route de Compostelle. Aux premiers beaux jours, sa Praia Fluvial et sa piscine en plein air sont envahis par une foule de baigneurs venus étendre leurs serviettes pour un pique-nique. Comme dans la fameuse toile de Seurat !

17km à l'est de Ponte de Lima Loja Interativa de Turismo Rua Conselheiro Rocha Peixoto, 9 Porta da Barca 258 455 246 Mar.-sam. 10h-13h et 14h-18h

Défilé de paons et de griffons

Bravães

Presque accolée à la route se dresse la modeste église romane de Bravães. Vestige d'un ancien monastère bénédictin du 13e s., l'Igreja de São Salvador est un bijou d'iconographie médiévale. Sa décoration extérieure foisonne sur le portail dont les colonnes et chapiteaux de granit abondent en diverses figures humaines et animales (beaucoup d'oiseaux) polies par le temps.

4km à l'est de Ponte da Barca

L'appel de la rivière

Arcos de Valdevez

Peu touristique, la petite cité somnole dans un méandre du Rio Vez. Les charmantes ruelles et les vieilles églises de son minuscule centre historique colonisent un promontoire d'où vous profiterez d'un joli point de vue sur la vallée du Vez et, au loin, la Serra do Soajo. Aux beaux jours, votre seule envie sera d'aller piquer une tête dans la piscine naturelle formée par la rivière en contrebas. À voir, Rua da Valeta, la minuscule Capela de Nossa Senhora da Conceição, de transition romano-gothique, puis le curieux pilori manuélin à fût torsadé, avant de parvenir à l'Igreja Matriz de la fin du 17e s.

4,5km au nord de Ponte da Barca Loja Interativa de Turismo Rua Prof. Dr. Mário Júlio Almeida Costa 258 520 530 Lun.-sam. 9h30-12h30 et 14h-18h

SAVEURS LOCALES

Dans les anciens locaux des coopératives agricoles, **Artebarca** offre une vitrine à l'artisanat local, un espace est consacré aux produits du cru (confitures, miel...), et, au sous-sol, Solar do Vinhão fait la promo du vin vert de la région. **Centro de Exposição e Venda de Produtos Regionais (CEVPR)** Rua D. Manuel I Ponte da Barca 258 480 180 Tlj. 14h-17h30 (cave à vins mar.-sam.)

Parfum d'agrumes

Ermelo

Ne passez pas par Ermelo sans goûter aux délicieuses oranges du même nom, douces et juteuses à souhait ! Bénéficiant d'un microclimat, la *laranja de Ermelo* est récoltée à partir du mois de février, et surtout en avril-mai (point de vente à l'entrée du village). Le charmant village accroché à la verdoyante rive droite du Rio Lima dévoile aussi les vestiges d'un antique monastère cistercien du 13e s. Le 11 juillet s'y déroulent les Festas de São Bentinho, qui attirent beaucoup de monde de toute la région.

À l'entrée du parc, à 16km de Ponte da Barca par la N203 puis la M530

Joli village

Soajo

Ce joli village est surtout connu pour ses 24 *espigueiros* en granit, greniers à grain ou à maïs élevés sur pilotis, aux allures de tombeaux ou de petits temples avec leurs croix plantées à chaque extrémité. La place possède un très curieux *pelourinho* ("pilori") à visage humain, coiffé d'une pierre triangulaire.

4km d'Ermelo

Greniers sur pilotis

Lindoso

Vous pouvez vous y arrêter autant pour son panorama sur la vallée du Lima que pour son spectaculaire ensemble d'*espigueiros* sur pilotis, qui donne l'impression de traverser une nécropole antique. Un château du 13e s., totalement restauré en 1940, couronne le tout (petit centre d'information).

25km à l'est de Ponte da Barca et 3km à l'ouest de la frontière espagnole

SERRA DA PENEDA

Loin du monde, l'extrémité nord du parc offre aux randonneurs la beauté austère de ses champs de roches et de ses petits villages de bergers en pierre, où perdure un mode de vie rural ancestral. Accessible depuis la **Porta de Lamas**

de Mouro (mine d'informations sur les randonnées du coin), elle peut aussi être ralliée depuis la Serra de Soajo en passant par le village de Rouças. De là, une petite route pittoresque serpente entre d'impressionnants escarpements rocheux déchiquetés et d'amples forêts de chênes et de pins en direction de Peneda et de Lamas de Mouro, d'où la N202-3 conduit à Castro Laboreiro.

Porta de Lamas de Mouro Porto Ribeiro (53km au nord de Ponte da Barca) 251 465 010 www.cm-melgaco.pt Été : tlj. 9h30-13h et 14h-18h ; hiver : tlj. 9h30-13h et 14h-17h (18h avr.-juin, sept ; 19h juil.-août)

Un village qui vaut son pesant de granit
Castro Laboreiro

Seul au creux d'un splendide paysage de collines rocheuses et de bruyères, ce hameau préservé recèle l'un des plus riches patrimoines historiques du Portugal : peintures rupestres, dolmens, ponts romains et constructions médiévales, dont les stupéfiantes ruines du Castelo, desquelles on jouit d'un formidable point de vue sur les pics granitiques alentour. De nombreux parcours de randonnées bien indiqués partent du village, dont le **Trilho Interpretativo de Castro Laboreiro** (5,8km, difficulté modérée) incluant la découverte du Ponte Velha et un sublime panorama sur la vallée accidentée.

38km au nord de Soajo

300 marches au bout du monde
Santuário de Nossa Senhora da Peneda

Blotti au creux d'un ravin, ce village de bout du monde a donné son nom à la Serra da Peneda. Rien ne prépare à la vision de son étonnant sanctuaire. Adossé à un dôme montagneux d'où jaillit une cascade, son escalier expiatoire de style néoclassique rappelle celui du Bom Jesus de Braga, mais dans un

Le pont médiéval d'Assureira, Castro Laboreiro

cadre encore plus grandiose. Une *romaria* rassemble tous les ans, du 31 août au 8 septembre, les pèlerins de toute la région.

21km au nord de Soajo www.facebook.com/PNPenedaGeres Été : tlj. 9h-19h ; hiver : tlj. 10h-16h

SERRA DO GERÊS

Des gorges profondes, de somptueuses forêts, des lacs bleus, des torrents fougueux et des cascades rugissantes... La partie sud du parc est la plus belle et la plus sauvage, mais aussi la plus fréquentée en été. De nombreux sentiers attirent les fourmis randonneuses autour de la **Porta de Campo do Gerês** et de **Gerês**, tandis que le **lac de Caniçada** se met au tempo des activités nautiques du côté de Rio Caldo.

Porta de Campo do Gerês (33km à l'est de Ponte da Barca) 253 351 888 www.cm-terrasdebouro.pt Tlj. 9h30-12h30 et 13h30-17h

Souvenirs d'un village englouti

Museu Etnográfico de Vilarinho da Furna

Lancé dès l'édification du barrage de Vilarinho en 1972, le programme de sauvetage du patrimoine ethnographique de ce village, aujourd'hui submergé, a abouti à la construction d'un musée des arts et traditions populaires propres à Vilarinho. Vous y glanerez aussi une foule de renseignements sur les différents accès au parc et les balades autour du barrage. En période de basses eaux, ouvrez l'œil : vous pourrez voir les vestiges des maisons affleurer à la surface du lac.

Campo do Gerês 253 351 888 Tlj. 9h30-12h et 13h30-17h 2€

IL ÉTAIT UNE FOIS...

La **Via Geira**, l'ancienne voie romaine qui donna son nom à Gerês, longeait le Vale do Homem, puis passait le col du même nom (750m), et constituait la route XVIII de l'"itinéraire d'Antoninus" reliant la Lusitanie aux sources de l'Empire. Des traces sont encore visibles au sud d'Albufeira de Vilarinho das Furnas.

À la source

Gerês

Réputée pour ses sources chaudes, la petite ville thermale, désuète mais pleine de charme, aligne ses grands hôtels Belle Époque aux façades pastel le long de la rue principale. Le meilleur camp de base pour partir en randonnée ! Aux environs, plusieurs sentiers empruntent la **Via Geira**, l'ancienne voie romaine entre Braga et Astorga en Espagne, matérialisée par des bornes milliaires le long du Vale do Homem. Cartes des sentiers en vente à l'office de tourisme (0,10€).

55km au sud-est de Ponte da Barca **Posto de Turismo do Gerês** Av. D. João V 253 392 096 Tlj. 9h-13h et 14h-17h

Le village de montagne de Gerês

Village dans les nuages

Pitões das Júnias

Le plus haut village du Portugal (1 103m), perché sur un plateau sauvage, saupoudré de vaches et cinglé par les vents. Et tout autour, des montagnes à perte de vue. Dans ce dédale de maisons traditionnelles en pierre, le charme opère ! Non loin, ne manquez pas les romantiques ruines romanes du Mosteiro de Santa Maria das Júnias (12e s.), et la Cascata de Pitões das Júnias, une jolie chute d'eau à 30min de marche (sentier balisé).

70km au nord-est de Campo do Gerês par la N103 et la M308-4

À FAIRE

Pratiquez des activités de plein air

Vertigem Trilhos

De la location de matériel aux sorties de plusieurs jours, Vertigem Trilhos, fondé par un couple franco-portugais, permet d'aller plus loin dans la découverte de la nature sauvage du parc, voire de lui associer des sensations fortes (rafting, kayak, trekking...). Itinéraires sur mesure, accompagnés ou en autonomie.

Lugar de Porto Ribeiro Lamas de Mouro 251 466 037 Avr.-nov. Rés. 24h à l'avance

Randonnez dans le parc

On recense une cinquantaine de *percursos pedestres*. Certains sont signalisés physiquement, d'autres ne sont indiqués que sur les cartes et par GPS. Une carte générale et des dépliants (payants) sont disponibles dans les différents postes d'accueil et de tourisme du parc, et sont téléchargeables sur Internet, ainsi que les fichiers pour GPS. Les parcours PR élaborés par l'Adere (www.adere-pg.pt) sont bien balisés et détaillés dans des brochures bilingues

Chevaux sauvages à Lamas de Mouro

portugais-anglais. Des balades de 3km à 8km entre paysages magnifiques, petits villages de montagne et baignades dans les rivières.

Trilho das Brandas

Dans la Serra da Peneda, un sentier (8km, difficulté modérée) à l'assaut des *brandas*, ces bourgs d'altitude isolés proches des pâturages et uniquement occupés l'été comme Branda de Gorbelas. Non loin, on découvrira le Fojo do Lobo, un ancien piège à loup !

Trilho da Cidade da Calcedónia

Pour être en pleine nature, choisissez ce sentier de la Serra do Gerês (7km, difficulté modérée), d'où vous profiterez d'une vue panoramique.

Trilho dos Moinhos de Parada

Un superbe sentier végétal dans la paroisse de Lindoso (7km, difficulté modérée), jalonné de cascades, piscines naturelles et anciens moulins à eau. Renseignez-vous avant sur la qualité du balisage.

Prenez les eaux

Termas do Gerês

Moins chaudes que celles de Chaves, les eaux de Gerês (42,5°) n'en possèdent pas moins de vertus, et attirent des cohortes de curistes durant toute la saison thermale (de mai à octobre).

Av. Manuel Francisco da Costa Gerês 253 391 113 www.termasdogeres.pt
Lun.-sam. 8h-12h30 et 14h30-18h30, dim. 9h-13h

Barbotez dans une piscine naturelle

Cascata da Portela do Homem

En amont de cette cascade à 1km de la frontière espagnole, vous trouverez, dans un cadre forestier et montagneux, quantité de bassins d'eau limpide, creusés dans la roche et de différentes profondeurs. Pareillement populaires :

les retenues de la Cascata do Arado et les "lagons" de la Cascata Tahiti (respectivement à 10 et 15km à l'est de Gerês).

13km au nord de Gerês via la N308-1

NOS ADRESSES

RESTAURANTS

Terrasse tip top

Vai à Fava ♥€

Un vent de fraîcheur dans le paysage gastronomique local. Ici, les sardines se dégustent roulées dans des crêpes, et les jus naturels volent la vedette au *vinho verde*. La cuisine, légère et très végétale, n'omet pas les produits portugais, mitonnés avec créativité, ni les influences du monde entier. Le plus ? La terrasse pavée dominant le fleuve. Plat 10-13€.

PONTE DA BARCA Rua Dr. Alberto Cruz, 13 258 027 769 Lun.-sam. 8h-12h30 et 14h30-18h30, dim. 9h-13h

Avec les habitués

Restaurante Varanda do Lima €€

Sur la place en bord de rivière, le restaurant de référence de la ville. Une vaste salle, plus agréable qu'on ne pourrait le croire vue de l'extérieur. Assiettes bien garnies peu chères (13-17€), sauf si vous optez pour un poisson ou des fruits de mer (17-26€).

PONTE DA BARCA Campo do Côrro Porta de Lindoso 258 453 469 Mer. 12h-15h, ven.-mar. 12h-15h et 19h-23h

Au bord du *rio*

Restaurante O Moinho €€

Cette maison sert l'une des cuisines les plus savoureuses du coin. Parmi les spécialités, la lamproie (*lampreia*) et le chevreau (*cabrito da serra*). En accompagnement, goûtez le délicat vin vert de l'Adega Cooperativa de Ponte da Barca.

PONTE DA BARCA Campo do Côrro 258 452 035 www.facebook.com/omoinhopontedabarca Mer.-dim. 12h-15h et 19h-22h, lun. 19h-22h Fermé 2 dernières sem. en juin et nov.

Ambiance musette

Tasca Delfim €

Voilà sans doute la *tasca* la plus typique du nord du Portugal, véritable musée de l'accordéon. *Petiscos (bolinhos de bacalhau…)* à toute heure, à escorter d'un verre de *vinho verde* dans un décor touffu qui rend hommage au musicien folkloriste Amorim, fondateur du lieu dans les années 1960.

ARCOS DE VALDEVEZ Rua da Praça, 45 258 515 390 Tlj. 7h-21h

Taverne tradi

Adega do Ramalho €

La meilleure taverne de Gerês, un peu en dehors de la ville. Un couple et leurs deux filles s'activent dans deux chaleureuses salles, souvent bondées. Les soirs de fin de semaine, on n'hésitera pas à vous placer sur la terrasse couverte, même s'il pleut ! Au menu, la tradition : copieux gratin de morue et poissons grillés entre 7,50 et 9,50€.

ASSUREIRA (un peu après Gerês sur la N308-1 en dir. du sud) 253 391 336 Tlj. 12h-15h et 19h-22h (cuisine ouverte jusqu'à 21h)

LE TRÁS-OS-MONTES

"Neuf mois d'hiver, trois mois d'enfer" dit le dicton. La vie est rude dans cette campagne sauvage isolée "au-delà des monts", à l'extrême nord-est du Portugal. S'exiler dans les hauts plateaux du Trás-os-Montes, c'est découvrir une nature intacte clairsemée de petits villages en schiste, où perdurent depuis des siècles des rites païens et un mode de vie communautaire. À en juger par la chaleur de ses habitants, cette *Terra Fria* (terre froide) est loin d'être inhospitalière !

ACCÈS ET INFOS

- Chaves est à 150km à l'est de Porto et Bragança à 215km au nord-est.
- Se déplacer : voiture conseillée pour bien découvrir la région. De Porto, Braga, Coimbra et Lisbonne (via Vila Real), liaisons régulières en car avec Chaves et Bragança. Liaison Bragança-Miranda do Douro.

À VOIR

CHAVES

Célèbre pour son pont romain qui enjambe le Rio Tâmega, la discrète cité thermale, agréable et vivante, se révèle être une bonne surprise. Outre son fameux jambon, vous goûterez aux bienfaits de ses eaux chaudes, au charme de ses rues bordées de maisons à encorbellement et au panorama sur les toits de tuiles rouges du haut de son **donjon** médiéval. Les amoureux d'art baroque pousseront la porte de l'**Igreja da Misericórdia**, parée d'azulejos. Les amateurs d'abstraction géométrique préfèreront le **Museu de Arte Contemporânea Nadir Afonso**, dédié à ce peintre et architecte natif de Chaves (1920-2013).

Posto de Turismo Paço dos Duques de Bragança 276 348 180 www.chaves.pt Avr.-sept. : mar.-dim. 10h-13h et 14h30-18h30 ; oct.-mars : mar.-dim. 9h30-13h et 14h30-18h **Museu da Região Flaviense – Núcleo de História Militar** Praça de Camões 276 340 500 museus.chaves.pt Avr.-sept. : tlj. 10h-13h et 14h30-18h30 ; oct.-mars : tlj. 9h30-13h et 14h30-18h 1€ **Igreja da Misericórdia** Praça de Camões Lun.-sam. 16h-18h, dim. 8h45-10h **Museu de Arte Contemporânea Nadir Afonso** Av. 5 de Outubro, 10 Avr.-sept. : mar.-dim. 10h-13h et 14h30-18h30 ; oct.-mars : mar.-dim. 9h30-13h et 14h30-18h 5€

Antique traversée

Ponte Romana

Fierté de Chaves, ce pont romain ou Ponte de Trajano est le seul héritage de l'antique Ad Aquas Flavias ("les eaux de Flavio"), fondée en 78 ap. J.-C., date à laquelle les sources d'eau chaude furent utilisées pour la première fois. Construit au tournant des 1er et 2e s. ap. J.-C. quand gouvernait l'empereur Trajan, l'ouvrage de 140m de long, remodelé au 19e s., dévoile une douzaine d'arches apparentes.

BRAGANÇA

Isolée du monde, la capitale historique du Trás-os-Montes semble encore se chercher entre son charmant mais somnolent village médiéval enclos de remparts et sa cité moderne à l'urbanisation galopante, dynamique mais sans

À NE PAS MANQUER

- Cidadela (Bragança)
- Museu do Abade de Baçal (Bragança)
- Parque Natural de Montesinho
- Miranda do Douro
- Une croisière dans les gorges du Douro

Le centre historique de Chaves

beaucoup d'attraits. Son nom évoque l'une des plus prestigieuses familles du pays, les Bragance, dernière dynastie à avoir régné sur le Portugal de 1640 à 1910 (et sur le Brésil de 1822 à 1889), et dont Bragança fut le premier fief. C'est aussi l'une des portes d'entrée du luxuriant parc naturel de Montesinho.

Env. 100km à l'est de Chaves Posto de Turismo Rua Abilio Beça ,105 273 381 273 Été : tlj. 9h-18h ; hiver : tlj. 9h-12h30 et 14h-17h30 **Parque Natural de Montesinho** Parque Florestal 273 300 400 www.icnf.pt Lun.-ven. 9h-16h

Hors du temps

Cidadela

Perchée sur la colline, la citadelle enserre de petites maisons chaulées de blanc dans ses remparts du 12e s. Baignant dans un calme absolu, les ruelles pavées vous mèneront du **Castelo** et son donjon roman de 33m à la ravissante **Domus Municipalis**, rare vestige d'architecture civile romane au Portugal. L'**Igreja de Santa Maria** mérite le coup d'œil pour son portail baroque et son plafond peint en trompe-l'œil. En contrebas de l'enceinte, un vieux pilori de granit (**pelourinho**) a pour base un étonnant *berrão*, représentation sculptée de porc datant de l'âge du fer, fréquente dans la région.

Castelo et Museu Militar 273 322 378 www.cm-braganca.pt Mar.-dim. 9h-12h et 14h-17h Fermé j. fér. 3€ **Igreja de Santa Maria** Mai-août : tlj. 9h-19h ; sept.-avr. : mar.-dim. 9h-12h et 14h-17h **Domus Municipalis** Mar.-dim. 9h-12h et 14h-17h Entrée libre

Résumé d'histoire par l'art

Museu do Abade de Baçal

L'un des plus beaux musées provinciaux du Portugal, fondé en 1915 dans l'ancien palais où résidaient les évêques jusqu'à l'avènement de la République en 1910. Remodelé, il allie la découverte d'une demeure du 18e s. (précieux plafonds à caissons de bois sculptés ou peints) à l'agrément d'une muséographie

La citadelle de Bragance

moderne de ses collections d'archéologie, d'art sacré, de pièces de monnaie, de mobilier et de peinture. Très beaux jardins à l'arrière.

Rua Abílio Beça, 27 273 331 595 www.museuabadebacal.gov.pt Mar.-dim. 9h30-12h30 et 14h-18h 3€

Le Trás-os-Montes en noir et blanc

Centro de Fotografia Georges Dussaud

Vous y découvrirez l'émouvant travail du photographe français Georges Dussaud, amoureux du Portugal et surtout de la région de Trás-os-Montes, où il séjourna souvent pour capturer le folklore et le quotidien des petits villages reculés. Scènes de vie, de travail et de rituels d'un monde disparu...

Rua Abílio Beça, 77 (1er étage) 273 324 092 Mar.-dim. 9h-12h30 et 14h-17h30 Entrée libre

Une peintre au bout du pinceau

Centro de Arte Contemporânea Graça Morais

Aménagés dans un ancien *solar* totalement remanié par Eduardo Souto de Moura, prix Pritzker 2011, ces espaces sont exclusivement consacrés à l'art contemporain, dont une collection permanente d'œuvres de la plus fameuse peintre *trasmontana* : Graça Morais (née en 1948). Situées à l'arrière de la bâtisse, des salles aux volumes impressionnants accueillent des expositions temporaires.

Rua Abílio Beça, 105 ☎ 273 302 410 centroartegracamorais.cm-braganca.pt
🕒 Mar.-dim. 10h-18h30 Visite guidée sur rés. € 2,10€

Pour se retirer du monde...

Parque Natural de Montesinho 👍

Sur près de 75 000ha, ce parc naturel est le foyer d'une grande biodiversité, dont la star incontestée est le loup ibérique (*lobo ibérico*). Moult chemins de randonnées permettent de profiter des paysages, et surtout des couleurs hallucinantes du parc. Ne manquez pas de visiter plusieurs des derniers villages communautaires de la région : Montesinho avec ses maisons aux toits de schiste, et, encore plus insolite, Rio de Onor, coupé en deux par la frontière avec l'Espagne.

Centro de Interpretação do Parque Natural de Montesinho Casa da Vila (31km au nord-ouest de Bragança par l'Av. General Humberto Delgado) ☎ 273 771 416
🕒 Tlj. 9h-12h30 et 14h-17h30

MIRANDA DO DOURO 👍

Aux confins du Trás-os-Montes, la ville médiévale à l'abri de remparts guette l'Espagne au-dessus des gorges rocheuses du Douro. On y parle encore le mirandês, une langue dialectale, et les *pauliteiros* y perpétuent la spectaculaire danse du bâton depuis la nuit des temps. Autant de traditions évoquées au **Museu da Terra de Miranda**. La **Sé** du 16e s., ex-cathédrale démesurée, chaperonne la jolie cité médiévale où subsistent quelques boutiques surannées aux vitrines improbables. Dans la ville moderne, les magasins de vêtements attirent le chaland espagnol en masse les week-ends et mois d'été.

75km au sud-est de Bragança **Posto de Turismo** Largo do Menino Jesus da Cartolinha ☎ 273 430 025 🕒 Lun.-sam. 9h-12h30 et 13h30-18h (17h en hiver) **Museu da Terra de Miranda** Praça D. João III, 2 ☎ 273 417 288 🕒 Mar. 14h-18h ; mer.-dim. 10h-13h et 14h-18h € 2€ **Sé** 🕒 Fermé temporairement pour travaux

SOMBRE HISTOIRE...
Du château de Miranda, construit en 1286 à l'initiative du roi Dinis, il ne subsiste quasiment plus rien, depuis l'explosion de sa poudrière en 1762. Elle entraîna la mort d'environ 400 personnes et la destruction de plus de 200 maisons du village.

À FAIRE

Prenez les eaux

Chaves Termas & Spa

Rendez-vous à l'intérieur pour y goûter son eau, gratuite et désaltérante : drôle d'expérience que de s'aventurer là pour boire son verre d'eau chaude, au milieu d'un parterre de seniors. Bienfaisante pour les rhumatismes, l'appareil digestif et les voies respiratoires, l'eau est puisée à 3km de profondeur

À l'entrée du canyon de Vale de Águia

et arrive directement des entrailles de la Terre au robinet... à 73°C. D'une pureté bactériologique irréprochable mais fortement alcalinisée, bicarbonatée et minéralisée, elle est trop riche pour être embouteillée et commercialisée. N'en abusez donc pas ! Thermes à partir de 60€/j.

Largo das Caldas Chaves 276 332 445 www.termasdechaves.com
Lun.-sam. 9h-12h30 et 15h30-19h, dim. 9h-13h

Crapahutez dans le Parque Natural de Montesinho

Gomov

Cette agence propose des circuits accompagnés sur mesure à pied (5€/pers.) ou en 4x4 (de 100€/3h à 150€/j., 5 pers.), et de l'escalade (10€/pers.) pour découvrir les richesses du parc, situé entre 900 et 1 400m d'altitude. Possibilité de déjeuner et de loger dans les pittoresques villages, blottis derrière les frondaisons des forêts du parc.

Av. das Forças Armadas, 19 Bragança 273 332 167 gomov.pt

Dear Wolf

Une équipe de guides-scientifiques passionnés vous emmène sur les traces de la vie sauvage au cœur du parc. Au programme : observer, étudier et comprendre la faune locale. Randonnées (adaptées aux familles) d'une demi-journée (40€/pers., 10€/enfant) à 4 jours (390€/2 pers.). Qui sait, peut-être aurez-vous la chance d'apercevoir le loup ibérique, assez répandu dans la région !

Tv da Malhada, 4 Rio de Onor (26km au nord-est de Bragança par la N218-1) 939 676 600 dearwolf.wixsite.com/dearwolf

Croisez dans les gorges du Douro

Centro de Turismo Ambiental Luso-Espanhol

Dans le cadre d'un projet de coopération transfrontalière, la compagnie Europarques propose des croisières sur le Douro, en amont du barrage de Miranda, dans de spectaculaires gorges. Un parcours de 1h conduit jusqu'à **Vale de Águia**. L'embarcadère se trouve sur la route de l'Espagne. Levez la tête et peut-être apercevrez-vous l'un des nombreux rapaces qui survolent le fleuve, comme le vautour moine et l'aigle royal.

Parque Náutico Miranda do Douro (7km au nord-est de Miranda do Douro) 273 432 396 www.europarques.com Départ fév.-mi-déc. : lun.-ven. à 16h (17h, heure espagnole), w.-e. et tlj. d'août à 11h et 16h (12h et 17h, heure espagnole) 18€

NOS ADRESSES

PAUSES

Pastéis de... veau !

Pastelaria Maria

Dès le matin, de nombreux *Flavienses* viennent y acheter leurs *pastéis de Chaves* (feuilleté demi-lune farci de viande de veau) pour leur petit déj., déjeuner ou goûter. Pourquoi ne pas faire pareil, ils sont si appétissants (0,60€ la pièce). Emportez-les pour les manger dans les jardins du château tout près.

CHAVES Largo do Município, 4 276 324 139 Lun.-sam. 7h-13h et 14h30-18h30, dim. 7h-13h

Friand de friands

Forno Regional João Padeiro ♥

Vous êtes ici chez l'autoproclamé roi des *folares* de Chaves, sorte de friand intégrant huile d'olive, beurre, farine, œufs et viande de porc. Tradition culinaire familiale liée aux fêtes pascales, le *folar* est à présent confectionné et vendu tout au long de l'année. Mais, paraît-il, à l'approche de la fête, on vient y faire spécialement la queue.

CHAVES Rua do Postigo, 8-9 276 322 317 Été : tlj. 6h-19h ; hiver : tlj. 8h30-18h

RESTAURANTS

Débit de vins

Restaurante Adega Faustino ♥

L'adresse à ne pas manquer à Chaves : une sorte de gigantesque halle aux vins à la monumentale charpente abritant de longues tables disséminées sur le pavé, où l'on commande sa viande, son poisson ou son assiette de charcuterie (5-9€) et, à part, l'accompagnement que l'on désire (env. 2€).

CHAVES Tv Cândido dos Reis 276 322 142 www.adegafaustino.pt Lun.-sam. 12h-15h et 19h-22h Fermé 15 j. début jan.

Cueillette aux champignons

O Batoque ♥€

Sautés avec des châtaignes, farcis, en omelette, dans une soupe, une *açorda*, un risotto, un feuilleté ou une *francesinha*, les champignons (*cogumelos*) s'accommodent ici à

CHAVES, PARADIS DES GOURMANDS

C'est ici qu'il faudra goûter au fameux *presunto* de Chaves, le meilleur jambon fumé du Portugal, à déguster sur une tranche de *pão de centeio* ("pain de seigle"). Savourez aussi les *alheiras* (saucisses à base de volaille) et *fumeiros* (saucissons fumés) : *linguiças, salpicãos, chouriças*. Enfin, on ne saurait faire l'impasse sur le *folar*, spécialité boulangère proche du friand, liée à l'origine aux fêtes de Pâques.

toutes les sauces ! Provenant d'un petit producteur voisin, ils changent selon la saison et composent la majorité des *petiscos* et plats à partager, de la bruschetta à 3,50€ aux *lombinhos* (filets de porc) à 18€.

BRAGANÇA Rua dos Batoques, 25
968 546 559 Mar.-dim. 18h30-23h45

Top chef
Tasca do Zé Tuga €€

Dans la citadelle, face au château, ce petit restaurant aux airs rustiques est le fief du chef Luís Portugal, très médiatisé après sa victoire au concours Masterchef. Il y mitonne une cuisine portugaise raffinée à base de produits extra. Essayez le *medalhão de vitela à Mirandesa*, énorme pièce de bœuf d'une tendreté sans égale ! Plat 13,50-18€.

BRAGANÇA Rua D. Fernão, 66 (face à l'entrée du château) 273 381 358 Tlj. 9h-0h (cuisine ouverte jusqu'à 22h)

Rustique rock
Taberna do Javali ♥€€

On pourrait s'attendre à un bar à tapas rustique avec murs de granit et jambons au plafond. Que nenni : ici, on sert une cuisine moderne et recherchée, dans une vaisselle design et sur fond de musique... hard-rock ! Burgers, sandwichs et *francesinha* de sanglier se dégustent en terrasse ou dans la salle à manger vitrée. Une adresse surprenante.

BRAGANÇA Rua D. Fernão, 48 273 094 609
Mar.-dim. 9h30-1h (cuisine jusqu'à 22h)

Pizza vs *bacalhau*
Pizzaria O Moinho €

Dans la ville moderne, cette pizzeria réserve une excellente surprise : une vue plongeante sur le Douro et le barrage. Demandez une table près des baies vitrées ! Bonnes pizzas, pâtes gratinées et pas moins de douze recettes de morue, dont une au miel et aux noix ! Plat 9-14€, pizza 4-5€.

MIRANDA DO DOURO Rua do Mercado, 47C
273 431 116 miranda.restaurantemoinho.com
Tlj. 12h-15h et 19h-22h

SHOPPING

À bon porc
Casa do Presunto Zeca Moura ♥

Pour faire comme les *Flavienses* (gens de Chaves), il faut s'éloigner un peu pour acheter son jambon. Dans ce bar-restaurant à environ 10min en voiture de la ville, un jambon supérieur coûte env. 10€/kg. Demandez à le déguster sur place dans l'*adega* de la maison. Ambiance taverne !

CHAVES São Lourenço (10km au sud-est de Chaves, dir. Valpaços et Miranda) 276 321 901 Tlj. 8h30-22h

100% mirandais
Maria Susana de Castro

Mère et fille, Maria Susana et Sandra s'emparent d'épaisses couvertures de burel ou de sacs de blé en lin pour les transformer en pièces actuelles : sacs, chapeaux, vêtements inspirés des capes traditionnelles mirandaises. Mais pour acquérir la fameuse *capa de honra* (cape d'honneur), icône de la région, il vous faudra débourser au moins 750€.

MIRANDA DO DOURO Rua D. Turíbio Lopes 273 739 644 Lun.-sam. 10h-12h30 et 14h-19h

Charcuteries traditionnelles

SORTIES

Guinguette secrète
Praça 16 ♥

L'unique terrasse de la Praça da Sé, face à la cathédrale. Mais le meilleur de ce bar décoré de papier peint et de meubles seventies est invisible aux regards : à l'arrière, un grand jardin d'esprit guinguette, paré de lampions et de poufs en osier. Chouette playlist qui vagabonde entre bossa-nova, jazz et rock.

BRAGANÇA Praça da Sé, 16 934 061 653 Café Dim.-jeu. 20h30-2h, ven.-sam. 20h30-3h Jardin Été : tlj. 13h30-2h

Trublion culturel
Duque de Bragança

Sous ses airs de belle endormie, la citadelle abrite quelques-uns des bars les plus animés de la ville. Parmi eux, tapi au fond d'une allée pavée encombrée de pots de fleurs, ce chaleureux petit bar tenu par le "duc", un patron haut en couleur. L'endroit accueille régulièrement expos, concerts, débats...

BRAGANÇA Rua da Cidadela, 92 914 522 381 Tlj. 13h-1h

Petiscos sous la vigne
Cartolinha

Au pied de la cathédrale, un bar avec terrasse, vous aimerez vous attarder en picorant des *petiscos* sous une tonnelle recouverte de vigne vierge.

MIRANDA DO DOURO Largo da Sé, 8 273 417 188 Tlj. 8h-4h

D'Évora à Mértola, et de la vallée du Guadiana aux rives de l'Atlantique, les routes bucoliques du Sud profond vous entraînent de villages blancs embaumant la fleur d'oranger en châteaux perchés. Vignes, chênes-lièges, oliviers et champs de blé ondulent à perte de vue sous un soleil de plomb : décor champêtre d'un *road trip* rustique à la recherche des mégalithes, des traces de la culture maure... et des trésors de la gastronomie alentejane !

L'Alentejo

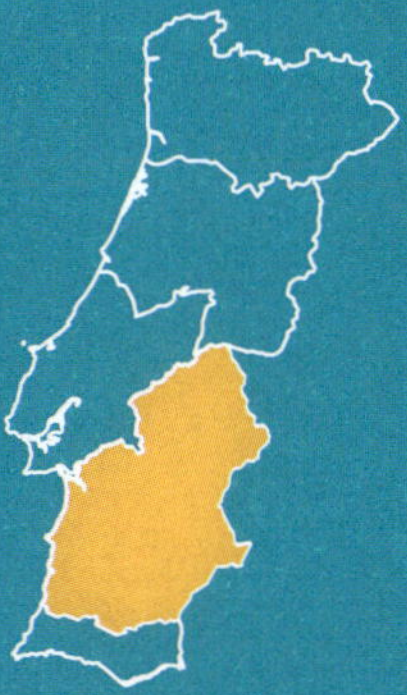

Champ d'oliviers

Plan 10

Caldas da Rainha
A1
A15
IC1
Santarém
SANTA DE MONTEJUNTO 666 M
N3
LISBONNE, L'ESTREMADURA ET LE RIBATEJO p.35
A8
A1
A9
SINTRA
CABO DA ROCA
N10
RIO SORRAIA
RIBA. DE DIVOR
RIBA. DE SANTO ESTEVÃO
Cascais
Estoril
LISBOA (LISBONNE)
COSTA DO SOL
Vendas Novas
N114
A2
A6
Setúbal
N10
Marateca
Montemor-o-Novo
Tróia
RIO SADO
A2
CABO ESPICHEL
RUINAS ROMANAS DE CETÓBRIGA
IC1
Escoural
N253
CAIS PALAFÍTICO DE CARRASQUEIRA
N253-1
Comporta
Alcácer do Sal
OCEANO ATLÂNTICO
COSTA AZUL
BAIA DE SETÚBAL
N261
IC1
N261-1
N5
IP1
N261
Grândola
N2
IC1
GRÂNDOLA
IP8
SERRA DE
LE LITTORAL ALENTEJAN p.258
IP8
Santiago do Cacém
Sines
IP8
RUINAS ROMANAS DE MIRÓBRIGA
N121
N121
CABO DE SINES
A2
PRAIA DE SÃO TORPES
N120-1
N120
Porto Covo
N261
ILHA DO PESSEGUEIRO
Aljustrel
PARQUE NATURAL DE SUDOESTE ALENTEJANO E COSTA VICENTINA
IC4
SA. DO CERCAL
RIO SADO
N389
Vila Nova de Milfontes
IC1
IP1
N2
N393
N263
N123
CABO SARDÃO
Cavaleiro
Odemira
N123
Zambujeira do Mar
RIO MIRA
Azenha do Mar
N120
N2
Santa Clara-a-Velha
Odeceixe
A2
L'ALGARVE p.267
N266
N
15 km

TEJO
Nisa
N364
Castelo de Vide
N246
Marvão
N244
RIBA. DE SOR
Portagem
N245
Ponte de Sor
IP2
1 025 M
Crato
SA. DE S. MAMEDE
N251
N119
RIBA. DE SEDA
Portalegre
PARQUE NATURAL DA SERRA DE SÃO MAMEDE
N369
Alter do Chão
Alegrete
Alburquerque
ontargil
IP2
N245
Avis
VILLA LUSITANO-ROMANA
Arronches
Fronteira
N2
Monforte
N246
RIBA. DE RAIA
Campo Maior
EX100
Sousel
LE HAUT-ALENTEJO p.236
Santa-Eulália
GÉVORA
N251
IP2
N370
Estremoz
A6
N4
N4
Elvas
Badajoz
Arraiolos
Évoramonte
Borba
A6
SA. DE OSSA
Vila Viçosa
Azaruja
ÉVORA ET SES ENVIRONS p.228
N254
Alandroal
ESPAGNE
N114
Redondo
ÉVORA
RIO DE OLIVENZA
N432
ZAMBUJEIRO, CROMELEQUE DOS ALMENDRES
RIO DEGEBE
RIO GUADIANA
N380
XARRAMA
SÃO PEDRO DO CORVAL
Outeiro
IP2
N256
Monsaraz
Reguengos de Monsaraz
OLA
Viana do Alentejo
Mourão
RIO ALCARRACHE
Portel
vito
Luz
RUINAS ROMANAS DE SÃO CUCUFATE
IP2
M517
BARRAGEM D'ALQUEVA
Póvoa de São Miguel
RIO ARDILA
N386
N121
RIO GUADIANA
Moura
RIBA. DE ARDILA
Beja
N255
IP8
N435
N18
LE BAS-ALENTEJO p.246
Serpa
SA. DA ADIÇA
IP8
N433
IP2
PULO DE LUBO
N265
Corte Gafo de Cima
PARQUE NATURAL DO VALE DO GUADIANA
RIO CHANÇA
CABEZO GORDO 613 M
N123
N122
Mina de São Domingos
Mértola
ESPAGNE
Pomarão
RIBA. DO VASCÃO
Alcoutim

CINQ BONNES RAISONS...

... de sillonner les petites routes de l'Alentejo.

CASTELO DE VIDE (p.240) et **MONSARAZ** (p.250), pour découvrir les villages blancs de l'Alentejo.

La **ROUTE DES VINS** (p.233), pour pousser le bouchon très loin mais à proximité des embouteillages !

CARRASQUEIRA (p.258), pour arpenter les frêles pontons du Cais Palafítico.

☀ Le **BAS-ALENTEJO** (p.246), pour faire le plein d'objets artisanaux issus de l'écorce des chênes-lièges (p.256).

☀ **IRMÃ FLORES** (p.245), pour soutenir l'artisanat des *bonecos* entrés au patrimoine culturel immatériel de l'Unesco.

RENDEZ-VOUS AVEC...

Ancien ingénieur des Télécommunications, **Luis Peixe** a repris avec trois amis, eux aussi en quête d'une nouvelle vie, la Fábrica Alentejana de Lanifícios de Reguengos de Monsaraz, aujourd'hui Fabricaal. L'objectif : préserver un art en perdition, le tissage artisanal des couvertures de bergers aux couleurs de l'Alentejo, au sein d'un vénérable atelier de Monsaraz. Amoureux de sa région d'adoption, Luis nous livre ses coups de cœur.

Mon village secret

A Monsaraz

Monsaraz (p.250) est mon village de prédilection en Alentejo. J'aime marcher dans ses ruelles au coucher du soleil et me hisser sur les remparts du château pour profiter de la vue incroyable sur la retenue d'Alqueva, le plus grand lac artificiel d'Europe. La localité, sur laquelle plane le souvenir des différentes civilisations qui se sont succédé au fil des siècles dans la région, possède un charme inimitable.

Mon restaurant avec vue

B Sabores de Monsaraz

Vous vous régalerez de la vue panoramique sur le lac d'Alqueva de la terrasse de ce restaurant. Vous apprécierez aussi la chaleur et la gentillesse de dona Isabel, la propriétaire. Mais ce qui vous laissera sans doute le souvenir le plus durable, c'est la qualité de la cuisine. Une table à ne pas manquer si vous voulez goûter les saveurs authentiques de l'Alentejo.

MONSARAZ Rua de São Bento, 2
969 217 800 www.saboresdemonsaraz.com
Mar. 19h30-22h30, mer.-dim. 12h30-15h30 et 19h30-22h30

MA PLAGE PRÉFÉRÉE ?

Praia do Meco C'est certainement l'une des plus belles plages du pays. On vient de tout le Portugal profiter de la vue fantastique qu'offre la crête des dunes, se régaler de fruits de mer et savourer une vraie sensation de liberté. Si vous vous y arrêtez, ne repartez pas avant d'avoir assisté au coucher du soleil. Un moment inoubliable.

Mon spot farniente

C Praia Fluvial de Monsaraz

Cette plage fluviale fut l'une de mes premières bonnes surprises quand je me suis installé dans la région. Située sur la rive du lac d'Alqueva,

Dans les ruelles du village de Monsaraz

> **ET SI L'ALENTEJO ÉTAIT...**
> **Une couleur** Ce serait le rouge des fleurs sauvages, un spectacle fascinant que nous offre l'Alentejo à chaque printemps.

elle est parfaitement aménagée avec un centre nautique, un restaurant et une aire de jeux pour enfants... On pourrait presque se croire au bord de la mer ! Un must que je conseille à tous les gens de passage dans la région.

MONSARAZ 266 608 040 Début juin-sept.

Ma promenade urbaine

D Évora

Dans le centre historique d'Évora (p.228), on a tout de suite le sentiment de se retrouver hors du temps. Les monuments de différentes époques fascinent et le plan d'ensemble déroute, mais ce qui impressionne le plus, c'est le "son" feutré des rues. Un bruissement particulier qui ne vient jamais perturber la magie des lieux. On pourrait parler de "son du silence" !

Mon *road trip*

E Parque Natural do Sudoeste Alentejano e Costa Vicentina

De Porto Covo, en Alentejo, à Burgau, en Algarve, le littoral (p.259) donne à voir une nature stupéfiante, à la faune et la flore incroyablement riches. Vous y découvrirez des paysages à couper le souffle, entrecoupés de falaises et de plages somptueuses. Ça vaut vraiment la peine de prendre plusieurs jours pour explorer la côte en voiture (p.227).

> **FABRICAAL**
> Pour visiter la boutique et la fabrique de *mantas de Reguengos* de Luis, voir (p.257)

ÉVORA ET SES ENVIRONS

Beauté perchée sur la plaine alentejane, Évora est l'une des cités les plus séduisantes du Portugal. Distinguée par l'Unesco, la capitale de l'Alentejo, véritable concentré d'histoire portugaise, empile sur sa petite colline quantité de monuments. Vu du ciel, son lacis de ruelles corseté de remparts ressemble à une toile d'araignée. Une toile dans laquelle on se laisse volontiers prendre !

ACCÈS ET INFOS

- Évora est à 135km à l'est de Lisbonne.
- Visiter : on découvre la ville à pied (parkings gratuits à l'extérieur de l'enceinte, au nord et au sud.
- En train et en car : liaisons avec Lisbonne (4 trains/j. et env. 20 bus/j.). Liaisons en car avec la plupart des villes de l'Alentejo, Coimbra, Santarém et Faro.
- Posto de Turismo Praça do Giraldo, 70-73 Estrada de Almeirim 266 777 071 www.cm-evora.pt
  Avr.-oct. : tlj. 9h-19h ; nov.-mars : tlj. 9h-18h

À VOIR

ÉVORA ★

À la période romaine, dont subsiste un temple de Diane, Évora reçut de Jules César le titre honorifique de Liberalitas Julia. Si elle n'a conservé aucun édifice de la longue présence musulmane, la cité tout entière évoque une médina, avec ses maisons blanches aux patios dallés. Les souverains de la dynastie d'Avis en firent la seconde ville du royaume et vinrent souvent y séjourner avant que le pays ne tombe sous la férule de l'Espagne en 1580. Évora connut son apogée au 16e s., ce dont témoigne l'essentiel de son patrimoine, mais son déclin, amorcé au 17e s., fut consommé lorsque le marquis de Pombal la priva de son université en 1759.

Toutes les rues mènent à... Giraldo !

Praça do Giraldo

Toutes les rues du centre historique, dessiné en étoile, convergent vers cette jolie place à arcades, pavée de *calçada portuguesa*. C'est le cœur animé de la ville avec ses boutiques et ses terrasses de café, où l'on prend le soleil entre édifices baroques, façades néoclassiques et fontaine Renaissance. La plupart des fêtes et festivals d'Évora campent dans ce décor qui fut jadis le théâtre des horreurs de l'Inquisition, et dont l'ancien tribunal est occupé par la Banque du Portugal.

La plus grande cathédrale médiévale du pays

Sé

Avec ses deux tours dépareillées et son dôme en pomme de pin, garni de clochetons, la robuste dame romano-gothique (1186-1250) évoque les églises romanes de Saintonge ou du Poitou ! Passé le portail flanqué de statues des apôtres, le contraste est saisissant entre la sobre nef et le chœur baroque tapissé de marbre rose et gris. Grimpez sur le toit pour un panorama insolite depuis l'édifice et ne manquez ni le cloître gothique, ni le **Museu de Arte**

À NE PAS MANQUER

- Évora, la Sé et la Capela dos Ossos ★
- Rencontrer les producteurs de vin

Praça do Giraldo, Évora

Sacra, hôte d'une curieuse Vierge ouvrante en ivoire, sculptée avec une précision extraordinaire, et d'un reliquaire incrusté de 1 426 gemmes !

Largo do Marquês de Marialva 266 759 330 Mar.-dim. 9h-18h 3€ (cathédrale, cloître)
Museu de Arte Sacra Dans la Sé Mar.-dim. 9h-16h 4,50 € (musée, cathédrale, cloître, tour)

COULEUR LOCALE
La Rua Cinco de Outubro aligne les boutiques d'artisanat jusqu'à la cathédrale. Vous y dénicherez des créations en liège étonnantes illustrant un savoir-faire typique de la plaine d'Évora : casquettes, parapluies, sacs et sculptures en tout genre, tous à base d'écorce de chêne-liège.

De la pierre au pinceau
Museu de Évora

Ce musée d'art et d'archéologie, logé dans l'ancien palais archiépiscopal, donne à voir des statues romaines, des gisants médiévaux, des fragments sculptés manuélins, de superbes sculptures de Nicolas Chanterène et des peintures des écoles flamande et portugaise du 16e s., dont l'impressionnant polyptyque de la Vierge en treize tableaux, qui surmontait le maître-autel de la Sé.

Largo do Conde de Vila Flor 266 730 480 Mar.-dim. 10h-13h et 14h-17h30 (18h en été) 3€

La cerise sur le gâteau
Templo Romano

Coiffant la colline, ce temple romain du 2e s. ap. J.-C., probablement consacré à la déesse Diane, est devenu l'une des icônes de la ville avec ses colonnes de granit et ses chapiteaux corinthiens en marbre d'Estremoz. L'édifice doit son salut au fait d'avoir été intégré à une forteresse, puis à un abattoir, avant

Le temple romain et la tour de la cathédrale, à Évora

qu'on ne s'avise de l'aérer en détruisant les murs entre ses colonnes. Derrière, le belvédère du jardin de Diane offre une vue remarquable sur la ville basse.

Estrada de Almeirim 266 769 450 Accès libre

Rivale de Coimbra
Universidade Velha

Après celle de Coimbra, il s'agit de la plus prestigieuse et de la plus belle université du pays. Fondée en 1559 et confiée aux Jésuites, elle ferma ses portes en 1759, à la suite de l'avis d'expulsion de l'ordre promulgué par le marquis de Pombal, entraînant le déclin de la cité. Elle ne fut rouverte qu'en 1979. Les salles longeant le cloître sont parées d'azulejos (18e s.) évoquant la mythologie et les différentes disciplines enseignées. Visitez la chapelle baroque transformée en salle de remise des diplômes, ainsi que le réfectoire.

Largo dos Colegiais, 2 (entrée par la Rua do Cardeal Rei) 266 740 800
Lun.-sam. 9h-20h 3€

Flânerie Renaissance
Largo da Porta de Moura

Fief des riches familles de la ville à la Renaissance, c'est l'une des plus admirables places d'Évora, avec sa curieuse fontaine coiffée d'une sphère manuéline et ses splendides demeures. Avisez par exemple la Casa Cordovil de style manuélin-mudéjar, dotée de murs crénelés et d'une loggia à arcades surmontée d'un dôme. À sa droite, coup d'œil sur la "porte des Nœuds" de l'église de Nossa Senhora do Carmo. Allez voir aussi, au 29 de la Rua da Freira de Baixo, les trois superbes fenêtres manuélines de la Casa de Garcia de Resende.

Pauses (n°1 et 2)

2 Pastelaria Conventual Pão de Rala - *p.234* B3

1 Zoka - *p.234* A2

Restaurants (n°10 à 12)

11 Botequim da Mouraria - *p.235* A1

12 Fialho - *p.235* A2

10 Salsa Verde - *p.234* A2

Sorties (n°30)

30 Teatro Garcia de Resende - *p.235* A1

Enfants géants

Igreja do Convento da Graça

Ne manquez pas l'étonnante façade de cette église du 16e s., l'une des premières de style Renaissance construites au Portugal. Il faut se tordre un peu le cou pour apercevoir au sommet les corps d'athlètes corpulents et disproportionnés qui laissent pendre nonchalamment leurs jambes au-dessus du parvis, supportant sur leurs épaules d'énormes globes d'où jaillissent des flammes. On les surnomme *Os Meninos* ("Les Enfants"). Le Français Nicolas Chanterène est l'auteur de la célèbre frise du portail.

Largo da Graça

Made in Alentejo

Museu do Artesanato e do Design de Évora (MADE)

Bonecos d'Estremoz, céramique de São Pedro de Corval, mobilier de poupée en bois peint, couvertures de laine, articles en liège... Un passage en revue complet de l'artisanat et des métiers ancestraux de l'Alentejo ! Dans la section de design industriel, vous retrouverez grille-pain, machines à coudre, lampes de bureau et une foule d'objets ayant marqué l'esthétique domestique des années 1950 à la fin du 20e s.

Praça 1º de Maio, 3 ☎ 266 771 212 ⏲ Avr.-oct. : mar.-dim. 9h30-13h et 14h-18h30 ; nov.-mars : mar.-dim. 9h30-13h et 14h-18h € 2€

"Nous les os qui sommes ici, attendons les vôtres"

Capela dos Ossos

Monument le plus visité d'Évora, la macabre chapelle des Os est entièrement habillée d'os humains. Un passe-temps pour des moines franciscains qui, au 16e s., recueillirent pas moins de 5 000 squelettes en provenance de plusieurs églises de la ville ! Les voûtes sont soulignées par des guirlandes de crânes peints, et des vignettes accompagnées de formules morbides. De quoi piquer la vedette à l'**Igreja de São Francisco** attenante, grand édifice gothico-manuélin, où fut inhumé au 16e s. Gil Vicente, le fondateur du théâtre portugais, originaire d'Évora.

Praça 1º de Maio ☎ 266 704 521 www.igrejadesaofrancisco.pt ⏲ Été : tlj. 9h-18h30 ; hiver : tlj. 9h-17h € Igreja : entrée libre ; capela : 5€

AU NORD D'ÉVORA

Marchande de tapis

Arraiolos

La petite ville d'Arraiolos est fière de ses tapis au point de croix oblique, et nombre de ses magasins en vendent. Certains ateliers sont ouverts aux curieux comme **Fracoop**, où vous pourrez admirer avec quelle dextérité ces tapis pure laine sont brodés point après point sur une trame de jute. Le **Centro Interpretativo do Tapete de Arraiolos** se fait l'écho de cette longue tradition héritée des Juifs et des Maures du Moyen Âge, les premiers à développer le "point d'Arraiolos". Curiosité au nord de la ville, le **Castelo** du 14e s. est l'un des seuls châteaux au monde totalement circulaire !

22km au nord d'Évora Fracoop Praça do Municipio, 17 ☎ 266 499 277 ⏲ Lun.-sam. 9h-19h Centro Interpretativo do Tapete de Arraiolos Au Posto de Turismo ☎ 266 490 254 www.tapetedearraiolos.pt ⏲ Mar.-dim. 10h-13h et 14h-18h 1€

Hors des circuits touristiques

Évoramonte

Étape coup de cœur au milieu des champs d'oliviers, dans ce petit bourg perché au sommet d'une colline, couronné d'un rempart et dominé par une insolite forteresse (14e-16e s.). Écrasant, ce **Castelo** constitué de quatre énormes tours rondes, enserrées par deux cordons de pierre liés par un nœud manuélin, fut l'une des résidences officielles de Bragance, la dernière maison royale portugaise. Terrasse-belvédère sur la campagne alentour.

30km au nord-est d'Évora dir. Estremoz par l'IP2 Castelo 268 950 025 Mar.-dim. 9h-12h30 et 14h-17h30 Fermé 2e w.-e. du mois 2€

Le village d'Évoramonte

À FAIRE

Remontez jusqu'à la nuit des temps

Dolmens, menhirs et cromlechs constellent la région d'Évora, où plus de 150 sites mégalithiques ont été recensés. Sur le circuit des mégalithes au départ d'Évora, vous découvrirez, entre autres, dans les paysages typiques de l'Alentejo piquetés de chênes-lièges et d'oliviers, l'impressionnant **Cromeleque dos Almendres**, un alignement de 95 monolithes de granit. Entre Guadalupe et Valverde, l'**Anta Grande do Zambujeiro** est le plus grand dolmen connu de la péninsule Ibérique.

Cromeleque dos Almendres Prendre la direction de Montemor-o-Novo par la N114, puis, après São Matias, celle de Guadalupe. Suivre ensuite les panneaux et une route non goudronnée sur 4km

Rencontrez les producteurs de vin

Rota dos Vinhos do Alentejo

Le centre d'information de la route des vins de l'Alentejo recense les différents producteurs de la région. Contactez-le pour une visite chez l'un d'entre eux ; on y parle français.

Centre d'information et salle de dégustation Rua 5 de Outubro, 88 Évora 266 746 498 www.vinhosdoalentejo.pt Lun. 14h-19h ; mar.-ven. 11h-19h ; sam. 10h-13h

Sautez dans une Jeep ou un canoë

TurAventur

TurAventur propose des circuits (36€/adultes et 25€ moins de 12 ans, la demi-journée) à la découverte des mégalithes, des paysages et des villages les plus typiques de la région. "Safari" d'une journée en Jeep et canoë à 72€/pers. (déjeuner inclus), 40€/demi-journée. Également des safaris-photos et des tours sur le thème des produits gastronomiques locaux : fromages, charcuteries, miels, etc.

Caminho Municipal 1182-2 Sr. dos Aflitos Évora 266 743 134 www.turaventur.com Tlj. 9h-20h

NOS ADRESSES

PAUSES

Pause glacée

Zoka

Délicieuses glaces maison, déclinées chaque jour en une douzaine de parfums : fruits de la passion, cannelle, framboise, et bien sûr tous les fruits de saison (2€ le cornet). L'une des plus prisées est celle au porto, mais celle aux trois chocolats lui fait une rude concurrence ! Une institution locale salvatrice en période caniculaire !

ÉVORA (plan 11, A2 n°1) Rua Miguel Bombarda, 14 (face à l'Igreja de São Vicente) 266 703 133 Tlj. 9h-0h

Douceur aux cheveux d'ange

Pastelaria Conventual Pão de Rala ♥

Dans une petite maison d'angle, c'est la meilleure pâtisserie de la ville et la seule à proposer d'authentiques douceurs conventuelles. Goûtez le *pão de rala*, spécialité de l'Alentejo à base d'œufs, de sucre, de citron, d'amandes pilées et de confiture de "cheveux d'ange", autre nom d'une courge du Mexique, appelée *gila* ou *chila*.

***Pão de rala*, spécialité de l'Alentejo**

ÉVORA (plan 11, B3 n°2) Rua do Cicioso, 47 266 707 778 Lun.-ven. 8h-18h, sam. 8h-17h, dim. 8h-15h

RESTAURANTS

Régime végétarien

Salsa Verde €

Dans les murs d'un ancien couvent, un restaurant végétarien à forte tendance bio, au diapason de l'offre saisonnière du marché. Purée de pois chiches, riz aux champignons, salades, gâteau de légumes : les mets sortent des sentiers battus et la formule "buffet", où l'on paie son assiette au poids, est une réussite. Autour de 8-10€/pers.

ÉVORA (plan 11, A2 n°10) Rua do Raimundo, 93A 266 743 210 www.salsa-verde.org Lun.-ven. 11h-15h30 et 18h30-21h30, sam. 11h-15h30

Temple gastro

O Templo €

Sept tables, une ambiance hyper-conviviale et une cuisine régionale à se pâmer, voilà ce que propose l'une des institutions de la gastronomie alentejane. Pressez-vous de goûter à l'excellent plat de lapin (11,50€), une recette héritée de la grand-mère de Vasco, le propriétaire, et aux joues de porc noir à l'étouffée (12€), le tout accompagné du vin de la maison. Un conseil : arrivez dès l'ouverture pour obtenir une table.

ÉVORA (hors plan 11 par A1 n°13) Rua do Escrivão da Câmara, 2B 927 217 635 Tlj. 12h30-15h et 18h45-21h30

Comptoir couru

Botequim da Mouraria ♥€€

Attablez-vous au coude à coude au comptoir de ce minuscule restaurant familial, bien connu des amateurs de bonne chère. Carte restreinte à quelques plats, particulièrement soignés : côtelettes d'agneau, longe de porc, poisson grillé (13,50-16,50€)... L'ambiance est conviviale et on ressort de là enchanté. Le soir, venez avant l'ouverture, car on fait la queue pour obtenir une place.

ÉVORA (plan 11, A1 n°11) Rua da Mouraria, 16A 266 746 775 Lun.-ven. 12h30-15h

LA référence

Fialho ♥€€

L'une des meilleures tables du pays ! Un décor d'assiettes et de rutilantes casseroles de cuivre, un service impeccable, de succulents plats alentejans et des prix corrects (plat 14-24€)... Goûtez le dessert maison : le *torrão real de Évora* (crème aux œufs et aux amandes). Réservez !

ÉVORA (plan 11, A2 n°12) Tv dos Mascarenhas, 16 266 703 079 www.restaurantefialho.com Mar.-dim. 12h30-15h30 et 19h30-22h Fermé 3 sem. fin juin-début juil. et 1 sem. en nov.

Bière et petites bouchées

República do Petisco €

Œufs de perdrix, boudin, émincé de veau, petits calamars frits, saucisses grillées : faites le tour de la gastronomie locale en picorant des *petiscos* (5,50 à 13,50€ la portion) en terrasse, à soutenir d'un verre de rouge alentejan ou d'une bière fraîche.

ARRAIOLOS Praça da República, 6 937 295 465 Mar.-dim. 11h-22h

SORTIES

Concert au balcon

Teatro Garcia de Resende

Joli théâtre à l'italienne (1892), qui porte le nom du très célèbre érudit et humaniste né à Évora en 1470. Concerts (classique, jazz) et spectacles de danse : programme sur place et à l'office de tourisme.

ÉVORA (plan 11, A1 n°30) Praça Joaquim António de Aguiar 266 703 112 Visites guidées sur rdv 3€ (min. 5 pers.)

LE HAUT-ALENTEJO

D'éblouissantes cités de marbre, de petits villages blancs fortifiés et des forteresses perchées sur les sommets rocheux de la Serra de São Mamede : voilà sans doute l'un des recoins les plus attachants de l'Alentejo ! C'est par la route que ce petit bout de terre reculé, tour à tour austère et resplendissant, dévoile tous ses charmes. Un monde à part, où la vie s'écoule doucement au soleil.

ACCÈS ET INFOS

- Distances depuis Évora : Estremoz (46km), Elvas (87km), Portalegre (100km).
- Visiter : région difficile d'accès, voiture indispensable.
- En train : trajet Lisbonne-Portalegre-Elvas peu pratique et long (pas de ligne directe).
- En bus : de Lisbonne, 7 bus/j. pour Elvas via Évora et Estremoz ; env. 10 bus/j. pour Portalegre. De Portalegre, 2 bus/j. pour Marvão (uniquement en sem. et vac. scol.) et Castelo de Vide.

À VOIR

ESTREMOZ

Avec Borba et Vila Viçosa, c'est l'une des trois villes du marbre de l'Alto Alentejo. Portes, fenêtres, rampes d'escalier, la noble pierre est partout ! Ceinte de fortifications à la Vauban et couronnée d'un **Castelo**, la séduisante cité ne se résume pas à ses maisons d'une blancheur éclatante. Passez les murailles de la ville haute pour décrocher un panorama du haut de son donjon blanc du 13e s. (Torre das Três Coroas), tout en marbre lui aussi (adressez-vous à la pousada). Allez voir aussi la **Capela da Rainha Santa Isabel**, où une profusion d'azulejos raconte la vie de la reine sainte.

Posto de Turismo Casa de Estremoz Rossio Marquês de Pombal 268 339 227 www.cm-estremoz.pt Tlj. 9h-12h30 et 14h-17h30 **Castelo** Accès via la Pousada Castelo 268 332 075 Tlj. 9h-17h Entrée libre **Capela da Rainha Santa Isabel** Largo D. Dinis Entrée derrière le château 967 029 869 Mar.-dim. 10h-11h30 et 14h-16h Clés disponibles à la Galeria Ela Pedra.

Le santon version Alentejo

Museu Municipal

Estremoz est célèbre pour son artisanat dont ce musée livre un bel aperçu. Entre reconstitutions d'intérieurs traditionnels de l'Alentejo et pièces d'artisanat populaire se distingue la collection de plus de 500 *bonecos* des 18e s. et 19e s., petites figurines naïves en terre cuite semblables à des santons, qui ont fait la réputation d'Estremoz. Un artisanat typique de la région, inscrit en 2017 sur la liste du patrimoine culturel immatériel par l'Unesco.

Largo D. Dinis 268 339 219 Mar.-dim. 10h-11h30 et 14h30-16h Fermé j. fér. 1,55€

VILA VIÇOSA

Après avoir traversé les carrières de marbre, sur la route de Borba, vous découvrirez cette autre étincelante petite cité, qui se revendique capitale du marbre.

À NE PAS MANQUER

- Estremoz
- Paço Ducal (Vila Viçosa)
- Elvas
- Marvão
- Castelo de Vide
- Percurso Pedestre de Portagem à Marvão

Le château d'Estremoz

Ancienne résidence des ducs de Bragance dotée d'une ribambelle d'églises, la bien nommée "Ville Verdoyante" donne l'impression d'être assoupie à l'ombre des orangers et des citronniers qui festonnent ses rues. L'enceinte de son **château** médiéval, hôte d'un musée de la Chasse et d'un musée d'Archéologie, englobe quelques venelles et habitations enfouies dans la verdure, ainsi que l'église **Nossa Senhora da Conceição**, tapissée d'azulejos.

20km au sud-est d'Estremoz Posto de Turismo Praça da República, 34 268 889 317 www.cm-vilavicosa.pt Été : tlj. 9h30-13h et 14h30-18h ; hiver : tlj. 9h-12h30 et 14h-17h30 Castelo Été : mar.-dim. 10h-13h et 14h-18h ; hiver : mar.-dim. 10h-13h et 14h-17h 3€

Palais de marbre

Paço Ducal

Derrière la statue équestre de João IV, qui libéra le pays du joug espagnol en 1640, le palais des ducs de Bragance (1501) étire sur 110m sa magistrale façade de marbre blanc et gris aux airs de palais italien. Lorsque João IV quitte Vila Viçosa pour exercer le pouvoir royal à Lisbonne, le palais devient résidence d'été. La visite guidée dévoile le riche décor des appartements royaux, l'impressionnante batterie d'ustensiles en cuivre de la cuisine, et un cloître manuélin. Autres collections payantes (2,50-3€) : trésor du palais, porcelaines chinoises, armurerie et carrosses.

Terreiro do Paço 268 980 659 www.fcbraganca.pt Juin-sept. : mar. 14h-18h, mer.-dim. 10h-13h et 14h-18h ; oct.-mai : mar. 14h-17h, mer.-dim. 10h-13h et 14h-17h Visites guidées mar.-ven. à 11h (anglais) et 15h (français) 8€

ELVAS

C'est sans conteste le fleuron de l'architecture défensive portugaise. Cette ancienne place forte aux formidables fortifications servit de verrou défensif, longtemps nécessaire pour contenir les ambitions espagnoles et la menace

Au pied de l'Aqueduto da Amoreira, à Elvas

de Badajoz, situé à 20km à peine. En dépit de son classement au patrimoine mondial de l'Unesco en 2012, Elvas reste relativement méconnue. Pourtant, la cité est pleine de charme, et vous prendrez un réel plaisir à déambuler dans ses ruelles aux hautes maisons soulignées de jaune.

42km à l'est d'Estremoz **Posto de Turismo** Praça da República 268 622 236
Lun.-ven. 10h-13h et 14h-18h

Flânerie dans la vieille ville

Centro Histórico

Dans ses ruelles, où casernes et églises se téléscopent, quantité de portes en ogives, de portails blasonnés et de balcons en fer forgé ornent des demeures à demi abandonnées. Sur le pavé mosaïqué de la **Praça da República** se dressent l'ex-cathédrale manuéline (**Igreja de Nossa Senhora da Assunção**) et l'Arco do Relógio, relique de l'ancien hôtel de ville. Non loin, l'**Antiga Igreja dos Aflitos** rappelle la rotonde de Tomar avec ses piliers peints, et le **MACE** détonne avec ses expositions d'art contemporain portugais. Le **château** expose son donjon trapu et son cachet mauresque au nord de la fortification.

Igreja de Nossa Senhora da Assunção (Antiga Sé de Elvas) Praça da República
Juin-sept. : tlj. 10h-13h et 15h-18h ; oct.-mai : 9h30-12h30 et 14h-17h (en théorie)
Antiga Igreja dos Aflitos (ou da Consolação) Largo de Santa Clara Horaires variables
MACE (Museu de Arte Contemporânea de Elvas) Rua da Caldeia (en face de la poste)

268 626 218 Été : mar. 15h-18h, mer.-dim. 10h-13h et 15h-18h 2€ **Castelo de Elvas** Mar.-sam. 9h30-17h30, dim. 9h30-17h30 2€

Travail d'Hercule

Aqueduto da Amoreira

Classé Monument national depuis 1910, c'est l'icône de la ville ! Spectaculaire suite d'arcades superposées filant sur 7km, le colossal aqueduc, qui atteint 31m de haut, a été achevé en 1622, après plus d'un siècle de travaux. Construit pour résister à un long siège, il fournit toujours la ville en eau.

Au pied des remparts ouest de la ville

Quand les militaires mettent le paquet

Fortifications

Bastions, fossés, portes fortifiées... Ces impressionnantes fortifications à la Vauban, érigées entre le 17e s. et le 19e s., constituent le plus grand système défensif de remparts à douves sèches du monde. Le tour à pied des remparts (3km, 1h) réserve de très belles perspectives sur cet arsenal ahurrissant. Deux magnifiques forteresses en étoile complètent le système défensif : le **Forte de Santa Luzia** (17e s.), au sud, et le **Forte da Graça** (18e s.), au nord. Ce fortin à la symétrie parfaite offre des vues spectaculaires sur l'aqueduc, le château et le fort de Santa Luzia.

Forte da Graça 2km au nord du château d'Elvas 268 639 741 fortegraca.aiaradc.org Mai-sept. : mar.-dim. 10h-18h ; oct.-avr. : mar.-dim. 10h-17h 5€

PORTALEGRE

Étagée dans une nature verdoyante au pied de la Serra de São Mamede, la capitale du Haut-Alentejo abrite des curiosités derrière les remparts de sa vieille ville. Autour de la **cathédrale**, les vieux palais baroques racontent l'âge d'or de l'industrie textile et de la tapisserie, tel le Palácio Amarelo (Largo de Cristóvão Falcão) aux magnifiques ferronneries d'art (17e s.). Le **Museu Municipal** expose des assiettes peintes dites "des petites souris", que les saisonniers venus des Beiras troquaient contre des vêtements. Des ruines du **Castelo**, vous profiterez de jolis points de vue sur la ville.

58km au nord d'Estremoz **Posto de Turismo** Rua Guilherme Gomes Fernandes, 22 245 307 445 Avr.-oct. : tlj. 9h30-13h et 14h30-18h ; nov.-mars : tlj. 9h-13h et 14h-17h **Sé** Praça do Município Fermé pour restauration **Museu Municipal** Rua José Maria da Rosa 245 307 525 Avr.-oct. : mar.-dim. 9h30-13h et 14h30-18h ; nov.-mars : mar.-dim. 9h30-13h et 13h30-17h 2,10€ **Castelo** R. Luís Barahona, 8 245 307 540 Avr.-oct. : tlj. 9h30-13h et 14h30-18h ; nov.-mars : tlj. 9h-13h et 14h-17h Entrée libre

La tapisserie dépoussiérée

Museu da Tapeçaria Guy Fino

Un captivant musée de la Tapisserie ! Ici, nulle salle poussiéreuse à la gloire du canevas et du point de croix, mais de belles œuvres contemporaines et colorées, joliment scénographiées dans un cadre digne d'un musée d'art moderne. Ne manquez pas les œuvres de Jean Lurçat ni leur reproduction par la manufacture alentejane. Almada Negreiros, Júlio Pomar, Vieira da Silva,

IL ÉTAIT UNE FOIS
L'industrie locale de la tapisserie, d'une qualité longtemps comparée à celle d'Aubusson, naquit au 16^{e}s., mais déclina dès 1703 à cause du traité anglo-portugais de Methuen, qui favorisa l'importation de textiles anglais. Au 20^{e}s., la manufacture repartit de plus belle, grâce à la technique du point de Portalegre.

entre autres artistes portugais renommés, ont également vu certaines de leurs toiles transcrites en point de Portalegre.

Rua da Figueira, 9 ☎ 245 307 530 ⏲ Avr.-oct. : mar.-dim. 9h30-13h et 14h30-18h ; nov.-mars : mar.-dim. 9h-12h30 et 13h30-17h € 2,10€

PARQUE NATURAL DA SERRA DE SÃO MAMEDE

Cernant le petit massif montagneux de la Serra de São Mamede, ce parc naturel au seuil de Portalegre forme un long triangle verdoyant d'une biodiversité étonnante, qui s'étire à l'orée de la frontière espagnole. Cerisiers et amandiers y côtoient chênes, sapins et eucalyptus, alternant paysages radieux et austères. La région abonde en vestiges archéologiques, dont les gravures rupestres de la **Serra dos Cavaleiros**, à l'extrême sud du parc. À partir de Portalegre, 15km de route ascendante mènent au **Pico de São Mamede**, point culminant de la serra à 1 027m : il offre un beau panorama du Haut-Alentejo.

Sede do Parque Rua Augusto César de Oliveira Tavares, 23 r/c Portalegre ☎ 245 309 189 www.natural.pt ⏲ Lun.-ven. 9h-12h30 et 14h-19h30

Complètement perché

Marvão

Ce nid d'aigle spectaculaire, cramponné à un éperon rocheux à près de 850m, est un bijou où vivent à l'année moins de 200 habitants. Ses remparts imposants, qui se confondent avec la roche, enserrent un dédale de ruelles tortueuses et de maisons blanches aux encadrements de granit. Si le tour du village par le chemin de ronde gratifie de vues époustouflantes sur la *serra*, c'est du **Castelo** (13e-14e s.), et de son fameux donjon carré, chargé d'épier l'Espagne toute proche, que vous prendrez la mesure de l'importance stratégique du site : plongée fantastique sur les à-pics environnants !

20km au nord de Portalegre **Posto de Turismo** Rua de Baixo (aux abords du château, possibilité de se garer) ☎ 245 909 131 www.cm-marvao.pt ⏲ Tlj. 10h-17h
Castelo ☎ 245 909 138 ⏲ Tlj. 10h-19h € 1,50€

Un charme fou !

Castelo de Vide

L'atmosphère enjouée et bucolique de cette petite bourgade champêtre contraste avec l'âpreté et la sévérité de Marvão. C'est un enchantement que de se perdre dans son lacis de ruelles médiévales bornées de petites maisons gothiques blanchies à la chaux, et abondamment fleuries. L'ancienne *judiaria* (ghetto juif) abrite la plus vieille **synagogue** du pays (14e-15e s.) et la Fonte da Vila, curieuse fontaine-lavoir à baldaquin du 16e s. Le **Castelo** du 13e s.,

Le village perché de Marvão

témoin du mariage du roi Dinis avec l'Aragonaise Isabel, offre de son donjon un panorama unique sur les toits de la ville basse.

20km au nord de Portalegre Posto de Turismo Praça D. Pedro V ☏ 245 908 227 ou 245 901 361 www.castelodevide.pt ⏲ Été : tlj. 9h-13h et 15h-18h ; hiver : tlj. 9h-13h et 14h-17h Sinagoga Medieval Rua da Judiaria ⏲ Été : tlj. 9h-13h et 15h-18h ; hiver : tlj. 9h-13h et 14h-17h € Entrée libre Castelo ☏ 245 908 220 ⏲ Été : tlj. 9h-13h et 15h-18h ; hiver : tlj. 9h30-13h et 14h-17h € Entrée libre

À FAIRE

Faites un tour à vélo

Du lundi au vendredi, l'office de tourisme de Portalegre (p.239) loue des bicyclettes et propose des itinéraires de découverte dans les environs. Le centre-ville se prête lui aussi à une balade d'une heure à travers ses rues piétonnes. Tarif 1€/1h, 3€/4h, 5€/j. moyennant une caution de 25€ et le dépôt d'une pièce d'identité.

Randonnez dans la Serra de São Mamede

Alegrete

Au sud du Pico de São Mamede, une route conduit à ce joli village fortifié, carte postale d'un Alentejo d'antan avec ses maisons chaulées et son château ruiné, du haut duquel on embrasse la *serra*. Des sentiers balisés (PR) s'enfoncent dans le parc naturel au départ d'Alegrete. Le PR3 (10km, env. 4h, difficulté moyenne) dessine une boucle en partant de Fonte Nova de Alegrete, et vous fera passer par des paysages plaisants, où l'on cultive la vigne et l'olivier, et où l'on produit du miel. Il suit par endroits le cours de la rivière Arronches.

14km au sud-est de Portalegre

Percurso Pedestre de Portagem à Marvão

Au départ de Portagem, sur la route de Portalegre, au fond de la vallée, l'ex-chaussée médiévale a donné naissance à un sentier grimpant vers le nid d'aigle (PR1, 7,7km, 2h45, 350m de dénivelé positif). Suivez le balisage "PR" (*Pequena Rota*) rouge et jaune à partir de l'aire de stationnement située près du pont médiéval de Portagem. Juste à côté, le Rio Sever se transforme l'été venu en une rafraîchissante piscine.

15km au nord de Portalegre (Portagem) Marvão

Paisagens Megalíticas do Norte Alentejano

Les amateurs de menhirs, dolmens, cromlechs ou autres mégalithes pourront parcourir la campagne à la recherche de vestiges néolithiques. À ne pas rater, l'impressionnant **Menir da Meada**, le plus haut (7m, dont 4 en surface) de la péninsule Ibérique.

24km au nord-ouest de Marvão

Piquez une tête dans un lac de barrage

Albufeira do Maranhão

À 5min du ravissant village d'Avis, découvrez la plage fluviale de l'Albufeira do Maranhão, un immense lac de barrage aux eaux fraîches. Aménagé dans la verdure, doté de parasols et de jeux pour les enfants, ce lieu de baignade est surveillé en été. Vous pourrez y louer canoës et paddles. Également une aire de pique-nique et un café-restaurant. Le spot idéal pour une pause à la fraîche.

Praia Fluvial Pátio das Cisternas 8 Avis 242 410 088

NOS ADRESSES

PAUSES

Bolos royaux

Pastelaria Aliança

Les spécialités de la maison ? Les *bolos da Rainha Santa* et les *gadanhas*, des pâtisseries aux œufs et aux amandes saupoudrées de sucre glace. À emporter ou à déguster attablé en terrasse, sur le Rossio, au pied d'une façade joliment carrelée de vert.

ESTREMOZ Rossio Marquês de Pombal, 106
Tlj. 8h30-19h30

Moelleuse comme un nuage

Pastelaria A Cantarinha

Un café-pâtisserie où vous pourrez goûter un dessert typique de l'Alentejo, appelé *sericaia* à Elvas (*sericá* vers Évora) : une sorte de flan très léger à la cannelle servi avec les fameuses prunes d'Elvas. Trois tailles : petite (10€), moyenne (18€) et grande (23€).

ELVAS Rua da Cadeia, 41A 268 624 241
Lun.-sam. 8h-20h

Hors du temps
Café Alentejano

Dans la série des plus beaux cafés portugais, celui-ci est un spécimen à classer d'urgence au patrimoine national. La salle aux allures de petit paquebot Art déco est bordée par de grandes baies vitrées. Un café convivial, où vous vous régalerez de succulentes *queijadas de requeijão*, petits gâteaux à base de fromage frais.

PORTALEGRE Rua de Elvas, 96 ☎245 201 258
Lun.-sam. 7h-19h

Pause avec vue
Natural Bar

Une restauration légère, saine et fraîche : salades, soupes *veggie* et tartines sont à accompagner d'un milkshake aux fraises, d'un jus d'oranges pressées ou d'une bière artisanale. Le tout à siroter en terrasse, avec une vue époustouflante sur la plaine et, au loin, les collines qui signalent la frontière espagnole.

MARVÃO Tv do Chabouco ☎926 043 329
Tlj. 10h-18h (en théorie)

Queijadas en vitrine
Sol Nascente

Le comptoir de cette *pastelaria* est parfait pour boire un café et avaler sur le pouce l'une de ses délicieuses pâtisseries maison. Choisissez votre *queijada* : nature, au *requeijão* ("lait caillé"), à l'*amêndoa* ("amande"), ou à la *laranja* ("orange"). Au déjeuner, la pâtisserie prend des allures de snack-bar.

CASTELO DE VIDE Rua de Olivença, 31
☎245 901 789 ou 938 701 967
Mar.-dim. 8h-19h

RESTAURANTS

Dans l'air du temps
Mercearia Gadanha ♥€€

Logé dans une vieille bâtisse, ce charmant restaurant est aussi un bar à vins doublé d'une épicerie fine. Michele Marques est une cheffe créative, et sa cuisine, un enchantement pour les yeux et les papilles, à l'instar du filet de *bacalhau* dans son médaillon de jambon ibérique (18,50€). Comptez 25-35€/pers.

La cuisine créative de Mercearia Gadanha

ESTREMOZ Largo Dragões de Olivença, 84
☎268 333 262 www.merceariagadanha.pt
Mar.-sam. 12h-15h et 19h-23h, dim. 12h-16h

Cadre d'exception
D. Carlos, Pousada D. João IV €€

Jouxtant le palais ducal, cette belle pousada occupe les murs de l'ancien couvent royal das Chagas de Cristo (16e s.). Vous dînerez sous les voûtes de l'ancien réfectoire, face à une fresque Renaissance représentant la Cène. Cuisine internationale raffinée. En moyenne 35-45€ le repas.

VILA VIÇOSA Terreiro do Paço ☎268 980 742
www.pousadas.pt Tlj. 13h-15h et 19h30-22h

Bouteilles et tire-bouchons

Adega Regional ♥€

Une *adega* chaleureuse proposant une intéressante carte des vins. Sans surprise, c'est de la cuisine alentejane qu'on mitonne ici : gaspacho alentejan, *choquinhos à alentejana* (miniseiches dans une sauce à base d'huile d'olive, d'ail et de coriandre), *borrego assado no forno* ("agneau au four")... Plat 10-12€.

ELVAS Rua João de Casqueiro, 22B 268 623 009 ou 969 451 566 adegaregional.com Lun. 12h-15h, mer.-dim. 12h-15h et 19h-22h

Bonne chère et tauromachie

Solar do Forcado €

Un restaurant familial réputé pour sa qualité, et décoré sur le thème de la *tourada* – les *forcados* sont les assistants du torero dans l'arène. Au menu, de la viande, bien sûr : grillades et brochettes de bœuf, cochon de lait aux champignons des bois, venaison en saison... Plat 25€-35€.

PORTALEGRE Rua Cândido dos Reis, 14 245 330 866 Lun.-ven. 12h30-15h et 18h-22h30, sam. 19h-22h30

Panorama sur la *serra*

Casa do Povo €

Derrière ses portes rouges, une grande salle un peu austère, à l'image de Marvão hors saison. Mais à l'arrière se cache une plaisante terrasse pour prendre un verre aux beaux jours tout en appréciant la vue. Spécialités régionales à base de porc ou de poisson (9-13,50€).

MARVÃO Rua de Cima 245 993 160 Ven.-mer. 12h-14h30 et 19h-21h30

Tasca sympa

Os Amigos €

Le "restaurant des Amis", répertorié dans tous les guides, est fatalement devenu un peu touristique. Pourtant, malgré les sets de table en papier et les menus en anglais, le lieu a gardé son air de *tasca* traditionnelle avec ses vieux carreaux de liège aux murs et des prix restés sages. Cuisine correcte. Plat 10-12€.

CASTELO DE VIDE Rua Bartolomeu Álvares da Santa, 47 245 901 781 Jeu.-mar. 12h-15h et 19h-21h30

Comme à la maison

Olivença €

Allez-y pour son accueil très convivial et surtout pour sa cuisine régionale réconfortante et généreuse : *abanicos* de porc noir fondants et *migas* aux asperges (18€), ragoût d'agneau (17€) et une farandole de desserts alentejans, notamment un excellent *bolo rançoso* à l'amande.

PONTE DE SOR Praça da República 242 206 201 www.restauranteolivenca.blogspot.com Jeu.-mar. 12h-15h et 19h-22h

SHOPPING

Vraiment cruche

Mercado

Puces, étals d'artisanat et productions agricoles font bon ménage lors du grand marché régional hebdomadaire d'Estremoz. C'est l'occasion de chiner des poteries, spécialité de la petite cité, au rang desquelles les *bilhas* ou *barris*, des variantes de cruches en argile rouge, souvent décorées de rameaux, de fruits ou de fleurs.

ESTREMOZ Sur le Rossio Sam. matin

La maison des *bonecos*
Irmã Flores

Dans son magasin consacré à ces figurines naïves en terre cuite, Irmã Flores propose plusieurs centaines de modèles, personnages de la crèche, de la vie rurale, ou animaux représentés dans un style naïf. Au fond de la salle, de jeunes artisans donnent les derniers coups de pinceau aux créations et expliquent volontiers les techniques de fabrication.

ESTREMOZ Largo da República, 16A ☎268 324 239 ⏲Lun.-ven. 9h30-13h et 14h30-19h, sam. 9h-13h

Panier pique-nique
Casa Má-Jó

Envie d'un grand tour des spécialités culinaires de la région ? Cette minuscule charcuterie-fromagerie-cave-pâtisserie-boutique regorge de tentations : petits fromages de brebis, jambons fumés, saucisses, chorizos, *queijadas*, *rebuçados de ovos* (bonbons aux œufs), biscuits secs (*biscoitos*) et un inoubliable *toucinho do céu* ("lardons du ciel"), un pudding à la pâte d'amandes.

PORTALEGRE Rua D. Augusto Eduardo Nunes, 1 ☎245 201 341 ⏲Lun.-ven. 9h30-13h et 15h-19h, sam. 15h-18h

Épicerie-pâtisserie
Sabores da Terra

Cette boutique de produits régionaux, mitoyenne de la pâtisserie Sol Nascente, doit son succès à son rayon

Céramiques locales au marché d'Estremoz

bio (miels, huiles d'olive...) et à ses bières artisanales Barona, brassées à quelques kilomètres de là. Vous pouvez aussi les goûter sur place (petite terrasse et salle à l'étage).

CASTELO DE VIDE Rua de Olivença, 29 ☎245 905 084 ⏲Tlj. 6h30-19h

Secrets de tournage
Atelier Rui Heliodoro

Le bourg de Flor da Rosa fut autrefois un important lieu de production de poteries traditionnelles. Aujourd'hui, le dernier artisan potier du village, Rui Heliodoro, s'attache à faire perdurer ce savoir-faire du 17e s. en créant objets et ustensiles sur commande mais aussi en faisant visiter son atelier. Pour voir les plus anciennes poteries de Flor da Rosa, direction la Casa da Olaria.

CRATO Rua D. Nuno Álvares Pereira, 88 ⏲Tlj. 10h-12h et 14h-17h 079 o Álvares Pereira, 88 ⏲Tlj. 10h-12h et 14h-17h Casa da Olaria Largo da Igreja, 23 ☎963 111 079 www.casadaolaria.pt

SORTIES

Point de ralliement
O Grémio

Quatre générations se retrouvent les soirs d'été sur la terrasse d'O Grémio, bar contigu au Posto de Turismo. Pour se fondre dans la vie locale tout en profitant des belles perspectives sur la place de la République.

ELVAS Praça da República, 2 ☎268 102 158 ⏲Mer.-lun. 12h-16h

LE BAS-ALENTEJO

De Mértola à Monsaraz, c'est un festival de villages blancs fortifiés et de châteaux perchés, superbe constellation de sentinelles scrutant la vallée du Guadiana, que se disputèrent pendant des siècles Maures et chrétiens. Dans cet Alentejo profond, brûlé par le soleil en été, les ruelles s'improvisent jardins fleuris, et les baignades champêtres en rivière ou sur les rives du lac d'Alqueva sont salvatrices !

À VOIR

MÉRTOLA

Au cœur d'une région sauvage et austère, la citadelle de Mértola, qui domine fièrement le cours du Guadiana, serre bien des trésors derrière ses remparts. Le flâneur remonte le temps dans ses ruelles aux maisons blanches, en quête des vestiges romains, wisigoths et maures qui font de cet antique port fluvial un véritable musée en plein air. Il y découvre un château médiéval et l'**Igreja Matriz**, une mosquée reconvertie en église au 13e s., surprenante avec ses pinacles coniques, ses créneaux et ses arcs outrepassés. La balade sur les berges du Guadiana est un régal.

Posto de Turismo Rua da Igreja, 31 📱 286 610 109 www.visitmertola.pt 🕒 Tlj. 9h-12h30 et 14h-17h30 **Igreja Matriz** 🕒 Mar.-dim. 9h15-12h30 et 14h-17h15

ACCÈS ET INFOS

- Mértola est à 130km au sud d'Évora, Beja à 80km au sud d'Évora. Serpa se situe à 30km à l'est de Beja. Monsaraz se trouve à 55km à l'est d'Évora.
- Visiter : mieux vaut disposer de son propre véhicule pour explorer la région.
- En train : liaisons entre Lisbonne et Beja (2h20). Aucun train entre Évora, Beja et Mértola.
- En car : depuis Lisbonne, 1 car/j. pour Mértola (3h30), 14/j. en sem. et 9/j. en été pour Beja via Évora (3h) ; 3 à 5 cars/j. de/vers Serpa-Beja (35min) et 3 cars/j. en sem. pour Monsaraz au départ de Reguengos de Monsaraz.

Mille-feuille d'époques et de cultures

Museu de Mértola 👍

Ce parcours historique imaginé par la ville (plan disponible à l'office de tourisme) englobe une douzaine de *núcleos* et sites archéologiques, qui sont autant de mini-musées disséminés dans la cité. Commencez par le Castelo et son donjon du 13e s. (**Torre de Menagem**), qui retrace la reconquête de Mértola par les chevaliers chrétiens de l'ordre de Santiago en 1238. Poursuivez avec les vestiges d'une maison romaine, le quartier d'habitations de la ville almohade (**Alcáçova**), les poteries peintes du **Museu Islâmico**, la basilique paléochrétienne, le **Museu de Arte Sacra** et ses peintures et sculptures polychromes ou en bois dorées des 16e-18e siècles, la forge d'un maréchal-ferrant et un atelier de tissage.

Largo do Rossio do Carmo, 10 📱 286 610 109 🕒 Mar.-dim. 9h15-12h30 et 14h-17h15 pour l'ensemble des núcleos museológicos de la ville € Entrée libre, sauf donjon (Torre de Menagem) et Museu Islâmico 2€

À NE PAS MANQUER

- Museu de Mértola
- Convento de Nossa Senhora da Conceição (Beja)
- Monsaraz
- Pagayer sur le Guadiana
- Randonner dans le Parque Natural do Vale do Guadiana

La citadelle de Mértola, perchée au-dessus du Guadiana

Paysage postapocalyptique
Mina de São Domingos

Connues depuis l'Antiquité, ces mines de cuivre ont été exploitées par une compagnie anglaise de 1855 à 1966, employant jour et nuit des milliers d'ouvriers. Tronçons de chemin de fer, bâtiments ruinés et rongés... On se promène désormais librement parmi ces vestiges, longeant la gigantesque excavation de roches jaunes et ocre, et son lac émeraude aux fortes odeurs de soufre. La visite de la **Casa do Mineiro**, reconstitution d'une maison typique de mineurs au début du 20e s., transporte dans le quotidien des mineurs.

17km à l'est de Mértola sur la N265 Accès ponctuel en bus **Casa do Mineiro** Rua de santa Barbara ,23 São Domingos Au centre du village de São Domingos, musée fléché depuis la N265 ☏ 286 647 534 ou 961 940 458 🕒 Lun.-ven. 9h-12h30 et 14h-17h30

BEJA

Assoupie au milieu de la "Plaine Dorée" ondoyante de champs de blé, la capitale du Bas-Alentejo, à première vue ordinaire, révèle tout son cachet dans sa vieille ville. La Praça da República dévoile une belle rangée d'arcades, un pilori manuélin et l'**Igreja da Misericórdia** (16e s.), conçue à l'origine... comme un abattoir ! Le donjon (**Torre de Menagem**), si haut qu'il frappe le regard, signale le **Castelo** du roi Dinis (13e s.). Derrière le château, l'**Igreja de Santo Amaro**, l'un des plus anciens édifices du Portugal (6e s.), héberge un petit musée d'art wisigoth. En été la chaleur y est écrasante... Les températures les plus élevées du Portugal sont relevées ici.

52km au nord de Mértola **Posto de Turismo** Largo Dr. Lima Faleiro (dans le Castelo) ☏ 284 311 913 www.cm-beja.pt 🕒 Tlj. 9h30-12h30 et 14h-18h **Castelo** ☏ 284 311 913 🕒 Tlj. 9h30-12h30 et 14h-18h € Entrée libre **Igreja de Santo Amaro – Núcleo Visigótico** 🕒 Mar.-dim. 9h30-12h30 et 14h-17h € 2€ (billet valable pour le Museu Regional)

DRÔLE D'AFFAIRE

Le couvent de Beja doit sa renommée à la sœur Alcoforado, au charme de laquelle succomba un officier français. Abandonnée par son amant, la religieuse lui écrivit des lettres éperdues, publiées en France en 1669 sous le titre de *Lettres portugaises*. Leur auteur était en fait le comte de Lavergne de Guilleragues (1628-1685), ami de Molière et intime de Louis XIV.

Déluge d'azulejos

Museu Regional – Convento de Nossa Senhora da Conceição

Ce beau couvent gothico-manuélin, fondé en 1459, abrite une splendide église baroque, toute recouverte de bois doré à la feuille et un cloître carrelé d'azulejos. Ce dernier donne accès à la belle salle capitulaire, ornée de carreaux de faïences hispano-mauresques, et aux salles consacrées aux peintures portugaises, espagnoles et flamandes (16e-18e s.). À l'étage, une maigre collection archéologique et, au fond du couloir, la fameuse fenêtre de la religieuse portugaise, sœur Alcoforado.

Largo da Conceição 284 323 351 www.museuregionaldebeja.pt Mar.-dim. 9h30-12h30 et 14h-17h15 2€

Les peintures murales de la salle capitulaire, Museu Regional

SERPA ET SES ENVIRONS

Murs blancs de chaux

Serpa

Derrière ses remparts frayent des rues aux mille détails architecturaux, un **château** plusieurs fois reconstruit et un aqueduc haut perché du 17e s. S'il fait bon flâner autour de l'harmonieuse Praça da República, cœur battant de la cité, les remparts et le chemin de ronde renouvelleront votre vision de la ville. Le **Museu Etnográfico** raconte les métiers traditionnels de l'Alentejo, et plus de 2 000 montres et pendules invitent à s'attarder au **Museu do Relógio**. Rien ne semble faire défaut à Serpa, hormis un brin d'animation... Reste son fameux fromage de brebis à déguster absolument !

57km au nord de Mértola **Posto de Turismo** Rua dos Cavalos, 19 284 544 727 www.cm-serpa.pt Tlj. 10h-13h et 14h-18h **Castelo-Museu de Arqueologia** 284 544 663 Mar.-dim. 9h-12h30 et 14h-17h30 Entrée libre **Museu Etnográfico** Largo do Corro 284 549 130 Fermé temporairement **Museu do Relógio** Rua do Assento 284 543 194 www.museudorelogio.com Visite guidée toutes les heures mar.-ven. de 14h à 17h30, sam.-dim. de 10h à 12h30 et de 14h à 17h30 2€

Un saut sur le Guadiana torrentueux

Pulo do Lobo

Le "saut du Loup" est un site spectaculaire, où le Guadiana prend des allures de torrent, se transforme en cascade, puis s'enfonce dans des gorges taillées dans son ancien lit, lequel forme de part et d'autre des rebords de schiste d'un noir intense. En approchant par la rive gauche, vous comprendrez vite que le plateau est une succession d'arêtes déchiquetées et qu'il n'est pas facile d'y marcher. À l'endroit où le cours d'eau est le plus étroit, un loup pouvait d'un bond passer d'une rive à l'autre.

40km env. au sud de Serpa (prendre l'EN265 dir. Mértola jusqu'à Vale do Poço à 11,5km, tourner à droite et prendre une route qui devient une piste. Ne pas suivre l'itinéraire fléché au départ de Serpa, il conduit de l'autre côté du Pulo do Lobo sur un site sans intérêt)

Princesse maure

Moura

Moura fait partie de ces charmantes petites villes de l'Alentejo qui s'efforcent de mettre en valeur leur patrimoine. Musardez entre les maisons basses des rues tortueuses de la **Mouraria**, l'ancien quartier maure aux toits parfois coiffés d'une *claraboia*, tourelle ajourée agissant comme un puits de lumière. Flânez parmi les ruines du château et dans le Jardim do Dr. Santiago, belvédère sur la plaine plantée d'oliviers, rappelant que Moura produit l'une des meilleures huiles d'olive du Portugal. À voir aussi, l'admirable portail manuélin de l'**Igreja de São João Baptista** (16e s.).

94km au nord-est de Mértola **Posto de Turismo** Castelo 285 251 375 Tlj. 9h-12h30 et 14h-17h30 **Igreja de São João Baptista** Rua de Arouche, 3 Tlj. 8h30-18h

Rouler à fleur d'eau

Barragem de Alqueva

Achevé en 2002, ce barrage est à l'origine du plus grand lac artificiel d'Europe (250km^2). Cernée de collines et ponctuée de quelques terres restées émergées, l'étendue d'eau laisse une impression irréelle, la vision d'un après-déluge. Des milliers d'hectares ont été engloutis, dont le village de Luz, reconstruit sur la berge 3km plus loin. Le **Museu da Luz** témoigne du coût humain et écologique de cette colossale entreprise, qui a permis de réduire les problèmes de

Vue sur le lac d'Alqueva et la campagne alentejane

sécheresse. La M517, en remontant vers le nord, entre Póvoa de São Miguel et Mourão, réserve de splendides points de vue.

12km au nord de Moura **Museu da Luz** Largo da Igreja de Nossa Senhora da Luz 266 569 257 www.museudaluz.org.pt Avr.-sept. : mar.-dim. 10h-13h et 14h-18h ; oct.-mars : 9h30-13h et 14h-17h30 2€

MONSARAZ ET SES ENVIRONS

Beauté immuable

Monsaraz

Perchée sur une éminence rocheuse, la citadelle veille comme une sentinelle sur la campagne et le lac d'Alqueva. Le minuscule village blanc n'a guère changé depuis le Moyen Âge. Ses ruelles aux pavés inégaux et ses maisons aux chambranles de portes hostiles aux têtes trop droites ont un charme fou ! L'**Igreja Matriz de Santa Maria da Lagoa** renferme un beau tombeau de marbre sculpté du 14e s., et le **Museo do Fresco** dévoile une fameuse fresque du 15e s. représentant un mauvais juge à deux visages. Du chemin de ronde du **Castelo** (1310), le coucher du soleil offre un spectacle d'une rare beauté.

135km au nord-est de Mértola **Posto de Turismo** Rua Direita 24 927 997 316 Tlj. 9h30-13h et 14h-17h30 (17h30 oct.-mars) **Igreja Matriz de Santa Maria da Lagoa** Largo Dom Nuno Alvares Pereira Avr.-sept. : 9h30-12h30 et 14h-18h ; oct.-mars : tlj. 9h30-12h et 14h-17h30 **Museu do Fresco** Largo D. Nuno Álvares Pereira 266 508 040 ou 927 997 316 Avr.-oct. : tlj. 9h30-12h30 et 14h-18h ; nov.-mars : tlj. 9h30-13h et 14h-17h30 1€ **Castelo** À l'extrémité du village Tlj. Entrée libre

Village de potiers

São Pedro de Corval

Entre Monsaraz et Reguengos, la "capitale ibérique de la poterie" est un petit village foisonnant d'ateliers, où l'on peut voir les artisans à l'œuvre, et d'échoppes débordant de poteries et de céramiques fleuries. Une visite indispensable pour les amateurs d'artisanat.

12km à l'ouest de Monsaraz

Trip mégalithes

Monumentos Megalíticos

De nombreux menhirs piquettent la plaine au nord de Monsaraz et le long de la route menant à São Pedro de Corval. À la sortie de Monsaraz (dir. Telheiro), le **Cromeleque do Xerez**, avec sa quarantaine de menhirs, a été reconstitué ici lors de la construction du barrage d'Alqueva... mais disposé par erreur en carré ! À la sortie d'Outeiro se dresse le très phallique **Menir de Outeiro**, haut de 5,60m. Tournez à droite (fléché) pour découvrir l'**Anta do Olival da Pêga**, une chambre funéraire. Un peu avant São Pedro de Corval, la **Rocha dos Namorados** ("roche des Amoureux") représenterait un utérus.

Hors des sentiers battus

Mourão

Vous découvrirez une vue sensationnelle sur le Guadiana et le barrage d'Alqueva du haut de son château médiéval. Parmi les nombreuses maisons blanches de cette petite ville, un pittoresque chapelet d'habitations du 18e s. habille les rues Santa Margarida et São Bento sur les pentes du château, ainsi que sur la Praça da República. En été, vous pourrez profiter d'une baignade sur la plage fluviale de la ville.

17km au sud-est de Monsaraz Posto de Turismo Largo das Portas de São Bento 266 560 010 Lun.-ven. 9h-12h30 et 14h-17h30

À FAIRE

Pagayez sur le Guadiana

Clube Náutico

Les eaux placides du Guadiana se prêtent parfaitement à une excursion fluviale, à condition de prévoir bouteilles d'eau et protection solaire. Le club nautique propose de louer des kayaks mono et biplaces (6,50-9€/1h, 20-25€/j.).

Rua Dr. Serrão Martins Mértola 286 612 044 nautico-mertola.blogspot.com Lun.-ven. 9h-18h

Randonnez dans le Parque Natural do Vale do Guadiana

Mértola se trouve au centre du parc naturel de la Vallée du Guadiana (70 000ha), constitué de petites collines culminant à 370m et de vallées encaissées sillonnées par le Guadiana et ses affluents. Les rapaces y sont nombreux, notamment des espèces rares de faucons. Peut-être aurez-vous la chance d'en apercevoir, tout comme des aigles de Bonelli ou des cigognes noires. Neuf parcours pédestres balisés sont conseillés (difficulté : de facile à moyen ; descriptif des circuits disponible au siège du parc et au Posto de Turismo de Mértola).

Sede do Parque Natural, Centro Polivalente de Divulgação da Casa do Lanternim Rua D. Sancho II, 15 Mértola 286 612 016 www.natural.pt Lun.-ven. 9h-12h et 14h-17h

Ecoland

Cette entité de tourisme en milieu rural organise des randonnées pédestres d'une semaine à l'intérieur du parc, et offre un hébergement dans une charmante *casa de campo* (gîte, 45-50€ la double). Séjour tout compris de 750 à 850€/pers. selon le confort. Pas de CB.

Corte Gafo de Cima (12km au nord de Mértola) 286 611 111 ou 964 989 402 www.ecoland.pt

Baignez-vous en famille

Praia Fluvial

Aux abords de la mine, une pause rafraîchissante, voire salvatrice en plein été. La berge du lac est une invitation au farniente avec sa petite plage de sable doré, ses parasols et son snack où commander glaces, boissons et sandwichs. Le site, surveillé, sied particulièrement aux enfants grâce à des eaux calmes et peu profondes.

Mina de São Domingos São Domingos

Écoutez le *cante*

Chant polyphonique de l'Alentejo, classé au patrimoine culturel immatériel de l'humanité en 2015, le *cante*, vieille tradition conviviale toujours présente dans les bars et les tavernes, est voisin des chants polyphoniques corses et fortement lié au quotidien des paysans. Chaque village possède son groupe de *cante*, qui répète plusieurs fois par semaine (possibilité d'assister aux répétitions, rens. auprès des mairies). Sinon, renseignez-vous sur les concerts à venir à la **Casa do Cante**, petit centre culturel dédié à cette tradition, à Serpa.

Casa do Cante Rua dos Cavalos, 12 Serpa
286 544 720 www.casadocante.pt
Mar.-dim. 10h-13h et 14-18h

Goûtez l'huile d'olive alentejane

Herdade da Figueirinha

À 5min seulement de Beja, cette propriété viticole familiale cultive également plus de 200ha d'oliviers, produisant une excellente huile d'olive extra vierge aux arômes fruités. La maison propose une visite guidée d'une heure qui débute dans l'oliveraie, se poursuit dans le très

Le village médiéval fortifié de Monsaraz

moderne moulin à huile, et s'achève par une dégustation. Visite gratuite, sur réservation.

São Brissos Beja 8km au nord-ouest de Beja 966 902 828 www.figueirinha.pt Lun.-ven. 9h-13h et 14h-18h

Dégustez des vins de l'Alentejo

Ervideira

Deux concepts intrigants attirent l'attention sur ce producteur inventif : le "vin invisible", un blanc à base de raisins noirs vendangés de nuit, et le "vin d'eau", vieilli par 30m de fond sous l'eau du barrage d'Alqueva. Dégustation assortie de fromages régionaux, en compagnie d'un œnologue qui explique ces procédés originaux (10€, rés. la veille).

Rua da Porta da Alcova (angle Rua José Fernandes Caeiro) Monsaraz 266 950 010 www.ervideira.pt Tlj. 11h-19h

Enoturismo Reguengos

Prenez rendez-vous pour déguster les vins et visiter les caves d'une des plus grandes exploitations viticoles du pays (près de 4 000ha) : 9€ la visite suivie de deux dégustations (un blanc et un rouge). Produit également de l'huile d'olive.

Espaço Carmim Praça da Liberdade, 1 Reguengos de Monsaraz (15km à l'est de Monsaraz) 266 508 200 www.carmim.eu Lun.-ven. 8h30-12h30 et 14h-17h30

Naviguez sur le Grande Lago

Veleiro Sem Fim

Embarquez à bord d'un vénérable voilier hollandais (1913) de 17m pour des excursions de 2h à la tombée du jour, ou des croisières d'une journée. Tarif 20€/pers. avec apéritif à bord. Adressez-vous au restaurant **Sem Fim** (p.256).

Telheiro (2km au nord de Monsaraz) 962 653 711 www.sem-fim.com/pt/actividades

Monsaraz Adventure

En canoë-kayak, en barque ou sur une planche de *stand-up paddle*, pour observer la flore et la faune du lac, en version studieuse ou aventure... Avec la gamme d'activités proposées par cette agence, le barrage d'Alqueva n'aura plus de secret pour vous !

Centro Náutico de Monsaraz Antigo Moinho do Gato (5km au sud-est de Monsaraz) 969 246 008 Tlj. 10h-20h

Observez les étoiles

Observatório do Lago Alqueva

Connaître l'âge des étoiles, identifier les constellations, distinguer nébuleuses et galaxies, s'orienter le nez levé : le ciel particulièrement pur à proximité du Grand Lac invite à des observations nocturnes de toute beauté. L'OLA programme également des observations du Soleil, à 14h30 en hiver et 16h30 en été. Il réside en plein cœur de la **Reserva Dark Sky Alqueva**, élue par l'Unesco au rang des meilleures destinations pour scruter les étoiles, en raison de sa faible pollution lumineuse.

Courela da Coutada (2,5km au sud-est de Monsaraz, sur la CM1127) 960 361 906 olagoalqueva.pt Avr.-oct. : mar.-sam. à 21h30 ; nov.-mars : mar.-sam. à 18h30 (astronomie) 12€

NOS ADRESSES

PAUSES

Panorama à 270°

Bom D+

Ce petit café au fond du marché municipal est l'un des rares endroits avec vue sur le Guadiana. Un café (0,70€), une *tostada mista* (tartine jambon fromage, 3€) et un *pastel de nata* (1,20€) : un petit déj. tout simple sur sa minuscule terrasse face au *rio*.

MÉRTOLA Rua D. Sancho II ☎968 061 404 🕒Tlj. 7h-20h

Glaces de saison

Gelados Caprixus

Le passionné qui tient cette boutique tapie dans une ruelle de Moura expérimente sans relâche de nouvelles recettes de sorbets et de crèmes glacées. À côté des classiques se font une place des sorbets aux figues, au gingembre, des glaces au *torrón*...

MOURA Rua das Molejas, 14 ☎285 254 494 🕒Avr.-sept. : jeu.-mar. 13h-18h et 20h30-2h

Institution *bejense*

Luiz da Rocha

Fondée en 1893, c'est la plus vieille *pastelaria* de la ville. La réalisation emblématique de son fondateur, Luiz da Rocha ? Le *porquinho* de Beja, une truie en pâte d'amandes chocolatée allaitant ses porcelets !

BEJA Rua Capitão João Francisco de Sousa, 63 ☎284 323 179 www.luizdarocha.com 🕒Café : lun.-sam. 8h-23h, dim. 8h-20h ; restaurant : lun.-sam. 12h-15h et 19h-22h, dim. 12h-15h30

Au coucher du soleil

Xarez

De la double terrasse de ce café-bar, ombragée par quelques paillotes, la vue plonge sur les champs et les oliveraies, qui dessinent la plaine comme un tableau. Le meilleur endroit pour contempler le coucher du soleil à Monsaraz !

MONSARAZ Rua de Santiago, 33 ☎266 557 052 🕒Mar. 11h-16h, ven. et dim.-mar. 11h-18h, sam. 11h-15h et 17h30-22h

Charcuterie, fromages et olives de l'Alentejo

LA RECETTE

CARNE DE PORCO À ALENTEJANA

Pour 6 personnes

1kg de viande de porc (dans le filet mignon ou en sauté)
500g de palourdes (à défaut, des coques ou des praires)
2 poivrons rouges
1 gros oignon rouge
1 petite boîte de concentré de tomate
15cl de vin blanc sec
4 gousses d'ail
1 pincée de piment d'Espelette
Huile d'olive
1/2 bouquet de coriandre fraîche

Faites dégorger les coquillages plusieurs heures dans l'eau froide afin qu'ils se débarrassent de leur sable. Dans une cocotte à fond épais, faites dorer à l'huile d'olive le porc préalablement coupé en gros cubes. Réservez et mettez à la place l'oignon et les poivrons émincés. Laissez colorer avant d'ajouter l'ail écrasé. Déglacez avec le vin blanc, ajoutez le concentré de tomates et le piment d'Espelette. Décollez bien les sucs du fond de la cocotte et remettez la viande. Assaisonnez puis laissez mijoter 30min environ sur feu très doux (plus longtemps pour du sauté). Environ 10 à 15min avant la fin de la cuisson, ajoutez les coquillages égouttés et rincés et laissez cuire jusqu'à ce qu'ils s'ouvrent grand. Remuez bien le tout puis parsemez de coriandre ciselée en fin de cuisson. Servez, accompagné de riz blanc à part (ou de pommes de terre rissolées que lui préfèrent souvent les Portugais).

RESTAURANTS

À la bonne franquette

Migas €

Sous les parasols de la terrasse avec vue sur le fleuve ou dans la petite salle toute simple, on mange les fameuses et roboratives *migas* (pains frits), mais aussi des *açordas* (soupes au pain) à la morue et à la coriande, ou encore un savoureux lapin au thym. Plat 9-10€. Pas de CB.

MÉRTOLA Mercado Municipal 965 782 159
Mar.-dim. 12h-15h et 19h-22h

Taverne colorée

A Pipa €

Charmant restaurant aux couleurs de l'Alentejo, avec ses murs blanc et ocre, ses nappes à carreaux et ses vieux ustensiles. Dans l'assiette, une cuisine régionale (agneau, veau, porc noir...), à engloutir dans une ambiance populaire à midi. Env. 12-15€. Pas de CB.

BEJA Rua da Moeda, 8 284 327 043
taberna-a-pipa.negocio.site
Lun.-sam. 12h-14h30 et 19h-22h

Cave à vins

Adega Típica 25 de Abril €

Cette *adega* a conservé ses énormes jarres de terre cuite, et au plafond des ribambelles de paniers d'osier et d'écuelles de liège. Une décoration alentejane, à l'image de la cuisine : grillades, *migas*, *secretos de preto*... L'endroit fait vite le plein en soirée et en fin de semaine. Plat 10-19€.

BEJA Rua da Moeda, 23 284 325 960
Mar.-sam. 12h30-15h et 19h30-22h, dim. 12h30-15h

Migas au menu

Molhó Bico €

Une adresse réputée cultivant la tradition aux fourneaux comme dans la déco : *caldo de cação* ("bouillon de roussette"), *migas*, agneau, grillades de porc noir... N'oubliez pas de goûter le fromage de brebis et, en dessert, le *bolo de Gila*, gâteau à la noix de coco ou aux amandes. Prix moyen 15-20€. Beau choix de vins régionaux.

SERPA Rua Quente, 1 284 549 264 Jeu.-lun. 12h30-15h30 et 19h-22h, mar. 12h30-16h

Balcon sur le lac

Taverna Os Templários €

La plus incroyable terrasse panoramique de Monsaraz pour l'un de ses restaurants les plus fameux. Spécialités alentejanes, avec des viandes recherchées, comme le sanglier ou la perdrix à l'automne, la joue de porc ou le jarret. Carte des vins, tous de la région, et plateau de fromages. Plat env. 11-14€.

MONSARAZ Rua Direita, 22 266 557 166 Mer.-dim. 12h-15h et 19h-21h30, lun. 12h-15h

À l'ancienne

Adega Velha €

Cadre insolite, ambiance d'antan et cuisine régionale copieuse, c'est la promesse de cette taverne typiquement alentejane. Viande de porc aux palourdes, perdrix, ragoût de pois chiches (12€), accompagnés d'un pichet de vin de *talha* vieilli dans de petites amphores d'argile et produit par la maison (7,50€).

MOURÃO Rua Joaquim Silvestre de Vasconcelos Rosado 15km au sud de Monsaraz 266 586 443 Mar.-sam. 12h-15h30 et 19h30-22h, dim. 12h-15h30

Atmosphère industrielle

Sem Fim ♥€€

Un restaurant doublé d'une galerie d'art, dans un ancien pressoir à huile. Vous déjeunerez entre les vieilles presses, assis sur des chaises colorées. Dehors, la terrasse offre une jolie vue du château de Monsaraz. La cuisine revisite les plats traditionnels. Comptez env. 25€. Bar agréable pour un verre le soir.

TELHEIRO Aldeia do Telheiro Rua das Flores, 6A (2km au nord-est de Monsaraz) 962 653 711 www.sem-fim.com Jeu.-mar. 12h30-16h et 19h-22h

Voir aussi **Sabores de Monsaraz** (p.226).

SHOPPING

Best of gourmand

Loja da Terra

Les petits producteurs de la région de Mértola alimentent cette jolie boutique aux carreaux turquoise de ce qu'ils font de meilleur : fromages de chèvre et de brebis, vinaigre de thym ou de *poejo* (menthe pouliot), miels (4€), confitures, *enchidos* (saucisses) de porc noir, truffes de l'Alentejo, pains et pâtisseries...

MÉRTOLA Rua Dr. Afonso Costa 962 307 388 Lun.-sam. 9h-13h et 14h-19h

Les artisans du coin

Casa de Artesanato

Dans une ancienne étable du 18e s., aux voûtes en ogive, les artisans de

Serpa ont déposé céramiques, paniers tressés, objets de liège, patchworks et produits régionaux : miels, fromages, huiles d'olive...

SERPA Rua dos Cavalos, 33 968 100 150
Tlj. 9h-13h et 14h-19h

Bien huilée

Herdade dos Coteis

Ici faites votre choix entre différentes variétés d'huile, âpre ou fruitée, dont quelques millésimes primés. Le magasin propose aussi des produits régionaux, fromages et vins, suivant la même exigence de qualité.

MOURA Rua de São Lourenço, 4 285 253 363
Lun.-ven. 10h-13h et 15h-19h, sam. 10h-13h et 15h-18h

Cochonnailles

Casa Cavalheiro

Des saucisses, du jambon et les fameux *chouriços* de porc noir : toutes les charcuteries vendues ici sont faites maison. Depuis 1920, la solide réputation acquise dans toute la région ne s'est jamais démentie.

MOURA Largo da Latôa, 21 285 252 272
Lun.-ven. 9h-13h et 15h-19h, sam. 9h-13h

Épicerie bohème

Casa Tial

Une charmante épicerie fine, tenue par deux Français. Outre une grande variété d'huiles d'olive, les armoires regorgent de produits locaux : miels, friandises, liqueurs, confitures (4,50€ le bocal), fromages et vins, avec une préférence pour les petits producteurs respectueux des savoir-faire artisanaux.

MONSARAZ Rua dos Celeiros, 10 266 557 138
Été : tlj. 10h-19h ; hiver : tlj. 10h-coucher du soleil

Manta de Reguengos

Tissage 100% local

Fabricaal ♥

Vous y trouverez des couvertures en laine typiques de l'Alentejo : les *mantas de Reguengos* utilisées à l'origine par les bergers pour se protéger du froid. S'inspirant de motifs maures, elles sont confectionnées sur de vieux métiers à tisser à Reguengos de Monsaraz, dans la dernière fabrique artisanale de ce type au Portugal, cf. Rendez-vous avec... (p.226).

MONSARAZ MONSARAZ Rua dos Celeiros (à l'entrée du village, 1re rue à gauche) 266 557 159 www.fabricaal.com
Tlj. 10h-18h Usine REGUENGOS DE MONSARAZ Rua Mendes, 79 (15km à l'est de Monsaraz) 266 502 179 Lun.-ven. Visites gratuites 10h-12h et 14h-16h

LE LITTORAL ALENTEJAN

Dans la réserve naturelle de l'estuaire du Sado, les petits chemins filent à travers les rizières de la Camargue portugaise entre Alcácer do Sal et Comporta. Puis la côte, sublimement sauvage, déroule un interminable ruban de sable blanc le long de la péninsule de Tróia. Après Sines, les falaises découpées, les plages désertes et les petits villages de pêcheurs s'ajoutent à ce décor vivifiant léché par les rouleaux de l'Atlantique.

ACCÈS ET INFOS

- Alcácer do Sal est à 100km au sud-ouest d'Évora et à 93km au sud-est de Lisbonne. Vila Nova de Milfontes se situe à 200km au sud-ouest d'Évora. Lisbonne est à 190km au nord. Voiture conseillée (bus peu fréquents).
- En car : de Setúbal, liaisons pour Alcácer do Sal ou traversée du Sado en ferry (Atlantic Ferries, 25min), puis car Tróia-Alcácer do Sal (45min de trajet). Vila Nova de Milfontes est reliée à Lisbonne (env. 10 cars/j. en été et 4 cars/j. en hiver), Setúbal, Évora (l'été seulement), Sines, Lagos et Portimão. Jusqu'à 5 liaisons/j. avec Zambujeira do Mar en été.

À VOIR

ALCÁCER DO SAL ET SES ENVIRONS

Si Alcácer do Sal constitue l'une des portes d'entrée de la réserve naturelle de l'estuaire du Sado, elle fait bien partie de l'Alentejo : en témoignent les températures, susceptibles de grimper très haut ! Elle doit son nom et sa prospérité de jadis aux marais salants qui l'entouraient, remplacés depuis les années 1920 par des rizières qui colorent la campagne de vert frais au printemps. Elle est formée d'une ville basse (les bords du Sado) et d'une ville haute dominée par l'enceinte du château.

Les pieds dans les rizières

Alcácer do Sal

La gracieuse bourgade, à demi assoupie le long du fleuve Sado, est le toit d'élection des cigognes. Les douceurs de ses commerces vieillots sont célèbres dans tout le pays : *pinhoadas*, gâteaux à base de pignons, et *farta frades* ("étouffe-chrétien"). Du haut de la **citadelle** d'origine musulmane, où se côtoient vestiges archéologiques et couvent, au moins 2 600 ans d'histoire contemplent les rizières du Sado. Une curiosité à la sortie de la ville : l'église Renaissance de **Santo António** et sa chapelle des "Onze Mille Vierges", ornée de marbres d'Estremoz et d'une coupole en jaspe.

Posto de Turismo Largo Luís de Camões 265 009 987 www.cm-alcacerdosal.pt Lun.-sam. 9h-13h et 14h-17h **Castelo** Tlj. 9h-19h € Gratuit **Igreja de Santo António** Largo de São Francisco (Rua da Fábrica) Ouverture aléatoire, selon personnel disponible

Un amour de port en bois

Cais Palafítico da Carrasqueira

Un lieu étonnant à ne pas manquer entre Alcácer do Sal et Comporta. Derrière les maisons traditionnelles aux toits de chaume de Carrasqueira, ce port de

À NE PAS MANQUER

- Alcácer do Sal
- Comporta
- Cabo Sardão
- Santa Clara-a-Velha
- Porto Covo
- Praia do Malhão

Alcácer do Sal, sur les rives du Sado

pêche miniature est entièrement bâti sur pilotis. De frêles pontons de bois s'étendent loin dans les marais pour donner accès, à marée basse, aux cabanons des pêcheurs et à leurs embarcations. Le contraste est saisissant entre ces constructions fragiles et les grues du port industriel de Setúbal que l'on devine à l'horizon.

25km à l'est d'Alcácer do Sal

Robinsonnade chic
Comporta

Entre rizières et dunes, c'est le nouvel eldorado de la jet-set internationale qui vient jouer aux Robinsons en pleine nature dans des cabanes aux toits de chaume. Des kilomètres de sable blond égrènent de petits havres de solitude et de paix, et des coins plus animés où sont établis quelques restaurants de plage qui font la part belle au poisson. Les petits chemins de terre vous emmèneront dans les paysages de marais et de lagunes de la réserve naturelle de l'estuaire du Sado, refuge pour les oiseaux.

31km à l'ouest d'Alcácer do Sal

PARQUE NATURAL DO SUDOESTE ALENTEJANO E COSTA VICENTINA

De Sines à Azenha do Mar, la côte, plus tourmentée, est ponctuée de charmants villages de pêcheurs à l'ambiance balnéaire et de plages paradisiaques. Après Sines, vous entrez dans le parc naturel du Sud-Ouest de l'Alentejo et de la Côte vicentine. Sa nature préservée attire de plus en plus de marcheurs, amateurs de senteurs sauvages et de couleurs changeantes. Superbes randonnées en perspective !

Sur les pas de Vasco de Gama

Sines

Hautes cheminées, oléoducs et gazoducs campent le décor de cette ville industrielle et portuaire où mouillent d'énormes tankers et cargos. Passé cette première image peu attrayante, la balade dans les rues anciennes, flanquées de maisons basses peintes en blanc et bleu, se révèle plaisante. Sur la falaise, les murailles du château où naquit Vasco de Gama offrent une belle vue sur la baie de Sines. Le château héberge le **Museu de Sines**, charmant avec son ancienne mercerie reconstituée et ses images de la vie d'autrefois. Prenez le temps de faire un tour sur la plage et de contempler le petit port.

65km au sud-ouest d'Alcácer do Sal Posto de Turismo-Museu de Sines Castelo de Sines Largo Poeta Bocage 269 860 095 www.sines.pt Été : mar.-dim. 10h-13h et 14h30-18h ; hiver : mar.-dim. 10h-13h et 14h-17h Entrée libre

Station coquette

Vila Nova de Milfontes

En plein parc naturel, à l'endroit merveilleux où le fleuve Mira s'élargit pour rejoindre la mer dans un accord parfait de bleus, les maisons de Vila Nova de Milfontes – prononcez "Milfontche" – qui jouxtent l'eau apportent une discrète note de blanc. Blanc, comme le sable des plages (Furnas, Malhão) qui font la renommée de son littoral depuis les années 1970. Malgré une fréquentation estivale croissante, Vila Nova de Milfontes garde une ambiance de village.

35km au sud de Sines Posto de Turismo Rua António Mantas Vila Nova de Milfontes 283 996 599 Mar.-sam. 9h-13h et 15h-18h

Mille-feuille de schiste

Cabo Sardão

Une lande de toute beauté et des falaises de schiste plongeant dans l'océan, battues par l'écume des vagues... le cap Sardão promet des vues épiques ! Des panneaux renseignent sur les oiseaux et les petits mammifères qui le peuplent, ainsi que sur les organismes marins visibles au pied des falaises à marée basse. Des cigognes ont fait leur nid au sommet de quelques pitons rocheux. En mai-juin, vous aurez toutes les chances de les apercevoir, peut-être même avec leur couvée récemment éclose. Sentiers de randonnée balisés.

Cavaleiro (52km au sud de Sines)

Cigognes au Cabo Sardão

Belvédère sur l'océan

Zambujeira do Mar

De magnifiques plages s'étendent au pied de ce village de pêcheurs perché sur une falaise. Hors saison, il ne compte pas plus de 500 âmes, mais se réveille en été et bouillonne le premier week-end d'août pour le festival de rock Sudoeste, qui attire les milliers de fans de grands groupes nationaux et internationaux.

60km au sud de Sines Posto de Turismo Rua da Escola 283 961 144 www.turismo.cm-odemira.pt Mar.-sam. 10h-13h et 14h-18h

Port de poche

Azenha do Mar

Azenha do Mar se résume à une poignée de modestes maisons, une petite plage de galets et un minuscule port de pêche encore actif, blotti au pied des falaises. Si vous allez déjeuner dans l'excellent restaurant du même nom, faites un tour dans les ruelles endormies de ce hameau. Comme au cap Sardão, quelques cigognes ont élu domicile à la cime de pitons rocheux.

75km au sud de Sines

Road trip dans les terres

Santa Clara-a-Velha

Ce petit village niche sur une rive du Rio Mira. En passant par Odemira, la route s'élève avec régularité, sinuant parmi les collines boisées. Plus loin, les flots bleus du lac de barrage de Santa Clara se faufilent entre une multitude de petits monts. À partir de Santa Clara-a-Velha, la N266, serpente dans une chatoyante végétation de pins, de châtaigniers et de chênes-lièges. Tantôt à gauche, tantôt à droite s'ouvre une vallée, le profil de crêtes lointaines se dessine.

80km au sud-est de Sines

À FAIRE

Promenez-vous le long du Sado

Afin de jouir d'un panorama unique sur la ville d'Alcácer do Sal, franchissez le Sado par le vieux pont en fer qui, jadis, s'ouvrait pour laisser passer les bateaux. La municipalité a aménagé une promenade le long de la rive, reliée à la vieille ville, au niveau de la mairie, par une passerelle suspendue. La vue sur les maisons blanches, le château et les bateaux est magique au coucher du soleil...

Alcácer do Sal

Galopez sur la plage ou dans les rizières

Cavalos na Areia

José Ribeira vous met le pied à l'étrier et vous accompagne pour d'inoubliables randonnées équestres sur la plage ou parmi les rizières. Sorties à 11h et 15h en hiver (50€ pour 1h30 de balade), tôt le matin en été (65€ en juin et sept., 80€ en juil.-août). Une région que vous pouvez aussi choisir de découvrir en kayak par la mer et sur les canaux irriguant les rizières, ou encore à vélo (location 10€ la demi-journée, 15€ la journée entière).

Estrada Nacional, 261 Torre (3,5km au sud du centre de Comporta) Comporta www.cavalosnaareia.com

Explorez le delta du Mira en kayak

Areias do Mar

Les eaux calmes et turquoise du delta du Mira sont idéales pour une sortie guidée en kayak de mer ou en *stand-up paddle*. En kayak, l'une de ces balades guidées permet de remonter le fleuve au départ de Vila Nova de Milfontes jusqu'à un ancien moulin à marée (2h30, 16€). Location de kayaks et de SUP en autonomie.

Praia da Franquia Vila Nova de Milfontes 962 072 348 www.kayakmilfontes.com

Initiez-vous au kayak, au canyoning...

Plusieurs organismes de Vila Nova de Milfontes proposent des activités sur terre comme en mer : balade à cheval, kayak de rivière, surf, *stand-up paddle* ou encore canyoning et paintball.

SudAventura

Location de bicyclettes, d'équipements de surf et de bodyboard.

Rua São Sebastião, 29A Vila Nova de Milfontes 283 997 231 www.sudaventura.com Mar.-sam. 10h-19h

Piquez une tête

Porto Covo

Au sud de Sines, les environs de Porto Covo, village de pêcheurs chouchou des Lisboètes, recèlent plusieurs petites plages ravissantes. Au nord, la **Praia da Samoqueira** se cache dans un superbe écrin rocheux. Au sud, la **Praia da Ilha do Pessegueiro** vous charmera avec son tapis de plantes maritimes et son "île du Pêcheur". En été, vous pourrez meme vous y rendre en barque de pêcheurs.

Praia da Samoqueira, Porto Covo

Praia do Malhão

Certainement la plus belle plage de la côte, entre Sines et Vila Nova de Milfontes, encore préservée de la foule et vierge de constructions. Longue de 2,5km et large de 250m, elle comporte des zones d'amples dunes et trois petites plages encadrées d'avancées rocheuses. Plus au nord, on trouve une plage gay et une autre pour nudistes.

6km au nord de Vila Nova de Milfontes Dir. Lisbonne puis à Brunheiras, suivre au rond-point dir. camping Orbitur (à gauche), et 2km plus loin un panneau Malhão à gauche (piste de sable)

LA ROTA VICENTINA

Quelque 450km de sentiers ont été balisés dans le parc naturel du Sud-Ouest de l'Alentejo et de la Côte vicentine, tantôt en bord de mer, tantôt dans les terres, parmi les forêts de chênes-lièges, les cultures maraîchères et les hameaux blancs endormis à flanc de colline. Les randonnées pédestres de la Route vicentine (http://fr.rotavicentina.com) sont divisées en parcours d'une vingtaine de kilomètres – de quoi remplir une belle journée – entre deux villes étapes, où l'on trouvera de quoi être hébergé et se restaurer. Les circuits sont adaptés à différents niveaux de difficulté : boucles idéales pour les sorties en famille, chemin des Pêcheurs avec vues époustouflantes sur les falaises et les criques à leur pied (attention au vertige par endroits !), chemins historiques entre campagne et villages... Les offices de tourisme vous fourniront des cartes détaillées, indiquant longueur, dénivelé et niveau de difficulté de chacun des tronçons.

Sur les sentiers littoraux de la Rota Vicentina

Praia de Furnas
Face à Vila Nova de Milfontes, de l'autre côté du fleuve, une grande plage de sable bien moins fréquentée que la petite **Praia de Franquia** située dans le prolongement de la ville. On peut la rejoindre par bateau avec **Maresia Milfontes** (www.maresiadomira.pt) à partir de l'embarcadère en contrebas du fort.

Zambujeira do Mar
Plusieurs plages extra : **Zambujeira, Alteirinhos** (plage nudiste officielle, près d'une cascade), **Carvalhal**. Au nord, la **Praia do Tonel** est plus difficile d'accès, mais la beauté des paysages mérite bien l'effort. Les falaises qui annoncent l'Algarve et la Côte vicentine accueillent des cigognes.

60km au sud de Sines 30km au sud de Vila Nova de Milfontes

NOS ADRESSES

RESTAURANTS

Les yeux dans le *rio*

Retiro Sadino €
Sa vue sur le pont métallique et sur le cours placide du Sado font tout le charme de ce restaurant de poissons et grillades. Si vous n'avez pas encore testé la *caldeirada* (marmite de poissons et fruits de mer) ou l'*arroz com camarão e amêijoa* (riz aux crevettes et aux palourdes), c'est l'occasion ! Plat 11-15€.

ALCÁCER DO SAL Av. João Soares Branco, 6 265 613 086 www.retirosadino.com Tlj. 12h-15h30 et 19h-22h30

Les pieds dans le sable

Comporta Café €€
Sur la plage de Comporta, un café-restaurant chic avec terrasse idyllique pour déguster poissons et fruits de mer (plat 15-25€) face à l'océan. Ne vous demandez plus où aller prendre l'apéritif au coucher du soleil : parasols et transats n'attendent que vous !

COMPORTA Praia da Comporta 933 976 520 www.comportacafe.com.pt Mar.-dim. 12h30-21h30 Fermé fin nov.-Noël

Caldeirada

Simple et sophistiquée

Tasca do Celso ♥€€
Alliance de la rusticité et du raffinement. Des assiettes pleines de saveurs – le chef ne jure que par les produits locaux et de saison – dont vous vous régalerez dans une ambiance chaleureuse. Attention, adresse très courue, mieux vaut réserver. Repas autour de 20-25€.

VILA NOVA DE MILFONTES Rua dos Aviadores, 34A 283 996 753 Mar.-dim. 12h-0h (2-3h en été)

Entre terre et mer

Lamelas €€
La cuisine terre-mer de la chef Ana Moura est une ode aux produits du

terroir. Savourez-la en profitant de la jolie vue sur la baie de Porto Covo : petites entrées à 6€ (salade de poulpe, seiches frites...), encornets farcis aux *migas* de feuilles de navet (24€), risotto au lapin et mousse au chocolat au crumble de cacahuètes.

PORTO COVO Rua Candido da Silva, 55A
924 060 426 www.lamelasrestaurante.com
Mer.-dim. 12h30-14h30 et 19h30-22h30

À la débarque

Azenha do Mar ♥€€

À deux pas du bord de la falaise, vous engloutirez poisson et fruits de mer fraîchement débarqués au port en contrebas. Bouillabaisse, riz aux coquillages et crustacés ou à la lotte, tourteaux, fricassée de poisson... Tout est simple, savoureux et copieux dans ce restaurant à l'ambiance familiale sonore. Repas env. 20€.

AZENHA DO MAR 282 947 297
Jeu.-mar. 12h-22h

SHOPPING

Dans la peau

Correaria Machado & Goucha

Un magasin de bourrelier, qui rappelle combien la réserve de l'estuaire du Sado, avec ses bergers-cavaliers, offre de similitudes avec la Camargue. Artisanat du cuir lié à l'art équestre. De belles vestes-capes.

ALCÁCER DO SAL Av. dos Aviadores, 19
965 411 074 www.correaria-goucha.com
Lun.-ven. 8h-19h, sam.

Bazar bohème chic

Coral Comporta

Une pêche exquise et originale d'objets déco, de vaisselle, de poteries, de bijoux inspirés de la nature et d'œuvres d'art *made in* Portugal, en phase avec l'esprit bord de mer et hippie chic de la station.

COMPORTA Rua do Secador 919 858 721
Été : tlj. 10h-13h et 15h-20h ; hiver : tlj. 11h-13h et 15h-19h

SORTIES

Comptoir sur l'estuaire

River Side Pub

Ce bar-restaurant jouit d'une grande terrasse, assiégée en été pour sa vue plongeante sur l'estuaire de la Mira. Notez que le bar est surtout animé le soir en saison estivale. Côté restaurant, carte de tapas, burgers et salades (7-11€).

VILA NOVA DE MILFONTES Av. Marginal Edifício Milfontes 283 998 745 ou 967 839 257 Mar.-dim. 12h-0h

À la cool

Bar Azul ♥

Assis à l'intérieur, sous un curieux requin de carton-pâte suspendu au plafond et qui serre entre ses dents un bras sanguinolent tenant une chope de bière, ou encore installé en terrasse sur la charmante placette, on apprécie une Imperial bien fraîche (1,30€) ou un cocktail (5-10€).

VILA NOVA DE MILFONTES Largo do Rossio, 20
283 996 818 Été : tlj. 21h-4h ;
hiver : ven.-sam. 21h-4h

Un ciel d'azur en toute saison, le grand bleu pour horizon, on dirait… la Méditerranée ! Campé au bout de l'Europe, ce petit rectangle de 150km de longueur pour à peine 50km de largeur ne se limite pas à son splendide littoral. C'est au-delà de ses plages magnétiques et du tumulte cosmopolite de la côte que l'Algarve se découvre vraiment : là où bruissent les rivières, dans les parfums de la garrigue, et dans l'air chaud et salé de sa lagune.

L'Algarve

Praia do Camilo

Plan 12
L'ALENTEJO p.221
LISBOA
HUELVA
RIO GUADIANA
PARQUE NATURAL VALE DE GUADIANA
Sanlúcar de Guadiana
Alcoutim
Foz de Odeleite
Odeleite
Castro Marim
Vila Real de Santo António
RESERVA NATURAL DO SAPAL DE CASTRO MARIM E VILA REAL DE SANTO ANTÓNIO
PRAIA DE CABANAS
Cabanas
Cacela Velha
ILHA DE TAVIRA
PRAIA DO BARRIL
Tavira
FARO, TAVIRA ET L'EST p.274
Santa Luzia
Fuseta
RIA FORMOSA
PARQUE NATURAL DA RIA FORMOSA
ILHA DE FAROL
CABO DE SANTA MARIA
ILHA DA BARRETA
Olhão
Estói
SÃO MIGUEL 410 M
São Brás de Alportel
RUINAS DE MILREU
Faro
SÃO LOURENÇO
Almancil
PRAIA DE FARO
Loulé
Querença
Barranco Velho
ALGARVE
Cachopo
RIBA. DO VASCÃO
SERRA DO MALHÃO
Almodôvar
SA. DO CALDEIRÃO
Salir
Alte
Paderne
Vale do Lobo
Quarteira
Vilamoura
PRAIA DA FALÉSIA
Albufeira
PRAIA DO OURO
PRAIA DA GALÉ
Guia
Algoz
São Bartolomeu de Messines
LE BARLAVENTO p.294
Alcantarilha
Armação de Pêra
PRAIA DE BENAGIL
PRAIA DA MARINHA
Carvoeiro
PRAIA DO CARVOEIRO
Lagoa
Silves
Estômbal
Caldas de Monchique
PICOTA 773 M
Monchique
SA. DE MONCHIQUE
FÓIA 902 M
Santa Clara-a-Velha
RIOMIRA
Portimão
PRAINHA
PRAIA DA ROCHA
Alvor
BARRAGEM DA BRAVURA
Bensafrim
Lagos
PONTA DA PIEDADE
PRAIA DOS TRÊS IRMÃOS
PRAIA DA LUZ
Luz
PRAIA DE BURGAU
PRAIA DA SALEMA
Barão de São João
Marmelete
Aljezur
Odeceixe
Amoreira
Arrifana
Alfambra
SERRA DO ESPINHAÇO DE CÃO
Carrapateira
Amado
Murração
Budens
Vila do Bispo
TORRE DE ASPA 156 M
PRAIA DO AMADO
Sagres
PONTA DE SAGRES
CÔTE VICENTINE ET CAP SAINT-VINCENT
LA CÔTE OUEST p.306
PARQUE NATURAL DO SUDOESTE ALENTEJANO E COSTA VICENTINA
OCEANO ATLÂNTICO
N125
N120
N124
N122
N2
N270
N266
N268
IC1
IP1
A2
N
15 km

CINQ BONNES RAISONS...

... de s'échouer en Algarve.

La **RIA FORMOSA** (p.278), pour faire le plein d'iode... À bord d'un petit bateau en bois, observez les oiseaux, pêchez des coquillages et dégustez des huîtres avec un verre de vin blanc.

Le **SENTIER DES SEPT VALLÉES SUSPENDUES** (p.301), pour marcher au-dessus du vide... Le long des falaises littorales, sautez de plage de rêve en crique sauvage.

☀ La randonnée de la **ROTA VICENTINA** (p.263), pour allier la mer à la campagne... De criques secrètes en villages blancs, de plages immenses en champs de fleurs, conjuguez charme bucolique et beauté sauvage.

LOUER UN COMBI VW (p.285), pour arrêter le temps... Prenez la route, totalement libre...

LA *CATAPLANA*, pour déguster le plat de poisson emblématique de l'Algarve, sur une terrasse face à l'océan !

RENDEZ-VOUS AVEC...

Maria Manuel Valagão, chercheuse en sociologie de l'alimentation, est l'auteure et coauteure d'ouvrages plusieurs fois récompensés, consacrés aux pratiques alimentaires du sud du Portugal. Retournée vivre dans son Algarve natale, où elle cultive un goût particulier pour la Ria Formosa, cette lagune aux mille richesses, elle sillonne volontiers la région vers les recoins oubliés, authentiques, de l'arrière-pays : sa *terra* !

Ma balade en bateau

A Ria Formosa

J'adore me promener en bateau dans la Ria Formosa (p.278), humer les senteurs qui changent avec la marée, regarder les oiseaux, voir, à marée basse, les pêcheurs ramasser les palourdes… Une de mes sorties préférées consiste à prendre le bac à Olhão (quai T) pour Culatra : l'île est accueillante avec ses petits restos où se régaler de produits locaux… et le retour à terre, superbe !

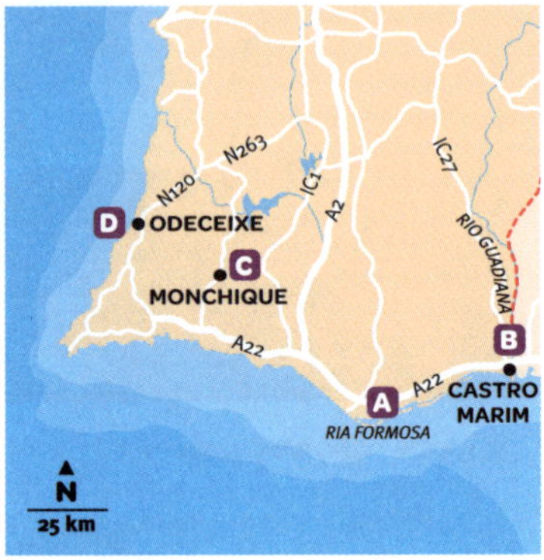

Mes petites routes

B Au fil du Guadiana

Pour moi, les plus beaux paysages de l'Algarve se cachent le long de la frontière espagnole. De ma petite ville, São Brás de Alportel, j'aime rouler vers Castro Marim (p.282), et emprunter les routes qui longent le Guadiana (p.251) ou m'enfoncer dans les terres jusqu'à Azinhal, connu pour son hospitalité… et ses petits fromages de chèvre !

ET SI L'ALGARVE ÉTAIT...

Un parfum Ce serait ceux, très méditerranéens, du ciste et du thym ou encore celui de la lavande papillon, cette fleur des champs de la *serra*, mais, quand je pense à l'Algarve, je pense aussi à la lumière incroyable qui la baigne !

Mon escale, à la fraîche

C Monchique

Monchique (p.297) est un souvenir d'enfance, on s'y rendait l'été avec un pique-nique pour passer la journée dans la fraîcheur de la *serra*, près des sources dont on buvait l'eau si particulière, très alcaline. Si l'on passe par là, il faut pousser jusqu'à Fóia, le point culminant de l'Algarve, d'où l'on a une vue magnifique jusqu'à l'océan. Et en profiter pour goûter la cuisine de montagne

Dans la Serra de Monchique

qu'on y sert, à base de choux, de haricots... avec une excellente charcuterie. En ville, A Charrette est une valeur sûre, et, sur la route de Fóia, O Jardim das Oliveiras possède une très belle terrasse.

A Charrette Rua Dr. Samora Gil, 30-34 ☎ 282 912 142 ⏲ Jeu.-mar. 12h-15h et 18h-22h **O Jardim das Oliveiras** Sitio do Porto Escuro ☎ 282 912 874

Mes plages ? Un *road trip* !

D Costa Vicentina

Pour rejoindre la côte ouest, après une halte à Monchique, j'emprunte la N266 et la EM501, soit environ 40km d'une route parfois difficile mais sublime, en pleine nature, pour arriver à Odeceixe (p.308). Loin de tout, ce petit village est connu des surfeurs et des “alternatifs”, mais on n'y croise personne ! Sur la plage, le Quiosque Agapito est le lieu idéal où prendre un verre au moment où le soleil disparaît derrière l'océan. Non loin s'étirent des plages splendides, presque sauvages, comme celles d'Amado, de Bordeira, d'Arrifana (p.308), de Monte Clérigo (p.310) ou encore de Castelejo, où il faut venir admirer la lumière rasante des beaux après-midi d'automne. **Sagres** (p.306) n'est pas loin non plus : l'occasion d'un coucher de soleil magique !

Gardien de la nature

Mes recherches me mènent constamment au travail de la terre, et j'aime croiser la route de ceux dont la vie tient à ce lien si particulier. C'est ainsi que j'ai rencontré un vrai gardien de la nature, António Rosa, à Rogil, près d'Aljezur. Il cultive, en bio, une variété endémique, très ancienne, de patate douce et la cacahuète. De cette arachide, il fabrique un beurre qu'il a appelé, du nom de l'espèce locale de cacahuète, **Alcagoita** – notez ce préfixe *al*, tiré de l'arabe, tout comme dans le nom même d'Algarve !

FARO, TAVIRA ET L'EST

Tournant le dos aux destinations les plus touristiques de l'Algarve, l'est de la région a su rester authentique et étonnamment préservé. Au programme : safari-photo dans les lagunes sauvages peuplées d'oiseaux, promenade sur d'immenses plages désertes face à l'océan et découverte de l'artisanat dans de rudes villages de montagne. Sans oublier une succulente gastronomie... entre terre et mer !

ACCÈS ET INFOS

- Faro est à 275km de Lisbonne. Tavira se situe à 37km à l'est de Faro, à 29km à l'est d'Olhão, à 23km à l'ouest de Vila Real de Santo António.
- En train : de Lisbonne, 5 trains/j. pour Faro (3h30/4h). La *Linha do Algarve* dessert toutes les villes de la côte (13 trains/j.) dont Loulé, Faro, Olhão, Fuseta, Tavira et Vila Real de Santo António.
- En car : de Lisbonne, 12 cars/j. pour Faro (3h15/4h30) avec Rede Expressos et 4 à 7 cars/j. avec Eva (5/j. pour Tavira). Eva assure une dizaine de liaisons quotidiennes entre Faro et Vila Real de Santo António (1h40) via Olhão et Tavira (1h).
- Bateau : accès aux îles de la lagune au départ de Faro (Barreta, Farol), d'Olhão (Farol, Armona), de Fuseta (Armona) ou de Tavira (Ilha da Tavira).

À VOIR

FARO

La tranquille capitale de l'Algarve mérite plus qu'un passage en coup de vent. Son ambiance typiquement portugaise (surtout lorsque ses étudiants animent les soirées), les ruelles pittoresques de sa vieille ville, où il fait bon flâner entre églises et terrasses de café, et son agréable marina en font une halte séduisante. Le plus ? La **Praia da Ilha de Faro** toute proche ! Une fine ganse de sable où s'alignent restaurants et bars le long de la presqu'île que forme la Peninsula do Ancão.

Posto de Turismo Rua da Misericórdia, 8 289 803 604 www.turismodoalgarve.pt Été : tlj. 9h30-17h30 ; hiver : tlj. 9h30-13h et 14h-17h **Ilha de Faro** Estoi Par la route en prenant la dir. de l'aéroport (pont) ou bus 14 et 16 de la gare routière de Faro

Le charme de l'ancien

Cidade Velha

Pavés usés, vieilles maisons blanchies, ruelles tortueuses parfumées par la mer et les orangers... La vieille ville, protégée par des remparts depuis la période romaine, déborde de charme. Pour y pénétrer, prenez l'élégante porte **Arco da Vila**, où logent une statue de saint Thomas d'Aquin et des... cigognes ! Un clocher médiéval signale la **Sé**, rutilante d'azulejos et de bois dorés baroques. Installé dans un ancien couvent Renaissance, l'austère **Museu Municipal** vaut surtout pour son cloître splendide et sa mosaïque romaine du dieu Neptune. L'avant-garde artistique portugaise s'affiche à la **Galeria Trem**.

Sé Largo da Sé 289 823 018 Lun.-ven. 10h-17h (17h30 en hiver), sam. 9h-13h 3,50€ **Museu Municipal de Faro** Largo Afonso III, 14 289 870 829 Mar.-ven. 10h30-17h, sam.-dim. 10h30-17h 2€ **Galeria Trem** Rua do Trem, 5 289 804 197 Mar.-ven. 10h-18h, sam. 10h30-17h Entrée libre

À NE PAS MANQUER

- Cidade Velha (Faro)
- Igreja de São Lourenço (Almancil)
- Alte
- Ria Formosa ★
- Tavira
- Embarquer pour la Praia do Barril
- Mercado municipal de Loulé

Faro et la Ria Formosa

Si loin, si proche
Museu Etnográfico Regional

Que de changement en 60 ans ! Des photos en noir et blanc des années 1950 – scènes de campagne ou de bord de mer – témoignent de l'étendue des transformations subies par la région de l'Algarve en un temps très court. Des reconstitutions grandeur nature (foyer rural, four à pain, comptoir d'une taverne, barque traditionnelle...) illustrent les modes de vie du siècle dernier, désormais disparus. Un parcours touchant, à faire avant de visiter la région.

Rua do Pé da Cruz, 4 ☎ 289 870 893 ◷ Mar.-ven. 10h-18h, sam. 10h-16h30 € 1,50€

Que d'os !
Igreja do Carmo

Ce vaste édifice baroque du 18e s. domine une grande place en pente douce. Derrière l'imposante façade blanche et jaune flanquée de deux clochers se dévoile une impressionnante profusion de *talhas douradas*. Passez par la sacristie à droite de l'autel pour rejoindre l'étonnante **Capela dos Ossos** ("chapelle des Os") constituée de crânes, fémurs, tibias... Cet ossuaire de 4m par 6m est entièrement recouvert d'os (on dénombre plus de 1 200 crânes de frères, récupérés dans le cimetière voisin en 1816).

Largo do Carmo ☎ 289 824 490 ◷ Lun.-ven. 9h-13h et 15h-18h (17h en hiver), sam. 9h-13h

SurtitreSurtitre
Faro Story Spot

Dans la vieille ville, ce nouveau centre d'interprétation doté d'une exposition multimédia immersive raconte la cité depuis sa fondation en 1540, explore ses liens avec la Ria Formosa et décortique le régime méditerranéen, l'une des plus anciennes traditions culinaires du globe. Moyennant un supplément (16-23€), une dégustation de vins et de produits locaux vous est proposée en fin de visite sur la terrasse.

Largo da Sé, 6 Page Facebook Été : tlj. 10h-0h ; hiver : tlj. 10h-18h

Bijou baroque
Palácio de Estói

Ce charmant petit palais néorococo (18e s.), devenu un hôtel de luxe, ne se visite pas, mais vous pouvez flâner librement dans la fraîcheur des jardins en terrasses, parsemés de statues de divinités antiques, de bassins et de colonnes romaines venues des ruines de Milreu voisines. Possibilité de boire un verre au bar chic de l'hôtel dans le palais (s'il n'est pas réservé pour un mariage).

Estói (10km au nord-est de Faro) Ne se visite pas

Merveilles d'azulejos
Igreja de São Lourenço

Considérée comme l'un des bijoux du Portugal, cette église au décor baroque est réputée à juste titre pour les magnifiques azulejos qui tapissent ses murs et sa voûte. Ces peintures sur faïence, réalisées par Policarpo de Oliveira Bernardes au 18e s., illustrent avec beaucoup de détails et de réalisme des épisodes de la vie de saint Laurent et de son martyre.

Almancil (12km au nord-ouest de Faro par l'EN125, tourner à droite avant Almancil) 289 395 451 Lun.-sam. 10h-13h et 15h-17h 2€

LOULÉ ET LES VILLAGES DE MONTAGNE

En quittant le littoral, vous entrez dans une autre Algarve, plus brute, plus authentique, et plus rude aussi. Les touristes se font rares, les villages blancs somnolent sous le soleil, et l'air embaume la garrigue et l'eucalyptus.

Parfum mauresque
Loulé

Qu'il est agréable de musarder dans cette vieille ville, véritable médina avec ses maisonnettes colorées, ses ruelles ombragées par des tissus colorés et son marché néomauresque (p.292). Mais Loulé s'impose aussi comme une ville moderne et dynamique, qui regorge de jolies boutiques d'artisans, de bars et de restaurants. À voir, le **Castelo** (13e s.) construit après la victoire des chrétiens sur les Maures, ainsi que l'**Ermida de Nossa Senhora da**

COULEUR LOCALE

Le **carnaval de Loulé** est le plus ancien du Portugal. Depuis 1906, autour du Mardi gras (fin fév.-début mars), la ville accueille orchestres de samba, danseuses brésiliennes et chars colorés qui défilent trois jours de suite au milieu d'une foule impressionnante. Ambiance festive et bon enfant assurée !

Conceição, chapelle de la seconde moitié du 17e s., dont les azulejos relatent la vie de la Vierge.

17km au nord-ouest de Faro Posto de Turismo Av. 25 de Abril, 9 ☏ 289 463 900 www.cm-loule.pt ⏲ Été : tlj. 9h30-13h et 14h-17h30 ; hiver : tlj. 9h-13h et 14h-17h

Halte rafraîchissante

Alte 👍

Probablement l'un des villages les plus pittoresques de l'Algarve. Élevé sur un antique site romain, le bourg, qui occupe une vallée, invite à la flânerie dans ses ruelles pavées, étroites et tortueuses, habillées de sculptures, de façades blanches et de cheminées filigranées. Au bord de la Ribeira de Alte, cours d'eau qui traverse la ville, quelques tables en pierre dans un parc, près de la Fonte Pequena, vous attendent pour un pique-nique ombragé.

25km au nord-ouest de Loulé Posto de Turismo Pólo Museológico Cândido Guerreiro e Condes ☎ 289 478 058 ⏲ Lun.-ven. 9h-17h

En haut de la colline

Salir

Ce joli bourg coiffe la crête d'une colline. Il dissimule au milieu de ses maisons blanches les ruines d'un château du 12e s., bâti par les Maures, et qui servit également aux chrétiens de base arrière pour achever la Reconquista et reprendre Faro. Un **pôle muséologique** recèle quelques vestiges (le site des fouilles est visible sous un plancher transparent). De la place de l'église, beau panorama sur la vallée.

14km au nord de Loulé

OLHÃO ET LA RIA FORMOSA

Avec Faro, Olhão est l'une des portes d'entrée du parc naturel de la Ria Formosa. Cette vaste réserve protégée, parenthèse de lagunes, d'îles désertes et de cordons de sable doré, offre des paysages étonnants, à quelques minutes seulement de bateau du continent. Un paradis pour les amateurs de farniente face à la mer, et les férus de nature préservée (p.272).

Maisons cubiques et poisson frais

Olhão

Ce port actif est spécialisé dans la pêche au thon et à la sardine. Il fait bon flâner dans sa vieille ville, entre les anciennes petites maisons de pêcheurs recouvertes d'azulejos alignées le long des ruelles piétonnes. Les toits-terrasses où on faisait sécher les fruits évoquent le Maroc ! N'hésitez pas à vous engouffrer un matin dans les halles du **marché** (p.293) : là, s'amoncellent raies, sardines, thons, seiches, calamars, crevettes. Le samedi matin, les petits producteurs locaux de fruits et légumes installent leurs étals à l'extérieur, sur le bord de mer.

10km à l'est de Faro Posto de Turismo Largo Sebastião Martins Mestre, 8A ☎ 289 713 936 ⏲ Lun.-ven. 9h-13h et 14h-18h et parfois le w.-e. en été

Entre plages et lagunes

Ria Formosa ★

Le parc naturel de la Ria Formosa étend ses lagunes, ses canaux et ses bancs de sable entre la péninsule d'Ancão à l'ouest et Cacela Velha à l'est. Cinq îles très étroites et parallèles à la côte forment une barrière contre l'océan : Barreta (ou Ilha Deserta), Farol (ou Culatra), Armona, Tavira et Cabanas, dont les contours, mouvant sous l'effet des courants et des vents, dessinent de superbes plages de sable blanc. Le vaste parc de 270km^2 est aussi un sanctuaire pour une

Bancs de sable et îlots de la Ria Formossa

faune riche et variée, dont les oiseaux, nombreux à y faire escale en hiver : flamants roses, cigognes...

Accès à la lagune par les petites routes transversales à l'EN125 entre Faro et Tavira, notamment autour d'Olhão

Ilha do Farol (Ilha da Culatra)

L'île de Farol, ou de Culatra, comprend trois hameaux d'est en ouest : Culatra, Hangares et Farol ("le phare"). Les petits cabanons de pêcheurs accueillent désormais les familles, qui viennent passer ici leurs vacances loin des voitures (interdites sur l'île) et profiter d'une splendide plage aux eaux paisibles, longue de 7km.

Ferry au départ d'Olhão (30min, 4,30€ AR)

Ilha da Armona

Le bateau vous débarque à Armona, charmant hameau de petites maisons basses, les pieds dans le sable, où les familles portugaises viennent en villégiature. À la plage côté Ria, préférez celle côté mer, qui fait une pointe à l'extrémité ouest de l'île : sable blond immaculé, eau azur, petites dunes qui fleurent bon l'immortelle et joli bar de plage. Attention aux courants dans le chenal.

Ferry au départ d'Olhão (15min, 3,70€ AR)

Capitale du poulpe

Santa Luzia

Ce ravissant village de petites maisons blanches s'efforce de maintenir le bon équilibre entre son activité de pêche, son ambiance authentique et l'accueil des touristes. Sur l'agréable promenade le long du port, les familles se baladent en regardant les bateaux partis attraper des poulpes, spécialité du coin, qui se retrouveront plus tard dans les nombreux restaurants ! Pour la plage, direction Praia do Barril (p.284).

20km à l'est d'Olhão par la N125

TAVIRA ET SES ENVIRONS

Sans plage, donc à l'abri des promoteurs qui ont fait tant de dégâts en Algarve, la douce Tavira, aussi paisible que le cours de son Rio Gilão, est bercée d'une agréable langueur. Il fait bon déambuler dans ses ruelles bordées de maisons blanches, sur fond de portes à heurtoirs et de moucharabiehs... et trouver une terrasse ombragée où se rafraîchir.

Tavira, sur les rives du Rio Gilão

La belle qui fait chavirer les cœurs

Tavira

Grimpez au **Castelo** (13e s.), écrin ruiné d'un petit jardin romantique : la ville est à vos pieds, avec ses toits découpés en ciseaux (une importation des comptoirs d'Orient au temps des Découvertes !) et sa ribambelle d'églises. Parmi elles, l'**Igreja de Santa Maria do Castelo** abrite le tombeau de sept chevaliers de l'ordre de Santiago. L'**Igreja da Misericórdia** est un chef-d'œuvre Renaissance à voir pour son ravissant portail. Le beau Pálacio da Galeria voisin héberge le **Museu Municipal**. Le soir, profitez de la ravissante vue sur les quais en traversant le **pont romain**, qui date en fait... du 17e s. !

40km au nord-est de Faro **Posto de Turismo** Praça da República, 5 281 322 511 www.cm-tavira.pt Lun.-ven. 9h-17h **Castelo e Muralhas de Tavira** Prendre la rue en escalier partant de la Rua da Liberdade 281 329 660 Tlj. 8h-17h Entrée libre **Igreja de Santa Maria do Castelo** Lun.-ven. 10h-17h, sam.-dim. 9h-17h 2,50€ **Igreja da Misericórdia** Rua da Galeria Lun.-sam. 9h-12h30 et 14h-17h30 2€

Belvédère sur la lagune

Cacela Velha

Une poignée de maisons d'un blanc éclatant cernées de bleu, blotties contre l'enceinte d'un petit fort de poche, le tout joliment perché au-dessus de la lagune et de l'océan. Difficile d'imaginer que ce hameau diablement pittoresque fut important du temps des Romains et des Arabes ! Sur la place, entre le fort et l'église du 16e s., deux restaurants accommodent les coquillages. Une pente verdoyante mène au rivage sablonneux, vous pourrez traverser là le bras

IL ÉTAIT UNE FOIS...

La "ville aux mille églises" possède en réalité 37 clochers. Ces *igrejas* ont toutes été construites après le terrible tremblement de terre de 1755 à la place des bâtiments écroulés. Le séisme ayant détruit le port, les habitants étaient à la recherche de tous les réconforts possibles, y compris divins ! Conséquence ou non, Tavira remonta la pente, jusqu'à devenir au 19e s. le centre de l'industrie de la conserverie en Algarve !

BOÎTE À LA MODE

Près du port d'Olhão, la célèbre Conserveira do Sul, l'une des deux dernières conserveries en activité d'Algarve, témoigne de la longue histoire de la sardine en boîte portugaise. Tout a commencé en 1853 à Vila Real de Santo António, date de la première utilisation de l'appertisation (conservation par chauffage dans un récipient hermétique, inventé par le Français Nicolas Appert) dans une usine de transformation de thon. Succès immédiat ! En 1938, le pays comptait 120 conserveries où des armées d'ouvrières préparaient les poissons jour et nuit, en fonction de l'arrivée de la pêche. Aujourd'hui, il n'en reste plus que 20 (dont deux en Algarve), mais la sardine en boîte n'a jamais été aussi à la mode. Georgette, Naval, Fides, Consul, Manna sont quelques-unes des marques qui envahissent les étals des épiceries d'Europe, car les conserveries exportent désormais plus de 60% de leurs productions ! La sardine portugaise surfe sur la double mode du vintage et du produit de qualité. Les gastronomes l'adorent pour les oméga 3 dont elle regorge, et les clupéidophiles pour les dessins joliment désuets des boîtes qu'ils collectionnent.

Boîtes de sardines vintage

de mer, à pied à marée basse, ou en barque à marée haute, pour rejoindre une superbe plage de sable blanc.

13km au nord-est de Tavira

AU FIL DU RIO GUADIANA

Entre Alcoutim et l'océan, le Rio Guadiana serpente tranquillement du nord au sud de l'Algarve, marquant ainsi la frontière avec l'Espagne. Au gré de ses méandres se déploie un paysage bosselé de collines, parfumé au thym et à l'oranger, véritable kaléidoscope composé des verts du chêne, du caroubier et de l'olivier. Une plongée sereine dans un Portugal oublié du temps (p.272).

Ville frontière

Vila Real de Santo António

Une exception urbanistique en Algarve ! Avec son plan en damier et ses façades uniformes, la "ville royale", créée en 1774 par Pombal pour contrôler le trafic de marchandises sur le fleuve, rappelle la Baixa lisboète. Foulez le superbe pavage noir et blanc de la Praça do Marquês de Pombal, le cœur animé avec ses terrasses. Au programme, shopping dans les nombreuses boutiques de linge de maison, balade à l'ombre des pins de la **Mata das Dunas** (débusquez les caméléons !) et bronzette sur la belle **Praia de Santo António**, qui bénéficie de l'eau du Guadania, plus chaude que l'océan !

65km au nord-est de Faro par l'A22, ou train direct (1h10) Posto de Turismo Rua 5 de Outubro, 16 ☎ 281 510 000 ⌚ Lun.-ven. 9h-13h et 14h-17h Mata Nacional das Dunas Estrada da Mata (en périphérie sud de Vila Real de Santo António) Praia de Santo António 3km au sud du centre de Vila Real (1,3km à partir des quais)

Sel au monde

Castro Marim

Cette bourgade somnolente enroule ses ruelles écrasées de soleil autour d'une butte. Au sommet, les solides vestiges d'un fort du 13e s. offrent un superbe panorama sur les rectangles des salines, le Rio Guadiana et l'Espagne. En bas, flânez sur la place de l'église et le long des rues bordées de maisons blanc et bleu dans une ambiance de ville coloniale oubliée. La **Casa do Sal** abrite un (très) modeste musée du Sel et un comptoir où acheter plusieurs types de sel de la région.

4km au nord de Vila Real de Santo António Posto de Turismo Rua José Alves Moreira 2-4 ☎ 281 531 232 ⌚ Lun.-ven. 9h30-13h et 14h-17h30 Casa do Sal Rua São Gonçalo de Lagos ☎ 281 510 740 ⌚ Nov.-mars : tlj. 9h-13h et 14h30-17h30 ; avr.-oct. : tlj. 9h30-13h et 14h30-18h

Au milieu des oiseaux

Reserva Natural do Sapal de Castro Marim e Vila Real de Santo António

Ses 2 000ha de marécages, salines et *esteiros* ("étiers") forment un havre pour de nombreux oiseaux aquatiques : flamants, sternes, avocettes... Ils y trouvent nourriture (poissons, crustacés et mollusques) et sites de nidification en abondance. Plusieurs parcours pédestres ou à vélo sillonnent la réserve, dont deux sont balisés (brochures en anglais à l'accueil). L'occasion d'une balade à la découverte de l'avifaune et de la flore.

Sapal de Venta Moinhos (4km au nord-est de Castro Marim par la N122 vers le nord, puis à droite après le croisement autoroutier) 281 531 257 www.natural.pt Lun.-ven. 9h-13h et 14h-18h

À flanc de colline

Odeleite

Ce bourg, accroché à un versant de la vallée d'un affluent de la Guadiana, offre aux rares visiteurs ses jolies ruelles pentues et une atmosphère un peu hors du temps. Installé dans un ancien entrepôt commercial, un minuscule musée, la **Casa de Odeleite**, reconstitue l'ameublement d'une maison traditionnelle de riches marchands du début du 20e s.

20km au nord de Vila Real de Santo António Casa de Odeleite Rua 5 de Outubro, 27 Tlj. 10h-13h et 14h-17h30 Entrée libre

Le long du fleuve

Route 507 – Miradouro do Pontal

Pour rallier Alcoutim au départ d'Odeleite (22km environ), négligez la voie rapide IC27, sans charme, et privilégiez la 507, une magnifique petite route qui épouse les méandres du Guadiana au milieu des pins, des oliviers et des eucalyptus. À mi-chemin, ne manquez pas le panorama proposé par le Miradouro do Pontal, avec une belle perspective sur un coude du fleuve parcouru par des voiliers.

À Odeleite, suivre la direction de Foz de Odeleite, puis la M507 vers le nord

Havre de paix

Alcoutim

Un petit bijou de village pentu, lové contre le fleuve juste en face de son jumeau espagnol (Sanlúcar de Guadiana). Ici, la vie s'écoule paisiblement, bien loin des circuits touristiques. Les papys à casquette regardent les quelques plaisanciers qui accostent, les chiens somnolent sous les bougainvillées, le fort de pierre brune fait ressortir les maisons blanches... Et quel plaisir de prendre un verre sur les terrasses dominant l'eau !

40km au nord de Vila Real de Santo António Posto de Turismo Rua 1º de Maio 281 546 179 Lun.-ven. 9h30-13h et 14h-17h30 (9h-17h en hiver)

À FAIRE

Embarquez pour la plage

Praia do Ancão

La plage la plus à l'ouest du parc se dévoile au terme d'une petite piste poussiéreuse : une superbe étendue de sable préservée, sans jeu, sans parasol et sans immeuble en front de mer. Dans les dunes, l'éclatant lys des sables et l'immortelle embaument l'air. Un spot parfait pour profiter des couchers de soleil !

Almancil (25km env. à l'ouest d'Olhão)

Praia da Fuseta

Cette plage familiale, ralliée par la compagnie Harmonia au départ de Fuseta, offre 3km de sable blanc à l'extrémité est de l'île d'Armona. Le débarcadère abrite deux petits bars de plage, des parasols à louer et des terrains de volley... En marchant un peu, vous serez vite tout seul (avec des portions nudistes). Attention, dernier ferry à 20h !

Ferry au départ de Fuseta, 10km à l'est d'Olhão (10min, 1,80€ AR)

Praia da Barra Nova

La tempête de 2010 a ouvert un nouveau couloir d'eau à l'extrémité est de l'île d'Armona. Résultat : une nouvelle plage ! Le bateau-taxi vous dépose sur une langue de sable sans équipement (ni surveillance). Un parfum de naufragé volontaire pour ce coin déserté... à 5min de la côte ! Magique !

Bateau-taxi au départ de Fuseta, 10km à l'est d'Olhão (5min, 7€ AR)

Praia do Barril 👍

Du hameau de **Pedras d'El Rei**, un minitrain traverse la lagune et vous dépose sur cette interminable et jolie plage (surveillée) de l'île de Tavira à 1,5km (accès possible à pied). Au bout du chemin, d'anciennes baraques de thoniers converties en bars-snacks et restaurants, et un curieux cimetière d'ancres marines. Location de matelas, activités nautiques et terrains de volley. Vers l'ouest, on tombe sur la partie naturiste de la plage, la bien nommée **Praia de Homem Nu**.

Pedras del Rei (20km au nord-ouest d'Olhão) Prendre ensuite la passerelle, puis le minitrain (1,60€)

Praia de Cabanas

Accessible en bac depuis le village de Cabanas, à l'est de Tavira, cette plage est située sur l'île la plus orientale de la Ria Formosa. À part un petit bar de plage, vous ne trouverez là-bas qu'une immense étendue de sable et quelques rares vacanciers. Paradisiaque !

Cabanas de Tavira (6km à l'est de Tavira), puis bac ou bateau de pêcheur (15min, 1-1,60€ AR)

Offrez-vous un bain de sel sous les étoiles

Salinas do Grelha

Se croire dans la mer Morte en plein parc naturel de la Ria Formosa, c'est possible ! Les salines de Grelha proposent des visites guidées mais aussi des

Sur l'île de Cabanas, l'une des cinq îles de la Ria Formosa

bains de sel marin et de boue naturelle (3-7€). L'été, vous pourrez même vous offrir un bain à la tombée de la nuit sous un ciel étoilé. Sur réservation.

Cova da Onça Olhão 967 753 496 en.salinasdogrelha.pt/mar-morto Juil.-août : tlj. 10h-22h30 ; mai-juin, sept.-oct. : tlj. 10h-18h

Participez aux récoltes
Algarve Treasure

De la récolte de miel au travail du liège dans un atelier, en passant par une croisière dans les îles de la Ria Formosa ou une visite d'une saline, cette association propose un très large éventail d'activités typiques de l'Algarve. Pratique : tout est centralisé au même endroit avec un site web moderne et ergonomique.

Rua do Parque Infantil, 6 Faro 910 060 515 www.algarvetreasures.pt Lun.-ven. 9h-17h

Faites voyager vos papilles
Eating Algarve Food Tour

Un duo de trentenaires invite les curieux à découvrir les saveurs locales (les *petiscos*, les poissons, les huîtres...), en parcourant les rues de Faro et le littoral. Les circuits sont thématiques et font s'alterner rencontres et dégustations. En général, la balade dure de 10h à 15h. Tarif 86€.

Faro 964 535 622 www.eatingalgarvetours.com Lun.-ven. 10h-17h, sam. 10h-16h

Lancez-vous dans un *road trip*
Siesta Campers

Du camping et de la classe ! Loyd et Claire louent le mythique combi VW tout équipé pour sillonner l'Algarve, dans une ambiance de *road trip* des seventies. Pour cinq jours de liberté totale et de nuits face à la mer, comptez environ 620€ (patchouli et cassette des Grateful Dead non compris).

Rua Serpa Pinto, 75 São Brás d'Alportel 308 808 058 www.siestacampers.com/fr Lun.-sam. 9h-18h

Randonnez dans la Serra do Caldeirão
Rocha da Pena

Chênes verts, genévriers, hélianthèmes... Près de Pena, ce "Rocher de la Plume", réserve naturelle culminant à 479m, offre une grande diversité de flore aux promeneurs, sur fond de rochers tourmentés et de belles vues sur la vallée. En chemin, vous longerez une portion de murs en pierre datant de l'âge du fer (v. -1000). Attention, il n'y a pas d'ombre sur le parcours.

Rua de Roche da Pena Loulé (20km au nord-ouest de Loulé via Salir) **Niveau** Promeneur **Distance** 6,4km (boucle) **Durée** 2h **Altitude** De 300 à 479m **Départ et arrivée** Bar das Grutas

Sillonnez la lagune sur l'eau ou à vélo
Formosamar

Choisissez votre formule pour explorer la Ria Formosa : minicroisière en barque traditionnelle ou en catamaran, sorties "nature" accompagnées, à

Dans le village de pêcheurs de Fuseta

pied, à VTT, en bateau ou kayak, à l'affût des dauphins ou des oiseaux. Selon les activités, comptez de 25 à 40€ pour des sorties de 2 à 3h.

Av. da República Doca de Recreio (marina) Faro 918 720 002 www.formosamar.com Tlj. 9h-19h (18h en basse saison)

Seahorse Bike Rental

Deux passionnés de vélo proposent des balades à bicyclette dans la Ria Formosa : 4h et 30km sur la piste cyclable qui passe dans les marais autour de Fuseta (30€), ou bien 15km dans la forêt le long de la lagune à la sortie d'Ohlão (25€). Dans les deux cas, un guide (francophone) vous apporte toutes les indications nécessaires pour mieux comprendre la faune et la flore.

Olhão (sur les quais) 911 818 113 www.seahorsebikerental.com Lun.-sam. 10h-13h et 15h-18h

Partez à la pêche aux coquillages

Unique Algarve

Embarquez dans un joli bateau en bois, manœuvré par un pêcheur, pour un après-midi de safari aux fruits de mer ! Grâce aux conseils avisés du guide spécialiste de la faune marine, vous apprendrez à repérer et à attraper couteaux, palourdes ou coques qui se cachent dans le sable mouillé. Comme vous ne pouvez pas manger directement le fruit de votre chasse, des huîtres et un verre de vin à déguster sur le bateau seront votre récompense !

Faro (sur les quais) 919 240 055 uniquealgarve.pt

Passez la frontière sur un fil

Tyrolienne Limite Zero

Voilà la première tyrolienne transfrontalière ! En effet, elle vous permet de foncer (à 80km/h !) entre l'Espagne et le Portugal... Pour rejoindre le départ, de l'autre côté du fleuve, il suffit de prendre un bac à Alcoutim (1,5€). L'arrivée de cette vertigineuse descente se situe dans le nord du village.

Av. de Portugal Sanlúcar de Guadiana Espagne (face à Alcoutim, de l'autre côté du fleuve) +0034 670 313 933 www.limitezero.com Mer.-dim. 10h-13h30 et 16h-18h45 20€

NOS ADRESSES

PAUSES

Douceurs sucrées

Gardy

Des œufs, des amandes, des cheveux d'ange (courge du Siam, à la chair orange filandreuse) et du sucre, encore du sucre, beaucoup de sucre : tels sont les ingrédients de toutes les friandises typiquement algarviennes, dont Gardy s'est fait une spécialité.

FARO (plan 13, B2 n°1) Rua de Santo António, 16 289 824 062 Lun.-sam. 8h30-19h30 (20h30 ou plus en saison touristique)

En terrasse chez Gardy

Grignotage avec vue

Chelsea

Pancakes (6€), *tostas* (6-8€) et une vaste gamme de cafés. Le tout à emporter ou à savourer sur une agréable terrasse, parmi les nobles demeures qui font tout le charme du cœur historique de Faro. Petite restauration (salades, crêpes de tapioca).

FARO (plan 13, A2 n°2) Rua Dom Francisco Gomes, 28 289 828 459 Tlj. 12h-15h et 19h-22h

Douceurs perchées

Agua Mel

De la terrasse de ce salon de thé installé à flanc de colline, la vue sur la vallée est superbe. Pour les papilles, ce n'est pas mal non plus : tarte traditionnelle d'Alte aux amandes, miel et cannelle (1,40€), *pastel de nata* (1€) ou gâteaux aux amandes (2,90€). Aussi, des sandwichs salés.

ALTE Largo José Cavaco Vieira 289 478 338 Lun.-sam. 9h-17h30

Un café *pasteis* !

Tavirense

Décoration minimale (un sol en granit brillant, ça compte ?) pour ce café néanmoins adoré des habitants qui viennent à toute heure déguster d'excellentes pâtisseries (*dom rodrigo*, gâteau aux amandes, etc., à 1,30€), un café et des sandwichs.

TAVIRA Rua Dom Marcelino Franco, 17 281 323 451 Tlj. 7h-22h

RESTAURANTS

Cuisine fusion

Los Locos €

Dans une ruelle tranquille de Faro, découvrez la cuisine hypercréative de Ju, chef d'origine argentine passionnée de cuisine fusion. Ici, on prépare devant vos yeux des plats aux associations surprenantes : huîtres et vinaigrette à la framboise, canard aux betteraves et fruits rouges, et, parmi les desserts, une pannacotta de chou rouge et chocolat blanc. Régalade assurée...

FARO (plan 13, A2 n°10) Tv. das Cocheiras, 6 ☎ 910 330 072 www.campsite.bio/loslocos ⏲ Mar.-dim. 18h-0h

Sur le gril
O Chalavar €

Plusieurs salles se succèdent jusqu'à un immense gril, où officie le maître des brochettes, côtelettes et poissons. Au plafond, de grands ventilateurs brassent l'air. Ambiance animée et cuisine sans chichis. Venez avec un gros appétit et une soif intense. Comptez en moyenne 12-15€/pers.

FARO (plan 13, A1 n°11) Rua Infante D. Henrique, 120 ☎ 289 822 455 ou 914 875 779 www.ochalavar.com ⏲ Lun.-sam. 12h-22h30

Pour les végétariens
Da Terra €

Un buffet végétarien copieux et varié, des suggestions qui changent chaque semaine, voilà ce que propose l'antenne algarvienne de cette fameuse enseigne portuane. Salades, tartes salées, caviar et croquettes de légumes, focaccias, plats chauds et desserts végans sont servis à volonté. Ne manquez pas de goûter les aubergines à la napolitaine, les brochettes de seitan et avocat ou encore le gâteau au chocolat végan (9,50-12,50€ hors desserts).

FARO (plan 13, B1 n°14) Rua de Portugal, 28 ☎ 289 821 695 www.daterra.pt ⏲ Lun.-sam. 12h-15h et 19h-22h, dim. 12h-15h

Cool cantine
Zé Maria ♥€

Il faut marcher un peu sur la plage de Faro, dans sa partie sud, pour atteindre ce restaurant, mais il mérite l'effort (relatif) : primo, de la terrasse sur le sable, on bénéficie d'une vue impériale sur l'océan et le coucher de soleil ; deuzio, le chef s'y entend pour préparer des poissons ultrafrais. Assiette de sardines grillées 11€, riz aux couteaux pour deux 27€. Courte carte de vins locaux.

FARO Av. Nascente, 24 (plage de Faro), 10 km au sud-ouest de Faro ☎ 289 817 334 ⏲ Mar.-dim. midi 12h30-15h et soir

Le goût du large
À-do-João €

Voilà une institution de l'île de Farol (Culatra). La preuve, les garde-côtes viennent déjeuner là ! Sur la vaste terrasse ombragée, à un jet de bigorneau de la plage, savourez sardines (14,50€) ou calamars ultrafrais tout juste grillés (17,50€).

FARO Ilha do Farol Rua L. Galvão, 181 ☎ 289 714 209 ⏲ Été : tlj. 9h-0h ; hiver : tlj. 9h-23h

Pleine mer
Vivmar €€

La voie ferrée littorale empêche cette formidable petite cantine de se tourner vers l'océan. Heureusement, la carte 100% océane de cette coopérative de pêcheurs rattrape le déficit d'iode engendré par la salle éclairée au néon ou par la terrasse face aux remparts. Régalez-vous d'une daurade grillée choisie dans la vitrine réfrigérée ou d'un riz aux palourdes. Comptez environ 18€.

FARO (plan 13, A3 n°12) Rua Cmte. Francisco Manuel, 41 ☎ 916 145 586 ⏲ Mar.-dim. 9h-17h30

Assiettes marines
Faro e Benfica €€

Au bout de la marina, cette adresse est un véritable appel au large, avec son joli panorama sur le port de plaisance. Sa carte fait la part belle aux

Restaurant dans la vieille ville de Faro

produits de la mer, dont certains de son propre vivier. Grande variété de poissons – cuits à l'étouffée *a marinheira*, en soupes ou grillés – et de fruits de mer (15-30€/pers.).

FARO (plan 13, A2 n°13) Docas de Faro (marina) 289 821 422 Mar.-sam. 12h30-15h30 et 19h30-22h

La *ria* dans l'assiette
Alameda €€€

L'une des plus belles tables de Faro offre une expérience culinaire mémorable. Le jeune chef Rui Sequeira, ex-Top Chef, met à l'honneur les produits de la Ria Formosa en créant des associations audacieuses à l'image du tartare de bœuf et fruit de la passion (14€) ou du cochon de lait aux amandes et kimchi (18€). Carte des vins courte mais pointue. Quatre menus créatifs maîtrisés dont un végétarien (45,90-80€).

FARO (plan 13, B2 n°15) Rua da Policia da Seguranca Publica, 10 289 824 831 www.restaurantealamedafaro.com Jeu.-lun. 19h-22h30, dim. 12h30-15h

Cuisine maison
Alecrim by Rocha's €

Ce restaurant et sa terrasse ombragée, avec ses petits plats faits maison et son service impeccable, est une belle surprise. La carte est variée avec trois plats du jour et des spécialités du chef comme la salade César aux crevettes (13€) et le burger Alecrim aux champignons frais (12€).

ALMANCIL Av. Duarte Pacheco, 210 927 717 874 www.alecrimbyrochas.pt Lun.-mer. 10h-15h, jeu.-sam. 10h-15h et 18h30-22h

Grill de luxe
Parrilla Natural €€

Cadre incroyable pour ce très chic restaurant au format XXL : on dîne dans un immense jardin sous des arbres illuminés comme des sapins de Noël, et les enfants ont un parc de jeux rien que pour eux ! Les carnassiers se jetteront sur la viande sud-américaine grillée : *bife de lomo* (27€) ou *mixed grill* (55€/2 pers.). Réservation indispensable.

ALMANCIL EM527 Rua da Encosta do Lobo 289 350 040 www.parrillanatural.com Lun.-sam. 18h30-1h

Belles brochettes
Churrasqueira Jolibela ♥€

Oui, ce restaurant se situe juste à l'écart du centre historique ; oui, la décoration se montre un peu austère. Mais si vous dépassez tout cela, vous allez vous délecter de viande grillée de compétition à un prix d'ami. Comptez 7,5€ pour un poulet craquant ou 12,5€ pour de la fondante plume de porc. Imbattable à Loulé !

LOULÉ Rua Camilo Castelo Branco, 17 289 415 480 Mar.-dim. 12h-15h et 19h-22h

L'Algarve avec un twist
Aurora €€

Dans un cadre décontracté et élégant à la fois, le chef Vitor Veloso offre à vos papilles une savoureuse interprétation des mets traditionnels de l'Algarve. À la carte, le poisson du jour ou maigre (env. 20€) mais aussi côtelettes d'agneau aux figues (20€), ventrèche de porc à la citrouille et, pour finir, une tarte aux pommes au romarin et des douceurs à l'orange de l'Algarve (7€). Service aux petits soins.

LOULÉ Rua Dom Paio Peres Correia, 14
289 035 506 www.restauranteaurora.pt
Mar.-sam. 12h-15h et 19h-22h

Festin et panorama
Janela da Serra ♥€

Ah, qu'on est bien à la terrasse de cette cantine familiale adossée à l'église ! La vue sur la vallée est superbe, et la cuisine se montre à la hauteur : côtelettes d'agneau et purée de pois chiches (6,50€), calamars croustillants (6€), tapas...

SALIR Largo 25 de Abril, 3 289 489 439
monicasrestaurantes.com Mar.-dim. 9h30-23h (cuisine 12h-15h et 19h-22h)

Tapas des as
Tapas e Lendas €

Un gastro-bar où grignoter tapas variées (2-6€) dans une atmosphère conviviale. Si vous avez très faim, optez pour l'appétissante paella riche en crevettes (12€) ! Petite terrasse sur la ruelle piétonne, très calme, et une autre à l'étage, décorée de filets et flotteurs. Pas de CB.

OLHÃO Rua Dr. Manuel Arriaga, 18
289 706 429 Lun.-sam. 11h30-15h et 18h-23h

Mini cantine, maxi régal
Tasca O Galo €€

Un restaurant de poche plein de bonne humeur et de plats mitonnés à déguster sous l'œil de dizaines de coqs (*galos*). Salade de thon, mangue et lentille, lotte à la provençale, brochette de crevettes miel et citron... et desserts à se damner ! Entrée-plat 20-30€. Pas de CB.

OLHÃO Rua da Gazeta de Olhão, 7
964 709 746 Page Facebook Jeu.-mar. 12h30-15h30 et 18h30-0h

Concentré d'Algarve
A Lota ♥€

L'été, le patron investit le trottoir derrière le marché au poisson, face aux quais, et ne quitte plus son barbecue sur lequel il jette sardines, calamars, sole... C'est simple, authentique et vraiment délicieux dans une bonne ambiance qui mêle touristes et gens du coin. Assiette de poisson 8-14€.

FUSETA Largo 1° de Maio, 41 915 186 427 ou 289 032 002 Lun.-mar. et jeu. midi 10h-15h et soir, ven.-dim. 10h-15h et 18h-21h

La pieuvre en est
Casa do Polvo ♥€€

Une adresse d'anthologie, spécialiste du poulpe. Ici, il est préparé (avec brio) à toutes les sauces : pané en entrée (8,50€), avec du riz et des crevettes, en ragoût avec des haricots (16€), mais le meilleur reste tout simplement le poulpe rôti au four avec un filet d'huile d'olive... Jolie terrasse.

SANTA LUZIA Av. Eng. Duarte Pacheco, 8
281 328 527 Mer.-lun. midi 12h-14h30 et soir 18h30-21h30

Poulpe *a lagareiro*

Bouchées doubles

Pausa ♥€€

Au menu de ce petit restaurant dépouillé, une carte pléthorique de tapas, iodées et exquises : poulpe aux patates douces, gambas à l'ail, ceviche de thon... Comptez au moins 20€ par personne. Agréable miniterrasse de... deux tables !

TAVIRA Rua Dr. Marcelino Franco, 32
281 023 477 Lun.-ven. 9h-14h et 18h30-23h30, sam. 18h30-23h30

Retour de pêche

Marisqueira 4 Águas €€

Au bout de l'Estrada das Quatro Águas, une jolie bâtisse quasiment les pieds dans l'eau pour une cuisine qui prend le large : poulpe grillé, crabe à la mayonnaise, couteaux à la tomate. Comptez 12-25€.

TAVIRA Sítio das Quatro Águas (à 2,5km du centre-ville) 281 381 272 Mar.-dim. 12h-15h30 et 19h-21h30

Apéro paradisiaque

Casa da Igreja ♥€€

Une table à l'ombre, une vue sur l'église blanche du charmant village de Cacela Velha avec la mer au loin et, dans l'assiette, une douzaine d'huîtres (12€) ou des gambas grillées (13€) accompagnées d'un petit vin blanc. On est bien !

CACELA VELHA Rua de Cacela Velha, 2
Tlj. 16h30-22h30

Cocktails sur rooftop

Muxama €

Perché sur la passerelle en bois qui traverse la grande plage de Monte Gordo, Muxama propose une cuisine très alléchante : morue fumée, poire et gingembre (12€), magret de canard au miel et romarin (18€) et une sélection de desserts, notamment une divine tarte régionale à la figue, caroube et amandes (4€). En été, on vient pour les salades fraîches, les sandwichs et les cocktails servis sur le toit-terrasse. Service attentionné.

MONTE GORDO Praia de Monte Gordo
281 024 066 www.muxama.com
Été : jeu.-mar. 10h-0h ; hiver : lun.-mar. et jeu.-ven. 10h-0h, w.-e. 10h-22h30

Avec un twist

Sem Espinhas €€

L'adresse des gourmets de Vila Real. Sous des arches de brique et dans une ambiance cosy sont servis des plats régionaux revisités, comme cette fricassée de palourdes au gingembre et aux herbes, ou cette crème de melon à la mousse de menthe. Plat 12-18€.

VILA REAL DE SANTO ANTÓNIO Av. da República, 51 (sur les quais, face à la marina)
281 544 605 www.semespinhas.net
Tlj. 12h-22h30

Comme à la maison

Os Dois Irmãos €

Une cantine carrelée typiquement portugaise, décorée comme une pension de famille, et de généreuses assiettes à prix d'ami : *pancette* de porc (6,50€), seiche (7€)...

CASTRO MARIM Rua São Gonçalo de Lagos
281 531 418 Lun.-ven. midi

Classiques qui assurent

O Camané €

Ce restaurant sans prétention propose un bel éventail de plats typiques de la région, à cheval entre Algarve et Alentejo : salade d'*estupeta* (thon salé), ragoût d'anguilles (30€/2 pers.) ou *açorda* à la perdrix, une sorte de soupe au pain et à l'huile d'olive (20€). Carte des vins assez fournie.

ALCOUTIM Praça da República 964 108 585
Mer.-lun. 12h-15h et 19h30-21h30

SHOPPING

100% local
Retalhos de Portugal
Cette jolie boutique blanche est cachée sous les arcades de la place principale, juste à côté de la plaque commémorative en azulejos du passage de Colomb à Faro. Elle propose tout un ensemble de spécialités de l'Algarve : savons artisanaux, sardines en tissus colorés, petits bijoux, sacs en osier...

**FARO (plan 13, A2 n°20) Praça Dom Francisco Gomes, 16 289 821 721
www.retalhosdeportugal.com
Lun.-sam. 11h-19h**

Incontournable
Mercado municipal de Loulé ♥
Occupant un bel édifice néomauresque (1908), le marché de Loulé est l'un des plus animés d'Algarve, surtout le samedi, quand les agriculteurs de la région viennent vendre leurs fruits et légumes dans les rues adjacentes. À l'intérieur, des étals de poissons frais ou de spécialités locales (amandes, miels, fromages, jambons, piments, conserves).

LOULÉ Page Facebook Lun.-sam. 7h-15h

Tradition modernisée
Projecto TASA
Le projet TASA est une initiative locale où des designers modernes donnent un coup de jeune à l'artisanat traditionnel de l'Algarve. Et cette petite boutique regorge d'exemples de cette coopération enthousiasmante : petit tabouret tissé (160€), dessous-de-plat en liège (15€), panier tressé (110€)... Original et beau !

**LOULÉ Rua de Portugal, 35 289 416 198
projectotasa.com Lun.-ven. 10h-13h et 14h-18h**

Le marché couvert de Loulé

Créations locales
Martina
Ce petit concept-store tenu par un couple passionné de belles choses a deux boutiques à Loulé. Mode, maroquinerie, céramiques, bijoux... Une sélection qui met souvent à l'honneur les petits créateurs locaux ou européens.

**LOULÉ Rua 5 de Outubro, 68 964 222 612
www.martina-loule.com Lun.-ven. 10h-13h30 et 15h-18h, sam. 10h-14h**

MADE IN LOULÉ
Alors qu'ailleurs au Portugal les savoir-faire se perdent, à Loulé s'activent d'innombrables ateliers où l'on martèle le cuivre, tisse l'osier, sculpte le liège, tricote la laine, peint des azulejos... Plusieurs associations contribuent au dynamisme de ces métiers traditionnels. C'est ainsi que le projet TASA, "Technique ancestrale pour solutions actuelles", met en relation artisans et jeunes designers pour favoriser la conception d'objets dans l'air du temps tout en préservant l'emploi dans la région.

Alimenté par la *ria*
Mercado de Olhão ♥
Impossible de manquer cette double halle de brique rouge qui trône sur les quais de la vieille ville. Une halle héberge les étals des pêcheurs, l'autre ceux des maraîchers et des bouchers. Le samedi, le marché prend une tout autre ampleur lorsque les producteurs locaux s'installent sur les quais dans un joyeux bazar.

OLHÃO Av. 5 de Outubro ☎ 289 817 024 www.mercadosdeolhao.pt ⏲ Lun.-ven. 7h-14h, sam. 7h-13h

SORTIES

Fières bières
Grains 864
Donnant sur une petite ruelle pavée, ce pub voûté à la décoration mi-récup' mi-indus' propose une trentaine de bières artisanales brassées au Portugal (comme Musa de Lisbonne, 3,70€), et autant de bouteilles internationales. Grignotage façon *street food* (burger, hot dog) et atelier de dégustation (4 bières, 9€).

FARO (plan 13, A2 n°30) Travessa dos Arcos, 2 ☎ 912 857 125 www.grainsbrewpub.com ⏲ Mer.-dim. 18h-2h

Tapas nocturnes
Aperitivo
Sa terrasse somptueuse sous les orangers, en plein centre piéton, est parfaite pour siroter un cocktail (spritz 4,95€) ou une bière (2€), accompagnés de petites assiettes méditerranéennes à partager pour l'apéro : calamars grillés, poivrons de *padrón* sautés, bruschettas...

FARO (plan 13, A2 n°31) Rua Conselheiro Bivar, 51 ☎ 965 410 620 www.aperitivobar.pt ⏲ Tlj. 18h-2h

Coup de shaker
Columbus Bar
Voici le bar à cocktails le plus fameux de Faro, juste aux portes de la vieille ville, à un jet d'olive du Jardim Manuel Bivar. Des barmen créatifs signent des cocktails séduisants et colorés avec alcool (7-9,50€) ou sans (4,50-6€) : de la mixologie sérieuse et raffinée, à siroter en terrasse sous les arcades.

FARO (plan 13, A2 n°32) Praça Dom Francisco Gomes, 13 ☎ 969 286 222 www.barcolumbus.pt ⏲ Lun.-jeu. 17h-2h, ven. 17h-4h, sam.-dim. 14h30-4h30

Culture pour tous
República 14
Ce lieu culturel convivial affiche une programmation riche et variée (expositions, cinéma et concerts en plein air, marché de producteurs, etc.) et propose une palette d'activités régulières (cours de portugais, danse, yoga, musique, etc). Les soirs de concert, allez boire un verre ou dîner dans sa jolie cour intérieure !

OLHÃO Av. da República, 14 ☎ 910 513 614 www.re-criativarepublica14.pt ⏲ Mar.-sam. 10h30-22h, dim. 17h-22h

L'âme du pays
Fado com História
Chant, viole et guitare portugaise dans cet auditorium, du lundi au samedi à 12h15, 15h15 et 17h15. Une vidéo explicative de 45min précède le concert. En août, concerts le samedi uniquement. Tarif 8€.

TAVIRA Rua Damião Augusto de Brito Vasconcelos, 4 ☎ 966 620 877 www.fadocomhistoria.com ⏲ Lun.-ven. 19h Eglise de Misericordia, jeu.-sam. 15h15 Eglise de Misericordia, jeu.-sam. 17h Auditorio 10€

LE BARLAVENTO

À l'est de Faro, la région du Barlavento ("côte au vent") concentre entre Albufeira et Lagos les complexes balnéaires... et les foules de visiteurs venus de toute l'Europe. Et ce n'est pas sans raison ! L'eau turquoise, le soleil permanent et la beauté de la côte tout en falaises découpées séduisent les plus blasés. Mais il suffit de s'éloigner un peu dans l'arrière-pays pour retrouver un Portugal de montagne bourru et attachant.

ACCÈS ET INFOS

- Albufeira est à 325km au sud de Lisbonne et 50km à l'ouest de Faro.
- En train : 5 trains/j. Lisbonne-Albufeira. Entre Faro et Lagos, la *Linha do Algarve* dessert quotidiennement (13 trains/j.) Albufeira, Silves, Ferragudo, Portimão, Praia da Rocha et Meia Praia.
- En car : de Lisbonne, liaisons avec Albufeira, Silves, Portimão (navettes pour Praia da Rocha) et Lagos. Les bus Eva relient la plupart des villes de l'Algarve. De Portimão, les bus Frota Azul (www.frotazul-algarve.pt) font la liaison avec Lagos, Silves et Monchique.

À VOIR

LA CÔTE, D'ALBUFEIRA À PORTIMÃO

Océan turquoise et falaises flamboyantes... Célébrée pour la beauté de ses plages, adulée pour la frénésie de ses nuits, voici l'Algarve sublimée des cartes postales... Celle, aussi, de la fièvre immobilière des années 1970 qui vit surgir à la hâte barres de béton sans discontinuer, "resorts" clinquants, bars et restaurants submergeant les rues de sons et d'images mondialisées. Respirez : la tranquillité est plus proche qu'on ne le croit...

Centre de loisirs
Albufeira

La plus grande cité de bord de mer d'Algarve s'étend sur 30km de littoral et compte plus de 20 plages, entre Galé à l'ouest et Falésia à l'est. La vieille ville, qui garde son charme d'antan, se réveille la nuit en même temps que la multitude de bars, clubs et restaurants disséminés dans l'agglomération. Au bord de la falaise, la petite chapelle São Sebastião a été transformée en un **musée d'Art sacré** où la musique grégorienne habite trois salles ornées de superbes azulejos. La statue en bois de Nossa Senhora da Orada (14e s.), la patronne de la ville, a été retrouvée intacte en mer par des pêcheurs.

50km env. à l'ouest de Faro par l'A22 **Posto de Turismo** Rua 5 de Outubro ☎ 289 585 279 ⏲ Tlj. 9h-17h **Museu de Arte Sacra** Praça Miguel Bombarda ☎ 289 588 082 ⏲ Mar.-dim. 10h30-16h30 € 2€

Au-dessus des flots
Capela da Nossa Senhora da Rocha

Posée sur une étroite lame de roche fendant l'océan turquoise, la chapelle immaculée de Notre-Dame-des-Rochers offre un point de vue exceptionnel sur les falaises ocre des alentours (un peu gâché par les barres d'immeubles).

À NE PAS MANQUER

- Algar de Benagil
- Monchique
- Lagos
- Ponta da Piedade
- Praia da Marinha
- Praia dos Três Irmãos
- Randonner sur le Percurso dos Sete Vales Suspensos

Algar de Benagil

À l'intérieur, de beaux azulejos et une statue d'une Vierge à l'Enfant du 16e s. À l'est, la modeste étendue sableuse de la **Praia de Nossa Senhora da Rocha** encombrée de barques de pêcheurs et de parasols à louer ; à l'ouest, plus grande et plus agréable, la **Praia Nova**.

Vila Nossa Sra. da Rocha (18km à l'ouest d'Albufeira)

Cathédrale rocheuse
Algar de Benagil

La grotte de Benagil compte parmi les plus belles de la côte. Accessible uniquement par la mer, elle est le clou des excursions en bateau ou en kayak (comptez 10min de la Praia de Benagil), et les plus sportifs y vont en paddle (ou même à la nage, mais c'est fortement déconseillé en raison des courants) ! Au bout de l'exploit, un lieu magique : une délicieuse plage de sable fin émergeant à marée basse, sous une voûte de calcaire ajourée et baignée de lumière mordorée. Pour la découvrir en toute tranquillité, pas de secret : préférez le matin tôt.

Praia de Benagil (25km à l'est d'Albufeira) Excursions en bateau au départ de la plage (40€)

Comme des airs de calanque
Carvoeiro

Cet ancien village de pêcheurs est niché dans une profonde entaille de la falaise. Avec ses maisons immaculées, ses murailles naturelles qui tombent à pic dans l'eau, et sa parenthèse de sable hautement photogénique (le matin), la bourgade a conservé le charme que Portimão a perdu. Une jolie balade le long des falaises vous mènera, 3,5km à l'est du village, au **Cabo Carvoeiro**, juste après le phare d'Alfanzina.

33km à l'ouest d'Albufeira par l'A22

Dentelle calcaire
Algar Seco

Les parois et formations rocheuses émergeant des flots ont été façonnées par l'érosion, qui y a percé arches et fenêtres, et creusé grottes et piscines naturelles. Ce site dévoile deux visages aussi distincts que séduisants, selon qu'on le découvre à pied ou en bateau. En arrivant par la mer, vous aurez peut-être la chance de croiser des dauphins !

800m à l'est de la plage de Carvoeiro

Tourisme en barres
Portimão

Deuxième ville de l'Algarve après Faro, Portimão attire des milliers d'estivants avides de resorts les pieds dans l'eau, de plages à partager en toute promiscuité, et de repas et boissons standardisés. Au nord, le quartier d'Alameda est en partie préservé, alors qu'au sud la **Praia da Rocha** (à 3km), excroissance monstrueuse et bétonnée, est devenue la station balnéaire la plus fréquentée d'Algarve. Heureusement il y a cette plage, immense, au sable blanc et aux falaises dorées ! Et le **Museu de Portimão**, plongée passionnante dans l'histoire de ce port sardinier et de ses conserveries.

35km à l'est d'Albufeira **Posto de Turismo** Teatro Municipal Largo 1º de Dezembro ☎ 282 419 132 ⏲ Lun.-ven. 9h-13h et 14h-17h **Museu de Portimão** Rua D. Carlos I ☎ 282 405 230 www.museudeportimao.pt ⏲ Août : mar. 14h-18h, mer.-dim. 15h30-22h ; sept.-juil. : mar. 14h30-18h, mer.-dim. 10h-18h € 3€

COULEUR LOCALE

La deuxième semaine d'août, Portimão rend hommage à son histoire maritime, avec le **Festival de la sardine**, qui occupe les quais le long de la rivière. Au programme : sardines grillées et salade de pommes de terre (un plat traditionnel), artisanat et concerts de célébrités locales. Informations sur www.festivaldasardinha.pt.

L'exception
Ferragudo

Sur le champ de bataille immobilier, un village résiste encore ! Quel soulagement, une fois que vous aurez passé le pont au-dessus de l'Arade ! Ferragudo arrime ses petites maisons blanches au flanc d'une colline, dominée par une église. Là, le temps s'écoule doucement, sans outrages. On raconte parfois qu'un surplus de l'acier de la tour Eiffel aurait servi ici à construire le pont ferroviaire qui, depuis 1922, relie les deux rives.

30km à l'est d'Albufeira par la N125

SILVES ET L'ARRIÈRE-PAYS

Entre océan et montagnes, se détachant d'un arrière-plan de douces collines, Silves et Monchique coulent des jours heureux dans une infinie variété de verts. Un autre monde tout en sérénité, fait de forêts rafraîchissantes, de villages perchés et de collines verdoyantes... sans parler de sa succulente gastronomie montagnarde !

Forteresse rouge sur fond vert

Silves

La petite cité, posée le long du Rio Arade qui irrigue la plaine plantée d'orangers, possède un charme fou. Riche d'un glorieux passé, elle en conserve peu de traces : un pont romain, des ruelles pavées, une **cathédrale** gothique, et le plus grand **château** de l'Algarve. Ses murailles de grès rouge hérissées de onze tours nous ramènent à l'âge d'or de celle qui fut la capitale musulmane d'Al-Gharb, à la fois port florissant et rendez-vous des poètes. Le chemin de ronde révèle une superbe vue sur la ville, la Serra de Monchique et, par-delà les vergers de pêchers et les amandiers, le littoral.

30km au nord-ouest d'Albufeira Posto de Turismo / Centro de Interpretação do Património Islâmico Praça do Município, 3 ☏ 282 440 800 www.cm-silves.pt ⌚ Lun.-ven. 9h-16h **Sé** Rua da Sé , Silves Au pied du château (entrée par le portail latéral sud) ☏ 282 442 472 ⌚ Lun.-ven. 9h-17h € 1€ **Castelo** Rua do Castelo Au sommet du bourg ☏ 282 440 837 ⌚ Mar.-dim. 9h-17h30 (jusqu'à 22h en juil.-août) € 2,80€

Jardin d'altitude

Monchique 👍

Une petite ville aux mi-saisons délicieuses, grâce à un climat subtropical maritime de montagne où s'épanouissent eucalyptus, châtaigniers, chênes-lièges, arbousiers, araucarias... et fleurs. Longtemps délaissée au profit du littoral, Monchique jouit depuis quelques années d'un engouement mérité au regard de ses maisons blanches accrochées à la pente, de son lacis de ruelles pavées et de ses boutiques d'artisanat. L'esprit un peu bourru de ce gros village perché à 468m d'altitude imprègne aussi ses traditions gastronomiques : boudins, miel sauvage, liqueur d'arbouse (*medronho*)... Voir (p.272), (p.304).

30km au nord-ouest de Silves

Le village de Monchique

Parenthèse de fraîcheur
Caldas de Monchique

Ce hameau fleuri s'étend en contrebas de la route, peu avant Monchique. Les Romains y construisirent des bains afin de profiter des vertus curatives de ses eaux, et c'est aujourd'hui l'endroit idéal pour se détendre et jouir de la fraîcheur de la montagne. Boutiques, pensions et restaurants se répartissent autour de la placette centrale, tandis que trois hôtels, une *estalagem* et des appartements accueillent les curistes des thermes. Pour un pique-nique, remontez sur une centaine de mètres le cours d'eau qui traverse le site.

22km au nord-ouest de Silves

LAGOS

Fascinante dentelle de falaises rouges, vieille ville fortifiée pittoresque, eaux cristallines et agréables plages... Lagos cumule beaucoup d'atouts toujours avec modestie, mais sans se départir d'une belle énergie, de celle qui, l'été, retient la nuit. Passé la vague estivale, la ville se souvient qu'elle a une âme, une âme qui plane dans les tranquilles ruelles pentues, dans l'entrelacs des maisons multicolores dissimulant patios et terrasses. Une balade le long des **murailles** qui enclosent la ville en pointillé permet de découvrir des endroits peu courus, où règne une douce indolence. Le **Forte da Ponta da Bandeira**, un petit fort trapu (17e s.) qui protégeait Lagos contre les pirates, abrite une maigre exposition sur les Grandes Découvertes et la minuscule et magnifique Capela de Santa Bárbara, entièrement recouverte d'azulejos du 18e s.

55km à l'ouest d'Albufeira **Posto de Turismo** Paços de Concelho, Praça Gil Eannes ☎ 282 763 031 ◷ Juin-sept. : tlj. 9h30-17h30 ; oct.-mai : tlj. 9h-17h **Forte da Ponta da Bandeira** Av. dos Descobrimentos (à la limite de l'enceinte de la ville) ☎ 282 761 410 ◷ Mar.-dim. 10h-12h30 et 14h-17h30 € 3€

Star du baroque
Igreja de Santo António

Attenante à un musée municipal sans grand intérêt, cette petite église du 18e s. mérite assurément une visite. Son chœur et les murs latéraux tout tarabiscotés arborent une profusion de sculptures, de moulures et d'ornements en bois doré. Un baroque au sommet !

Rua General Alberto da Silveira ☎ 282 771 724 (musée) ◷ Mar.-dim. 10h-12h30 et 14h-17h30 € 1,50€

Dans la vieille ville de Lagos

Sombre commerce
Mercado de Escravos

C'est à Lagos, en 1444, que débarquèrent les premiers esclaves d'Afrique, vendus sur ce marché non loin des quais. Le site a été converti en un petit musée de l'Esclavage, évoquant ce sombre volet de l'histoire portugaise.

Praça do Infante 961 864 708 Mar.-dim. 10h-12h30 et 14h-17h30 3€

Cap sur la découverte

Centro Ciência Viva

Une série de consoles interactives autour de la navigation permet de se pencher sur d'anciennes cartes du monde, de définir des itinéraires de navigation, d'apprendre à taper en morse ou d'utiliser un sémaphore... Un musée ludo-éducatif passionnant pour les enfants de 4 à 99 ans !

Rua Dr. Faria e Silva, 34 282 770 000 www.lagos.cienciaviva.pt Mar.-dim. 10h-18h 5€

IL ÉTAIT UNE FOIS...

De par sa situation, Lagos joue un rôle essentiel dans les **Grandes Découvertes** du 15e s., notamment du continent africain. Sous l'impulsion du prince Henri le Navigateur, c'est d'ici que partent la plupart des navires. La ville prospère et s'agrandit, mais cet âge d'or prend fin avec le séisme de 1755 : Lagos ne s'en remettra qu'au 19e s., avec le développement des conserveries de poisson.

Dentelle de roches

Ponta da Piedade

Œuvre d'une nature fantasque, la pointe sud de Lagos est l'un des plus beaux coins de la côte ouest. Arches marines, à-pics, grottes mystérieuses font de Ponta da Piedade un site féerique. Si la vue plongeante des sentiers aménagés sur la falaise est séduisante, le site gagne à être découvert par l'océan, en barque, en kayak ou sur paddle (à l'est du phare, un escalier conduit à un embarcadère d'où partent les bateaux pour visiter les grottes – billet à réserver à Lagos). Derrière le phare, un sentier suit le faîte des falaises jusqu'à la plage de Canavial, 2km à l'ouest.

3km au sud de Lagos

À FAIRE

Posez votre serviette au pied des falaises

Praia da Falésia

L'une des plus belles de ce littoral, voire de l'Algarve ! Cet immense bandeau de sable blond de 6km de longueur est frangé dans sa partie la plus à l'ouest – également appelée Praia do **Barranco das Belharucas** – de parois naturelles profondément découpées, où se superposent le jaune, le rouge, l'ocre et le blanc. Une fantasmagorie de couleurs qui, au coucher de soleil, donne à ce décor magique des airs de Far West...

10km à l'est d'Albufeira (plusieurs accès jusqu'à Vilamoura)

Praia da Marinha

Praia da Marinha 👍
Tapie entre les falaises et plutôt préservée, cette petite plage est l'une des plus jolies de l'Algarve. On y accède par un sentier qui sinue à flanc de colline (5min à pied) et descend vers les eaux turquoise. Prévoyez un parasol et de l'eau (pas de vendeurs). De temps en temps, une barque longe le rivage et propose une visite des grottes voisines.

Lagoa (25km à l'ouest d'Albufeira, 6km à l'est de Carvoeiro)

Praia do Carvalho
Une crique entourée de hautes falaises jaunes, dont l'accès se fait par un long escalier qui se termine en tunnel creusé dans la roche. Au large, un éperon rocheux coupe l'horizon. Tel est le cadre unique de ce petit paradis perdu... même si, pour autant, vous n'y serez pas seul, surtout l'été !

Carvoeiro (25km à l'ouest d'Albufeira, juste après Benagil)

Praia dos Três Irmãos 👍
LA plage de carte postale de l'Algarve, avec ses kilomètres de sable blanc. Sa partie orientale (la plus fréquentée) est incisée de falaises ocre ménageant un chapelet de criques à l'eau cristalline, reliées entre elles par des passages dans la roche. Superbe en basse saison, mais la surpopulation estivale nuit à son charme. Quelques paillotes, entre les plages de Três Irmãos et de **Prainha** (la principale crique), pour un apéritif face au coucher de soleil.

Au sud d'Alvor (6km au sud-ouest de Portimão)

Praia do Camilo
Entre falaises ocre et eau cristalline, une crique vraiment paradisiaque... au petit matin ! En effet, passé 9h, l'étroite langue de sable disparaît sous les serviettes des estivants, la mer se couvre de kayaks, et le charme est rompu. Excursion en paddle dès 7h du matin (40€), à réserver la veille auprès de la cabane de plage.

2km au sud de Lagos, en direction de Ponta da Piedade (accès par un long escalier en bois)

Partez en croisière flibustière

Santa Bernarda

Un véritable bateau de pirates ! Cette caravelle vous emmènera vers les grottes, le Cabo Carvoeiro et les cavités rocheuses autour du phare d'Alfanzina, le Cabo de São Vicente, ou encore pour une journée complète à "robinsonner" sur une plage déserte. Départ de la marina de Portimão vers 9h45. 35€ la demi-journée.

Cais vasco da Gama Portimão 282 422 791 www.santa-bernarda.net Tlj. 9h-18h

Plongez, surfez !

Blue Ocean Divers

Plongées sous-marines le long de la côte et formations courtes, avec un diplôme pour certaines (Padi). Comptez 280€ pour trois jours. Snorkeling 30€/pers. la demi-journée.

Praia da luz - Hotel Bay Club , Beco da Luz Bay Club, Lagos Lagos 964 665 667 www.blue-ocean-divers.eu 15 mars-oct.

The Surf Experience

Le principe : aller chercher les vagues là où elles sont selon la météo du jour. Possibilité de loger dans une jolie *quinta* à proximité de Lagos. Prix du séjour pour une semaine, hébergement inclus : 428-507€/pers.

Rua dos Ferreiros, 21 Lagos 919 830 591 www.thesurfexperience.com

Promenez-vous au bord de l'eau

Percurso dos Sete Vales Suspensos

De la **Praia da Marinha** (6km à l'est de Carvoeiro) à la **Praia do Vale de Centeanes** (2,5km à l'est de Carvoeiro), le superbe **sentier des Sept Vallées suspendues** longe les falaises littorales, ménageant des vues époustouflantes. Régulièrement, des chemins s'en échappent vers de petites criques cachées. Attention, ne vous approchez jamais du bord des falaises (risques d'éboulements). Soyez prévenu : vous ne pourrez pas descendre dans la célèbre grotte de Benagil ! Plan sur place (panneaux), balisage jaune et rouge. Prévoyez chaussures de marche, chapeau, eau et crème solaire.

Niveau Moyen **Distance** 6km AS **Durée** 3h **Départ** Praia da Marinha **Arrivée** Praia do Vale de Centeanes

Prenez les eaux... ou un verre

Villa Termal Caldas de Monchique Spa Resort

Accordez-vous un bain dans l'eau la plus alcaline du pays (30€ les 15min) ou un massage (65€). Si à l'eau vous préférez la bière ou les cocktails, il y a aussi des bars au calme à l'ombre des arbres de la place centrale.

Caldas de Monchique 282 910 910 monchiquetermalresort.com Tlj.

Dégustez le vin d'Algarve

Quinta de Mata Mouros

Sur la rive gauche de l'Arade, cette belle demeure toute blanche ouvre ses chais pour une visite et une dégustation du vin de la maison. Le parcours prend environ 40min (en anglais seulement), avec passage par l'impressionnant chais. Dégustation de trois crus 10€, quatre avec tapas 25€.

Silves (2km au sud-ouest de la ville, sur la rive gauche de l'Arade) 911 933 949 www.conventodoparaiso.com Lun.-ven. 9h-18h, 10€

NOS ADRESSES

PAUSES

Tout en douceurs

Café DaRosa ♥

L'un des plus beaux cafés d'Algarve, avec sa magnifique salle couverte d'azulejos du 18e s. et son impeccable terrasse sous les arcades. Des pâtisseries au top (*dom rodrigo*, *pastéis de nata*) accompagnent de délicieux cafés. Sandwichs à midi (2,50€).

SILVES Praça do Município 282 148 034
Lun.-ven. 9h-18h, sam. 9h-15h

Traditions gourmandes

Tradições

Tout près de la place principale de Monchique, une adresse charmante et conviviale où vous pourrez boire un café et reprendre des forces : planche mixte (12€), *petiscos* régionaux (5-6€), pain de maïs au chorizo (3-4€) et biscuits maison. On y sert le brandy local, le *medronho*, avec ou sans miel, produit par des artisans de la Serra de Monchique (1€ le shot). Également vente de produits régionaux.

MONCHIQUE Rua do Porto Fundo, 49
282 912 261 www.tradicoes.pt
Mer.-dim. 9h-17h

Pimpantes sucreries

Pastelaria Gombá

Fondée en 1964, cette pâtisserie artisanale, qui fait aussi salon de thé, fabrique tout sur place. Ses mille-feuilles, gâteaux crémeux et desserts au café (comptez 1,10-1,50€) sont un régal !

LAGOS Rua Cândido dos Reis, 56
282 762 188 Lun.-sam. 8h30-19h

RESTAURANTS

Résistance portugaise

O Zuca €

Ce "snack-bar", sorte de cantine locale, est l'un des derniers bastions populaires résistant aux pubs, pizzerias et autres restaurants prétendument typiques d'Albufeira. Goûtez-y la soupe de poisson (3,50€) ou le plat de calamars grillés (9€).

ALBUFEIRA Tv do Malpique, 6 (sur le Largo Eng. Duarte Pacheco, prendre la rue à l'angle du Sir Harry's Pub) 289 588 768 Jeu.-mar. 12h-0h

Fraîcheur absolue

Clube de Pesca e Náutica Desportiva €€

Sans doute le meilleur poisson d'Albufeira, préparé par de fins connaisseurs ! Le restaurant de ce club de pêche sportive sert poissons et fruits de mer du jour, que vous choisissez à l'étal. Environ 50€ le kg de daurade.

ALBUFEIRA Sítio da Orada Estrada do Farol, 800-H (derrière la marina, à 2,5km du centre) 289 592 332 cpnda.com Mer.-lun. 12h-15h et 19h-22h

Pour les couchers de soleil

O Pescador Benagil €€

Tentez absolument de réserver une place sur la charmante terrasse toute blanche : le restaurant, posté sur les hauteurs de la plage de Benagil, jouit d'une vue superbe sur le ravin et l'océan. Au menu, poisson frais grillé (env. 65€/kg), salade de poulpe (8€), hamburgers (14€), etc.

LAGOA Praia de Benagil 282 354 017 pescadorbenagil.com Jeu.-mar. 12h-16h et 18h-22h

Fenêtre sur la mer

Mar d'Fora €€

Au sommet de la falaise, juste au-dessus de la belle crique de Paraiso, ce restaurant chic délivre un panorama splendide sur l'océan, qui s'embrase lors du coucher du soleil. De la *cataplana* (45€/2 pers.) au poulpe à la tomate (23€), les plats de poisson et de fruits de mer sont délicieux.

CARVOEIRO Estrada do Paraiso 282 180 735 Mar.-dim. 12h30-21h30

Terrasse royale

Cloque €

Idéalement placé à équidistance des plages de Vau et da Rocha, cet établissement tout blanc, perché sur la falaise, offre une agréable parenthèse de calme. Les assiettes oscillent entre Portugal (daurade grillée 16€) et Amérique (burger 11€). Bon spot pour l'apéro du soir !

PORTIMÃO Estrada do Vau 939 090 586 Tlj. 10h-23h

L'iode à la joie

Rui Marisqueira ♥€€

Le restaurant à ne pas rater à Silves, formidable brasserie de la mer avec superbe terrasse où les serveurs tourbillonnent avec leurs plateaux remplis de fruits de mer hyperfrais (63€/2 pers.) ou de *cataplana* de compétition (38€).

SILVES Rua Comendador Vilarinho, 27 282 442 682 www.marisqueirarui.pt Mer.-lun. 12h-15h30 et 18h-22h30

Panorama gourmand

Luar da Fóia

Une vue époustouflante ! Attablé à la terrasse en belvédère dominant des collines verdoyantes, goûtez les spécialités locales comme le sanglier aux palourdes (16€) ou la joue de porc aux châtaignes (16€). Bons crus de l'Alentejo.

MONCHIQUE Route de Fóia 282 911 149 Mar.-sam. 12h-15h et 18h30-21h30, dim. 12h-15h Fermé 1 sem. en juin, 1 sem. en sept., 2 sem. en déc.

Havre bio

Goldig €

Un minuscule café bio tenu par un jeune couple allemand. Produits

En terrasse de Rui Marisqueira, à Silves

exclusivement locaux, de saison et cuisinés maison : jus de fruits, houmous, quiches de légumes, pain sans gluten, miel et huile d'olive de la région... Portions pas énormes pour le Portugal ! Plat du jour 7-8€, choix de petits déjeuners env. 5€.

LAGOS Rua Infante de Sagres, 64 🕒 Mar.-ven. 9h-17h, sam. 9h-16h

Vue en or
O Camilo €€
Ce cube de verre et d'aluminium posé à quelques mètres de la superbe plage de Camilo jouit d'une vue splendide sur l'océan (les places en terrasse pour le coucher du soleil sont très demandées !). Dans l'assiette, ce n'est pas mal non plus : poisson grillé (17€), salade de crevettes (11,50€). Réservation conseillée.

LAGOS Estrada da Ponta da Piedade
📱282 763 845 www.restaurantecamilo.pt
🕒 Mar.-sam. 12h-21h, dim. 12h-16h

Voir aussi **A Charrette** (p.273) et **O Jardim das Oliveiras** (p.273) à Monchique.

SHOPPING

L'as des carreaux
Olaria Pequena
Cette boutique de céramique se visite comme un musée. Dans les pièces d'une magnifique vieille ferme blanc et bleu sont présentés vases, plats et azulejos fabriqués artisanalement et d'un goût exquis. À l'origine de cet atelier, on trouve... un Écossais !

PORCHES Rond-point de Porches, EN125
📱282 381 213 www.olariapequena.com
🕒 Lun.-sam. 10h30-13h et 15h-17h30

Les vergers de l'Algarve
Mel e Medronho
Du miel, de l'eau-de-vie d'arbouse (le fameux *medronho*), des compotes, gelées et confitures faites avec les fruits de ce "jardin de l'Algarve" qu'est la région de Monchique : oranges, cerises, figues, caroubes, potiron... Tout est artisanal et local !

MONCHIQUE Largo 5 de Outubro
📱282 073 400 ou 967 735 783
🕒 Dim.-ven. 10h-17h

Saveurs typiques
Mercado da Avenida
Le marché municipal offre à l'étage un large choix de produits estampillés "terroir" : piri-piri, huile d'olive, miel aux saveurs de romarin, d'eucalyptus ou de rose, délicieux *queijo de figo* (un gâteau aux figues), liqueurs de framboise. Chouette kiosque où prendre un café et un *pastel* (1,60€).

LAGOS Av. dos Descobrimentos
🕒 Lun.-sam. 8h-14h

Tendance Portugal
Mar d'Estórias
Gastronomie, décoration, cosmétique, accessoires, jouets rétro et vêtements en lin bio : le meilleur de la production nationale est réuni ici, dans ce qui fut tour à tour la nef d'une église et une caserne de pompiers. Bar sur le toit-terrasse.

LAGOS Rua Silva Lopes, 30 📱282 792 165 mardestorias.com 🕒 Été : tlj. 10h-23h ; hiver : lun.-mer. 10h-19h, jeu.-sam. 10h-22h

SORTIES

À l'ancienne

Bizarro

Ce bar avec terrasse panoramique fut l'un des premiers à voir le jour à Albufeira, au début des années 1980. La modeste demeure qui l'abrite ne sacrifie pas à la mode du clinquant et de la sono hurlante. Ici, le spectacle, c'est le paysage ! Excellente sangria maison (pichet 8-15€).

ALBUFEIRA Esplanada Dr. Frutuoso Silva, 30 289 512 824 Mars-juil., sept.-mi-oct. : lun.-sam. 12h-22h

Verre et vue

Sal Rosa ♥

Idéalement situé en plein centre, tout près de la chapelle São Sebastião, ce petit bar avec terrasse dominant la plage sert de merveilleux cocktails avec ou sans alcool (6-9€), à accompagner de tapas (6€).

ALBUFEIRA Praça Miguel Bombarda, 2 927 213 116 Mar.-dim. 16h-0h

En prise avec la plage

O Bote Beach Bar ♥

Ne cherchez pas : voilà la meilleure terrasse de Carvoeiro, offrant un panorama somptueux sur la plage, les falaises et la mer, tout en restant un peu au-dessus des estivants. Mai tai, tequila sunrise ou negroni (7€) : vous trouverez forcément un cocktail à siroter dans un fauteuil en rotin.

CARVOEIRO Largo da Praia, 12 289 142 102 Mi-mars-fin sept. : tlj. 10h-0h

Bar roc

Boneca ♥

Un emplacement digne d'une *cantina* de Star Wars, au milieu des falaises orangées battues par les flots. On accède à cet étonnant bar-restaurant par un escalier serpentant dans la roche. Allez-y pour un cocktail (8€) ou quatre huîtres avec un verre de vin blanc (12€) au coucher du soleil.

CARVOEIRO Rua do Algar Seco 282 358 391 Printemps, été : lun.-sam. 12h-22h

Bar Boneca

En avant la musique !

Centro Cultural de Lagos

Concerts classiques ou pop, world music, fado, danse contemporaine : programme sur place (billetterie) et à l'OT. Expositions temporaires de photo et/ou peinture (entrée libre).

LAGOS Rua Lançarote de Freitas, 7 282 770 450 Mar.-sam. 10h-18h Fermé en août

Le cœur de la nuit

Bon Vivant

Sur ses quatre niveaux, le Bon Vivant fait la synthèse pétaradante des âges, des musiques et des ambiances. Salsa, pop-rock, jazz et musique tropicale sur le toit-terrasse. Cocktails (10€) et bières à foison. Turbulent et rigolard.

LAGOS Rua 25 de Abril, 105 282 761 019 www.bonvivantbarinlagos.com Lun.-jeu. 16h-3h30, ven.-dim. 16h-4h30

LA CÔTE OUEST

Des plages immenses et désertes à la beauté sauvage, des vagues puissantes qui s'écrasent contre des falaises noires, une garrigue usée par les vents et quelques villages tranquilles où guetter l'heure magique du coucher de soleil... Pas étonnant que les surfeurs, les randonneurs et autres chasseurs de trésors de la nature aient fait de la côte ouest leur destination fétiche !

ACCÈS ET INFOS

- Pas de train sur la côte ouest mais des liaisons en car depuis Lisbonne avec Sagres, Vila do Bispo, Carrapateira, Aljezur et Odeceixe. Une douzaine de cars/j. en semaine entre Sagres et Lagos (1h) et des liaisons quotidiennes entre les villes de la côte ouest. Voiture indispensable pour accéder à certaines plages.

À VOIR

SAGRES ET LE CAP SAINT-VINCENT

Une pointe de terre désolée battue par les vents, où deux caps téméraires s'avancent face à la furie des vagues : l'extrême sud-ouest de l'Algarve (et du continent européen !) a tout d'un bout du monde. Sa seule localité, Sagres, est le repaire des surfeurs, tandis que sa forteresse réveille la légende des grands navigateurs (p.273).

115km à l'ouest de Faro par l'A22

Bastion mythique
Fortaleza de Sagres

C'est ici qu'Henri le Navigateur aurait fondé une école navale d'où sortirent plusieurs grands explorateurs (son existence est aujourd'hui remise en question). Adossée au vide, l'impressionnante forteresse (15e-18e s.) ne dispose que d'un seul rempart côté terre car, côté mer, les falaises à pic supplantent n'importe quelle fortification ! Seules subsistent une église, une poudrière et la grande rose des vents tracée sur le sol au 16e s. Mais la beauté du site réside le long du chemin bordé par les falaises, qui offre des panoramas à couper le souffle sur le cap Saint-Vincent.

1km de Sagres ☎ 282 620 142 www.monumentosdoalgarve.pt ⏲ Mai-sept. : tlj. 9h30-20h ; oct.-avr. : 9h30-17h30 Fermé 1er et 22 jan., dim. de Pâques, 1er mai, 25 déc. € 3€

Phare ouest
Cabo de São Vicente ★

Pour les Anciens, le **cap Saint-Vincent** était déjà le "Promontoire sacré", sur lequel on consultait les dieux avant d'affronter la mer. Un sanctuaire, détruit par les Maures, y aurait abrité les reliques de saint Vincent. Dans le fort cramponné à la pointe du cap, le **phare** (*farol*) d'un rouge éclatant se visite. Grimpez l'escalier en colimaçon jusqu'à la lampe cernée de miroirs aux multiples facettes. Son rayon lumineux porte jusqu'à 90km !

Vila do Bispo (6km à l'ouest de Sagres)

À NE PAS MANQUER

- Cabo de São Vicente ★
- La Côte vicentine ★
- Torre de Aspa (Vila do Bispo)
- Odeceixe
- Praia do Telheiro
- Trilho dos Pescadores

Praia do Cordoama, sur la Côte vicentine

LA CÔTE VICENTINE ★

Des plages magnifiques bordées d'imposantes falaises grises, délivrant des panoramas épatants sur l'océan... La Costa Vicentina, qui frange l'Algarve à l'ouest, est un diamant brut préservé, paradis des surfeurs, des randonneurs et des amoureux de quiétude et d'espace. Ce littoral est intégré au Parque Natural do Sudoeste Alentejano e Costa Vicentina, une vaste réserve naturelle peuplée de plantes rares, de hérons, de cigognes, de rapaces et de loutres marines.

Base arrière
Vila do Bispo

Ce gros bourg serein aux petites maisons blanches offre un lacis de ruelles où il fait bon flâner, et une jolie église baroque. Beau marché couvert (tlj. le matin). Les trois plages de **Castelejo**, **Cordoama** (p.310) et **Barriga,** très appréciées des amateurs de kitesurf et de parapente, sont très proches.

7km au nord de Sagres

Vigie pirate
Torre de Aspa

Sur un plateau d'altitude, c'est, avec 156m, le point le plus élevé de la côte – d'où la présence, au 16e s., d'une tour (*torre*) de guet chargée de donner l'alerte en cas d'attaque pirate. La piste se poursuit jusqu'au bord de la falaise : de là, la vue est impressionnante sur les escarpements rocheux de la Côte vicentine et l'immensité de l'océan. Un tableau que l'on a souvent pour soi tout seul !

6km à l'ouest de Vila do Bispo (dir. Castelejo sur 2km, puis à gauche, fléchage)

Vrai faux village

Pedralva

En 2008, ce village d'une poignée de maisons vouées à la ruine est racheté par un groupe d'amis de Lisbonne pour être rénové. Le résultat est bluffant : des maisonnettes aux murs chaulés (à louer), des ruelles pavées, des portes colorées, deu restaurants...

10km au nord de Vila do Bispo ☎ www.aldeiadapedralva.com

Ça planche !

Carrapateira

Ce discret bourg blanc arrimé au-dessus de la mer est devenu en quelques années une destination de choix des surfeurs : les écoles et *surf shops* s'y multiplient. Il faut dire que deux des plus belles plages de la côte sont à portée de planche. Bordée de falaises ocre et rouge, la **Praia do Amado** (2,5km au sud) est LE rendez-vous des surfeurs, dont les camping-cars s'alignent au soleil. Surfeurs et familles se partagent l'immense **Praia da Bordeira** (1km au nord), où un cours d'eau, côté sud, forme une pataugeoire pour les enfants.

14km au nord de Vila do Bispo

Double effet

Arrifana

Même s'il possède encore un tout petit port de pêche, ce village accroché au sommet de la falaise est aujourd'hui surtout animé par les surfeurs. La gracieuse **Praia da Arrifana**, très fréquentée l'été, se trouve au bout d'une route abrupte qui serpente à flanc de paroi. La vue est saisissante !

40km au nord de Vila do Bispo

Odeceixe, dominé par son moulin à vent

Pépite de bord de l'eau

Odeceixe 👍

Sur la rive gauche de la Ceixe (prononcez "seiche"), ce village de pêcheurs ouvert au tourisme enroule ses venelles flanquées de restaurants autour d'une colline coiffée d'un vieux moulin. Au bout de la route qui longe le fleuve vers l'ouest, vous arrivez à la sublime **Praia de Odeceixe** : une vaste langue de sable blond faisant rempart entre l'eau douce et les vagues de l'océan, sur fond de roches noires. Un panorama à couper le souffle ! La minuscule station balnéaire dispose d'un bar et d'un bon restaurant de poisson, Dorita (p.313).

50km au nord de Vila do Bispo

LE PARADIS DU SURF

La pratique du surf a été introduite au Portugal à la fin de la Seconde Guerre mondiale, avec le passage des troupes américaines. C'est à cette époque que Pedro Martins de Lima (né en 1930) s'essaie au bodysurfing, glissant sur l'eau à l'aide de simples palmes, faute d'un meilleur équipement. Mais il faut attendre 1959 pour que le "père du surf portugais" acquiert sa première planche et popularise la discipline dans son pays. Si l'Algarve offre des rouleaux moins dantesques que les tubes monstrueux de Nazaré ou Peniche, au nord de Lisbonne, la régularité de sa houle, creuse et puissante en toute saison, ses nombreuses plages et la beauté de ses paysages en font une destination prisée des surfeurs de tous niveaux, du débutant aux meilleurs *riders*. En 2014, profitant des contrecoups de la tempête Hercules, le dompteur d'écume portugais Alex Botelho a été porté pendant 100 secondes sur une crête au large de Lagos. Record à battre dans la région ! Alors, quand partir chasser les vagues en Algarve ? Les plus chevronnés savent qu'elles sont plus imposantes en octobre qu'en juillet… mais l'eau est alors bien plus froide, surtout sur la côte ouest !

Sur la Praia do Castelejo

À FAIRE

Bronzez ou surfez sur les plus belles plages

Praia do Telheiro

Un joyau isolé qui se mérite ! Après 3km de piste carrossable, il vous faudra encore crapahuter 10min sur un chemin escarpé pour atteindre la bande de sable nichée au milieu des falaises colorées. Au bout de l'effort, l'une des plages les plus préservées de la côte, qui se paye même le luxe d'être à l'abri du vent ! Dans l'eau, un ou deux surfeurs et, sur le sable, pas grand monde...

8km au nord-ouest de Sagres

Praia da Cordoama

Une ravissante et longue étendue blonde qui s'étire à perte de vue, au pied de falaises escarpées. La place ne manque pas ! L'école Freeride y a sa cabane. Agréable petit bar de plage (fermé le mercredi).

Raposeira (4,5km au nord-ouest de Vila do Bispo) Freeride Surf School Praia da Cordoama 918 755 401 www.frsurf.com Juin-sept. : tlj. 11h30-18h

Praia de Vale Figueiras

Après 1,5km de piste au milieu de collines couvertes de garrigue, vous arrivez à cette plage magnifique fréquentée par quelques surfeurs et des familles motivées. Un éden préservé (pas de bar et de restaurant), avec une sublime perspective sur les falaises se jetant dans l'eau.

15km au nord de Carrapateira

Praia de Monte Clérigo

Une superbe étendue, large et familiale, fermée au sud par de hautes falaises. Les écoles de surf y amènent leurs élèves, mais il reste suffisamment de place pour les baigneurs. Attention, l'eau est fraîche et les vagues peuvent secouer. Accroché à la paroi, un charmant hameau où se restaurer face à l'océan.

8,5km à l'ouest d'Aljezur

Découvrez la côte au pas de l'âne

Burros Artes

Partir en balade autour d'Aljezur en compagnie d'un âne, voilà la proposition insolite d'Elsa et Sofia ! Après une formation express concernant les soins de base et la technique de conduite d'un âne, vous partez en promenade pour la journée (4-6h) au rythme de votre compagnon (à partir de 70€ par adulte). Formules de balades à partir de 1h30.

Vale das Amoreiras Aljezur 967 145 306 www.burrosartes.com

Randonnez sur le sentier des pêcheurs

Trilho dos Pescadores

Ce "chemin des Pêcheurs" est l'un des deux tracés du sentier de grande randonnée de la **Rota Vicentina**. Courant au bord des falaises, il ménage des panoramas splendides sur la côte sauvage. En Algarve, il se divise en cinq portions d'une vingtaine de kilomètres maximum avec des étapes possibles à Aljezur, Arrifana, Carrapateira et Vila do Bispo. Une randonnée iodée à entreprendre au printemps plutôt qu'au plus chaud de l'été (pas d'ombre).

www.rotavicentina.com **Niveau** Randonneur **Distance** 90km **Durée** 6 jours **Altitude** De 2 à 160m **Départ** Cap Saint-Vincent **Arrivée** Odeceixe

À la rencontre des dauphins au large de Sagres

Pratiquez le paddle
SUP Sagres

Lancez-vous ! Le SUP (*stand-up paddle*) constitue une façon unique de découvrir la côte, ses grottes et ses falaises. Cours (65€/pers.), balades guidées en mer ou sur la lagune (minimum 2 pers., 40-50€/pers. pour 2 à 4h) et location de planches et combinaisons (25€/j.).

Curva do Beliche Sagres (3,5km au nord-ouest de Sagres dir. cap Saint-Vincent) 912 113 009 www.supsagres.com

Faites une excursion en mer
Mar Ilimitado

À bord d'un zodiac, partez à la rencontre des dauphins (1h30, 40€) ou des oiseaux de mer (2h30, 50€, départ à 9h), avec une équipe de passionnés (qui parlent français). Groupes d'une dizaine de personnes. Réservez !

Porto da Baleeira Sagres 916 832 625 www.marilimitado.com Tlj. 9h30-17h30

NOS ADRESSES

PAUSES

Hot paillote
Chiringuito Praia da Mareta

À un jet de tong de la plage de Mareta, une vaste terrasse en bois s'étale face au large. Ambiance assez hype mais sympathique. Commandez-y cocktails, jus de fruits et vin au verre, mais aussi des petits déjeuners et des repas légers (alléchante carte de *petiscos*).

SAGRES Praia da Mareta 910 364 716 Jeu.-mar. 12h-22h

Pains quotidiens
Pão do Rogil

Dans cette boulangerie-pâtisserie moderne, avec terrasse, vous trouverez de quoi vous remettre d'une journée de surf ! Pains spéciaux cuits au feu de bois (3€), croque-monsieur, jus de fruits frais, sandwichs, pâtisseries...

ROGIL Av. 16 de Junho, 92 282 998 203 www.paodorogil.com Tlj. 7h-19h

Il a tout d'un grand

Kiosk Agapito

Une adorable et minuscule baraque toute simple en haut de la falaise, au-dessus de la plage d'Odeceixe. Au menu, Bifana (Sandwich steak au porc) 6€/8€, Oeufs brouillés au Gambas 12,5€, salade de poulpe, sardines en boîte, burgers, frites de patate douce... Terrasse avec vue sur la mer. Comptez 15€ env.

ODECEIXE Praia de Odeceixe 926 771 356 www.agapito.pt Mer.-lun. 10h-20h

RESTAURANTS

Pêché mignon

A Sereia €

Cette Sirène, avec sa petite salle carrelée, est LE restaurant de poisson de Sagres ! Il est installé sur le port de pêche, et ses fenêtres intérieures donnent sur la criée (qui a lieu tous les après-midi). Plats de sardines et de maquereaux 9€, ou au poids (env. 12-15€ l'assiette).

SAGRES Porto de Pesca da Baleeira Lun.-ven. 8h-16h

Pour une dernière saucisse avant l'Amérique !

Complètement à l'ouest

Letzte Bratwurst vor Amerika ♥€

Dans la file des *food trucks* qui s'égrènent le long de la route vers le cap Saint-Vincent, celui-ci permet de savourer une "dernière saucisse avant l'Amérique" : incontournable ! Pour 3,50€, vous repartez avec une saucisse dans un pain et un certificat prouvant que vous avez mangé au point le plus au sud-ouest d'Europe continentale !

SAGRES Estrada Cabo de São Vicente (7km à l'ouest de Sagres) 962 682 921 www.letztebratwurst.com Mars-oct. : tlj. 10h30-17h

La Botte portugaise

Terra €€

Un restaurant lumineux et coloré sur la route du cap Saint-Vincent. Face à la plage de Beliche, vous dégusterez une cuisine transalpine aux accents portugais, des plats végans ou quelques snacks à prix modiques à l'heure du déjeuner. Comptez env. 20-25€.

SAGRES Curva do Beliche (3km au nord du centre-ville) 282 625 089 Mi-mars-mi-nov. : tlj. 10h-22h (snacks à toutes heures, déjeuner 12h-15h, dîner 18h30-22h)

Cantine iodée

A Tasca do Careca €€

Poisson grillé ou en soupe et calamars farcis : ce sont les spécialités de ce restaurant familial, près de l'église de Vila do Bispo. Essayez aussi un plat de viande, comme ce succulent porc noir aux palourdes (12€). Une adresse courue. Plat env. 14-18€.

VILA DO BISPO Rua 1° de Maio, 6 282 639 478 Lun.-sam. 12h-14h30 et 18h30-21h30

Spot de rêve

Paraíso do Mar ♥€€

Au nord de la plage d'Amoreira, sur un point surélevé, une situation idéale pour admirer les évolutions des surfeurs et le coucher du soleil, en sirotant une bière en terrasse, en mangeant un poisson grillé au feu de bois ou des fruits de mer. Plat 8-15€.

ALJEZUR Praia da Amoreira Mai-oct. : tlj. en vente sur FB mais sur google ouvert et tel pas attribué ; déc.-avr. : jeu.-mar. 10h-18h

Quelle vue !

O Paulo €€

Près de la forteresse, en surplomb de l'océan, un resto de poissons et de fruits de mer avec vue panoramique imprenable sur les falaises ! La carte en met plein les papilles avec une cuisine très marine : poisson du jour frit (env. 40€/kg), langouste (125€/kg), riz aux couteaux (37,20€/2 pers.) et surtout une incomparable *cataplana* de fruits de mer (59€/2 pers.). Pour finir, ne manquez pas le gâteau de patate douce et noix de coco (5€).

ALJEZUR Ponte de Arrifana Rua Serpa Pinto, 32 (tout au bout de la route de la falaise) 934 975 250 www.restauranteopaulo.com Tlj. 10h-22h

Table iodée

Cervejaria Mar €€

Cette table située dans le village d'Aljezur excelle dans les risottos de poisson (32€/2 pers.), les *cataplanas* copieuses (48€) et les salades de poulpe (10€). Une cuisine en toute simplicité servie dans un cadre convivial.

ALJEZUR Rua da Escola, 13 927 935 418 www.cervejariamar.pt Mar.-ven. 17h-23h30, w.-e. 12h30-23h30

Cuisiner l'océan

Dorita ♥€€

Dans cette Maison hôte et restaurant, l'océan n'est jamais loin. De sa vaste terrasse, on domine la plage tout en restant bien à l'abri des vents du large. Et l'assiette déborde d'iode : *cataplana* d'anthologie (32€/2 pers.), moules à la coriandre (8€), crevettes piri-piri (12,50€). Service efficace et très pro. Prix des chambres environ 40€

ODECEIXE Praia de Odeceixe 282 947 581 Mar.-dim. 12h-23h

SORTIES

Programme délicat

Laundry Lounge ♥

Ce concept de bar-laverie, où on attend sa lessive en buvant un smoothie (4€) ou un cocktail, est totalement unique ! Vingtenaires tatoués et anglophones se retrouvent dans ce lieu tout carrelé et boisé, où le soir les tambours cèdent la place à la batterie pour des concerts.

SAGRES Rua da Nossa Senhora da Graça 282 075 392 laundry-lounge-sagres.business.site Mar.-dim. 9h-23h

Comme une *cantina*

Three Little Birds

Cette belle salle en béton ciré et bois peint réussit à animer ce quartier moderne de Sagres, un peu à l'écart de la plage. Sa recette pour attirer les hipsters ? Un style *cantina*, des bières artisanales (5€), des burgers (dont un, excellent, au *pulled pork*, 9€) et un brunch le week-end.

SAGRES Rua do Mercato 282 624 432 three-little-birds.org Mer.-lun. 9h-22h, sam.-dim.

Pour aller plus loin

À la Livraria Lello, à Porto

GÉOGRAPHIE ET PAYSAGES

Serras boisées, plateaux battus par les vents, plaines fertiles, falaises déchiquetées, lagunes langoureuses et plages de sable blanc… Le Portugal est un patchwork de paysages cousus sur un mouchoir de poche. Blotti aux confins sud-ouest de l'Europe, ce petit rectangle de 561km de long sur 218km de large, coupé en deux par le Tage, avec un Nord verdoyant et un Sud inondé de soleil, est largement tourné vers l'océan avec plus de 800km de côtes.

Le Nord, entre vignes et *serras*

Trois régions en une ! Autour de Porto, les paysages du Minho et du Douro, constellés de villages, sont généreusement arrosés sous l'effet du climat océanique. Les vignes abondent, les nombreux *rios* creusent des couloirs verdoyants et la Costa Verde (verte elle aussi) étire de vastes plages léchées par des eaux froides. Le contraste est saisissant avec la rudesse des hauts plateaux désertiques et des landes à moutons du Trás-os-Montes, *terra fria* ("terre froide") isolée "au-delà des monts" dans l'extrême nord-est du Portugal. La *terra quente* ("terre chaude") désigne les vallées encaissées du Douro, où règne la canicule en été et où s'épanouit le vignoble du porto.

Les Beiras, fans de variété

Entre le Douro et le Tage, les anciennes provinces des Beiras ("bords") forment la région du Centro, terre contrastée que chapeautent Coimbra et Aveiro. Le long de la côte de la Beira Litoral, des plages bordées de pinèdes

Champ d'oliviers dans l'Alentejo

s'allongent sur des kilomètres et des cordons de dunes protègent les péripéties lagunaires de la Ria de Aveiro, havre pour les oiseaux migrateurs. Dans la Beira Alta, au nord, culminent les cimes enneigées de la Serra da Estrela, le toit du Portugal continental (1 993m). Les vignes poussent dans la vallée du Mondego, et les vieux villages s'agrippent aux flancs des vallées découpés en petites terrasses dans la Serra do Açor. Plus bas, la campagne brûlée de la Beira Baixa exhale déjà le parfum du Sud.

La région de Lisbonne

Une campagne vallonnée et une côte alternant falaises et plages magnifiques façonnent l'Estremadura, la région la plus urbanisée du pays. C'est là que s'épanouit Lisbonne, la capitale bâtie sur sept collines à l'embouchure du Tage. Les *serras* sont trouées de grottes du côté de Fátima, se couvrent d'une exubérante végétation exotique à Sintra, ou méditerranéenne sur les pentes boisées de la Serra da Arrábida. À l'est, de part et d'autre du Tage, la plaine alluviale du Ribatejo, terre d'élevage du pur-sang lusitanien et du taureau de combat, cultive ses oliviers, ses vignes et ses champs de blé autour de Santarém. Un avant-goût d'Alentejo.

L'Alentejo, la campagne à perte de vue

Le bas plateau de l'Alentejo, littéralement "au-delà du Tage", soit autour de Portalegre, Évora et Beja, s'appuie sur les contreforts montagneux de l'Algarve. Grenier du Portugal, l'immense plaine couleur de miel, rehaussée du vert des oliviers, du pourpre des chênes-lièges et du blanc de ses hameaux clairsemés, explose de couleurs au printemps et prend des allures de champs brûlés à la fin de l'été. Les étés y sont torrides (jusqu'à 45°C) et les hivers rigoureux (en dessous de 0°C). Aux extrémités, la Serra de São Mamede renoue avec le relief et la végétation naturelle, tandis que la côte alentejane égrène quelques stations balnéaires autour du port de Sines.

L'Algarve, amphithéâtre sur l'Atlantique

À la pointe sud du Portugal, la petite région (150km sur 50) bénéficie toute l'année d'un climat méditerranéen et d'eaux chaudes en été (entre 21°C et 27°C en août). Sur la côte sud, le Sotavento ("sous le vent") s'étire, à l'est, de Faro à la frontière espagnole : un doux rivage de sable posé à fleur d'eau, fait d'immenses lagunes (Ria Formosa). À l'opposé, exposé au vent, le Barlavento, entre Albufeira et le cap Saint-Vincent, dessine ce fabuleux (mais très bétonné) front de mer aux iconiques dentelles de roche dorée, de falaises ocre, de criques, de grottes marines et de plages de sable fin. À l'ouest, la Côte vicentine est restée bien plus sauvage ; ici, ce sont des murailles noires qui arrêtent les puissants rouleaux de l'océan. Au nord, enfin, les *serras* de Monchique (pic de Fóia, 902m) et do Caldeirão surplombent la plaine, grenier agricole et vinicole de l'Algarve, piqueté de figuiers, de caroubiers et d'amandiers.

HISTOIRE

Entité fortement marquée dès l'Antiquité, le Portugal a lutté pendant des siècles pour préserver son individualité au sein de la péninsule Ibérique. La nation portugaise, la plus vieille d'Europe, s'est construite sur une étroite bande de terre, conquise principalement contre l'Espagne et les principautés arabes du Sud. Mais c'est au-delà des océans que le Portugal s'épanouira et nourrira son identité.

Un peuplement ancien

Le long de la vallée du Côa s'égrènent des centaines de gravures, dont les plus anciennes auraient été réalisées il y a 20 000 ans : le plus grand complexe d'art rupestre paléolithique en plein air connu dans le monde à ce jour. La civilisation mégalithique de Tartessos (entre 5000 et 4000 av. J.-C.) a essaimé dolmens et cromlechs, notamment autour d'Évora, avant de céder la place à la civilisation pastorale des *castros*, villages fortifiés implantés sur des hauteurs, caractéristiques de l'âge du fer. Un mode de vie qui perdurera après l'arrivée des Celtes et des Ibères, au Ier millénaire avant notre ère. C'est à la même époque que les Phéniciens établissent des comptoirs sur le littoral atlantique (fondation de Lisbonne vers 1200 av. J.-C.). Grecs et Carthaginois s'installent sur la côte au 6e s. av. J.-C.

De l'Antiquité aux migrations germaniques

Au cours de la deuxième guerre punique (218-201 av. J.-C.), c'est Rome qui entre en scène pour refouler et vaincre les peuples celtes : le chef de la résistance lusitanienne, Viriathe, est assassiné en 139 av. J.-C. Sous Auguste, en 27 av. J.-C., la Lusitanie devient une florissante province impériale, qui couvre tout l'Ouest de la péninsule Ibérique. Les traces de la présence romaine dans le pays ne se limitent pas aux ruines monumentales, comme celles du temple de Diane à Évora, ou la ville de Conímbriga. Le nom même du pays – Portugal – a pour origine celui de la ville romaine de Portus Cale (Porto), devenu Portucale. Au début du 5e s., Suèves et Wisigoths se partagent la péninsule avant que Récarède (586-601) n'unifie le royaume en le convertissant au catholicisme.

Domination musulmane et Reconquista

À partir de 711, les musulmans conquièrent l'ensemble du territoire. Sous domination arabe, le pays prospère et se constitue un précieux héritage architectural et artistique, dont font partie les azulejos. Entre 1037 et 1064, Ferdinand le Grand, roi de Castille, profite de l'éclatement du califat de Cordoue pour reprendre plusieurs villes aux musulmans.
Un premier acte de naissance En 1139, Afonso Henriques (Afonso I, 1139-1185) remporte la bataille décisive d'Ourique contre cinq rois musulmans

et monte sur le trône. En 1256, Afonso III proclame Lisbonne capitale de la couronne du Portugal. Mais la menace des royaumes de León et de Castille perdure, et la dynastie de Bourgogne, première lignée de la monarchie indépendante, s'éteint finalement avec Fernando I (1367-1383), qui donne sa fille unique, Beatriz, en mariage au roi de Castille. À sa mort, Lisbonne s'insurge et la noblesse portugaise proclame roi du Portugal João de Avis, fils illégitime de Pedro I (1357-1367). Les Espagnols assiégeront la capitale pendant cinq mois, avant que la peste ne frappe l'armée et que le roi de Castille ne capitule au cours de la bataille d'Aljubarrota, en 1385.

Les Grandes Découvertes

La dynastie des Avis (1385-1508) porte le flambeau de l'expansion maritime du Portugal. Henri le Navigateur (1394-1460) organise l'exploration de l'Atlantique et des côtes marocaines. **Vers l'Afrique** Madère (1419), les Açores (1427-1431), cap Blanc (1441), les îles du Cap-Vert (1445), la Sierra Leone et le golfe de Guinée sont épinglés à son palmarès, tandis que le roi João II (1481-1495) atteint l'embouchure du Zaïre et franchit la pointe sud de l'Afrique pour rejoindre les Indes.

Le Padrão dos Descobrimentos, à Lisbonne

Vers de nouveaux mondes En 1487, Bartolomeu Dias pénètre dans l'océan Indien avec trois caravelles, confirmant la contigüité des océans. En 1494, Espagnols et Portugais se répartissent les terres conquises par le traité de Tordesillas. Dans leur escarcelle, les Portugais récupèrent l'Afrique. Ces lignes de partage leur octroieront bientôt de fait la côte brésilienne, quand en 1500 Pedro Álvares Cabral débarquera au Brésil au nom du roi du Portugal. **Vers l'Extrême-Orient** Les Indes orientales étant attribuées aux Portugais, Vasco de Gama s'embarque pour un voyage vers le Levant autour de l'Afrique (1497-1499), sous le règne de Manuel I (1495-1521), qui se "partage le monde" avec Charles Quint. Un vice-royaume portugais est fondé, avec Goa pour capitale. Sous João III (1521-1557), les Portugais atteignent le Japon et obtiennent des concessions en Chine dont Macao (1557).

IL ÉTAIT UNE FOIS...

En 1519, le Portugais Magellan entreprend par l'ouest le premier voyage autour du monde pour le compte du roi d'Espagne. Il traverse le détroit qui portera son nom, au sud des Amériques, mais est tué en 1521 par des indigènes aux Philippines. Les survivants de son équipage parviennent cependant à rallier l'Espagne, bouclant le premier tour du globe en 36 mois.

La domination espagnole (1580-1640)

Affaiblie par les morts successives de Sebastião I (1557-1578) lors de la bataille de Ksar el-Kebir, puis du cardinal Henrique, la monarchie se laisse déposséder de sa couronne par Philippe II d'Espagne (1581-1598). Avec ses héritiers, Philippe III (1598-1621) et Philippe IV (1621-1640), le Portugal est réduit au rang de province espagnole et perd une partie de sa puissance coloniale en Afrique et aux Indes orientales au profit de la Hollande.

La dynastie de Bragance (1640-1910)

Profitant de l'insurrection des Catalans contre Philippe IV, la noblesse portugaise proclame, le 15 décembre 1640, le duc de Bragance João roi João IV (1640-1656). Elle met fin ainsi à soixante ans de domination espagnole, promulgue la Restauração et le début de la dynastie de Bragance, qui se maintient au pouvoir jusqu'en 1910. À l'aube du 17e s., le Portugal retrouve son statut de puissance européenne en consolidant son alliance avec l'Angleterre. Le Brésil joue également un rôle capital dans l'expansion économique du pays, grâce à ses mines d'or et de diamants exploitées par des compagnies portugaises. Sous le règne de João V, le Portugal prospère, comme en témoigne l'épanouissement du baroque dans les arts et en architecture. Son successeur, José I, confie à son secrétaire d'État, le marquis de Pombal (1699-1782), la tâche de moderniser le pays. Cet homme des

LE DÉSASTRE

Le 1er novembre 1755 à 9h40, une première secousse plonge Lisbonne dans l'horreur d'un violent séisme. S'ensuivent cinq jours d'effroi, entre raz-de-marée et incendies. Si le tribut humain est le plus lourd (70 000 des 270 000 habitants périssent), le patrimoine bâti paie aussi le prix fort : la ville est amputée de 85% de ses constructions. Ses plus grands palais et édifices religieux sont anéantis notamment l'Opéra, le palais royal au bord du Tage et le couvent du Carmo, dont subsistent les ruines fantomatiques.

Gravure représentant Lisbonne après le tremblement de terre de 1755

Lumières fera preuve d'une redoutable efficacité dans sa mission réformatrice. Mais le régime se durcit entre 1756 et 1764 avec la reprise du conflit opposant le Portugal à l'Espagne et à la France. La fille du roi José, Maria I, monte sur le trône en 1777 et contrarie la politique de Pombal. Atteinte de démence, elle est écartée du trône en 1792.

Crépuscule monarchique

Les guerres napoléoniennes (1807-1810) Consolidant son système d'alliance contre la Grande-Bretagne, Napoléon adresse un ultimatum aux Portugais. La monarchie fait ses valises pour Rio de Janeiro en mars 1808. Après trois expéditions, l'armée française bat en retraite le 21 septembre 1810, capitulant devant les renforts anglais du général Wellington.
Rio de Janeiro, capitale d'un État européen Tandis qu'en l'absence de la famille royale le Portugal se mue peu à peu en dépendance britannique, Pedro, fils de João VI, s'autoproclame empereur du Brésil en 1822. Rentré au pays, il accepte une éphémère constitution démocratique, avant que son fils Miguel ne fomente une contre-révolution absolutiste, dont il viendra finalement à bout.
L'épisode "migueliste" À la mort de João VI, en 1826, Pedro choisit le Brésil et abdique en faveur de sa fille Maria, alors âgée de 7 ans, qu'il fiance à son frère Miguel. Le régent se fait un roi autoritaire. Les libéraux sont maltraités, leur soulèvement réprimé. Pedro I rentre remettre de l'ordre au pays et envoie son frère en exil en 1834.
Une monarchie vacillante Réfugiée à Londres, Maria II, désormais âgée de 14 ans, fait un retour triomphal à Lisbonne. Elle épouse Ferdinand de Saxe-Combourg-Gotha en 1836. Mais la révolte des libéraux gronde. Les épisodes de violence se multiplient avant que l'ordre ne revienne au début des années 1850, à la faveur d'un pouvoir libéral modéré, dit de "Regeneração". En dépit des troubles, le règne des successeurs de Maria II démontre la volonté du Portugal de tenir son rang dans le découpage colonial de l'Afrique. Mais le 1er février 1908, le roi Carlos I et le prince héritier sont assassinés par des antimonarchistes à Lisbonne. La Première République est proclamée le 5 octobre 1910, au terme d'une courte révolution.

Premier épisode républicain (1910-1926)

Troisième d'Europe après la France et la Suisse, cette jeune république suscite beaucoup d'espoirs de liberté et d'égalité mais restera marquée par l'instabilité des institutions et une situation économique et sociale compliquée. En seize ans, elle enchaînera quarante-cinq gouvernements, sept élections générales, huit élections présidentielles et neuf présidents.

Dans l'étau salazariste (1926-1968)

D'abord appelé à redresser le pays comme ministre des Finances après le soulèvement militaire du 28 mai 1926, António de Oliveira Salazar fonde l'Estado Novo (l'État nouveau) en 1933, un nouveau régime assorti d'une révision très autoritaire de la Constitution. Jusqu'en 1968 il dirigera le pays en parfait autocrate. En dépit de la neutralité affichée du pays lors de la guerre d'Espagne et de la Seconde Guerre mondiale, Salazar négocie son maintien au pouvoir après 1945, en accordant des facilités à l'aviation américaine. Le régime instaure une forme de dictature civile, appuyée par une sinistre police politique, la PIDE, qui traque les opposants. Dès les années 1960 Salazar freine la décolonisation par des guerres sans issue en Guinée, en Angola et au Mozambique. Membre de l'Association européenne de libre-échange (AELE) mais pas de la CEE, le pays reste en marge, profondément agricole et avec un taux d'illettrisme assez élevé.

Le temps des fleurs ou la révolution des Œillets

La succession de Salazar confiée à Marcelo Caetano, ancien ministre des Colonies, annonce une période de décolonisation à marche forcée. Guinée-Bissau, Angola, Mozambique... L'Empire se délite, tandis qu'au Portugal la contestation s'amplifie. Le 25 avril 1974, un coup d'État militaire met fin en quelques heures au régime en place. Il est porté par un mouvement démocratique de jeunes capitaines inconnus. **Les premières élections libres** sont finalement remportées par le parti socialiste de Mário Soares le 25 avril 1975, ce qui ne désarme pas pour autant ceux qui entendent aller plus loin dans le "processus révolutionnaire en cours". Le romantique espoir de la dernière révolution du 20e s. s'éteindra sous les pressions économiques des États européens, la menace d'embargo formulée par la France et la défection du parti communiste d'Álvaro Cunhal. Le 25 novembre 1975 sonne le retour des militaires modérés menés par le général António Ramalho Eanes, élu président de la République en 1976, puis réélu en 1980.

Un régime d'alternance depuis 1982

La révision de la Constitution en 1982 et le traité d'adhésion à la CEE en 1986 achèvent de consolider la démocratie portugaise, qui alterne dès lors entre deux grandes formations politiques : le PS (Parti socialiste), réformiste, et le PSD (Parti social-démocrate) qui inclut gauche modérée et centre-droit. Dans les années 2000 émergent deux nouvelles forces, l'une à droite, le CDS-PP, l'autre à l'extrême gauche, le Bloco de Esquerda. Lors des élections anticipées de 2011, sur fond de crise économique aggravée, le PSD arrive en tête, et son président, Pedro Passos Coelho, anime un gouvernement de coalition de centre-droit avec le CDS. Les élections anticipées de 2015 donnent la première place à la coalition, mais celle-ci est rapidement renversée par une alliance des gauches, le socialiste António Costa devenant Premier ministre. Depuis, le pays vit une période de cohabitation, confirmée par l'élection en janvier 2016 du conservateur Marcelo Rebelo de Sousa à la présidence (réélu en 2021) et reconduite après les élections d'octobre 2019 et de janvier 2022 où le PS a obtenu près de 42% des voix.

ARTS ET FÊTES POPULAIRES

Les Portugais ont coutume de fêter leurs saints. Si saint Antoine de Padoue, né à Lisbonne en 1195, reste populaire dans sa ville natale, c'est surtout en province que se manifeste la piété populaire, à l'occasion des fêtes traditionnelles qui jalonnent un impressionnant calendrier religieux. Malgré la modernisation du pays, les Portugais restent fidèles à leur artisanat, qui reflète encore largement leur vie quotidienne.

Festas et *romarias*

Ces événements aux fondements du folklore portugais ont une fonction à la fois religieuse et sociale. Pas un recoin du pays qui n'ait sa *romaria*, procession à laquelle peuvent se joindre des milliers de pèlerins et qui, selon un rituel précis, honore son *santo padroeiro*. Ces *romarias* très fréquentes au printemps et en automne peuvent s'étaler sur plusieurs jours. Elles fournissent alors un prétexte pour se transformer en *festas*, qui en sont la continuité naturelle et où boire, manger, chanter et danser constituent les étapes du nouveau rituel. Dans les ruelles lisboètes, les Festas de Santo António, les 12 et 13 juin, ressemblent plus à une fête de la sardine qu'à une cérémonie religieuse ! Ces festivités sont souvent plus authentiques dans le Trás-os-Montes, dans certaines parties du Centre et dans l'Alentejo.

Fêtes de Santo Antonio, Lisbonne

Artisanat

Les nombreux marchés (un à deux *mercado* ou *feira* par semaine) regorgent de spécialités comestibles (charcuteries, vins, liqueurs ou fromages), mais aussi artisanales. Selon les régions, on pourra ainsi trouver, en vrac, dentelles, broderies, céramiques (coq de Barcelos, *bonecos* d'Estremoz, poteries noires de Bisalhães, céramiques fleuries à São Pedro de Corval...), bijouterie filigranée (cœur de Viana do Castelo), tapis (Arraiolos), objets en liège (spécialité de l'Alentejo et de l'Algarve), vannerie (en osier ou en feuille de palme en Algarve), azulejos... Le Portugal (principalement le nord du pays et la région du Minho) est aussi réputé pour ses textiles (couvertures de laine de la Serra da Estrela) et le travail du cuir. La maroquinerie (sacs, portefeuilles, chaussures) est en général de qualité et bon marché.

ART ET ARCHITECTURE

S'il reste peu de témoignages de la présence romaine et maure, le kaléidoscope architectural portugais foisonne de trésors, des grandes cathédrales romanes aux réalisations contemporaines de la fameuse école de Porto. Avec les styles manuélin et pombalin, ainsi que le combo baroque azulejos et *talha dourada*, caractéristique de l'art sacré portugais, le pays a développé des arts qui lui sont propres, longtemps restés à l'abri des regards, du fait de son isolement.

L'art roman

Dans les quatre grandes villes que sont Braga, Porto, Coimbra et Lisbonne, leurs cathédrales (*sé*, en portugais) sont toutes d'une inspiration romane liée à la France du Sud-Ouest ou de la Bourgogne. La *domus municipalis* de Bragance, maison communale du 12e s., est un modèle exceptionnel de ce que put être l'architecture civile urbaine à l'époque. L'évolution du roman vers le gothique est l'une des marques de la Reconquista. La cathédrale d'Évora, consacrée en 1204, en est la plus belle illustration.

Le gothique

Les grands monastères gothiques d'Alcobaça et de Batalha témoignent d'influences française et anglaise. À Alcobaça, la pureté cistercienne est à son comble : sa nef en fait la plus vaste et la plus dépouillée de toutes les églises cisterciennes. Le gothique flamboyant s'épanouit quelques années plus tard à Batalha, dont la construction est entreprise en 1388 par l'architecte Afonso Domingues. Par la suite, Huguet (1402-1438), initié à l'art gothique anglais, y fait naître des audaces constructives et décoratives.

La peinture au 15-16e siècle

Le grand artiste d'alors est Nuno Gonçalves, dont le génie domine durant le règne d'Afonso V (il a exercé la charge de peintre du roi de 1450 à 1467). Son chef-d'œuvre, exposé au Museu Nacional de Arte Antiga à Lisbonne, est le polyptyque de São Vicente, six panneaux figurant le saint entouré de plus de soixante personnages.

Les Grandes Découvertes et l'art manuélin

Cette variante portugaise du gothique tardif fait une apparition expresse sous le règne de Manuel I (1495-1521), marqué par l'apogée des grandes expéditions maritimes. Baroque avant l'heure, cet art foisonnant, volontiers exubérant, exploite toute une imagerie liée à la mer (cordages, animaux marins...). Les piliers se tordent en spirales, les voûtes se parent de grosses nervures en relief... Ses monuments emblématiques sont le Mosteiro dos Jerónimos et les chapelles inachevées de Batalha, de Diogo Boitaca (le maître du style manuélin !), la tour de Belém et la fenêtre de Tomar (couvent du Christ). Il renaîtra lors du revival néomanuélin du 19e s. (gare du Rossio à Lisbonne et Quinta da Regaleira à Sintra).

Retable en *talha dourada* de la Sé d'Évora

La Renaissance et le maniérisme

C'est par la sculpture que pénètre la Renaissance, comme à Coimbra, avec les Français Nicolas de Chanterène (chaire de Santa Cruz), Philippe Hodart et Jean de Rouen (voir le musée national Machado de Castro). La rupture architecturale est accomplie avec Diogo de Torralva dans le grand cloître (1557) du couvent du Christ. Le rôle de la Compagnie de Jésus est prépondérant dans la diffusion du maniérisme. La première église portugaise des Jésuites, São Roque à Lisbonne (1565), impose une apparente simplicité structurelle d'église-salon, que l'on retrouvera ensuite en Inde portugaise et dans tout le Brésil. En peinture, Grão Vasco (Vasco Fernandes), actif dans sa région de Viseu dès 1506, est le personnage le plus singulier. Son chef-d'œuvre est le *São Pedro de Viseu* (Museu de Viseu).

Le baroque

Le baroque de la première moitié du 18e s. s'illustre par la réalisation de somptueux palais tels que le Palácio de Mafra, tout en luxueuses ornementations, commandé par João V et financé par l'or brésilien. Inspirée par l'Escurial (environs de Madrid), l'œuvre influencera nombre de constructions dans le pays (basilique d'Estrela à Lisbonne). L'influence française transpire au palais de Queluz, résidence d'été de la Couronne portugaise. Dans le Nord, le baroque prend des aspects totalement différents, avec l'Italien Nicolau Nasoni (1732-1773), dont le génie esthétique a su utiliser le granit de la région : église et tour des Clérigos à Porto, palais de Mateus à Vila Real. Ce grand baroque se déploie aussi dans l'immense escalier du Bom Jesus à Braga, dont l'influence s'étendra jusqu'au Brésil.

LA *TALHA DOURADA*

La "taille dorée", sculpture en bois recouverte de feuille d'or, atteint son apogée au 17e s. Elle encadre tableaux, retables, portes, envahit colonnes, murs et plafonds. En témoigne l'intérieur exubérant de l'Igreja de São Francisco à Porto et de nombreuses églises du pays. Le plus souvent associée aux azulejos, la *talha* télescope ses volumes à la lisse géométrie des carreaux. Le Brésil adoptera ce système décoratif, tout comme les églises d'Inde, et les missions des côtes angolaise et mozambicaine.

L'art de l'azulejo

Le mot azulejo ne vient pas du portugais ou de l'espagnol *azul* (bleu) mais de l'arabe *al zulaydj* qui signifie "petite pierre polie". Au départ, c'est un art d'importation (azulejos de Séville dans le palais de Sintra). Il faut attendre les 17e et 18e s. pour voir un véritable essor créatif. Les carreaux bleu et blanc venus des Pays-Bas deviennent à la mode et s'affichent sur de très beaux panneaux à Lisbonne et à Aveiro. Autour de 1750, la fabrication de ces carreaux de céramique se développe, en particulier à Coimbra et à Porto (Gaia). Au 19e s., la mode est au néoclassique puis à l'Art nouveau avec Rafael Bordallo Pinheiro (1846-1905). Après une fabrication industrielle qui permet d'orner les immeubles, de vraies créations d'auteurs seront programmées dans les années 1970, par exemple les grandes commandes du métro de Lisbonne ou certains panneaux monumentaux de rue.

En grande pompe, le néoclassicisme pombalin

La reconstruction de Lisbonne imposée par le séisme de 1755 fait évoluer le baroque vers le néoclassicisme. Sous la houlette du marquis de Pombal, la nouvelle Baixa sort de terre : un quartier tracé au cordeau selon un plan rationnel et régulier, doté des premiers immeubles antisismiques et d'une place monumentale et harmonieuse, la Praça do Comércio, aux édifices classiques. Un urbanisme pragmatique que l'on retrouve à Vila Real de Santo António, ville nouvelle créée en Algarve en 1773.

Le 19e siècle

Le renouveau de l'art portugais se manifeste avec le groupe du "Leão", du nom d'un café où l'on expose à partir de 1881 des tableaux modernes. C'est José Malhoa (1855-1933) et Columbano Bordalo Pinheiro (1857-1929) qui incarnent ce mouvement. Le frère de ce dernier, Rafael Bordallo Pinheiro, est une personnalité encore plus singulière. Céramiste et caricaturiste, il lance la fabrique de céramique de Caldas da Rainha, qui produit des objets de décoration souvent étonnants. Il est le créateur de la figure encore familière de Zé Povinho (littéralement "José petit peuple"), une sorte de polichinelle benêt, servile et victime de la noblesse et du clergé.

L'esthétique du salazarisme

Sous la dictature se développe un art de propagande destiné à glorifier la puissance de l'Empire comme en témoignent l'impressionnant monument

> **LA *CALÇADA PORTUGUESA***
> C'est en condamnant les forçats à casser du caillou que le directeur de la prison du Castelo de São Jorge aurait donné naissance, au milieu du 19e s., à la tradition de la *calçada portuguesa*. Récupérant de petites pierres blanches et noires, les prisonniers commencèrent à paver les rues de Lisbonne et développèrent ainsi un savoir-faire typiquement portugais qui s'exporta jusqu'à Prague et... Copacabana !

des Découvertes, érigé en 1940 pour la grande Exposition du Monde portugais à Lisbonne, et la statue du Cristo Rei. Dans le même temps, la rigueur Art déco s'impose dans l'architecture.

Art moderne et art contemporain

Une éphémère avant-garde, tour à tour influencée par le cubisme, le futurisme et l'expressionnisme, marque la première moitié du 20e s. avec Amadeo de Souza Cardoso (1887-1918), Eduardo Viana (1881-1967) et surtout José de Almada Negreiros (1893-1970). Avant le 25 avril 1974, les figures les plus dynamiques de l'art portugais sont en exil à Paris, comme Maria Helena Vieira da Silva (1908-1992) et Júlio Pomar (1926-2018), ou à Londres, à l'instar de Paula Rego (1935-2022). De Julião Sarmento à Rui Chafes en passant par Pedro Cabrita Reis, Pedro Calapez et Lourdes Castro, l'art contemporain portugais foisonne de personnalités diverses. Éprise des traditions artisanales de son pays, la plasticienne Joana Vasconcelos (née en 1971) réalise d'étonnantes et monumentales sculptures en macramé et n'hésite pas à intégrer à son art les azulejos.

L'école de Porto et le renouveau de l'architecture portugaise

Grâce à l'école de Porto, fondée par Fernando Távora (1923-2005), l'architecture portugaise a acquis une solide réputation internationale et s'honore de deux prix Pritzker : Álvaro Siza Vieira (né en 1933), à qui l'on doit la reconstruction du quartier du Chiado (incendié en 1988), le pavillon du Portugal à Lisbonne et le musée de la fondation Serralves à Porto ; Eduardo Souto de Moura (né en 1952), auteur du grand stade de Braga pour l'Euro 2004 et de la Casa das Histórias Paula Rego, à Cascais.

Casa das Histórias Paula Rego, à Cascais

Street art

Gigantesque galerie d'art à ciel ouvert, Lisbonne abrite l'une des plus belles collections de street art du monde, et accueille ainsi régulièrement de grands noms du graph mural : Dolk, Blu, Aryz, Os Gêmeos, M. Chat, Remed..., tout comme elle a révélé des talents tels que Miguel Januário (projet MaisMenos, collectif Underdogs), Mário Belém, António Correia aka Pantónio, Vhils et autres qui, à la bombe, au pochoir ou au burin, redonnent des couleurs à la ville et des rêves à ses habitants.

FADO

Trésor immatériel inscrit depuis 2011 au patrimoine mondial de l'humanité, le poignant chant urbain de Lisbonne fait toujours résonner sa complainte au coin des rues ou dans les "maisons" de fado. Voyage à travers près de trois siècles de chanson, en voix suaves et pincements de cordes de guitare.

Un "inéluctable destin"

Étymologiquement, *fado* se rapporte au latin *fatum*, "inéluctable destin". Complainte qui réinterroge sans cesse les hasards de la vie, le fado partage ses racines avec la *saudade*, évocation romantique de la nostalgie. Il chante l'amour inaccompli, la jalousie, le regret des morts et du passé, la difficulté à vivre, le chagrin, ou encore l'exil. Son héritage diffus et multiple s'inspirerait du *lundum* brésilien (mélange de rythmiques noires importées par les esclaves africains), de la *modinha* (musique de cour portugaise) ou des chants arabes et juifs.

EN VERSION INSTRUMENTALE

Autour du chanteur soliste, on trouve invariablement deux guitaristes. L'un joue la mélodie sur une *guitarra*, guitare typiquement portugaise au son métallique, en forme de poire et à douze cordes ; l'autre interprète la partition de basse continue avec une *viola*, guitare espagnole classique, mais que les Portugais appellent guitare "française".

Une histoire controversée

Le fado est né au Brésil, pendant que la cour du Portugal y résidait, puis s'est glissé dans les bagages des aristocrates de retour au pays. Dès lors, il emprunte une voie populaire, portuaire, lisboète, et une autre plus "noble". Vers 1838, sous l'influence de la chanteuse lisboète Severa, il prend sa forme actuelle. À Coimbra naît un type de fado spécifique, le **fado de Coimbra**, principalement chanté par des hommes jeunes dotés de voix assez aiguës. La dictature fera entrer le fado dans les "rails" officiels. Apparaissent alors les premières maisons de fado à Lisbonne, et la radio nationale diffuse les disques des plus célèbres fadistas, **Amália Rodrigues** (1920-1999), la diva du fado, en tête. Par son élégance, sa présence scénique, soutenue par une diction et un phrasé parfaits, elle donne au fado ses lettres de noblesse et une reconnaissance internationale. Après la révolution des Œillets, l'intelligentsia portugaise, stigmatisant "les trois F" (Fátima, football, fado), reprochera longtemps au fado d'avoir servi l'Estado Novo. En dépit de ces violentes condamnations, le fado renaît jusqu'à redevenir l'emblème de la culture portugaise. Un culte entretenu par les nouvelles grandes voix du fado, comme Mariza ou Ana Moura.

LES GOÛTS DU PORTUGAL

La cuisine portugaise puise son inspiration entre terre et mer et recèle une grande variété de préparations pour mettre en valeur ses produits phares – la morue, le porc, le chou, la pomme de terre. Des recettes généreuses, riches des parfums d'ailleurs, dont ceux de la coriandre et de la cannelle, du thé et du café, rapportés par les grands navigateurs !

L'art de grignoter à la portugaise

Typiquement portugais, les *salgados* sont de petits encas à base de morue (*pastéis de bacalhau*) ou de viande (*empadas* et *croquetes*) vendus dans les cafés et les pâtisseries. Pour faire comme les autochtones, accompagnez-les d'un café ! La *bifana*, un petit sandwich au porc, s'avale sur le pouce en toutes occasions. Compagnons de l'*aperitivo*, les *petiscos*, tapas à la portugaise, ne se limitent pas aux olives, fromages et charcuteries, et permettent de goûter une infinité de petits plats élaborés.

Feijoada

Caldo verde, caldeirada & co.

Forts en soupes et bouillons, les Portugais apprécient spécialement la soupe de chou vert (*caldo verde*), agrémentée de *chouriço*. Dans le Sud, l'*açorda alentejana* est un potage paysan fait de tranches de pain bouillies avec de l'huile d'olive, de l'ail et du *poejo*, une sorte de menthe qui lui donne son goût caractéristique. L'un des plats les plus courants est la *caldeirada*, sorte de bouillabaisse de poissons.

Tout un plat… de *sardinhas* ou de *porco*

Poissons et fruits de mer règnent en maîtres sur les ardoises des restaurants. Colins (*pescadas*), lottes (*tamboril*), turbots (*cherne*), soles (*linguado*), daurades (*dourada*) et *garoupa* (sorte de mérou) font la haie d'honneur à l'indétrônable reine de la côte : la sardine (*sardinha*) ! Grillée, celle-ci s'allonge le plus souvent tout entière sur une tranche de pain (qui en récupère le gras). Autre vedette, la *cataplana*, cocotte de poissons, palourdes (*amêjoias*) et crustacés. Très prisé, le porc connaît de nombreux accompagnements et copine volontiers avec des palourdes (*carne de porco à alentejana*), des haricots rouges (*feijoada*) ou d'autres viandes dans le *cozido à portuguesa*, le pot-au-feu national. La tradition charcutière portugaise fait également figure de référence et se décline en quantité de jambons et de saucisses.

365 JOURS DE MORUE
Une recette pour chaque jour de l'année, tel est le sort réservé à ce poisson, star des fourneaux portugais. Bouillie le 24 décembre, la morue est plus communément accompagnée de pommes de terre ou de pois chiches (*bacalhau cozido com todos*). Dans sa version *bacalhau à Gomes de Sá*, elle est servie avec des rondelles de pommes de terre, des oignons frits, des œufs durs et des olives noires.

Bacalhau a lagareiro

Plateau de fromages
Les plus prisés sont les fromages de brebis, particulièrement savoureux. Parmi les incontournables, citons deux appellations d'origine protégées : le *queijo de la Serra da Estrela* (fromage moelleux se dégustant, fondu dans sa croûte, à la petite cuillère ou sur du pain avec de la marmelade de coings), et l'*azeitão* (fromage à pâte molle produit au sud du Tage, près de Setúbal).

Déluge de douceurs
Véritables manèges à tentations, les vitrines des pâtisseries portugaises mettent les becs sucrés à rude épreuve. D'une grande variété, leurs gourmandises reposent principalement sur un trio d'ingrédients de base : amandes, œufs et (beaucoup de) sucre... La star incontestée demeure le *pastel de nata*, sorte de petit flan blotti dans un fond de pâte feuilletée qui se déguste encore chaud, juste sorti du four, saupoudré de cannelle. Parmi la ribambelle de pâtisseries conventuelles, mentionnons le *toucinho de céu* (petit lardon du ciel) ou les ancestrales *queijadas* de Sintra, de petits gâteaux ronds à base de fromage frais. Un sérieux rival des *pastéis de nata*, sur l'échelle du plaisir gustatif !

L'incontournable pause *bica*
Anciennes colonies brésilienne, mozambicaine ou angolaise obligent, les Portugais sont passés maîtres dans l'art de préparer le café. D'un calibrage intermédiaire entre le ristretto italien et l'expresso à la française, le café est concocté avec passion et revêt pour un Portugais un caractère sacré. On emploie plutôt le terme de *bica* à Lisbonne et dans le Sud du pays, parfois celui de *cimbalino* à Porto, mais celui de café prévaut généralement ailleurs.

CHACUN SON CAFÉ !
Le plus souvent fraîchement moulu, il se décline sous différents modes : ***bica*** (café serré), ***bica cheia*** (*bica* allongé jusqu'au bord de la tasse), ***café duplo*** (café double), ***café pingado*** ou *bica pingada* (café tassé avec une goutte de lait), ***carioca*** (café moins corsé résultant d'un deuxième filtrage), ***café com cheirinho*** (agrémenté d'une larme d'eau-de-vie), ***garoto escuro*** (café noisette), ***garoto claro*** (café crème), ***galão*** (grand café au lait ou plutôt lait au café, servi dans un verre), ***descafeinado*** (décaféiné).

Porto

Le plus fameux vin fortifié au monde naît sous l'influence des négociants anglais installés au Portugal à la fin du 17e s. : pour permettre au vin de supporter le long transport maritime vers les îles britanniques, un peu d'eau-de-vie était ajoutée avant le voyage ! Le porto est produit dans la vallée du Haut-Douro, plus vieux vignoble délimité au monde (1756), avant de vieillir dans les chais de Vila Nova de Gaia, en face de Porto. Riche d'une palette infinie de styles, le breuvage star du Portugal se boit en apéritif, en digestif, en cocktail (porto Flip ou Salazar) et accompagne aussi tout le repas.

Rouge, blanc, vert…

Huitième producteur mondial de vin, le Portugal peine pourtant à se faire reconnaître à l'étranger comme contrée viticole. Hormis le porto, ses vins demeurent injustement méconnus en dépit de leur qualité croissante. Parmi les appellations d'origine contrôlée (DOC), on peut citer les vins rouges du Dão (entre Viseu, Guarda et Coimbra). Bairrada, un rouge suave, est produit entre Aveiro et Coimbra. Outre les rouges prometteurs de l'Alentejo, la région de Lisbonne en produit de grande qualité, comme celui du Bacalhôa, du côté de Setúbal, également célèbre pour son moscatel, un vin blanc doux d'apéritif. On trouve de bons blancs de soif dans la vallée du Douro. Une autre DOC de qualité est celle du Tage et de la région de Lisbonne. L'Algarve possède un vin blanc de sable, le lagoa, à la fois léger et légèrement piquant. Typiquement portugais, les *vinhos verdes*, vins verts (jeunes) légèrement pétillants, sont de tous les repas et apéritifs. L'*alvarinho*, produit dans le Haut-Minho, en est l'expression la plus aboutie.

Cervejas

Dans le domaine de la bière (*cerveja*), on peut citer trois marques portugaises, que l'on trouve en bouteille ou à la pression : Sagres (la plus célèbre, fabriquée à Vialonga, près de Lisbonne), Cristal et Super Bock. Il existe une bière brune plus forte, la *preta*. À la pression, demandez "*uma loira*" ("une blonde") ou "*uma loirinha fresquinha*" ("une petite blonde bien fraîche"), laquelle est proposée en diverses contenances : *uma imperial* (20cl), *um príncipe* (33cl), *uma caneca* (50cl) ou *uma girafa* (1l). En y ajoutant quelques gouttes de limonade, on obtient un *shandi* (panaché). Quelques gouttes de groseille encore, et voilà un *tango*.

Carnet pratique

Décor de rue, Agueda

INFOS UTILES

Toutes les informations utiles pour organiser votre voyage au Portugal et profiter pleinement du pays : planifier votre date de séjour, connaître les dates des grandes fêtes, organiser vos déplacements, différencier les types de restaurants, préparer votre randonnée...

AVANT DE PARTIR

BUDGET ET SAISONS

Le Portugal affiche des prix bien inférieurs à ceux de la France, même à Lisbonne. Le prix des **chambres** s'entend généralement pour une double, hormis pour les auberges de jeunesse (tarif par personne). Dans les **restaurants**, le pain et les apéritifs sont payants (mais on ne vous facturera que ce que vous aurez consommé). Les prix de votre guide correspondent à deux plats (entrée + plat ou plat + dessert) et une chambre double en haute saison petit déjeuner compris, sauf mention.

GAMME DE PRIX

Restauration	Hébergement
€>20	€<100
€€20-30	€€100-150
€€€>30	€€€>150

SAISONS TOURISTIQUES

La **haute saison** (*época alta*) s'étend ordinairement de juin à septembre (mais d'octobre à avril, sports d'hiver obligent, à Penhas da Saúde et Guarda). D'une façon générale, les prix sont nettement majorés en août. La haute saison peut concerner d'autres courtes périodes de l'année : **vacances de Noël**, **carnaval**, **Pâques**, et des grandes manifestations populaires, foires, *romarias*, festivals et autres *festas* ; il est alors vivement conseillé de réserver très tôt. Selon les régions, il peut y avoir une **moyenne saison** (*época média*), avec des tarifs intermédiaires, d'avril à mai et en octobre, avant la **basse saison** (*época baixa*) qui court de novembre à mars. Lisbonne, Porto et Sintra se visitent toute l'année, tout comme l'Algarve.

QUAND PARTIR ?

Les amateurs de chaleur préféreront la haute saison. En Algarve, en Alentejo et dans la haute vallée du Douro, les mois de juillet et d'août sont caniculaires ! Mais rien ne vaut la basse saison pour arpenter l'arrière-pays. L'Algarve au mois de janvier dévoile des champs d'amandiers en fleur. Au printemps, la nature explose, traverser alors les plaines verdoyantes de l'Alentejo ou les vergers fleuris au sud du pays est un bonheur. Hors saison, les prix peuvent chuter de 50%, sauf en Algarve, région qui ne connaît pas vraiment de basse saison.

DÉCALAGE HORAIRE

Le Portugal a une heure de décalage avec la France, quelle que soit la saison : GMT en hiver, GMT + 1 en été. Ainsi, lorsqu'il est 12h à Paris, il est 11h à Lisbonne. Comme en France, le changement horaire a lieu le dernier dimanche de mars (avance d'une heure) et le dernier dimanche d'octobre (recul d'une heure).

FORMALITÉS

Les **citoyens de l'UE** devront présenter une simple **carte nationale d'identité** ou un passeport en cours de validité pour entrer au Portugal. La pièce d'identité est par ailleurs indispensable pour maintes autres opérations, comme louer une voiture, réserver une chambre d'hôtel, etc. Les mineurs non accompagnés doivent être porteurs d'une autorisation de sortie de territoire signée par les parents ou la personne qui exerce l'autorité parentale.

RENSEIGNEMENTS

www.visitportugal.com
Site de l'office de tourisme national.

www.visitlisboa.com
Office de tourisme de la région de Lisbonne.

www.turismodocentro.pt
Office de tourisme du Centro.

www.onortelaemcima.pt
Office de tourisme de Porto et du Nord.

www.visitalentejo.pt
Office de tourisme de l'Alentejo.

www.visitalgarve.pt
Office de tourisme de l'Algarve.

www.pai.pt
L'équivalent portugais des Pages jaunes.

AGENDA

Carnaval de Careto
Dans le Trás-os-Montes, les Caretos jouissent d'une renommée nationale, grâce à leurs masques et costumes tricolores tissés et frangés, et à leurs grandes cloches servant à effrayer les demoiselles. Manifestations dans les villages, du 1er nov. au carnaval (pic entre le 25 déc. et le 6 jan.).
Podence Bragança www.caretosdepodence.pt En fév.

Solenidades da Semana Santa
Processions de la Semaine sainte, dont la très solennelle do Senhor "Ecce Homo", et le défilé au flambeau des *farricocos* ("croque-morts"), pénitents aux pieds nus et à la tête cagoulée.
Braga www.semanasantabraga.com
Semaine précédant Pâques

Festas das Cruzes
L'une des plus grandes *romarias* du Haut-Minho.
Barcelos www.facebook.com/festadascruzesdebarcelos
Fin avr. jusqu'au 3 mai, jour le plus important des fêtes

Queima das Fitas
La célèbre fête des étudiants a lieu dans la nuit du 1er jeudi de mai, voir le programme en ligne.
Coimbra www.academica.pt
En général, 1re sem. de mai

Romaria de São Gonçalo
Les fêtes de la ville durent 3 jours.
Amarante www.facebook.com/romariaemarentim 1er w.-e. de juin

JOURS FÉRIÉS

Aux jours fériés nationaux s'ajoutent des jours fériés locaux : le 13 juin (Santo António) à Lisbonne, le 24 juin (São João) à Porto, le 29 juin (São Pedro) à Sintra, les 12-13 mai et 13 octobre à Fátima (principaux pèlerinages).

1er janvier	**Ano Novo** Jour de l'an
Mars-avril	**Sexta-feira Santa** Vendredi saint
25 avril	**Dia da Liberdade** Jour de la Liberté (révolution des Œillets)
1er mai	**Dia do Trabalhador** Fête du Travail
Mai-juin	**Corpo de Deus** Fête-Dieu (Corpus Christi)
10 juin	**Dia de Portugal (ou de Camões)** Anniversaire de la mort de Camões, fête nationale
15 août	**Assunção** Assomption
5 octobre	**Implantação da República** Jour de la République (1910)
1er novembre	**Todos-os-Santos** Toussaint
1er décembre	**Restauração da Independência** Jour de l'Indépendance (1640)
8 décembre	**Imaculada Conceição** Immaculée Conception
25 décembre	**Natal** Noël

Festas dos Santos Populares
Fêtes des saints populaires dans les vieux quartiers de Lisbonne (Alfama, Mouraria...) culminant les 12-13 juin (**Santo António**) : vin et bière accompagnent à flots les sardines grillées, et la *festa* bat son plein une bonne partie de la nuit. Suivent les 23-24 juin (São João) et les 28-29 juin (São Pedro). **Festas de Lisboa** en juin : concerts, expositions, festivals, etc. www.egeac.pt www.culturanarua.pt 12-29 juin

Festas da Cidade
Les fêtes de la ville, avec la **Saint-Jean (São João)** en point d'orgue : les habitants de Porto s'assomment à coups de marteaux gonflables et agitent fleurs d'ail et de poireaux. Une nuit de folie avec feu d'artifice ! Porto www.visitar-porto.com 2e quinz. de juin (Festas de São João, nuit du 23 au 24 juin)

Festa de São João
Célèbre fête traditionnelle (depuis 1489 !) : musique populaire, groupes folkloriques, kermesse, feux d'artifice... au Parque de São João da Ponte. Braga www.saojoaobraga.pt 23-24 juin (festivités pendant les 2 sem. précédentes)

Festa do Vinho Verde
Fête du fameux vin vert. Ponte de Lima www.facebook.com/festadovinhoverde Juin ou juil.

Feira de Santiago
La foire de la Saint-Jacques mêle *touradas*, gastronomie et folklore. Setúbal www.feiradesantiago.pt Dernière sem. de juil. et 1re sem. d'août

Mercado medieval
Grand marché médiéval. Óbidos www.mercadomedievalobidos.pt Juil.-août

Festival Sudoeste
Ce festival de rock, pop, hip-hop et dance invite, durant quatre jours, des groupes de renommée internationale. Zambujeira do Mar www.sudoeste.meo.pt 1re sem. d'août

Festa de Nossa Senhora de Boa Viagem
Procession nocturne des bateaux de pêche en l'honneur de la sainte patronne des pêcheurs.

Peniche www.festadepeniche.pt
1er dim. d'août

Festival da Sardinha
Fête de la sardine avec concerts, vente d'artisanat, dégustations de produits locaux et, bien sûr, de sardines grillées à profusion ! En soirée, spectacles "pyro-aquatiques" !
Portimão www.festivaldasardinha.pt
3 ou 4 j. début août

Romaria de Nossa Senhora d'Agonia
Spectaculaire rassemblement avec processions, bénédiction des bateaux, course de taureaux, feux d'artifice et défilés en costume régional.
Viana do Castelo
www.festasdagonia.com
Autour du 3e w.-e. d'août

Festas de Santa Bárbara (Festas da Cidade)
Danseurs et lutteurs, les *pauliteiros* se livrent à d'étonnantes chorégraphies, simulacres de combats au bâton.
Miranda do Douro 3e dim. d'août

Festival de Sintra
Récitals, ballets, concerts de musique classique dans les palais de Sintra et de Queluz et dans le Centro Cultural Olga Cadaval.
Pendant un mois en été-automne.
Sintra www.festivaldesintra.pt

Feira de São Mateus
Grande foire commerciale avec fête foraine, héritée du Moyen Âge.
Viseu www.feirasaomateus.pt
Mi-août-mi-sept.

Festas de Nossa Senhora dos Remédios
Connu comme la "*Romaria de Portugal*", c'est l'un des plus importants pèlerinages du pays. Point d'orgue, la procession des 6, 7 et 8 sept. Fête très animée et pas seulement religieuse.
Lamego www.aromariadeportugal.com Dernier jeu. d'août-9 sept.

Festas dos Capuchos
Depuis 1863, une grande fête populaire : processions, concerts, lâcher de vachettes.
Vila Viçosa 2e w.-e. de sept.

Feira dos Santos
L'une des plus importantes foires du Trás-os-Montes.
Chaves 30-31 oct. et 1er nov.

Jazz ao Centro – Encontros Internacionais de Jazz de Coimbra
L'un des principaux festivals de jazz du pays.
Coimbra www.jazzaocentroclube.pt
3 sem. en oct.

Festas Nicolinas
L'une des fêtes estudiantines les plus fameuses du Portugal. Dans la nuit du 29 au 30 novembre, la ville pulse au rythme des milliers de tambours rassemblés en *Cortejo do Pinheiro*.
Guimarães www.nicolinos.pt
Du 29 nov. au 7 déc.

TRANSPORTS

ALLER AU PORTUGAL

EN AVION

Des vols réguliers et directs vers le Portugal sont assurés par toutes les grandes compagnies aériennes nationales européennes, par la TAP (compagnie nationale portugaise) et par des compagnies à bas prix. Le site **www.ana.pt** délivre des informations (actualisées toutes les 3min) sur les arrivées et départs de tous les aéroports portugais.

TAP Air Portugal
La compagnie nationale portugaise propose des vols réguliers et directs au départ de Paris-Orly vers Lisbonne (8/j., env. 2h15 de vol) et Porto (3 ou 4 vols/j.). Un vol direct quotidien pour Faro depuis Bordeaux et Lyon.
890 102 106 (de France, payant) ou 211 234 400 (du Portugal, gratuit) www.flytap.com

Air France
Pour Lisbonne, 5 vols directs par jour depuis Paris.
36 54 (tlj. 6h30-22h heure de Paris) www.airfrance.fr

Transavia
Cette compagnie du groupe Air France-KLM assure des liaisons directes vers Lisbonne au départ de Paris-Orly (2 à 3 vols/j.), Nantes (1 vol/j.) et Lyon (2 à 3 vols/sem.). Vols également vers Porto et Faro à partir de Paris, Nantes et Lyon.
01 76 24 06 05 (de France) ou 707 780 009 (du Portugal) www.transavia.com

easyJet
Vols vers Lisbonne au départ de Paris, Bordeaux, Lille, Lyon, Nantes et Nice, et vers Porto au départ de Paris, Lyon, Nantes, Nice et Toulouse.
www.easyjet.com

Ryanair
Liaisons de Paris-Beauvais, Marseille et Toulouse vers Lisbonne, liaisons de Paris-Beauvais vers Porto et Faro.
www.ryanair.com

EN CAR

www.flixbus.fr

www.blablacar.fr/bus

EN TRAIN

SNCF
Pour se rendre à Lisbonne, un TGV part tous les jours à 12h47 de Paris gare Montparnasse. Une correspondance, à Hendaye-Irun, avant d'arriver le lendemain à 7h20 en gare d'Oriente, au terme de 19h30 de voyage.
09 77 40 82 99 www.sncf-connect.com

SE DÉPLACER AU PORTUGAL

EN TRAIN

Si le réseau ne couvre qu'imparfaitement le pays (env. 2 500km, principalement le long de la bande littorale), il demeure néanmoins le moyen le plus rapide de relier les principales villes du pays. Il existe quatre niveaux de fonctionnement du réseau : le service urbain (U), le service *regional* (R) et *inter-regionais* (IR), le service *rápido intercidades* (IC) et l'**Alfa Pendular**, express reliant Braga à Faro via Porto, Coimbra et Lisbonne, plus cher et confortable, mais guère plus rapide (Lisbonne-Porto en 2h45 avec l'Alfa, 3h avec le réseau Intercidades). D'une façon générale, plus les trains s'arrêtent et moins ils sont chers.

Comboios de Portugal
707 210 220 ou 808 109 110 www.cp.pt

EN CAR

Parfois plus rapide que le train, ce moyen de transport est l'un des moins onéreux pour les grandes distances, et permet d'aller quasiment partout. Dans chaque *rodoviária* (gare routière), vous trouverez une billetterie par compagnie, mais vous pouvez aussi acheter votre billet auprès du conducteur. On distingue trois catégories d'autocars (*autocarro* en ville, *camioneta* entre les villes). Les *expressos*, confortables et rapides, effectuent les liaisons express de ville à ville par les grands axes. Les *rápidos* assurent essentiellement la desserte régionale. Les *carreiras* (omnibus) desservent chaque bourgade de la ligne.

Rede Expressos
La compagnie nationale, pour les liaisons express.
707 22 33 44 www.rede-expressos.pt

Rodoviária do Oeste
Dessert la région de Lisbonne.
rodoviariadooeste.pt

Transportes Sul do Tejo
La compagnie TST dessert la région de Setúbal et Sesimbra, au sud du Tage.
www.tsuldotejo.pt

Rodonorte
Compagnie du Nord qui dessert tout le Portugal.
259 340 710 www.rodonorte.pt

Rodoviária do Alentejo
Liaisons urbaines, interurbaines et express en Alentejo.
www.rodalentejo.pt

EVA
Liaisons interurbaines en Algarve.
289 899 760 www.eva-bus.com

EN VOITURE

La meilleure solution pour sillonner tout le pays et sortir des sentiers battus, surtout dans l'arrière-pays.

Télépéages

La plupart des autoroutes sont équipées de péages, dont on s'acquitte en réglant par carte bancaire ou en numéraire, et de télépéages Via Verde, réservés aux adhérents. D'autres sont uniquement équipées de télépéages électroniques : des portiques (*"Electronic toll only"*) enregistrent le passage et la plaque d'immatriculation de la voiture, sans qu'elle n'ait à ralentir ou s'arrêter. Le paiement, lui, est un vrai casse-tête, car il doit être effectué dans les jours suivants, à un guichet de poste CTT ou dans une boutique agréée. Pour éviter cette démarche, il est possible d'acheter des cartes de paiement spécifiques pour les véhicules étrangers. Renseignements sur www.visitportugal.com ou www.portugaltolls.com.

Sécurité routière

Si le code de la route et les limitations de vitesse sont les mêmes qu'en France (hormis une vitesse limitée à 120km/h sur les autoroutes), en pratique, une vigilance accrue s'impose en voiture : malgré une amélioration, le taux de mortalité sur les routes est supérieur à la moyenne européenne. Sachez que le **taux d'alcoolémie** toléré est de 0,5g.

Location

Pour louer un véhicule au Portugal, vous devrez être âgé de 21 ans au minimum et disposer du permis de conduire depuis au moins un an.

SUR PLACE

ARGENT

La monnaie du Portugal est l'euro. Attention, l'usage de la carte bancaire (*cartão*), n'est pas toujours facile : nombreux sont les commerces (restaurants, pensions familiales, petits hôtels) qui ne l'acceptent toujours pas. Ce désagrément est compensé par un large réseau de distributeurs automatiques qui fonctionnent 24h/24. Si vous êtes citoyen de l'UE, aucune commission n'est prélevée sur vos retraits d'argent ou vos paiements par carte.

Service interbancaire d'opposition
Serveur français où faire opposition en cas de perte ou de vol d'une carte bancaire, quelle que soit la carte.
(33) 442 605 303 (de l'étranger)

TAXE IVA

Le taux normal de l'IVA (l'équivalent de la TVA) s'élève à 23%. Il existe des taux réduits de 6 et 13% appliqués à certains services et produits agroalimentaires.

HORAIRES

SERVICES ADMINISTRATIFS

Ils sont habituellement ouverts du lundi au samedi, de 9h30 à 12h30 ou 13h, et de 14h30 à 17h. Les banques sont ouvertes du lundi au vendredi (8h30-12h et 13h-15h, sans interruption à midi dans les grandes villes). Les bureaux de poste le sont du lundi au vendredi, généralement de 9h à 18h.

MUSÉES

Les musées nationaux sont fermés le lundi, d'autres le mardi, et certains jours fériés. Sinon, ils ouvrent de 10h à 17h ou 18h, avec une possible interruption (1 ou 2h) au déjeuner.

COMMERCES

La plupart sont ouverts de 9h à 13h et de 14h30 à 18h, 19h ou 20h, du lundi au samedi. Les supermarchés sont en principe ouverts tous les jours jusqu'à 20h environ. Beaucoup de commerces traditionnels ferment le samedi à 13h.

REPAS ET SORTIES

Le rythme quotidien est relativement conforme aux habitudes françaises, avec un léger décalage à midi (entre 13h et 15h). Le service du soir bat son plein entre 19h et 22h. Nombre de cafés restent ouverts jusqu'à 2h, et les bars de nuit jusqu'à 3-4h du matin.

OFFICES DE TOURISME

Les *Postos de Turismo*, ou simplement *Turismos*, se signalent par un "i" dans un carré blanc aux coins arrondis et sont présents dans pratiquement toutes les bourgades, touristiques ou non. Vous y trouverez dans la plupart des cas une documentation disponible en français, et nombre d'entre eux fournissent gratuitement un plan de la ville.

LE DIMANCHE, TOUT RECOMMENCE...
Comme nulle part ailleurs en Europe, les jours de la semaine se déclinent à partir du dimanche (*domingo*). Ainsi le lundi (*segunda-feira*) est-il le deuxième jour après la fête, le mardi (*terça-feira*) le troisième jour et à la suite, *quarta-feira, quinta-feira* jusqu'au *sexta-feira*, le vendredi ou sixième jour de la fête, le samedi restant *sábado*. De quoi déchiffrer les horaires marqués sous la forme abrégée "seg.-sex. 10h-19h", ou "2ª-6ª 10h-19h", soit l'équivalent de "lun.-ven. 10h-19h".

LIRE UNE ADRESSE

Traditionnellement, le numéro d'immeuble ou de maison est indiqué après le nom de la rue, puis peuvent suivre les mentions de l'étage et du côté. Ainsi, par exemple, "R. da República, 28 3° esq." indique que l'adresse se situe au 28 de la rue de la République, 3e étage, porte gauche (E, Esq. ou Esqa pour *esquerda* = "gauche" ; D, Dto, Dta pour *direita* = "droite" ; r/c = rez-de-chaussée).

Ils s'occupent rarement des réservations d'hôtels, mais renseignent pour trouver une chambre chez l'habitant.

PLAGES

La puissance du ressac de l'océan Atlantique vous recommande la plus grande prudence. Préférez toujours les plages surveillées ("*Praia Vigiada*" ou "*Área Concessionada*") à celles épinglées du panneau "*Praia Não Vigiada*", où la baignade s'effectue à vos risques et périls. Si vous voyez un panneau rouge rond portant la mention "*Perigo*" (danger), contentez-vous de la plage et n'allez pas dans l'eau. À vérifier avant toute baignade ! **Vert** : conditions optimales de sécurité, mais attention à bien rester dans la zone surveillée. **Jaune** : baignade autorisée, mais ne vous éloignez pas de la côte. **Rouge** : baignade rigoureusement interdite, même si l'on a pied. **Carreaux bleus et blancs** : plage temporairement sans surveillance.

POSTE

Un cavalier illustre le service de **Correios** (CTT). Les boîtes aux lettres rouges reçoivent le courrier ordinaire (*correio normal*) et le courrier par avion, tandis que les boîtes aux lettres bleues (*correio azul*) sont réservées au courrier prioritaire. On trouve les *selos* (timbres) partout où s'affiche le logo rouge et blanc des Correios (env. 17€ le carnet de 12). Plus de renseignements sur le site www.ctt.pt.

POURBOIRE

Souvent le service (*serviço*) est inclus dans le prix, le pourboire (*gorjeta*) n'est donc pas obligatoire. Il est d'usage de laisser 5 à 10% de l'addition en sus si vous êtes satisfait. De temps à autre, n'oubliez pas de glisser quelques pièces aux personnes qui permettent la visite des églises. Presque partout, les automobilistes auront affaire à des *arrumadores*, "placeurs" de voitures qui, contre une pièce de 0,50€, vous indiqueront un emplacement et comment vous y prendre pour exécuter votre créneau. Bien entendu, ce "service" n'est pas une raison suffisante pour laisser traîner quoi que ce soit de précieux dans votre véhicule.

RESTAURATION

LES TYPES DE RESTAURANT

Les *pastelarias*

Ouvertes toute la journée, elles vous offriront de quoi vous restaurer sur le pouce, mais aussi quelques plats du jour (viande et poisson) bon marché à midi.

PICORAGE PAYANT
Souvent servis d'office en guise d'amuse-gueules, le pain et les *acepipes* (fromage, beurre, olives...) n'ont rien d'un cadeau de bienvenue et sont facturés dès lors qu'on en picore quelques-uns. Ils se révèlent même souvent assez chers en comparaison des plats. Si vous n'en voulez pas, refusez-les et contrôlez votre addition (*a conta*), car ils s'y retrouvent fréquemment, par pur automatisme.

Les *tascas*
Le bel esprit originel de ces petites tavernes familiales de quartier s'est quelque peu dissout à la faveur de l'essor touristique. Flairant le filon, de nombreuses adresses se revendiquent de cette appellation typique et profitent du capital sympathie qu'elle draine, sans pour autant perpétuer ses valeurs de convivialité et de généreuse simplicité. Une tendance qui se répercute sur les prix affichés.

Les *casas de pasto*
Proches cousines des *tascas*, ces gargotes populaires présentent une carte allégée, qui permet de se sustenter simplement mais copieusement à un prix modique. On y mange d'office en compagnie de la télévision, qui s'allume et s'éteint avec l'ouverture et la fermeture du restaurant.

Les *cervejarias*
De catégorie supérieure, la *cervejaria* correspond à notre brasserie, où il est possible d'accompagner son breuvage favori d'un roboratif plat traditionnel.

Les *marisqueiras*
Cette catégorie de restaurants abonde le long de la côte. On y sert du poisson et des fruits de mer bruts de criée, souvent grillés.

Les *churrascarias*
Ce sont les spécialistes de la viande grillée au barbecue ou à la broche. Une tradition populaire importée du Brésil.

DÉCHIFFRER LA CARTE
Menu ou plat du jour ?
L'appellation *ementa turística* (menu touristique) n'est en rien synonyme de piège, mais désigne un menu à bon prix incluant plat du jour, boisson, parfois dessert et café. Au déjeuner (*almoço*), le *prato do dia* (plat du jour) de viande ou de poisson grillé est une bonne option. La mention "SP" (*segundo o peso*) indique que la nourriture est vendue au poids (une pratique courante pour le poisson).

Portions
Les portions portugaises sont souvent copieuses. N'hésitez pas à demander *uma meia dose* (demi-portion), bien que souvent cette alternative ne figure pas sur les *listas* (cartes) en langue étrangère, mais uniquement sur les *ementas* (menus) portugais. Cette option, courante au déjeuner, vous coûtera en moyenne 30% de moins qu'une portion normale.

LES REPAS
Traditionnellement frugal, le petit déjeuner (*pequeno almoço*) s'étoffe dans les grands hôtels. Plus consistante les jours de congé, la pause

déjeuner (*almoço*) se résume généralement, en semaine, à une soupe et divers encas commandés à l'unité, avalés sur le pouce debout près du comptoir (*balcão*). Le dîner (*jantar*) est plus substantiel et souvent synonyme, surtout le week-end, de sortie entre amis. N'hésitez donc pas à réserver ces jours-là.

SANTÉ ET URGENCES

On ne s'expose à aucun problème de santé particulier en se rendant au Portugal. L'intense chaleur qui règne l'été, surtout dans les plaines de l'Alentejo et en Algarve, peut entraîner des risques de déshydratation, et le soleil justifie l'utilisation de crèmes à fort indice de protection et de lunettes, voire d'un couvre-chef. L'eau du robinet est propre à la consommation. En cas d'affection bénigne, n'hésitez pas à entrer dans une *farmácia*. Quand la porte est close la nuit et le week-end, un panonceau indique les pharmacies de garde (*farmácias de serviço*) les plus proches (prix du médicament majoré). En cas d'urgence, composez le 112 ou adressez-vous au *Serviço de Urgência* de l'hôpital le plus proche. Vous pourrez également trouver assistance dans l'un des *Centros de Saúde*, dispensaires ouverts entre 8h et 20h. Avant de partir, n'oubliez pas de vous procurer la CEAM (Carte européenne d'assurance maladie).

Linha de Saúde 24
Numéro d'urgence national.
808 24 24 24

Urgences
Numéro d'urgence européen (police, pompiers, ambulances).
112

SPORTS ET LOISIRS

La diversité géographique du Portugal encourage un large éventail d'activités sportives. Le vaste littoral se prête à la pratique de nombreux sports nautiques : **surf**, **kitesurf** et **planche à voile** sur la plage de Guincho près de Cascais, **voile** le long de la Costa Verde et de l'Algarve, **plongée** dans la Serra da Arrábida et aux abords de Viana do Castelo, de Berlenga, de Sines et de Sagres. L'important réseau hydrographique permet aussi les **activités de rivière** : aviron, canoë-kayak ou rafting comme à Penacova sur le Mondego. Les massifs montagneux des Beiras offrent de belles possibilités de **randonnées pédestres** ou à **VTT**, de même que les serras da Estrela et de Monchique, la Côte vicentine, ainsi que les parcs et forêts de Peneda-Gerês, Buçaco et Sintra. Toutefois, en plein été, les fortes chaleurs peuvent les rendre quasi impossibles. La douceur du climat permet toute l'année la pratique du **golf**, notamment en Algarve, réputée pour ses parcours attrayants. Quant aux amateurs d'**équitation**, ils trouveront en Alentejo l'occasion d'assouvir leur passion.

TÉLÉPHONE

De France vers le Portugal, composez le 00 + 351 + le numéro à 9 chiffres du correspondant.
Du Portugal vers la France, composez le 00 + 33 + le numéro du correspondant sans le 0 initial.

Renseignements
118

Héberge-ments

Façade lisboète

SE LOGER

De la chambre en dortoir à partager en mode "auberge espagnole" au cocon douillet d'une belle demeure privée, en passant par les petites pensions typiques, les hôtels de charme et les luxueuses pousadas, le Portugal offre un choix varié d'hébergements.

AUBERGES DE JEUNESSE

Le Portugal compte une cinquantaine de **pousadas de juventude** réparties sur l'ensemble du pays. La carte de membre (*cartão de alberguista*) est partout exigée. Vous pouvez vous la procurer au tarif de 2,50€, auprès de la Fuaj. Pour réserver, connectez-vous sur www.pousadasjuventude.pt ou sur www.hihostels.com, le site Internet international de la Fuaj.

Pousadas de Juventude
pousadasjuventude.pt

Fédération unie des auberges de jeunesse (FUAJ)
01 44 89 87 27 www.hifrance.org

HÔTELS

Des modestes **casas de hóspedes** (ou *hospedarias*), **pensões** (pensions) et **residenciais** (sans restaurant) aux confortables, voire luxueux, **hoteis**, **albergarias** (hôtelleries) et **estalagens** (auberges), l'hôtellerie portugaise affiche un large panel de niveaux de confort, répartis en trois catégories : 1a, 2a, 3a. Ne vous fiez pas aux étoiles, leur signification est caduque. Le petit déjeuner (*pequeno almoço*) est souvent inclus dans les *pensões* et les hôtels de catégorie supérieure. La mention "*conforto moderno*" désigne des chambres standardisées avec chauffage, climatisation, télévision (souvent câblée), téléphone et parfois un minibar.

POUSADAS

Plus de 40 pousadas disséminées dans l'ensemble du pays ont investi châteaux, palais ou anciens couvents. Une formule de tourisme de charme haut de gamme, comparable aux *paradores* espagnols. Les prix oscillent selon les établissements, la saison (haute saison avr.-oct.) et les jours de la semaine. Ces pousadas peuvent être d'un bon rapport qualité-prix en basse saison, et proposent des offres intéressantes. Certaines sont associées à des restaurants gastronomiques fameux, accessibles aux non-résidents, et moins onéreux qu'on pourrait s'y attendre.

HOSTEL

À Lisbonne, à Porto et dans les villes principales, on trouve de petits *hostels* (auberges de jeunesse privées), très centraux, attentifs à la décoration et au service, proposant des dortoirs et des chambres doubles. Une bonne option, à budget modéré, même si le bruit... de la rue, des va-et-vient dans l'escalier ou de la tuyauterie est souvent inclus.

Reservas Pousadas de Portugal
Réservation indispensable
en haute saison.
☎ 210 158 100 www.pousadas.pt

LOCATION DE MEUBLÉS

Pour ceux qui voyagent entre amis, pour les séjours prolongés ou pour ceux qui aiment garder leur indépendance, les offres ne manquent pas.

www.airbnb.fr

www.booking.com

www.abritel.fr

TURISMO DE HABITAÇÃO (TH)

L'occasion de dormir dans une demeure d'exception (manoir ou *quinta*), souvent meublée d'époque, et de faire une agréable rencontre avec les propriétaires. Comptez au minimum 65€, mais plus ordinairement entre 80 et 110€.

Solares de Portugal
☎ 258 741 672 www.solaresdeportugal.pt
www.turihab.pt

TURISMO NO ESPAÇO RURAL (TER)

Ces maisons rustiques (pour beaucoup des fermes rénovées) sont situées en milieu rural. On peut louer la maison entière (*Casas no Campo*) ou une chambre (*Turismo Rural*). Quelques rares maisons de *Turismo Rural* proposent de partager un peu de la vie d'une exploitation agricole en activité. Comptez de 65 à 120€ la double avec petit déjeuner.

Central Nacional do Turismo no Espaço Rural
☎ 258 931 750 www.center.pt

Heranças do Alentejo
Turismo Rural et hôtels ruraux
dans l'Alentejo.
☎ 934 626 740
www.herancasdoalentejo.net

Portugal Rural
☎ 913 150 274 ou 266 611 019
www.ptrural.com

LISBONNE, L'ESTREMADURA ET LE RIBATEJO

LISBONNE

The Independente Hostel ♥€

Cette insolite maison pour voyageurs contemporains combine les dimensions d'un palace avec la déco et le mobilier vintage d'un hôtel branché, pour installer... des lits superposés en OSB dans 11 dortoirs ! Un concept rafraîchissant, avec son versant luxe, un restaurant et un bar perché ! Double 100-320€, env. 20€ en dortoir.

BAIRRO ALTO Rua de São Pedro de Alcântara, 81 ☎ 213 461 381 www.theindependente.pt

LX Boutique Hotel €€€

Idéalement situé au cœur du quartier festif de Lisbonne, à proximité du Tage et du Mercado da Ribeira, un hôtel tendance et abordable. À chaque étage son thème lisboète (fado, tramway...), le dernier offrant une suite avec vue sur le fleuve. Double 100-200€.

CAIS DO SODRÉ Rua do Alecrim, 12 ☎ 213 474 394 www.lxboutiquehotel.com

Memmo Alfama – Bar €€€

Niché au fond d'une longue impasse dans le lacis des ruelles de l'Alfama, l'hôtel de 42 chambres bénéficie d'une élégante architecture contemporaine valorisant les immeubles anciens qu'il occupe. Le bar en rooftop ménage une vue imprenable sur le quartier et le Tage. Double 135-300€.

ALFAMA Tv das Merceeiras, 27 ☎ 210 495 660 www.memmohotels.com/alfama

Hotel Alegria €€

Sur une gracieuse place arborée près de l'Avenida da Liberdade, l'"hôtel de la joie" à la pimpante façade pastel campe un doux décor : chambres lumineuses avec parquet blond, mobilier ancien et belles matières. Double 190-265€.

AVENIDAS Praça da Alegria, 12 ☎ 213 220 670 www.hotelalegria.pt

AUTOUR DE LISBONNE

Hotel do Mar €€€

Immanquable depuis la plage, ce gigantesque paquebot moderniste, imaginé par Francisco da Conceição Silva entre 1958 et 1964, a recouvré son lustre d'antan. Il compte 160 chambres, 5 suites et des prestations conformes à son envergure : piscines, salle de sport, salons, restaurant... Double 100-280€.

SESIMBRA Rua General Humberto Delgado, 10 ☎ 212 288 300 www.hoteldomar.pt

Pergola House €€€

Une habitation fleurie coquette et cossue, au cœur de Cascais, où règne l'atmosphère ouatée du tourisme d'habitation. Les 10 chambres ont toutes un décor différent, mais la chaleur et le souci des détails en partage. Double 70-280€. Enfants de moins de 10 ans non acceptés.

CASCAIS Av. Valbom, 13 ☎ 214 840 040 www.pergolahouse.pt

Chalet Relogio €€

Comme un chalet suisse posé sur du gazon anglais, cette construction est l'œuvre de Luigi Manini, scénographe du Teatro São Carlos de Lisbonne. Des chambres spacieuses et la promesse d'un dépaysement bucolique proche du centre historique de Sintra. Double 105€-200€ en été.

SINTRA Estrada da Pena, 22 ☎ 219 243 539

L'ESTREMADURA

Residencial Fortunato ♥€

Une grande maison "bien" tenue par la même famille depuis trois générations. Francophones et francophiles, le père et le fils sont d'une prévenance exquise, à l'origine du succès de cette pension de 21 chambres. Double en haute saison 60-95€.

ERICEIRA Rua Dr. Eduardo Burnay, 45 ☎ 261 862 829 www.residencialfortunato.pt

Residencial Maciel €€

Vingt chambres réparties entre 3 bâtiments à 20m l'un de l'autre. Les chambres de la Residência 1, ravissantes, y sont un peu plus chères que dans la Residência São João, un peu moins charmante. La troisième, la Residência 2, comporte la suite la plus luxueuse de l'établissement. Double 30-80€.

PENICHE Rua José Estêvão, 38 et Rua Elias Garcia, 8 ☎ 262 784 685

Casa do Relógio €€

Une maison ancienne située extramuros. Huit jolies chambres au mobilier rustique et à la déco pimpante, où dominent le bleu outremer et quelques nuances de vert. Préférez celles à l'arrière. Double 60€-70€.

ÓBIDOS Rua da Graça ☎ 262 959 282 www.casadorelogio.com

Vila Turística Conde Fidalgo ♥€

Les bâtiments, aux murs immaculés et assortis de volets bleus, ouvrent sur de petites terrasses ensoleillées, et les 10 chambres et 11 appartements sont directement accessibles par des escaliers extérieurs, ce qui confère à l'ensemble un petit air d'*hacienda* très convivial. Double avec sdb 45-90€. Petit déj. 5€.

NAZARÉ Av. da Independência Nacional, 21A ☎968 331 318 www.vilacondefidalgo.com

LE RIBATEJO

União €

La plus ancienne pension de Tomar a vu le jour en 1895. Idéalement placée dans l'artère principale, l'ancestrale demeure de 18 chambres (clim.) possède un charme fou. L'avenante salle à manger reste le lieu phare. Double 65€ (55€ en basse saison).

TOMAR Rua Serpa Pinto, 94 ☎249 323 161

Casa da Alcáçova €€€

Au cœur de l'*alcáçova*, l'ancienne forteresse d'époque mauresque, une vieille demeure seigneuriale transformée en maison moderne, suspendue au-dessus de la vallée du Tage : 6 chambres (double 145-195€), deux dans une annexe près de la piscine (à partir de 125€) et deux appartements.

SANTARÉM Largo da Alcáçova, 3 Portas do Sol ☎243 304 030 ou 936 080 100 www.alcacova.com

LES BEIRAS

COIMBRA ET SES ENVIRONS

Residência Lusa Atenas €

Des atouts de charme pour cet hôtel de 21 chambres sur deux niveaux d'un bel immeuble années 1930. Au 1er étage, les plus jolies, sont dotées de somptueux plafonds. Celles sous les combles sont plus calmes, mais moins Belle Époque. Doubles 40€ (hiver) et 50€ (été), sans petit déj.

COIMBRA Av. Fernão de Magalhães, 68-1º ☎239 826 412 www.residencialusatenas.com

Vila Aurora ♥€

Dominée par des tours crénelées offrant un beau panorama de la forêt de Buçaco, une villa fin 19e s. ceinte d'un jardin sortie d'un conte de fée. Tout y respire le souvenir d'Aurora, peintre et cousine de la famille à qui appartint l'endroit. Sept chambres, parfois kitsch, mais toujours plaisantes. Double 65€ ou 85€ (Jacuzzi).

LUSO Rua Barbosa Colen, 6 ☎231 930 150 www.vilaaurora.com 🕒Fév.-mi-oct.

LA CÔTE, DE FIGUEIRA DA FOZ À AVEIRO

Hotel Aliança €€

À quelques mètres de la plage, une pension très agréable tenue par un couple amène parlant parfaitement français. Un bel escalier de bois paré d'azulejos dessert les chambres, petites, simples et soignées. Le restaurant du rdc propose une cuisine traditionnelle. Double 40-95€.

FIGUEIRA DA FOZ Rua Miguel Bombarda, 12 et Rua Cândido dos Reis, 127 ☎233 422 197 hotelalianca.net

Aveiro Palace €€

Trônant au bord du canal, cet hôtel est tenu par la troisième génération de la famille qui l'inaugura en 1937. Une cinquantaine de chambres, certes sobres mais au confort irréprochable. Double 95-150€ (75-120€ en basse saison).

AVEIRO Rua de Viana do Castelo, 4 ☎234 421 885 www.hotelaveiropalace.com

LA BEIRA ALTA ET LA BEIRA BAIXA

Hotel Grão Vasco €€

Ce gigantesque hôtel moderniste de 107 chambres possède encore les accents luxueux des années 1960, époque où il était le fleuron de l'hôtellerie régionale. Ses avantages ? Une tranquillité absolue en plein centre, deux piscines, un beau parc et un spa. Double 76-87€.

VISEU Rua Gaspar Barreiros ☎232 423 511 www.hotelgraovasco.pt

Casa das Obras ♥€€

Les propriétaires de ce noble manoir du 16e s., très rafraîchissant en été, ont choisi de consacrer le rdc à leurs hôtes (très beau salon-bibliothèque). Les 6 chambres, confortables, n'ont toutefois pas le cachet des parties communes. Piscine dans le jardin et salle de jeux. Double 68-78€.

MANTEIGAS Rua Teles de Vasconcelos ☎275 981 155 www.casadasobras.pt

Solar de Alarcão ♥€€

Une splendide maison d'hôte, face à la cathédrale. Portiques, blasons, escalier d'apparat, gargouilles et chapelle laissent imaginer la magnificence de cette demeure patricienne de la fin du 17e s. Trois chambres s'ouvrent sur le jardin surplombant la ville : sans doute les plus agréables de Guarda. Double à partir de 85€.

GUARDA Rua D. Miguel de Alarcão, 25-27 ☎271 211 275 www.solardealarcao.pt

PORTO ET LE NORD

PORTO

The House of Sandeman ♥€

L'auberge de jeunesse de la cave Sandeman compte 4 dortoirs, contemporains et spacieux, aménagés sous de belles charpentes avec vue sur le Douro. Aussi 12 chambres à la déco très soignée (platines vinyles, mobilier d'hier, plantes...). Dortoir 21-27€, double 83-193€.

VILA NOVA DE GAIA Largo Miguel Bombarda ☎221 127 221 www.thehouseofsandeman.pt

The Poets Inn ♥€

À deux pas de la Torre dos Clérigos et à 5min à pied du quartier de Ribeira, une *guest house* familiale aux chambres pimpantes. Grand salon aux murs colorés. Double 50-65€ (45-60€ avec sdb commune).

PORTO Rua dos Caldeireiros, 261 ☎223 324 209 www.thepoetsinn.com

Pensão Favorita ♥€€

Au cœur du Porto bohème, une pension chaleureuse alliant design et sobriété. Douze chambres claires aux parquets craquants, certaines mansardées ou donnant sur l'adorable jardin. Double 78-100€.

CEDOFEITA Rua Miguel Bombarda, 267 ☎220 134 157 www.pensaofavorita.pt

LA VALLÉE DU DOURO

Des Arts ♥€

Le plus vieil hôtel de la ville est dans l'air du temps : bar-café rétro servant produits bio et locaux cuisinés maison, cours de yoga, concerts... Ici, 15 doubles lumineuses, aux murs bleu et blanc, parquets et douches en béton ciré, dont 10 ouvrent sur la rivière. Double 62-86€, dortoir 30-35€.

AMARANTE Rua Cândido dos Reis, 53 ☎255 095 951 www.hosteldesarts.com

Casa Agrícola da Levada ♥€€

À la périphérie de Vila Real, ce Turismo Rural niche dans un écrin de verdure. Chambres pleines de caractère (double 65-85€) et studios tout équipés (2-4 pers., 125-150€), distribués dans 6 chalets en pierre et dans la maison principale. L'été, piscine et barbecue invitent au farniente dans le jardin.

VILA REAL Rua da Capela (3km au nord du centre-ville) 916 594 404 casadalevada.com

Quinta Manhãs D'Ouro €€

Perchée au milieu des vignes sur les hauteurs de Pinhão, cette belle *quinta* contemporaine procure tous les avantages d'un Turismo Rural pour un prix très inférieur à la moyenne. Les 7 chambres donnent sur le jardin planté d'oliviers ou sur la vallée. Piscine panoramique et restaurant. Double standard 110-150€.

PROVESENDE Rua do Valado (12km au nord de Pinhão) 254 731 041 www.manhasdouro.pt

LE MINHO

Hotel Mestre d'Avis ♥€

Non loin du cœur historique, un hôtel des plus séduisants, où l'art tient une place de premier plan. Les 16 chambres, agréables et bien équipées (clim.), sont chaleureusement contemporaines, et les petits salons pour papoter sont très cosy. Double standard 60-70€, petit déj. 6€.

GUIMARÃES Rua D. João I, 40 253 422 770 www.hotelmestredeavis.pt

Residencial Dora €

Rapport qualité-prix épatant pour ce *residencial* avenant, situé à 5min à pied du centre. Douze chambres claires, confortables et bien équipées. Petit déj., frais et copieux (inclus), servi sur la terrasse l'été. Double à partir de 50€-70€ en haute saison.

BRAGA Largo Senhora A Branca, 92-94 253 200 180 www.hoteisportu.com

Hotel Laranjeira ♥€€

Cette pension dispose d'une trentaine de chambres tout confort, assorties de belles sdb au design moderne, et, pour certaines, d'une terrasse avec vue sur le mont de Santa Luzia. Location de vélos (10€/j.). Double 85€-95€

VIANA DO CASTELO Rua Cândido dos Reis, 45 258 822 261 www.hotelaranjeira.com

PARQUE NACIONAL DA PENEDA-GERÊS

Pousada Caniçada-Gerês €€€

Une *pousada de natureza*, du genre chalet de montagne, dominant le lac de Caniçada, face aux montagnes de la Serra do Gerês. L'ample terrasse offre une perspective reposante sur la rivière Cavado. Ses 38 chambres pimpantes sont à partir de 128€- 325€, selon le mois. Piscine (super panorama).

CANIÇADA Av. da Caniçada, 1518 Caniçada 210 407 650 www.pousada.pt

LE TRÁS-OS-MONTES

Quinta da Mata €€

Noyée dans la végétation sur une colline dominant Chaves, cette maison de maître du 17e s. compte 6 chambres, articulées autour d'une chapelle. Plafonds lambrissés, meubles d'époque et œuvres d'art rappellent les origines aristocratiques de la famille Morais, hôte des lieux. Jardins en terrasses, piscine et courts de tennis. Double 80€-90€.

CHAVES Vilar de Nantes (5km au sud-est de Chaves, route 213 dir. Valpaços) 276 340 030 www.quintadamata.net

Solar de Santa Maria ♥€€
Chapelle, cloîtres, escaliers de granit monumentaux... Un ancien couvent de plus de 400 ans reconverti en un Turismo de Habitação d'exception. Cinq chambres très spacieuses et fraîches, meublées comme jadis et équipées de tout le confort moderne. Double 70-85€, petit déj. 5€, servi dans le jardin (un paradis !) en été.

BRAGANÇA Rua Eng. José Beça, 39
☎ 967 605 013

L'ALENTEJO

ÉVORA

Solar de Monfalim ♥€€
Un *solar* du 16e s., reconverti en maison d'hôte, dont la superbe loggia à colonnade donne sur une placette plantée de jacarandas. Au choix, 26 chambres au bon rapport qualité-prix, jolie salle de petit déj. et terrasse sympa. Double 60-85€.

ÉVORA Largo da Misericórdia, 1 ☎ 266 703 529
www.solarmonfalim.com

LE HAUT-ALENTEJO

Pousada da Rainha Santa Isabel ♥€€€
Cette pousada occupe l'ancienne armurerie royale que le roi João V fit bâtir sur l'emplacement du palais de Dinis I. L'une des plus prestigieuses et des plus belles du pays, meublée d'antiques pièces et d'œuvres d'art. Piscine. Double 100€-200€.

ESTREMOZ Largo D. Dinis ☎ 268 332 075
www.pousadas.pt

Hotel São João de Deus €€
Cet hôtel au cachet certain abrita, dès 1645, un hôpital militaire, puis le couvent de Saint-Jean-de-Dieu. Ses 54 chambres, plutôt spacieuses, sont dotées de tout le standing d'un 4-étoiles. Bar cosy et piscine au bord des remparts. Double 70-115€.

ELVAS Rua de João de Quintal, 1
☎ 268 639 220 ou 921 020 300
www.hotelsaojoaodeus.com

Hotel Mansão Alto Alentejo €
Agréable hôtel dans une vénérable bâtisse de la ville haute, près de la cathédrale. Un pimpant mobilier à motifs floraux peints dans la tradition *alentejana* garnit les 12 chambres aux couleurs gaies, impeccablement tenues. Double 40-50€ (45-55€ en été).

PORTALEGRE Rua 19 de Junho, 59
☎ 245 094 413 www.mansaoaltoalentejo.pt

Dom Dinis €€
Toisant le rempart côté sud, une demeure de 9 chambres soignées, dont une avec terrasse et une superbe vue. Soirées d'hiver au coin de la cheminée du salon, dans une ambiance digne d'un chalet de montagne. Double 62-72€, avec terrasse 85-105€.

MARVÃO Rua Dr. Matos Magalhães, 7
(presque en face de la mairie) ☎ 245 909 028
www.varandadoalentejo.com

Casa Amarela €€
Turismo de Habitação niché derrière une façade ouvragée du 18e s., au cœur de la vieille ville. Une adresse de charme de 9 chambres et 2 suites avec sdb et clim. : 80-185€.

CASTELO DE VIDE Praça D. Pedro V, 11
☎ 245 905 878 casaamarelath.pt

LE BAS-ALENTEJO

Beira Rio €

Residencial au pied du rempart, face au fleuve disposant de 24 chambres dont une petite moitié avec vue sur le Guadiana. Double 45-52€ dans la partie ancienne et 55-65€ dans la partie moderne (vestiges romano-islamiques dans le hall). Petit déj. 6€. Sorties en bateau sur le Guadiana.

MÉRTOLA Rua Dr. Afonso Costa, 108
913 402 033 www.beirario.pt

Rosa do Campo €

Une jolie maison des années 1950 convertie en *residencial*. Ses murs blancs et son mobilier sobre créent une agréable sensation d'espace et de clarté, que vous retrouvez dans les 8 chambres. Double 45-55€ et 65-75€ pour 3-4 pers.

BEJA Rua da Liberdade, 12 284 323 578
www.rosadocampo.pt

Casa da Muralha ♥€€

Une bâtisse de la fin du 19e s., pelotonnée sous les arches de l'aqueduc du 17e s., du côté de la porte de Beja. Au menu, 4 chambres décorées dans la plus pure tradition alentejane et jardin exubérant où poussent orangers et citronniers. Double 65-75€. Petit déj. à base de produits du terroir.

SERPA Rua das Portas de Beja, 43
284 543 150

Estalagem de Monsaraz €€

À 200m du village, sur le replat de la colline, 16 chambres (double 115€, voire beaucoup plus à la belle saison) et 2 suites panoramiques (150-200€) dans une vaste maison à la déco traditionnelle. Jardin avec une piscine comme suspendue au-dessus de la plaine.

MONSARAZ Largo de São Bartolomeu, 5
266 557 019 www.thehyggesuites.com/estalagem-de-monsaraz

LE LITTORAL ALENTEJAN

Castelo de Alcácer do Sal €€€

Une séduisante pousada occupant les vieux murs d'un cloître dans l'enceinte du château. Situation exceptionnelle et aménagement intérieur qui synthétise idéalement histoire et modernité. Piscine découverte, spa, centre de soin et restaurant fameux. Double 80-230€, suites 220-300€.

ALCÁCER DO SAL Castelo de Alcácer
265 613 070 www.pousadas.pt

Casa do Adro da igreja €€

Près de l'église, cette demeure du 17e s. propose 6 chambres chic et traditionnelles. À l'intérieur, parquet lambrissé, éclairage discret, couvre-lits et rideaux dans les tons pastel. Double 85-105€ (clim.). Pas de CB.

VILA NOVA DE MILFONTES Rua Diário de Notícias, 10 283 997 102
www.casadoadro.com.pt

Monte do Papa Léguas ♥€€

Au bout d'une vaste pelouse, la maison compte 5 chambres séduisantes aux traditionnels plafonds de roseaux. L'apaisante salle commune invite à la lecture. Petit déj. copieux et accueil chaleureux. Double 85-135€, 3 studios avec kitchenette 90€-200€. Vélos à disposition. Piscine.

ZAMBUJEIRA DO MAR (de São Teotónio, dir. Zambujeira do Mar ; 1km avant d'arriver à Zambujeira, fléchage à droite de la route)
914 516 282 www.montedopapaleguas.pt

L'ALGARVE

FARO, TAVIRA ET L'EST

Baixa Terrace Hostel €€

Belle demeure début 20e s., dont les chambres et dortoirs occupent des pièces parfois exiguës, mais hautes de plafond et pleines de cachet. Cuisine, salon-TV, lave-linge et ambiance jeunes globe-trotteurs, aimant à prolonger les soirées sur le toit-terrasse. Doubles se partageant 3 sdb 55-126€, dortoirs 20-43€.

FARO Rua de Portugal, 36 ☎ 289 820 824
www.baixaterracehostel.pt

Hotel Eva €€€

Grand confort pour ce mastodonte planté entre la gare routière et la marina. En tout 134 chambres aux tons apaisants, avec mobilier sobre et design. Piscine extérieure, salle de remise en forme, bar et restaurant panoramiques. Double 150-211€ (85-115€ en basse saison).

FARO Av. da República, 1 ☎ 289 540 154
www.ap-hotelsresorts.com

Allons-y Guesthouse ♥€€

Une maison d'hôte en plein centre de Loulé. Les 4 chambres sont de belles dimensions avec un haut plafond et du joli mobilier. Vaste salon commun où lire et se reposer. Le petit déjeuner est servi sur le superbe toit-terrasse qui donne sur le *castelo*. Double 50-70€.

LOULÉ Rua São Domingos, 13 ☎ 969 870 585

Stork Hostel ♥€

Une auberge de jeunesse privée bien tenue, qui séduit par sa situation à l'orée du quartier piéton, et ses deux terrasses panoramiques dominant les toits de la vieille ville. Les 3 étages empilent 4 chambres avec sdb privative (double 55-90€) et 2 dortoirs de 4 lits superposés (22-35€).

OLHÃO Rua da Soledade, 23 ☎ 919 834 343
www.storkguest.com

Princesa do Gilão €€€

Sur la rive gauche, à 150m en aval de la Ponte Romana, un peu en retrait du quai. Parmi les 24 chambres de l'établissement, préférez celles côté façade avec vue sur le château et le fleuve. Double 70-100€.

TAVIRA Rua Borda de Água de Aguiar, 5-6
☎ 281 325 171 www.hprincesadogilao.com
🕒 Fermé jan. ou déc.

Companhia das Culturas ♥€€€

Cette ancienne ferme au milieu des caroubiers a été magnifiquement restaurée dans un style moderniste avec les matériaux de la région : bois d'olivier, liège, murs chaulés... Pas de TV ni de wifi, mais une piscine sans chlore et un petit déj. ultra-bio. Double 155-200€, appartement 280-380€.

CASTRO MARIM Fazenda S. Bartolomeu
Rua do Monte Grande ☎ 281 957 062
www.companhiadasculturas.com
🕒 Jan.-nov.

LE BARLAVENTO

Rocamar €€

Élevé sur la falaise dominant la Praia do Peneco, cet hôtel exploite fabuleusement l'horizon océanique. La piscine semble planer au-dessus des flots, tandis que les amples baies vitrées du restaurant et les balcons des chambres invitent à contempler le bleu du large. Double 60-190€.

ALBUFEIRA Largo Jacinto d'Ayet, 7
☎ 289 540 280 www.rocamarhotels.com

Albergaria Vila Lido ♥€€
Cette demeure des années 1930 témoigne d'une époque révolue. La façade blanche aux volets bleus abrite 10 vastes chambres dotées de larges fenêtres ouvrant sur l'Atlantique. Et la plage commence à 150m. Double 54-315€. Séjour minimum de 2, 3 ou 4 nuits aux périodes très demandées.

PORTIMÃO Av. Tomás Cabreira, 10 À la pointe est de la Praia da Rocha ☎ 926 669 881 🕒 Début mars-début oct.

Vila Sodré €€
Chambres bien tenues (clim.), à 10min à pied du centre, dont certaines avec vue sur les orangeraies et la petite piscine. Le petit déj. compte parmi les plus roboratifs de l'Algarve ! Double 75€ (35€ en basse saison).

SILVES Rua Cruz de Portugal, 124 ☎ 282 443 441 www.residencialvilasodre.pt

Estalagem Abrigo da Montanha ♥€
À flanc de montagne, dans ce bâtiment auquel on accède par une allée fleurie, les chambres marient tradition et modernité et disposent d'une vue impressionnante portant jusqu'à Portimão. Grande piscine et trampoline pour les enfants. Double 80€.

MONCHIQUE Corte Pereiro Fóia Sur la route de Fóia ☎ 282 912 131 estalagem-abrigo-da-montanha.hottel.es

Lagosmar Hotel €€€
Bel hôtel de 45 chambres et prestations de qualité. Sur le toit, une vaste terrasse panoramique domine l'embouchure de l'Arade. Billard au sous-sol. Double 65-150€.

LAGOS Rua Dr. Faria e Silva, 13 (à côté de la Praça Gil Eannes, dir. église São Sebastião) ☎ 282 763 523 www.lagosmar.com 🕒 Avr.-oct.

LA CÔTE OUEST

Mareta Beach €€€
Le comble serait de s'installer du côté de la place, alors qu'à l'opposé les falaises se jettent dans la mer ! Près de la salle du petit déj., une terrasse donne sur le large. Double face à l'océan 120€, voire plus en été (80€-150€ au printemps et à l'automne).

SAGRES Praça da República ☎ 282 620 040 www.maretabeachhotel.com

Pensão das Dunas ♥€€
La végétation de la cour est à elle seule une invitation à franchir le seuil. Agnès et son fils Ruben parlent à eux deux une dizaine de langues et accueillent toute l'année une clientèle cosmopolite. Cinq appartements pour 2 ou 4 pers. (55-135€) avec cuisine équipée. Double avec sdb commune 30-55€, avec sdb privative 40-85€. Petit déj.10€.

CARRAPATEIRA Rua da Padaria, 9 (2e route à droite à l'entrée du village par le nord) Carrapateira ☎ 282 973 118 www.pensao-das-dunas.com

Casa Hospedes Celeste €
Au centre du ravissant village d'Odeceixe, dans une ruelle calme, cette pension est tenue par Dona Celeste, qui accorde un soin particulier à ses 8 chambres, petites mais confortables. Bon rapport qualité-prix. Double 50-75€ env. en été (40€ env. en hiver). Pas de CB.

ODECEIXE Rua Nova, 9 ☎ 282 947 150 www.casahospedesceleste.com

PRONONCIATION

u se prononce "ou"
o final se prononce "ou"
nh se prononce "gn"
lh se prononce "lieu"
h est muet
r est roulé en début de phrase et s'il est double "rr"
Les diphtongues **ei, ãe, ão, õe** et **ui** se prononcent en une seule émission de voix :
ei se prononce comme un "è" long
ãe se prononce "enn"
ão correspond à "aon"
õe correspond à "oin"

LE B.A.-BA

Oui/non Sim/não
Aujourd'hui Hoje
Demain/hier Amanhã/ontem
Quelle heure est-il ? Que horas são ?
S'il vous plaît Por favor/se faz favor
Merci Obrigado (locuteur), obrigada (locutrice)
Pardon Desculpe
Excusez-moi Com licença
Au revoir Até logo
Bonjour Bom dia
Bon après-midi Boa tarde
Bonsoir Boa noite
Adieux Adeus
Je ne comprends pas Não entendo/ Não compreendo
Je ne parle pas portugais Não falo português
Pouvez-vous parler français ? Fala francês ?
Renseignements Informações
Carte bancaire Cartão de crédito
Portable Telemóvel
Téléphoner Telefonar, ligar
Comment ça s'écrit ? Como se escreve ?

REPÈRES TEMPORELS

Le jour, la nuit O dia, a noite
Le matin A manhã
L'après-midi A tarde
Le soir A noite
Lundi Segunda-feira
Mardi Terça-feira
Mercredi Quarta-feira
Jeudi Quinta-feira
Vendredi Sexta-feira
Samedi Sábado
Dimanche Domingo
Janvier Janeiro
Février Fevereiro
Mars Março
Avril Abril
Mai Maio
Juin Junho
Juillet Julho
Août Agosto
Septembre Setembro
Octobre Outubro
Novembre Novembro
Décembre Dezembro

COMPTER

Un Um
Deux Dois (duas fém.)
Trois Três
Quatre Quatro
Cinq Cinco
Six Seis
Sept Sete
Huit Oito
Neuf Nove
Dix Dez
Onze Onze
Douze Doze
Treize Treze
Quatorze Catorze
Quinze Quinze
Seize Dezasseis
Dix-sept Dezassete
Dix-huit Dezoito
Dix-neuf Dezanove
Vingt Vinte
Trente Trinta
Quarante Quarenta
Cinquante Cinquenta
Soixante Sessenta
Soixante-dix Setenta
Quatre-vingts Oitenta
Quatre-vingt-dix Quatro noventa
Cent Cem
Mille Mil

M-N

O-P

Q-R

S

T

V

Z

Crédits photographiques

ILLUSTRATION RÉALISÉE EN PARTENARIAT AVEC hemis·fr

Couverture © clavivs/GettyImages/iStockphoto **4e** Federico Ranghino/Shutterstock **3** © - imageBROKER/hemis.fr **4** © - haut à gauche Andrei Nekrassov/Alamy Stock Photo, haut à droite Avenet Pascal/Hemis.fr, bas à gauche Emmanuel Lattes/Alamy Stock Photo, bas à droite Mauricio Abreu/Alamy Stock Photo **6** © - Guiziou Franck/hemis.fr **10** © - Jacques Pierre/hemis.fr **11** © - haut Westend 61/hemis.fr, bas rfranca/Alamy Stock Photo **12** © - haut et bas Jon Arnold Images/hemis.fr **13** © - Guiziou Franck/hemis.fr **14** © - Jacques Pierre/hemis.fr **15** © - haut imageBROKER/hemis.fr, bas Robert Harding/hemis.fr **16** © - haut et bas Jon Arnold Images/hemis.fr **17** © - Jon Arnold Images/hemis.fr **19** © - Denis Comeau/Alamy Stock Photo **21** © - Maisant Ludovic/hemis.fr **22** © - Guiziou Franck/hemis.fr **24** © - Westend 61/hemis.fr **27** © - Amazing Travels/Shutterstock **28** © - BackyardBest/Alamy Stock Photo **30** © - Antonio Pedrosa/Alamy Stock Photo **31** © - Jon Arnold Images/hemis.fr **32** © - Jon Arnold Images/hemis.fr **34** © - Mattes René/hemis.fr **38** © - haut Morandi Tuul et Bruno/hemis.fr, bas à gauche Emmanuel Lattes/Alamy Stock Photo, bas à droite John Warburton Lee/hemis.fr **39** © - haut Jon Arnold Images/hemis.fr, bas R.M. Nunes/Alamy Stock Photo **40** © - Benjamin Béchet/Odessa **41** © - Franck Guiziou/hemis.fr **43** © - Rik Hamilton/Alamy Stock Photo **49** © - Dmitri Ma/Shutterstock **51** © - Westend 61/hemis.fr **53** © - Guiziou Franck/hemis.fr **55** © - Moirenc Camille/hemis.fr **56** © - Jacques Pierre/hemis.fr **59** © - Morandi Tuul et Bruno/hemis.fr **60** © - McPhoto/Protze/Alamy Stock Photo **63** © - Avenet Pascal/Hemis.fr **64** © - GeoTravel / Alamy Stock Photo **66** © - Peek Creative Collective/Alamy Stock Photo **69** © - Ayhan Altun/Alamy Stock Photo **72** © - imageBROKER/hemis.fr **75** © - Moirenc Camille/hemis.fr **77** © - Robert Harding/hemis.fr **78** © - Renault Philippe/hemis.fr **80** © - Joris Van Ostaeyen/Alamy Stock Photo **83** © - Jacques Pierre/hemis.fr **85** © - Rieger Bertrand/hemis.fr **87** © - dpa picture alliance/Alamy Stock Photo **88** © - Iain Sharp/Alamy Stock Photo **91** © - Robert Harding/hemis.fr **92** © - Jon Arnold Images/hemis.fr **94** © - Jon Arnold Images/hemis.fr **96** © - Jon Arnold Images/hemis.fr **99** © - Jon Arnold Images/hemis.fr **101** © - Ros Drinkwater/Alamy Stock Photo **103** © - Zoonar GmbH/Alamy Stock Photo **104** © - Peter Cripps/Alamy Stock Photo **107** © - imageBROKER/hemis.fr **108** © - Jon Arnold Images/hemis.fr **110** © - Prisma by Dukas Presseagentur GmbH/Alamy Stock Photo **112** © - Alamy/hemis.fr **116** © - haut Jon Arnold Images/hemis.fr, bas Luis Pedro Fonseca/Shutterstock **117** © - haut Yuri Turkov/Shutterstock, bas Zoonar GmbH/Alamy Stock Photo **118** © - Mario Lima **119** © - Alexey Morozov/Alamy Stock Photo **121** © - Allard Schager/Alamy Stock Photo **125** © - DU BOISBERRANGER Jean/hemis.fr **126** © - Luis Elvas/Alamy Stock Photo **127** © - Jacek Sopotnicki/Alamy Stock Photo **129** © - Sergio Azenha/Alamy Stock Photo **131** © - Marcin Jamkowski/Adventure Pictures/Alamy Stock Photo **133** © - Michael Robertson/Alamy Stock Photo **134** © - Sergio Azenha/Alamy Stock Photo **136** © - Jam World Images/Alamy Stock Photo **137** © - Kyoko Uchida/Alamy Stock Photo **138** © - RossHelen editorial/Alamy Stock Photo **141** © - Celli07/Alamy Stock Photo **142** © - Celli07/shutterstock **144** © - Jacek Sopotnicki/Alamy Stock Photo **146** © - Jon Arnold Images/hemis.fr **148** © - Celli07/shutterstock **151** © - Mauricio Abreu/Alamy Stock Photo **152** © - Image Source/hemis.fr **156** © - haut Cavan Images/Alamy Stock Photo, bas à gauche, Jacques Pierre/hemis.fr, bas à droite Jon Arnold images/hemis.fr **157** © - haut Guiziou Franck/hemis.fr, bas Jacques Pierre/hemis.fr **158** © - Gonçalo de Abreu Matias **159** © - Susana Luzir/Shutterstock **161** © - Sunpix Travel/Alamy Stock Photo **164** © - Mauritius images GmbH/Alamy Stock Photo **165** © - Jon Arnold Images/hemis.fr **168** © - Jon Arnold/hemis.fr **170** © - Gregory Gérault/ hemis.fr **172** © - Best-Backgrounds/Shutterstock **174** © - Stefano Politi Markovina/Alamy Stock Photo **177** © - Brannon Gerling/Alamy Stock Photo **178** © - Gardel Bertrand/hemis.fr **181** © - Westend 61/hemis.fr **182** © - Jacques Pierre/hemis.fr **185** © - Richard Semik/Alamy Stock Photo **187** © - Fernando Romao/Alamy Stock Photo **189** © - Zoonar GmbH/Alamy Stock Photo **190** © - Dima Moroz/Shutterstock **194** © - Jon Arnold Images/hemis.fr **195** © - Andrei Nekrassov/Alamy Stock Photo **197** © - Konrad Zelazowski/Alamy Stock Photo **198** © - Jon Arnold Images/hemis.fr **201** © - Simon Reddy/Alamy Stock Photo **202** © - Rieger Bertrand/hemis.fr **205** © - Armando Frazao/Alamy Stock Photo **207** © - Jon Arnold Images/hemis.fr **209** © - Pedro Sousa/Alamy Stock Photo **210** © - Mauricio Abreu/Alamy Stock Photo **213** © - Jon Arnold Images/hemis.fr **214** © - Vincent Lekabel/Shutterstock **216** © - Josep Curto/Alamy Stock Photo **219** © - Vitor Portugal/Alamy Stock Photo **220** © - Jon Arnold Images/hemis.fr **224** © - haut Alexilena/Shutterstock, bas à gauche Manin Richard/hemis.fr, bas à droite Ruben Vicente/Alamy Stock Photo **225** © - haut geogphotos/Alamy Stock Photo, bas Giuglio Gil/hemis.fr **226** © - Luis Peixe **227** © - Jon Arnold Images/hemis.fr **229** © - Jon Arnold Images/hemis.fr **230** © - Guiziou Franck/hemis.fr **233** © - Mauritius images GmbH/Alamy Stock Photo **234** © - Clare Hargreaves/Alamy Stock Photo **237** © - Jon Arnold Images/hemis.fr **238** © - Jon Arnold Images/hemis.fr **241** © - Ian Littlewood/Alamy Stock Photo **243** © - Clare Hargreaves/Alamy Stock Photo **245** © - Jon Arnold Images/hemis.fr **247** © - Zdenek Matyas Photography/Shutterstock **248** © - Cro Magnon/Alamy Stock Photo **250** © - Jon Arnold Images/hemis.fr **252** © - Jon Arnold Images/hemis.fr **254** © - Clare Hargreaves/Alamy Stock Photo **257** © - Mauricio Abreu/Alamy Stock Photo **259** © - Carlos Caetano/Shutterstock **260** © - Guiziou Franck/hemis.fr **262** © - Alexandre Rotenberg/Alamy Stock Photo **263** © - Guiziou Franck/hemis.fr **264** © - Natalia Mylova/Shutterstock **266** © - Mauritius/hemis.fr **269** © - haut parasola.net/Alamy Stock Photo, bas Fernando Batista/Alamy Stock Photo **270** © - Jon Arnold Images/hemis.fr **271** © - haut tomkahler / www.siestacampers.com, bas Simon Reddy/Alamy Stock Photo **272** © - Humberto Mouco **273** © - Angelo DeVal - Travel Photography/Alamy Stock Photo **275** © - Westend 61/hemis.fr **279** © - Cro Magnon/Alamy Stock Photo **280** © - Guiziou Franck/hemis.fr **281** © - Morandi Tuul et Bruno/hemis.fr **284** © - Lewis Oliver/Alamy Stock Photo **286** © - Jon Arnold Images/hemis.fr **287** © - Travelpixs / Alamy Stock Photo **289** © - Ian G Dagnall/Alamy Stock Photo **290** © - HeadSpinPhoto/Shutterstock **292** © - Greg Balfour Evans/Alamy Stock Photo **295** © - Robert Harding/hemis.fr **297** © - edpics/Alamy Stock Photo **298** © - Jon Arnold Images/hemis.fr **300** © - Jon Arnold Images/hemis.fr **303** © - Nick Maslen/Alamy Stock Photo **305** © - Pawel Kazmierczak/Shutterstock **307** © - Guiziou Franck/hemis.fr **308** © - Guiziou Franck/hemis.fr **309** © - Chris Howes/Wild Places Photography/Alamy Stock Photo **311** © - Brahim MNII/Alamy Stock Photo **312** © - John Copland/Shutterstock **314** © - lukas bischoff/Alamy Stock Photo **316** © - Jon Arnold Images/hemis.fr **319** © - John Warburton Lee/hemis.fr **320** © - FL Historical 1D/Alamy Stock Photo **323** © - Jon Arnold Images/hemis.fr **325** © - Ivan Vdovin/Alamy Stock Photo **327** © - Witold Skrypczak/Alamy Stock Photo **329** © Natalia Mylova/Shutterstock **330** © - Simon Reddy/Alamy Stock Photo **332** © - Javiperhez/Alamy Stock Photo **344** © - Morandi Tuul et Bruno/hemis.fr

Portugal

Auteurs Natasha Penot, Laurence Didillon, Sabrina Pessanha Foucaud

Et Cristina Agbaba, Olivier Blanc, Jean-François Breuiller, Michel Fonovich, Anne-Sophie Glavet, Marie Pérégrin,ainsi que Maxime Audinet, Joana Cabral, Erika Campelo, Jean François Chougnet, Mathias Clamens, Georges da Costa, Carolina Dias, Saskia Leblon, Isabel Lechner, Pierre Léglise-Costa, Alexandre Manuel Nobre da Silva Pais, Thomas Yzèbe

Directrice éditoriale Hélène Firquet
Responsable éditoriale Christina Beckers
Responsable artistique Érica Périgaud
Édition Bertrand Lauzanne
Maquette Marine Lenain Ranganathan
Presse Francis Tier
Fabrication Julien Recurt, Christine Lopes
Responsable des coéditions internationales et des partenariats B2B
Mathilde Barrois (mathilde.barrois@gallimard-loisirs.fr)
Chargée de partenariats B2B Manon Aveline (manon.aveline@gallimard-loisirs.fr)

Conception graphique Elhadi Yazi
Infographie Stéphane Jungers
Cartographie EdiCarto

Gallimard Loisirs 5, rue Gaston-Gallimard 75328 Paris Cedex 07
Tél. 01 49 54 42 00 coupsdecoeur@gallimard-loisirs.fr

La collection GEOGuide a été créée en association entre Prisma Presse/GEO et Gallimard Loisirs

Numéro d'édition 642644 -ISBN 978-2-7424-6473-9

Impression Drukarnia Interak Sp. z o.o. (Pologne) **Photogravure** Nord Compo (Villeneuve-d'Ascq)

Avis aux GEOVoyageurs Entre l'enquête effectuée sur le terrain et la parution du guide, les établissements mentionnés peuvent avoir fermé et certaines informations s'être périmées. Renseignez-vous auprès des prestataires pour organiser vos déplacements et votre séjour et pensez à réserver. N'hésitez pas à nous faire part de vos commentaires et de vos corrections à : coupsdecoeur@gallimard-loisirs.fr

PEFC
PEFC/32-31-002

Cartes

- Autoroute et 2x2 voies
- Route principale
- Route secondaire
- Autre route
- Zone urbaine
- Frontière d'État
- Parc naturel
- ▲ Sommet

Profondeur (en mètres)
- De 50 à 200
- Moins de 50

Altitude (en mètres)
- De 0 à 100
- De 100 à 200
- De 200 à 500
- De 500 à 1 000
- De 1 000 à 1 500
- Plus de 1 500

Plans

- Axe urbain
- Espace vert
- Cimetière
- Bâtiment
- Voie ferrée
- Site remarquable
- Aéroport
- Gare ferroviaire